滨州出土文物发现与研究

张　卡　著

山东大学出版社
SHANDONG UNIVERSITY PRESS
·济南·

图书在版编目(CIP)数据

滨州出土文物发现与研究/张卡 著. —济南 :山东大学出版社,2022. 9
ISBN 978-7-5607-7629-3

Ⅰ. ①滨… Ⅱ. ①张… Ⅲ. ①出土文物—研究—滨州 Ⅳ. ①K872.534

中国版本图书馆 CIP 数据核字(2022)第 178161 号

责任编辑 楚洋洋
封面设计 王秋忆

滨州出土文物发现与研究
BINZHOU CHUTU WENWU FAXIAN YU YANJIU

出版发行 山东大学出版社
社　　址 山东省济南市山大南路 20 号
邮政编码 250100
发行热线 (0531)88363008
经　　销 新华书店
印　　刷 济南乾丰云印刷科技有限公司
规　　格 720 毫米×1000 毫米 1/16
　　　　 19.25 印张 367 千字
版　　次 2022 年 9 月第 1 版
印　　次 2022 年 9 月第 1 次印刷
定　　价 78.00 元

“滨州市博物馆学术文库”
总　序

滨州因水而生，伴水而兴。

位于黄河三角洲腹地的滨州，因自己独特的地理位置造就了滨州独特的文化遗产与文物遗存。

习近平总书记指出：“文物和文化遗产承载着中华民族的基因和血脉，是不可再生、不可替代的中华优秀文明资源。要让更多文物和文化遗产活起来，营造传承中华文明的浓厚社会氛围。要积极推进文物保护利用和文化遗产保护传承，挖掘文物和文化遗产的多重价值，传播更多承载中华文化、中国精神的价值符号和文化产品。”①“要加强文物保护利用和文化遗产保护传承，提高文物研究阐释和展示传播水平，让文物真正活起来，成为加强社会主义精神文明建设的深厚滋养，成为扩大中华文化国际影响力的重要名片。”②

滨州历史悠久，文化璀璨，有着完整的历史发展脉络，拥有丰富的文化遗产和文物资源，在鲁北乃至整个黄河三角洲地区都占有十分重要的地位。滨州自新石器时代即有人类在此繁衍生息，是齐文化、黄河文化的重要发祥地之一。自西汉时起，先后建有郡(国)、州、府、道等地方行政建制，五代时置滨州，以濒临渤海得名。抗日战争与解放战争时期，这里是著名的渤海区革命根据地党政军领导机关驻地。滨州人文荟萃，名士辈出，武圣孙子、《尚书》再造的伏生、孝子董永、唐画之祖展子虔、北宋名相范仲淹、咸丰帝师杜受田、金文大家吴式芬等众多历史文化名人在这里出生或成长。滨州历史中蕴含着鲜明的地方文化特色和丰富的文化资源，亟待我们深入挖掘和继承发扬。

---

① 《习近平在中共中央政治局第三十九次集体学习时强调　把中国文明历史研究引向深入　推动增强历史自觉坚定文化自信》，《人民日报》2022 年 5 月 29 日。

② 《保护好中华民族精神生生不息的根脉——习近平总书记关于加强历史文化遗产保护重要论述综述》，《人民日报》2022 年 3 月 20 日。

全市现存不可移动文物400余处，已公布的文物保护单位279处，其中全国重点文物保护单位5处、省级文物保护单位59处、市级文物保护单位52处、县级文物保护单位163处，革命类不可移动文物74处。同时，随着滨州市各项文物保护工作的不断开展，馆藏文物也在不断丰富。经第一次全国可移动文物普查，全市共普查登录国有可移动文物总计20309套共49459件，其中一级文物35件（套）、二级文物152件（套）、三级文物937件（套）。这些文物遗存丰富多彩，颇具特色，有着十分重要的历史和艺术价值，是先人留给我们的宝贵文化遗产，为研究黄河三角洲及环渤海西南岸地区的政治、经济、历史、艺术及人文社会发展提供了宝贵的实物资料。

在新的历史时期，加强和做好文化遗产及文物遗存的研究保护工作，具有重大的现实意义和深远的历史影响。为更好地挖掘滨州的悠久历史，继承和弘扬中华优秀传统文化，提升市民的文化自信，充分发挥文物在建设社会主义先进文化和加强社会主义核心价值观体系建设中的重要作用，激发社会各界"在滨州、知滨州，爱滨州、建滨州"的自豪感和责任感，滨州市博物馆不断加强文物研究、保护与利用工作，计划出版"滨州市博物馆学术文库"系列图书，以总结过去，激励将来，为建设更加富强的新滨州贡献自己的文化力量。

"滨州市博物馆学术文库"编委会

2022年8月

序

很高兴有机会在出版前阅读到张卡的新作《滨州出土文物发现与研究》。这洋洋洒洒数十万言，读后颇令我感慨，张卡又邀我写个序言，也算两厢情愿，满足了他，也满足了我。

张卡是个有心之人。自参加工作以来，他结合所学专业，对于滨州的历史、滨州的文物考古所获，从开始学习了解，到梳理研究，日积月累，功夫不负有心人，二十余年之心血跃然一书之中，终成此著，实为可贺。

张卡是个善于学习、勤于思考之人。从书中所言所论，可以看到，除了涉及他擅长的考古、文博领域的知识以外，还涉及文献学、古文字学、地质学、植物学、古生物学、气候学以及美学、医学等学科的内容；张卡在涉及这些专业性很强的内容时，不是生硬套用，而是结合文物考古资料，经过缜密分析、思考之后进行了深入浅出又合情合理的叙述与解读，可谓难能可贵。

该书虽是一本学术性著作，但为了让更多的人能看得懂、读得进去，并能从中有所悟，作者在语言表述方面，努力做到通俗易懂，行文如同在跟人聊家常，让人感到很亲切，很有趣味，在不知不觉中，一些专业性的、学术性的知识流入读者的心田，引起读者的思考。这对于当下所倡导的把高深的学问从神秘的殿堂引向社会，让更多的人能知晓、能理解是很好的实践，也说明张卡在语言文字方面有厚实的功底。

张卡很会写文章，懂得适当取舍，繁简得当。该书从滨州发现最早的古人类遗址孙家遗址和人们认为滨州“无古可考”的传统认识说起，把各时代、各类别的考古资料，把古代文献中有关滨州的记载以及诸多学者对滨州古文化的研究成果，在精心选择的基础上，进行了系统梳理。例如对滨州发现最早的古人类遗址孙家遗址，具有重大影响的邹平丁公遗址，商周时代出土青铜器的惠民大郭、滨城兰家墓葬，备受关注的滨州地区盐业遗址，历代古城址，极具地方特色的佛教文化地点和各种质地的佛教造像精品，茅焦、陈仲子、董永等人物事迹等，做了详细介绍和重点论述，其他则简要说明；对重点论述的则引经据典，而对简要说明的则一点带过，努力做到繁而不乱、条理清晰。如果作者没有全面驾驭资料的能力和大局观念、系统思维，上述效果是无法实现的。

借古喻今，总结历史发展规律，取传统文化之精髓，为当今社会输送古文化中的正能量，是今日历史文化学者的光荣使命。从《滨州出土文物发现与研究》一书中，我们可以看出作者践行这一光荣使命的自觉。例如书中谈及战国时代陈仲子鄙视贿赂、倡导自律的品格；又如书中介绍滨州地区古盐业，不仅谈及自然环境条件，煮盐、晒盐技术，还谈及盐业生产对当地经济的推动等，反映出作者“研究历史，古为今用”的意识。

另外，书中对史前社会发展段落的提法，如果吸收最新研究成果则会更全面；在论述中把视野放得更开阔些，在对比中会更彰显出滨州古文化的辉煌。如果能直言滨州地区古文化研究中待加强着力之处，给读者以启示性引导，也是很有意义的。

一本书，能让当地人喜欢，能让学人关注，能启发更多人去思考，就是好书，能达到此目的，足矣。

山东大学考古学教授、博士生导师　于海广

2022 年 6 月

目　录

绪 论

在社会上，很多人存在这样一种误解：滨州是退海之地，哪有什么重要的历史遗存、文物遗迹，更无古可考。

其实不然，正因滨州靠海临河，才有着适合人类生活居住、繁衍生息的自然环境，才产生了丰富灿烂的古代文化。退海之地，黄河淤积，其实这种环境反倒可以更为有效地保护好地下的文物遗存。

1.滨州历史遗存丰厚，历史发展序列完整

滨州位处黄河、小清河、徒骇河冲积平原，各类古代遗址大多被黄沙埋藏于地下较深之处，而滨州地下水位又相对较高，因此暴露于地表的遗址看起来相对较少。但这并不能说明滨州的文物遗址就少，事实上这种环境反倒使当地的文物遗存被更好地封存于地下，得到了更为有效的保护。

滨州地下文物封存较好，在考古发掘和重大项目施工中屡有重大收获即是证明：1991 年，山东大学考古系师生在邹平丁公遗址发现了龙山文化城址和龙山文化刻字陶文，前者入选“1991 年度全国十大考古新发现”，后者因比甲骨文早了 800 余年，对于研究中国文明起源具有重要的学术价值，引起国内外极大轰动；博兴龙华寺遗址近年来出土大量铜石造像，而且多有铭文题记，被称为“中国佛教考古的重大收获”，也证明滨州市佛教信仰在南北朝和隋朝时曾盛极一时；滨城的兰家遗址、惠民的大郭遗址等众多遗址都出土有精美的青铜器……

史前时期，滨州先后发现大量后李文化、北辛文化、大汶口文化、龙山文化遗址，史前文化发展序列极为清晰。特别是到了龙山文化时期，滨州更是迎来了历史上的第一次文化大繁荣。境内龙山聚落众多，出现了城池、中心聚落和围绕在外的普通聚落的分层结构，形成了一套严密的社会管理体系。夏、商、周时期，滨州是东夷人——蒲姑氏族聚居的地方，一方面受商文化的影响，另一方面保持着本地固有的传统，形成独具特色的蒲姑文化。滨州又因其近海，沾化、无棣、阳信、滨城各县区自商周以来便是当时的主要产盐区，生产的食盐专供商周王朝食

用。现在，黄河三角洲盐业考古已被列入国家重大考古项目，位于滨州沾化富国街道东杨村徒骇河两岸的杨家盐业遗址群也于2021年10月成功列入国家文物局《大遗址保护利用"十四五"专项规划》。

自秦汉以降，各个历史时期的遗址更是遍布全市，星罗棋布。2008年以来，滨州市在进行第三次全国文物普查时，又新发现了大量的古遗址、古墓葬、古建筑、石刻、近现代重要史迹和代表性建筑等具有重要价值的文物遗存。

可以说，滨州历史悠久，人文荟萃，是一座有着完整历史发展序列的古老城市，是黄河文化和齐文化的发祥地之一，历史文化和文物资源十分丰富。

2.滨州是黄河文明的重要发源地

黄河流域是古老的中华文明重要的发源地之一，而位于河海交会之地、河济之间的滨州，更是创造了丰富多彩的黄河文化。

距今8500年至4000年前，滨州境内的史前人类活动足迹经历了一个由南向北逐步发展延伸的过程，即从南部山区山前丘陵地带向北逐步推进，进而跨过现在的小清河、黄河，到达北部沿海地区，直至覆盖整个滨州大地。

在这近5000年时间里，滨州大地先后经过了后李文化、北辛文化、大汶口文化、龙山文化和岳石文化（大体相当于中原地区的夏代）等五个大的发展阶段。这些不同发展阶段的考古学文化都属于东夷人史前文化的系统，东夷人一直是居住在滨州境内的土著居民，其创造的黄河文化是中华古文明的重要源泉之一。

特别是到了龙山文化晚期，滨州更是成为我国最早迎来文明曙光的地区之一。境内还出现了城以及比甲骨文早800多年的成熟辞章文字，滨州已成为海岱地区政治、经济、文化的中心之一。

滨州北有黄河，南有济水，天下"四渎"滨州独占其二，这在全国其他城市是极为少见的。而且，有文字记载的黄河3000年历史中，流经滨州的时间多达2500余年，滨州与黄河可以说是有着天然的不解之缘。滨州历代人民沿黄生活、治黄奋斗、治黄用黄所创造的优秀文化正是黄河文明的重要组成部分，是黄河文明的重要源头。

3.滨州是中原王朝最早接触海洋的地方

距今3万年至1.2万年间，无棣、沾化附近的海平面比今天要低100多米，胶东半岛、辽东半岛、朝鲜半岛和日本列岛南部陆地可以相连。到了距今12000年前后，大理冰期结束，气温不断回升，海平面也随之上升。到了距今8000年前，气温已高于今天的平均水平。海平面上升使无棣、沾化的部分区域再次沉于海面之下。到了距今7500年至距今5000年间,渤海沿岸发生更大规模的海侵,海水向陆地推进得很远,一度到达今盐山、无棣、滨城、广饶、寿光和昌邑一带。此后,随着气温下降,海水才又逐渐后退。

大范围、长时间的海侵使沿海一带盐碱化严重,但也使滨州沿海形成了丰富的浅层地下卤水,从而为盐业生产提供重要资源。殷商时期,滨州是中原王朝重要的盐业生产基地,盐业遗址分布十分密集,当时便已实现了盐业生产的规模化,且产品直接提供给王室食用。

由于国家力量的介入和对盐业资源的开发,滨州一带的文化和社会较山东其他地区更早地融入商王朝的控制体系之中。当地出现的规模巨大的盐业遗址群带动了周边聚落和人口数量的急剧增加。滨州一带也成为商王朝政治最为稳定、经济最为发达的大后方。两周时期,盐业更是成为齐国称霸诸侯的重要战略保证。滨州盐业为中原王朝的发展提供了极为重要的经济支撑,滨州也从而成为中原王朝最早接触海洋的地方,是中原王朝最早的海洋经济起源之地。

4.滨州馆藏文物丰富多彩

滨州市馆藏的出土文物丰富多彩,不仅有众多的佛教造像、碑碣、墓志、石刻,还有珍贵的陶瓷、玉石、字画、碑拓、古籍和青铜器,以及大量的古生物化石、金银器、货币钱范、印章砚台、竹木牙角器等。这些藏品具有数量多、种类全、发展序列清晰和地方风格突出的特点,其中尤以佛教文物、盐业文物、陶瓷和字画为佳。

如滨州发现的大量佛教造像,由于相当一部分带有年代铭文(从北魏太和二年至隋仁寿三年),是对同类藏品进行断代的主要依据;又如陶器,从后李文化,经北辛文化直至秦汉,其器形演变规律非常清晰,在一定程度上丰富和见证了山东史前文明和早期文化发展的过程;瓷器种类繁多,灿烂多姿,年代最早的有北朝和隋代的青瓷,唐、五代时的白瓷,宋元瓷器更是异彩纷呈,有定窑系白瓷、耀州窑系青瓷、钧窑系瓷器,特别是磁州窑系的瓷器在滨州发现极多。明、清、民国时期,各种彩瓷、青花和单色釉瓷器也极一时之盛。盐业文物方面,滨城、沾化、无棣、阳信一带出土了大量各式各样的盔形器、滤器和烧制这些器物的陶窑与作坊,时代跨越商周直至秦汉宋元,这对研究当时的海盐生产和社会经济状况具有十分重要的意义。

再如书画作品,由于滨州名人辈出,有着众多世家大族和文人学士,他们与全国各地的很多望族、学者有着千丝万缕的联系,鸿雁往来,唱和频繁,这为滨州留下了大量珍贵的字画作品。绘画如明代文徵明的《辋川图》、张宗苍的《山水图》、任熏的《雄鸡图》、唐蓉的《李之芳南征图》等，都十分珍贵。

书法如明永乐三年（1405 年）用泥金书写的《大方便佛报恩经》、清康熙帝书写的《带经堂》轴卷、清末著名金石学家吴式芬《临摹金文手稿》《捃古录金文》等都各具艺术特色。这些作品是研究绘画、书法难得的珍贵资料。

第一章　史前时期的滨州

一　滨州史前人类的出现

滨州历史悠久，文化灿烂，那么滨州到底悠久在哪里？有人类居住生活的历史又起于何时？最初来滨州拓荒的人类又出现在哪里？是南部山区，还是小清河流域，抑或是渤海沿岸？随着考古发现的不断深入，这些问题也渐渐有了答案：目前滨州境内发现最早的人类既不是出现在沿海地带，也没有出现在小清河、徒骇河等河流两岸，而是出现在邹平南部山区的山前冲积平原上。随着人类的繁衍生息，人类才由山前平原越过现在的小清河、徒骇河等流域，逐渐由南往北扩展至现在意义上的整个滨州大地。

1.滨州境内史前人类最早出现在邹平山前丘陵地带

邹平南部长白山下有一座美丽的黛溪湖，黛溪湖的南边有个村子叫孙家村，因邻近黛溪河现在改称溪河村。就在该村西北 300 米处的地方，有一块面积 6 万平方米左右的平台，地势明显高于周围，考古工作者就在这里发现了一处古文化遗址。黛溪河便在遗址的东部穿过，注入黛溪湖。根据以遗址发现地命名的原则，考古人员将这一处遗址命名为孙家遗址。

孙家遗址是滨州发现的最早的古人类遗址，属于后李文化范畴，距今 8500 余年。后李文化是目前山东省发现距今年代最早的新石器时代文化，是山东新石器文化的源头。后李文化因淄博市临淄区后李遗址一期文化而得名。1988—1990 年，为配合济青公路建设，山东省文物考古研究所对后李遗址公路路基占压部分进行了两年四个季度的发掘工作。[①] 目前全省发现的后李文化遗址有 10 余

① 参见济青公路文物考古队：《山东临淄后李遗址第一、二次发掘简报》，《考古》1992 年第 11 期；济青公路文物工作队：《山东临淄后李遗址第三、四次发掘简报》，《考古》1994 年第 2 期。

处，这些遗址大多分布于泰沂山系北侧海拔 40～50 米的山前丘陵和山前冲积平原上。孙家遗址便是其中一处，且位于这 10 余处后李文化遗址的中心地带，其意义十分重大。

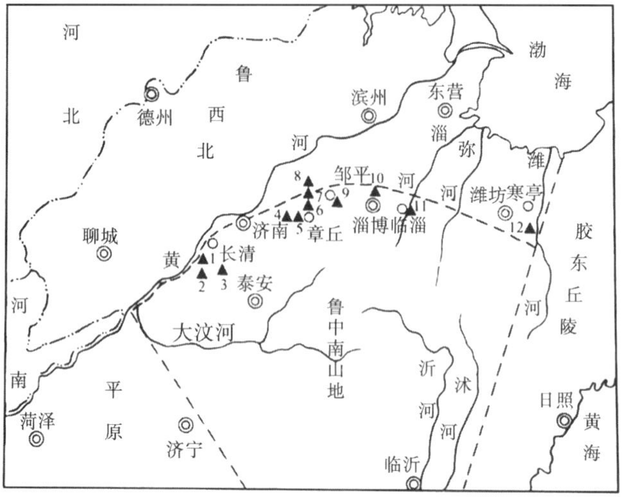

1. 长清月庄　2. 长清张庄　3. 长清万德西南　4. 章丘西河　5. 章丘摩天岭　6. 章丘小荆山　7. 章丘茄庄西　8. 章丘绿竹院　9. 邹平孙家　10. 张店彭庄　11. 临淄后李　12. 寒亭前埠下

图 1-1　山东后李文化遗址分布

资料来源：山东省文物考古研究所编著：《山东 20 世纪的考古发现和研究》，科学出版社 2005 年版，第 46 页。

孙家遗址于 1981 年 3 月文物普查时发现，1982 年再次实地考察时，在距地表大约 1 米深处发现灰坑，内有大量陶片，土质为黄沙泥土。1987 年 10 月至 11 月，山东大学考古实习队在邹平部分乡镇进行了一次文物普查工作，并在孙家遗址采集到三四件陶釜的残片，其中有 1 件仅缺底部。这些残片皆为夹砂红褐陶，手制，陶胎较薄，器形较大，火候则较低。其中 1 件陶釜的口径超过 30 厘米。[①]孙家遗址东接黄山西麓，南为长白山，其地势明显高于周围，东西长约 300 米，南北宽约 200 米，总面积为 6 万平方米左右。现在有一南北排水沟将遗址分隔为东、西两块，人们俗称西部为“王家台”，东部为“梁家茔”。据村民反映，这里曾出土完整的陶豆、陶鬲等器物，但均遭破坏。现在还能从地表采集到鼎足、鬲足及豆盘、豆把、口沿等陶片标本。2009 年 1 月，孙家遗址被滨州市人民政府公布为第二批市级文物保护单位。2013 年，孙家遗址又被山东省人民政府公布为第四批省级文物保护单位。

① 参见栾丰实：《东夷考古》，山东大学出版社 1996 年版，第 44 页。

孙家遗址是滨州唯一发现的一处后李文化遗址，也是目前滨州境内发现的最早的史前人类遗址，说明早在距今8500年左右，滨州大地上就有先民生息。同时，孙家遗址的发现，也说明后李文化时期滨州境内的人类活动范围还非常小，仅限于邹平南部山前丘陵地带的溪河村附近。

图1-2 孙家遗址

资料来源：由作者和滨州各博物馆拍摄、制作或提供。以下未标出处者均同。

2.后李文化时期的滨州史前人类是如何生活的？

那么，这些最早的滨州史前人类又是如何生活的呢？根据考古发现，当时人类的生活方式主要以采集和捕捞渔猎为主，但原始农业和定居生活也已出现。

后李文化时期（前6300—前5300年），正当大理冰期结束之后，气温逐步回升之时。滨州境内气候温暖湿润，气温比现在高约2～3℃，降水丰富，河湖沼泽密布，大量喜温的动植物居于其间，属于典型的亚热带气候，自然环境非常适宜人类生存和生活。滨州南部山区及山前丘陵、山前平原地带气候温润，雨量充沛，森林、灌木丛生，为采集、捕捞和狩猎提供了理想的场所。这一时期，人们采集对象的范围十分广泛，植物的根、茎、果等都是人们采集的目标，鱼类和蚌类则成为人们捕捞的主要对象。从滨州及周边地区后李文化遗址出土的动物骨骼数量及分布看，狩猎活动在先民生活中占据重要地位，是提供肉食的主要手段。先民狩猎首选目标为梅花鹿、斑鹿、鹿、獐、野猪等，其次是狗、獾、貉、狐等小型动物。

当时的人类已经使用专门进行粮食加工的石磨盘和石磨棒，说明人们已经在逐步摆脱茹毛饮血的狩猎生活，原始农业已渐渐成为人们的生产方式之一。农业的产生，在人类历史上具有划时代的意义。有了农业，人们就有了比较稳定的食物来源，可以过定居生活，不必再为了填饱肚子而去长途跋涉。他们的房屋比较大，面积多在30～50平方米，有的甚至超过50平方米。后李文化时期的房屋属于半地穴式建筑，也就是在地上挖个深坑再建房屋，一半地下，一半地上。[①]房屋的布局相对规整，并且当时的人们已有意识地规划自己的住所。根据房内遗存情况可将房内分为三个活动区：一是炊灶区，主要由支脚及炊具组成，大多位于房址中央或略偏一方；二是加工区及储藏区，一般在房址地穴的边上；三是活动及睡眠区。

后李文化时期还出现了较为齐全的原始手工业门类。这些手工业门类主要有制陶、制石和制骨、制蚌业。同样，孙家遗址出土的遗物相应地也以陶器和石器为主，并有相当数量的骨、角、牙和蚌器。陶器制作工艺比较原始，以泥条盘筑为主，烧成温度也较低，多数陶器陶质疏松，遇水即溃，极难复原。后李文化时期的陶器种类较少，且以圜底的陶釜为主，约占全部陶器器形的三分之二左右。陶釜为炊具中的蒸煮器，口径多在二三十厘米，下面垫有三个石或陶制的支脚用以支撑。后李文化的石器也比较发达。该时期的遗址大都分布在山前丘陵和山前平原上，地理环境为人们选取石料提供了方便。后李文化的石器不仅发现数量较多，而且种类丰富，制作水平较高，有些石器制作相当精致。制作工序可分为选材、制坯、琢修、打磨、钻孔等。石器种类主要有斧、铲、锤、镰、石球、凿、石磨棒、石磨盘、研磨器、磨石、支脚和石饰等。后李文化的骨、角、蚌器也有了巨大的进步，数量较多且较精致，绝大多数为磨制，其制作有选材、破料、成型、磨光、穿孔等工序。但由于年代较早，保存条件较差，蚌器大多朽烂。[②]

孙家遗址所在的后李文化时期，人们的贫富分化尚不明显，还处在母系氏族社会时期，从所有制形态上则属于氏族所有的原始公有制经济形态，人们以血缘关系结合在一起，共同劳动，平均分配劳动果实，过着平等的生活。[③]

二　滨州史前人类由南向北艰难开拓

孙家遗址是滨州境内现存最古老的遗址，生活着滨州境内距今最早的人类，

① 参见山东省文物考古研究所编著：《山东20世纪的考古发现和研究》，科学出版社2005年版，第48～49页；栾丰实：《东夷考古》，山东大学出版社1996年版，第62页。

② 参见栾丰实：《东夷考古》，山东大学出版社1996年版，第58页；山东省文物考古研究所编著：《山东20世纪的考古发现和研究》，科学出版社2005年版，第57～59页。

③ 参见栾丰实：《东夷考古》，山东大学出版社1996年版，第62页。

但这些人是固守一隅，还是不断发展扩张，他们又是如何由南往北逐渐扩展到整个滨州大地的呢？

1.由南部山区向北部平原艰难开拓

对于这一问题，也是随着考古工作的不断开展而逐渐明朗起来。新中国成立之前，滨州的考古工作几乎为零，各类遗址遗迹的发现都是开始于新中国成立后。滨州境内最早被发现的遗址，是 1954 年在滨县城（今滨城区滨北街道办事处）十字北街发现的卧佛台遗址。当时发现了部分磨光黑陶片、长方形扁平穿孔石斧，因与章丘龙山城子崖遗址出土的文物相似，故将其定为龙山文化遗址。20 世纪 70 年代后期起，滨州地域内的考古工作才真正地有序开展起来。通过开展一系列的田野调查，先后在邹平的鲍家、丁公，惠民的大商，阳信的刘家，博兴的曹家、利城等地发现了一批龙山文化遗址。20 世纪 80 年代以来，又在邹平县苑城西南村（今邹平市长山镇西南村）发现了北辛文化类型的遗址，在邹平丁公村、阳信小韩村发现了大汶口文化类型遗址。

从这些史前遗址中，基本可以看出滨州史前时期人类活动的大概轨迹和过程，即大约从距今 8300 年前开始至距今 3700 年间，在上下近 5000 年的时间内，人类开始由南部山区山前丘陵、山前平原地带向北部沿海地区逐步发展延伸，直至覆盖整个滨州大地。这一发展过程大约是这样的：公元前 6300—前 5300 年的后李文化时期，滨州人还只局限于孙家遗址一带，活动范围很小。发展到公元前 5300—前 3800 年的北辛文化时期，人类活动范围逐步越过现在的小清河和黄河，到达徒骇河流域。北辛文化晚期，人类活动范围继续扩大，向北越过今徒骇河到达阳信东南的小韩遗址。再发展到公元前 3800—前 2300 年的大汶口文化时期，滨州地区的史前文化逐步走向繁荣，遗址数量不仅有所增加，而且遗址位置也往北推进。在物质文化上，除日常用品外，这一时期出现大量酒器及代表死者生前身份的玉器、骨器、角器、牙器等，墓葬规模有大小之分，随葬品明显可看出贫富的分化。在以上各个时期，史前人类的开拓路线没有经过距离滨州较近的高青、桓台一带，至今这一带没有发现大汶口文化及以前的古遗址和人类活动遗迹。到了公元前 2300—前 1700 年的龙山文化时期，滨州地区史前文化迎来了第一次文化大繁荣时期。据不完全统计，这一时期的遗址发现 34 处且面积较大，说明随着生产力的发展，人口不断增加，人们活动的区域有了较大规模的扩展。这一时期的陶器制作业有了进一步的发展，以蛋壳陶为代表的陶器制作技术达到了历史的顶峰。礼器的出现、文明的发展、龙山城址的发现，标志着这一时期滨州一带已经步入古代文明的殿堂。

2.温暖湿润的环境促进了人类的繁衍发展

河济一带的环境考古表明，在大理冰期顶峰时代，滨州附近的海平面大幅下降，3 万年前约比今天低 100 多米，2.5 万年前则低 140 多米。[①] 这时，现渤海、黄海和东海的相当一部分海域变成了一片辽阔的陆地平原，胶东半岛、辽东半岛、朝鲜半岛和日本列岛南部陆地相连。到了距今 12000 年前，大理冰期逐渐结束，气温不断上升，海平面亦逐渐上升。到了距今 8000 年前，气温已略高于今天。这段时间，气候变暖，海平面上升，滨州北部的很多区域再次沉于海面之下。

这一时期，气候在一连串的剧烈波动中逐渐回暖，从而引起了动植物群落的改变，也相应地改变了人类活动的内容：人们从以狩猎为主的取食活动逐渐过渡为渔猎和植物性食物采集并举的广谱型采集经济形态。在这个过程中慢慢积累起来的有关对植物资源的了解，成为农业最终产生的知识基础。农业的发展使得人类较少地依赖狩猎和采集，从而可以离开山前丘陵等林木兽类较多的地带，进而向平原地区扩展。

在公元前 6300—前 5300 年的后李文化时期，滨州境内气候温暖湿润，气温比现在高 2～3℃，降水丰富，河湖沼泽密布，大量喜温的动植物居于其间，属于典型的亚热带气候，自然环境非常适宜人类生存和生活。不过，后李文化时期的聚落规模和人口密度还都比较小，农业生产也以原始的刀耕火种方式为主，人类活动范围主要分布在靠近山地的丘陵地带。[②] 到了公元前 5300—前 3800 年的北辛文化时期，仰韶温暖期进入鼎盛时期，此时温度更高。这一时期，黄河冲积使泰沂山区周围开始慢慢形成适宜人类长期居住的平原地势，鲁北平原也逐渐成陆，而且降水丰沛，湖沼较多，与后李文化时期一样都属于典型的亚热带气候。鲁北平原出现了大量的水蕨、水青冈、枫香、山核桃、铁杉、杨梅等植物和丽蚌、楔蚌、尖嵴蚌、水牛、梅花鹿等动物，这些动植物今天只生存于亚热带地区，尤其是楔蚌、丽蚌等物种，现在主要分布在温暖湿润的长江中下游地区及以南的河流湖泊中。位于邹平的西南庄遗址北辛文化地层中便发现大量的鹿、淡水蚌等亚热带物种。以上这些动植物标本的发现反映出当时滨州一带的生态环境与今天的长江中下游地区较为相近。此时，人类在滨州的活动范围有所扩大，他们过着定居的农耕生活，从事采集、渔猎等生产活动。到了公元前3800—前 2800 年的大汶

---

① 参见刘敏厚：《晚第四纪海面变化——XI届 INQUA 会议海岸线分组会简介》，中国第四纪研究委员会、中国海洋学会编：《中国第四纪海岸线学术讨论会论文集》，海洋出版社 1985 年版，第 5～14 页。

② 参见燕生东：《全新世大暖期华北平原环境、文化与海岱文化区》，周昆叔等主编：《环境考古研究》第 3 辑，北京大学出版社 2006 年版，第 73～84 页。

口文化早中期阶段，这一带的年平均气温甚至比现在高出 4～5℃。虽然到了公元前 2800—前 2300 年的大汶口文化晚期阶段和龙山文化阶段，气温开始有小幅度的下降，但整体气候较之今天仍较温暖湿润。这一时期，渤海西南岸的海岸线不断后退并趋于稳定，鲁西北沿海地带已基本成陆。

图 1-3　麋鹿角（1977 年出土于原惠民地区支脉河广饶县辛集地段旧河道内）

总体来讲，距今 8500 年至 4000 年间，整个滨州都处于全新世大暖期——仰韶温暖期。滨州境内的气温明显高于今天，属湿热多雨的气候。同时，滨州境内由于济水及黄河支津漯水等众多水系的冲积，土地肥沃、水源充足，农业生产条件得天独厚，为古代人类的生息繁衍提供了良好的自然条件。在这一时期，滨州先民经过上下 4000 余年的时间，其活动足迹由南往北逐渐开拓，形成了一个大体的分布框架：今黄河以南的史前人类，其活动足迹主要以古济水流域为中心，分布在博兴和邹平一带；今黄河以北的史前人类活动足迹则主要以黄河及其支津徒骇河两岸的滨城、阳信、惠民为中心，分布也相对集中。也正是在这个相对高温期，滨州境内的先民们和山东其他地区的先民们一起创造了在许多方面都居于全国领先地位的大汶口文化和龙山文化。这些不同时期的考古学文化都属于东夷人史前文化的系统，都是同一个文化的不同发展阶段，是东夷族的居民创造的不同阶段的文化。东夷人的史前文化是中华古文明的重要源泉之一，为中华远古文明的形成和发展做出了巨大贡献。①

虽然由于滨州地区属于黄河、小清河、徒骇河冲积平原，各类古代遗址大多

① 参见孙祚民主编：《山东通史》，山东人民出版社 1992 年版，第 37～38 页。

被黄沙埋藏于地下较深之处，而滨州地下水位又相对较高，所以暴露于外的遗址看起来相对较少，但是这种环境反倒使当地的文物遗存更好地封存于地下，得到了更为有效的保护。应该说，随着考古工作的不断深入，滨州境内的新石器时代考古学文化所包含的内容将会越来越丰富，史前滨州的生活面貌也会日益清晰。

三 “三足鼎立”的北辛文化

“三足鼎立”一词，出自《史记·淮阴侯列传》，蒯通劝韩信背汉自立，与刘邦、项羽三分天下，说：“臣愿披腹心，输肝胆，效愚计，恐足下不能用也。诚能听臣之计，莫若两利而俱存之，三分天下，鼎足而居，其势莫敢先动。”《后汉书·窦融传》也有“欲三分鼎，连衡合从，也宜以时定”的说法。鼎是古代的一种烹煮器物，因其以三足居多，古人便多以其形容三方势力对峙的局面。

那么鼎这一器物最早出现在什么时候呢？它的产生又有什么意义呢？

1.鼎最早出现于北辛文化时期

北辛文化（前5300—前3800年）是继后李文化发展起来的，最初于1964年在滕州北辛最早发现的。在山东境内，北辛文化的分布范围较后李文化明显扩大，在鲁中、鲁南的广阔地区都有发现，在滨州境内发现的此时期最主要的遗址是位于邹平长山的西南庄遗址、阳信商店的小韩遗址，另在滨城区的卧佛台遗址也发现个别北辛文化晚期遗物①，证明此时先民活动足迹已经越过现在的黄河到达黄河以北地带近20千米处，西北距现在的徒骇河只有10多千米。阳信小韩遗址则是迄今为止已知北辛文化时期在滨州和整个黄河三角洲地区最北端的分布。

① 参见滨城区文物管理所、北京大学中国考古学研究中心：《山东滨州市滨城区五处古遗址的调查》，《华夏考古》2009年第1期。

图 1-4　滨州市北辛文化遗址分布示意

西南庄遗址东北距邹平长山西南村约300米，西邻孝妇河，南面不远处即为著名的丁公遗址。遗址东西长约125米，南北宽约100米，面积约12500平方米，文化层堆积厚约2米。20世纪70年代，取直后的老坞河（创业河）自西向东从遗址北部穿过。1981年，邹平县图书馆在文物普查时发现该遗址。1985年春，惠民地区文物管理所对遗址河底部分进行了抢救性发掘。同年秋，山东大学历史系考古专业师生在遗址中采集到大量北辛文化遗物。此后，山东大学多次对其进行调查，采集到大量文物标本。① 1987年春，山东省文物考古研究所对遗址进行了复查、钻探和试掘②，在老坞河淤沙中发现大量遗物。1992年6月，该遗址被山东省人民政府公布为第二批省级文物保护单位。

图1-5　西南庄遗址

在西南庄遗址采集、发掘出土的大量北辛文化时期陶器中，与孙家后李文化时期遗物最大的一个不同，就是出土众多三足鼎。鼎这一器物在众多北辛文化遗址中的大量出现，也将其在山东出现的最早年代定格在了公元前5300—前3800年的北辛文化时期。

2.陶器是最为重要的原始手工业门类

在整个史前时期，陶器都是最为重要的手工业门类，陶器的不断进步也反映出了当时手工业的发展和人们生活水平的提高。北辛文化时期的陶器制作技术

① 参见山东大学历史系考古专业：《山东邹平县苑城早期新石器文化遗址调查》，《考古》1989年第6期。

② 参见山东省文物考古研究所：《山东邹平苑城西南庄遗址勘探、试掘简报》，《考古与文物》1992年第2期。

与后李文化相比，有较大进步。

一是陶器器形较后李文化时期要丰富得多，除从后李文化时期发展而来的圜底器外，也出现了大量的三足器。主要器形有鼎、釜、小口双耳罐、盆、盂、碗、钵、瓮、器盖、器座和支脚等。鼎、釜、钵和双耳罐为北辛文化时期的基本组合。鼎是北辛文化最具代表性的器形，后李文化未曾出现。北辛文化鼎的数量较多，形制也较为丰富，大部分为夹砂陶，器表常饰附加堆纹、刻划纹、锥刺纹等。釜依然还是圜底，为炊器，往往与支脚配合使用。[①]

二是慢轮修整技术的出现。虽然此时陶器大多仍采用手制的泥条盘筑法成形，但部分鼎、钵类器物器口规整，有轮旋痕迹，出现了慢轮修整技术，为以后快轮制陶的革命性变化奠定了基础。

三是当时人类掌握了淘洗技术，生产出质地相对细腻的泥质陶器。

四是制陶工艺出现复杂化和程序化趋向。从陶土的淘选、羼和料的添加、器体的成形到烧制完成，已形成一套完整的流程。大型器物多采用泥条盘筑法，小器物则直接捏塑而成，部分则可能采用模制法。有些器类如鼎、小口双耳罐等不是一次制成，往往要经过 2～4 道工序才能完成。

五是陶器的烧成温度比后李文化时期明显提高，后李文化那种火候较低、遇水即溃的陶器已极少出现。

六是陶器的种类及纹饰较之后李文化时期明显增多，器物的复杂程度也加大，而且还出现了彩陶，如泥质陶钵的口沿外侧多绘有一周带状红彩。[②]

特别是三足器和慢轮修整技术的出现，是在后李文化圜形底陶器和泥条盘筑技术基础上的最为重要的两大进步。三足鼎等器物的出现让人们的生活更为方便，而轮修技术的出现则提高了制陶效率，增强了陶器的规整和结实程度，从而提高了人们的生活水平。

---

① 参见山东省文物考古研究所编著：《山东 20 世纪的考古发现和研究》，科学出版社 2005 年版，第 99 页。

② 参见栾丰实：《东夷考古》，山东大学出版社 1996 年版，第 80 页；山东省文物考古研究所编著：《山东 20 世纪的考古发现和研究》，科学出版社 2005 年版，第 123 页。

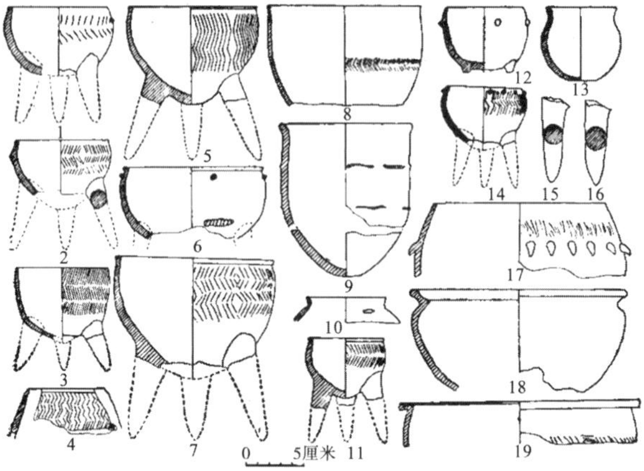

1~3、12、14.A型鼎（027、026、085、024、025） 4.C型罐（038） 5、6、7、11.B型鼎（086、030、028、029） 8、9.尊(087、034) 10.B型罐(037) 13.A型罐(036) 15、16.鼎足(031、032) 17.瓮（039） 18.A型瓮（040） 19.B型瓮（041）

图 1-6 西南庄遗址出土的陶器

资料来源：山东大学历史系考古专业：《山东邹平县苑城早期新石器文化遗址调查》，《考古》1989年第6期。

3.石器的进步见证农业的发展

北辛文化时期的农业较之后李文化时期有了显著的进步，主要表现为生产工具中农业工具比重的加大和种类的增多。西南庄遗址发现的生产工具多采用石、骨、角、牙和少量贝壳加工而成，质地多样，数量较大，种类繁杂，生产工具的功能也日渐趋向专业化。这些生产工具最为突出的一个方面便是大量农业工具——石器的出土。

西南庄遗址出土的石器数量很多，种类也十分丰富，以琢制和磨制为主，个别打制，制作工艺水平和精致程度在后李文化基础上有了很大提高。器形主要有斧、铲、镰、锤、磨盘、磨棒、磨刀和石饼等。斧的形体较小，通体磨光。铲的器形较大，磨制，在石器中所占比例较大，制作工艺十分精湛。石磨盘、石磨棒所占石器总量的比例也较大，数量也很多。石磨盘有长方形和椭圆形两种，均无底足。石磨棒较石磨盘发现数量还要多。① 此时，石器制造技术最突出的进步就是磨制石器的增多，其逐渐成为石器制作的主流。部分器物通体磨光，制作十分精良。打制石器虽然仍存在一定数量，但呈日益减少的态势，而到了后来的大汶口文化时期则已极少见到打制石器。可以说，北辛文化时期是打制石器日益衰落、

① 参见栾丰实：《东夷考古》，山东大学出版社1996年版，第71页；徐其忠、李靖莉、王燕：《黄河三角洲古文化遗存研究》，山东人民出版社2002年版，第66～67页。

磨制石器逐渐发展进步的转折期。石器制造技术进步的第二个表现就是人们已经能够利用不同材质的石料制作不同用途的器形。硬度高的石材多用来制作石斧等砍凿工具,石灰岩等硬度相对较低的石材用来制作石铲、石锄等农耕工具,摩擦力大且具有一定硬度的石材则用在石磨盘、石磨棒等碾磨工具的制作上。

各种石器的功能也十分完备,如石斧主要用于砍伐树木;石铲、鹿角锄主要用于翻耕土地,鹿角锄还兼有挖坑点种的功能,石铲还可以清除杂草。山东大学历史系考古专业在西南庄遗址共采集石器200余件,其中石铲占了一半以上,数量极多。[①] 有的大型石铲长度甚至达到20厘米以上,通体磨光,厚度很薄,十分有利于翻耕土地和清除杂草。石刀、石镰等用于收割庄稼。石磨盘、石磨棒等用于加工粮食,数量同样很多。斧、铲类大型石器还可作为复合工具使用。

大量石器生产工具的出土,证明当时的粮食种植已比较普遍,农业生产有了很大的发展,可能已脱离刀耕火种的原始生产模式,出现了较为先进的锄耕农业,并逐渐成为当时人类获取生活资料的主要来源之一。[②] 由同时期滕县(今滕州市)北辛文化遗址发现部分陶钵底部有粟糠印痕推知,当时已开始种植粟类粮食作物。[③]

西南庄遗址位于邹平南部临近低山丘陵的山前冲积平原地带,土壤肥沃,气候温润,为农业的发展提供了有利的自然条件。在农业不断发展和人类定居生活日益稳定的同时,家畜饲养业也迅速发展起来。西南庄遗址发现的大量猪骨,证明猪已成为当时主要的饲养对象,是先民用以补给营养的主要肉食来源。牛和狗也应是当时饲养的对象,但因发现数量相对较少,应处于次要地位。以猪为主的家畜饲养业已成为北辛文化时期经济生活中不可或缺的部分。

---

① 参见栾丰实:《东夷考古》,山东大学出版社1996年版,第79页。

② 参见山东省文物考古研究所编著:《山东20世纪的考古发现和研究》,科学出版社2005年版,第121～122页。

③ 参见中国社会科学院考古研究所山东队、山东省滕县博物馆:《山东滕县北辛遗址发掘报告》,《考古学报》1984年第2期。

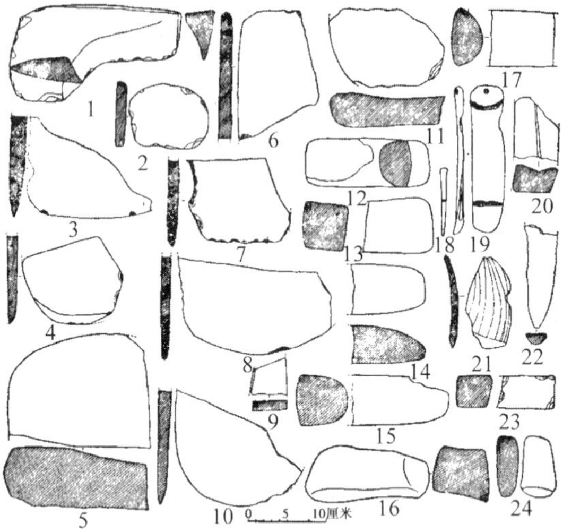

1.镰形两刃石器(023) 2.石饼(021) 3.A型石铲(03) 4、10.B型石铲(02、04) 5.A型石磨盘(09) 6～8.石铲(07、06、05) 9.B型磨石(020) 11.B型石磨盘(010) 12、14.B型石磨棒(013、014) 13、16、23.D型石磨棒(017、082、016) 15.C型石磨棒(015) 17.A型石磨棒(012) 18.A型骨笄(078) 19.骨匕(069) 20.A型磨石(018) 21.端刃蚌器(07 1) 22.角锥(070) 24.石斧(01)

图 1-7 西南庄遗址出土的石、骨、蚌器

资料来源:山东大学历史系考古专业:《山东邹平县苑城早期新石器文化遗址调查》,《考古》1989 年第 6 期。

四 北辛时期的艺术与经济形态

近几年,随着考古工作的不断开展,人们对远古时期的造型艺术已有了较为深刻的认识。在当时,人们在制造物品的时候,往往将美观的要求与实用的目的融为一体,实现审美与实用的双重功能。而且,由于当时的生产力还相对比较低下,满足自身的需要是第一位的,这就决定了手工艺制作不论是从客观上,还是从主观上,只能以满足需要为第一要求,艺术的审美也总是伴随着物品的应用而体现出来。

北辛文化时期,农业的发展促使社会分工的规模和范围日益扩大。为了满足农业生产需要和日益增长的生活需求,这一时期的手工制作业也在后李文化的基础上有所发展,主要包括陶器、石器及骨、角、蚌器的制作和纺织技术等。许多手工业制品,已逐渐摆脱了单纯实用的目的,进而赋予其观赏的美感,做到实用与审美的完美统一和结合,反映了当时人们审美观念的逐渐成熟。

可以说,美的事物不一定是文物的,但一切文物的都是美的,这在一次次的考古发掘中得到了充分的证实。

1.陶器的装饰艺术

制陶业的出现是人类将一种物质改造成另一种物质的开端。最初的陶器制作采用的是泥条盘筑法，受当时工艺水平的限制，人们一方面要考虑泥坯的稳定性，尽量保证不会变形；另一方面还要考虑使用的方便，找到用泥条盘筑法最容易制成的器型。此时的陶器，火候较低、色泽不匀，器形也不够规整，外观粗糙、陶质疏松，仅能满足人们使用的最低要求，尚无余力顾及装饰和美感。如邹平孙家遗址后李文化地层出土的陶器种类比较单调，器物造型也简单，质量较为粗糙，器物多以素面为主，有纹饰者极少，但人们已经知道在器物口沿下以刻、压、刺、戳等手法形成花纹。虽然简单，却是有了一定的装饰趣味和美感。

到了北辛文化时期，慢轮修整技术已开始应用于陶器制作，陶器种类和质量有了很大提升，陶器纹饰也日渐丰富起来。西南庄遗址出土的陶器纹饰以各种附加堆纹、刻划纹、乳钉纹居多，另有锥刺纹、指甲纹和拍印纹等，既增加了陶器的坚固程度，又有一定的装饰性。其中，刻划纹多以组成各种纹样图案的形式出现，常见的有直线曲折纹、波折纹、三角纹、波浪纹、之字纹等。锥刺纹多成周或成带状饰于器物腹部。附加堆纹和乳钉纹也是西南庄遗址中比较有地方特色的两种纹饰。附加堆纹的条纹宽度大都在 5 毫米以上，个别则宽约 1 厘米。乳钉纹主要饰在鼎足部位，起加固作用，有的为圆饼状，有的为半圆球状，有的为圆锥状，其中大的圆饼状乳钉纹直径可达 2 厘米以上，其表面又多有戳印纹，有的圆锥状乳钉突出器表达 1.5 厘米左右。①

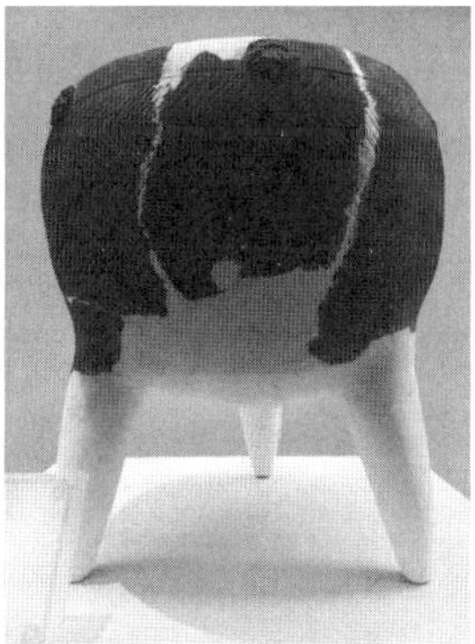

图 1-8　西南庄遗址出土陶鼎

① 参见徐其忠等:《黄河三角洲古文化遗存研究》，山东人民出版社 2002 年版，第68～69 页。

实际上，这些纹饰的最初出现，都是为了培实陶器和加固陶器，慢慢地才有了装饰的效果。如附加堆纹，就是在陶釜等陶器的腹部用长长的泥条缠绕一或几圈，然后再用手指使劲摁上，其主要目的就是加固陶器，但久而久之，人们逐渐将其与审美结合在了一起。特别是人们刻划形成的直线曲折纹、三角纹、之字纹、波浪纹、波折纹等纹样图案，更是突出了器物的装饰美。这些装饰图纹的出现，已经超出了单纯实用的目的，应该具有一定的文化和精神内涵，是一种正在尝试、探索的原始艺术行为和形式。

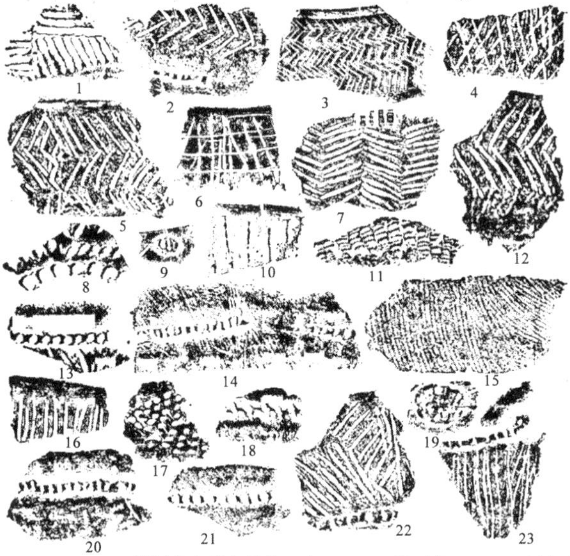

1～6、12、16.刻划纹　7、13、22、23.刻划纹与附加堆纹组合　8、11.指甲纹　9、19.刺点乳钉纹　10.窄堆纹　14、18、20、21.附加堆纹　15.刮抹痕迹　17.刺点纹

图 1-9　西南庄遗址出土陶器纹饰拓片

资料来源：山东大学历史系考古专业：《山东邹平县苑城早期新石器文化遗址调查》，《考古》1989 年第 6 期。

随着制陶技术的提高，人们除了考虑陶器的实用功能和简单的刻划装饰外，也在探寻新的装饰手法，彩陶装饰在这一时期逐渐流行起来。在邹平西南庄遗址北辛文化地层中出土的钵类泥制陶的器物口沿外侧多彩绘一周带状红彩，十分醒目。器物口沿涂饰红彩现象的出现，是人类陶器制作过程中第一次出现单纯美感的追求。虽然其表达的内涵或寓意还不清楚，但这一事物的出现为大汶口文化时期彩陶的流行奠定了基础。

2.骨蚌饰品,独立审美意识的成熟

《周易·系辞下》中说:“古者包牺氏之王天下也,仰则观象于天,俯则观法于地,观鸟兽之文与地之宜,近取诸身,远取诸物,于是始作八卦,以通神明之德,以类万物之情。”可以说“近取诸身,远取诸物”这句话道出了一切艺术的来源。据目前考古发掘来看,考古人员曾在章丘小荆山遗址和西河遗址发现了少量的后李文化时期陶猪和陶人面等陶塑作品,其作用现在虽然还不清楚,但显然是当时较为成熟的一种艺术形式,应与当时人类对自身及身边事物的关心与了解有关。猪是人类最早驯化的,也是驯化数量最多的,是可供给人类肉食的一种动物,人们塑造陶猪这一艺术形象应该寄寓着他们祈望拥有、繁殖更多猪,以获得更多肉食的愿望。陶人面则应是出于早期人类对自身的了解,或是对祖先的崇拜产生的一种类似后世祭祀意义上的神圣物品。滨州后李文化时期的孙家遗址由于未经正式的考古发掘,尚未发现类似的陶塑作品。但到了北辛文化时期,各种脱离单纯实用目的的骨蚌类装饰品开始大量出现,说明人们的审美意识已逐渐从生活和祖先、自然崇拜等信仰中独立出来,具有了相对成熟的特性。

骨蚌器由于质地较软,宜于加工,远古时期的人们在将其制作成生产、生活工具的同时,也不断地将自己的审美观念灌输其中,从而形成了脱离于单纯实用目的的装饰品。这种装饰品是人们审美观念不断成熟的产物,是先秦时期,特别是新石器时期人们装饰的首选物品之一。[①]

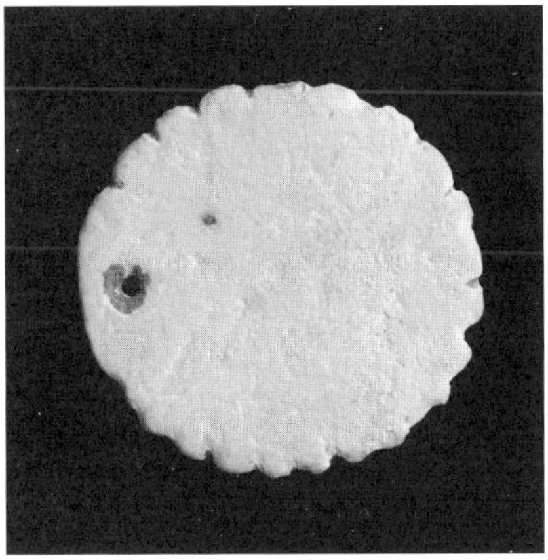

图 1-10　西南庄遗址出土蚌饰

---

① 参见山东省文物考古研究所编著:《山东 20 世纪的考古发现和研究》,科学出版社 2005 年版,第 123 页。

在邹平西南庄遗址北辛文化地层中，除出土大量与农业、渔猎有关的蚌镰、蚌刀、骨刀、骨锥、骨镞等生产、生活类器物，还出土有大量北辛文化时期的骨笄、骨饰、蚌饰等装饰品。其中，有一件圆形锯齿纹蚌饰，直径 2.1 厘米，厚度只有 0.12厘米，中间钻孔，孔直径 0.4 厘米。蚌饰外沿为均衡细密的锯齿纹，制作十分精致。这件骨饰应该是当时穿绳系戴在身上的饰品。另外还发现几件蚌饰，也都饰有细密的锯齿纹。还有一件圆形骨饰，在四周饰有阴线刻的锯齿纹。当时，蚌镰、蚌锯等生产工具十分发达，尖锐的锯齿纹利于粮食作物和植物的收割。而各种装饰品上的锯齿纹应该便是建立在这些蚌锯、蚌镰基础上的，这种来源于生活的锯齿纹也在人们的观念中逐渐深化，从而成为人们审美的一个重要追求。

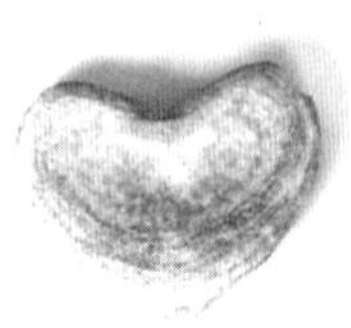

图 1-11　西南庄遗址出土心形饰

在西南庄遗址北辛文化地层中，还发现有管状和环状骨饰品，另有一件修整成漂亮心形的骨饰品，非常精致。用于装饰的骨笄发现的数量更多。这些骨笄多呈细长圆柱体或扁柱体形，尖端多为尖锥形，有的尖部较钝，但很光润。这些骨笄全部通体磨光，有的素面，有的饰有凸弦纹，十分美观。这些饰品都已经脱离了单纯实用的目的，突出反映出当时人们的审美意识已十分成熟。还有部分骨笄的尖部锐利，器身细长，形似针而没有孔，这些骨笄很有可能是针灸使用的骨针。

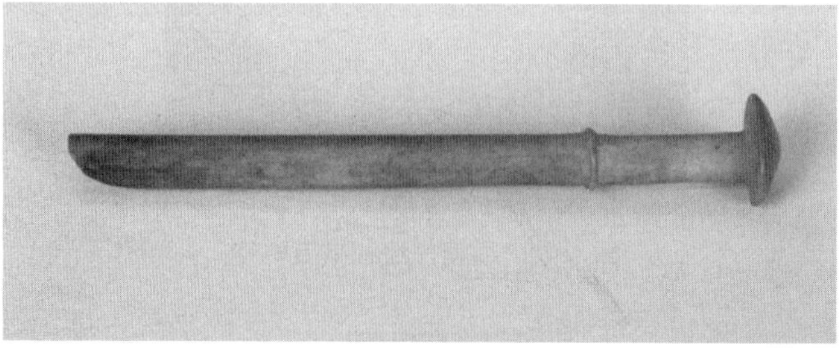

图 1-12　西南庄遗址出土的骨簪(残断)

3.骨蚌器与当时的经济形态

史前时期，古滨州一带气候温润，林木茂盛，湖泊密布，先人通过渔猎捕捞获得食物资源的同时，也将剩下的骨和蚌壳加工成生产生活用具和装饰品。经过钻孔、打磨、抛光的骨蚌器，虽不着纹饰，但造型十分优美，尤其是其中的装饰品和生活用品，更具一种质朴的美感。

北辛文化时期的骨蚌器是建立在渔猎、采集业发达的基础上的。这一时期，农业和家畜饲养业虽然有了较大发展，但依然无法满足当时人们基本的生活需求，渔猎和采集业仍然占有十分重要的地位。北辛文化时期的先民们在骨、角、蚌器的选材、切割、刮磨、钻孔方面已具有相当娴熟的水平。再加上当时的渔猎业为其提供了大量的原材料，因而骨、角、蚌器种类丰富，数量较多，许多器物通体磨光，制作精美，特别是钻孔技术在骨针上体现得尤为突出。

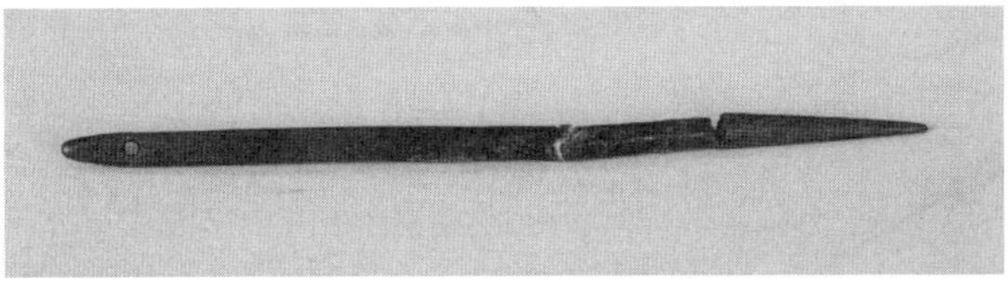

图 1-13　西南庄遗址出土的骨针

西南庄遗址的骨、角器类主要是服务于当时人们的生活、农业生产和渔猎采集经济的，其器类主要有骨匕、鱼镖、骨镞、骨饰、角锥和锯齿状边刃角器等。蚌器数量虽然不少，但均保存不好，风化严重，器形以铲、刀、镰、镞、锥、匕、端刃器等多见。骨器、蚌器所用材料主要来自家畜、野生动物、禽类和水生动物的骨骼、蚌壳、螺壳等，常采用的制作方法有切、割、劈、刮、削、磨等。锥多利用动物桡骨、尺骨、腓骨等磨制而成；角锥绝大部分为鹿角制成，较骨锥粗长，尖端较钝，多呈圆锥形，截面以圆形、椭圆形为主；数量较多的镞则根据形状大体可分为细长锥形、桂叶形、柳叶形、三角形等四类。西南庄北辛文化遗址出土的大量箭镞、鱼镖以及鹿、牛等动物骨骼，证实了渔猎在当时经济生活中的重要地位。特别是各种箭镞，种类多，数量大，表明弓箭的使用很普遍，射猎成为一种较重要的狩猎方式。渔猎和采集不仅给人们提供了食物，而且成为制作骨、角、蚌器的主要原料来源，同时也为先民提供了大量御寒的毛皮。[①]

---

① 参见山东省文物考古研究所编著:《山东 20 世纪的考古发现和研究》,科学出版社 2005 年版,第 122～123 页。

图 1-14 西南庄遗址出土的骨镞

西南庄遗址还出土一件完整的蚌镰，长 5.6 厘米，内侧饰有细密的锯齿纹，整体形状类似今天的镰刀，但尺寸很小，其作用很可能是用来切割动物皮肉的。这件蚌镰虽是蚌壳制成，但由于当时人们对蚌器制作原料的选择要求较高，至今仍十分坚实。

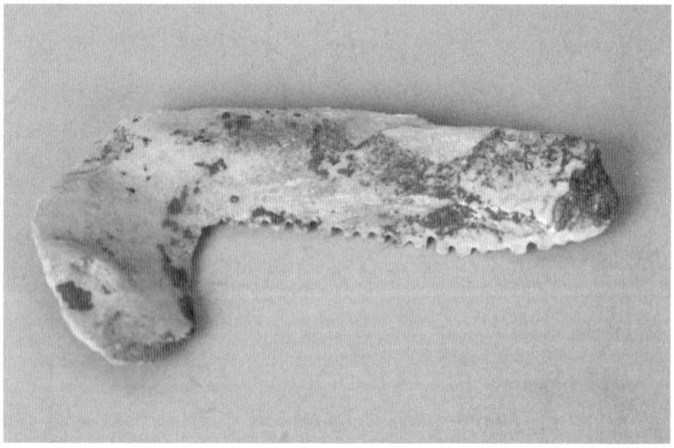

图 1-15 西南庄遗址出土的蚌镰

此时的纺织技术虽然还较原始，但毕竟迈出了关键的一步。西南庄遗址出土了大量长短不一的骨针，反映出缀连技术已普遍应用于当时的日常生活中。鉴于周边同时期的泰安大汶口遗址北辛文化地层曾发现 4 件不甚规整的陶纺轮，滕州北辛遗址也在部分陶器底部发现席纹印痕等现象，证明当时已产生原始的纺织编织技术。同时，纺织技术的发展也促进了骨针的生产和使用。骨针针尖锐利，尾端多扁平，针眼为圆形或椭圆形，有粗细长短的区别，均为磨制。骨针的磨制十分精致，钻孔技术也很成熟，有的针眼大小近似于现在使用的缝衣针，这在金属器尚未发明的情况下应该属于一项高难度的技能。这些骨针通体磨光，细润光滑，呈现淡淡的黄白色调，简洁而清雅。

西南庄遗址采集的遗物中还有较多的动物骨骼，其中以猪骨最多，还有鹿角、牛角等，都是当时渔猎经济的反映。①

4.北辛文化时期的社会形态

生产工具是人类赖以征服自然、改造社会、谋取生活资料的主要手段，是生产资料的重要组成部分，是社会生产力发展水平的主要标志。通过西南庄遗址发现的大量遗物，可以推知当时的农业、家畜饲养业、渔猎采集业和手工业等经济状况明显进步于后李文化时期。

北辛文化时期的经济形态是以农业为主、家畜饲养和狩猎采集为辅的农耕模式，手工业仍处于从属地位，但整体水平有了很大提高。特别是各种造型和装饰艺术的出现，说明北辛文化时期的生产力有了较大的提高。

生产力的发展相应地引起了社会结构的变化。此时，母系氏族公社经过最为发达的全盛时期，进入晚期阶段，并开始向父系氏族社会过渡，而所有制形式也相应地由氏族公有制向家族私有制慢慢转化，婚姻形态则发展到对偶婚阶段。② 此时，家庭作为一个社会单位可能已经出现。

家庭的出现主要表现在房屋结构的变化上，即小房子的普遍出现，并替代了后李文化时期流行的大房子，这很可能是较小的人口单位——家庭产生的一个标志。后李文化时期的房屋，室内面积多在 30 平方米左右，有的甚至超过 50 平方米。而北辛文化的房屋一般只有 4～6 平方米，达到 10 平方米的都十分少见。西南庄遗址北辛文化地层由于被淤沙所扰，没有发现完整的房址，但发现了大量与墙皮、居住面或其他建筑遗迹有关的红烧土块。这些红烧土块厚度在 5～10 厘米，一面平整光滑，另一面有芦苇和灌木条等印痕，说明西南庄遗址也有大量房址的存在。由于西南庄遗址出土文物比较丰富且具有典型性，一段时间内考古学者将在青州、临淄、周村、长清、章丘、邹平等地发现的以西南庄遗址(原称为“苑城遗址”)为代表的文化性质基本相同的 10 余处北辛文化遗址统称为“北辛

---

① 参见栾丰实:《东夷考古》,山东大学出版社 1996 年版,第 72 页;山东省文物考古研究所编著:《山东 20 世纪的考古发现和研究》,科学出版社 2005 年版,第 91～92、104 页;徐其忠等:《黄河三角洲古文化遗存研究》,山东人民出版社 2002 年版,第 67 页。

② 对偶婚,亦称“对偶家庭”,指原始社会时期,不同氏族的成年男女双方,在或长或短的时间内由一男一女组成配偶,以女子为中心,婚姻关系不稳固的一种婚姻形式,它是群婚制向一夫一妻的个体婚制转变的过渡形态或中间环节。对偶婚大体经历了“望门居”“从妇居”“从夫居”几个阶段,“从夫居”已接近于一夫一妻的家庭制。

文化苑城类型”[①]，后来又有学者称其为“鲁北类型”[②]。以该类型为例，目前发现的完整房址仅见于位于临淄的后李和位于长清的王官遗址，均为半地穴式，平面多呈圆形，面积在 10 平方米之内，大多只有 4～6 平方米，有斜坡式门道。西南庄遗址的房屋结构应该与其大致相同，也以小房子为主。从大房子到小房子的变化，不是人们的房屋建筑能力下降了，而是应社会需求出现的一种新变化，此时的每座房子应是一个相对独立的经济和消费单位，是家庭产生的一种标志，而非后李文化时期的母系大家庭模式。[③]

北辛文化鲁北类型发现的墓葬也很少，仅见于后李遗址，均为长方形土坑竖穴墓，未见葬具，少见随葬品，说明当时社会生活资料还很有限，先民主要还是过着共同生产、共同消费的生活。

北辛文化时期虽然已开始向父系氏族社会过渡，但由于生产力的相对低下，这种家庭主要还是依附于母系家庭公社，妇女在社会事务和生产上的地位依然高于男子，大家共同劳动、共同消费，私有财产几乎不存在，即恩格斯所说的“共产制家户经济”[④]模式。但到了北辛文化晚期，也开始出现少量的剩余财产，不排除此时已有私有化的倾向或是开始孕育私有制的萌芽。

五　北辛、大汶口文化时期海侵的影响

大汶口文化(前 3800—前 2300 年)承继北辛文化发展而来，最早于 1959 年发现于泰安宁阳县堡头，因与大汶口隔河相望，后来被命名为大汶口文化。大汶口文化是原始社会后期父系氏族社会的典型文化。大汶口文化在海岱地区分布十分广泛，在山东全省以及邻近的苏北、皖北、豫东地区都有发现。

大汶口文化遗址在省内较多发现的同时，滨州境内的发现则相对较少。滨州境内大汶口文化遗址的发现始于 20 世纪 80 年代，相对较晚，遗址数量较北辛文化遗址略有增加，主要有邹平丁公遗址、滨城区卧佛台遗址、阳信小韩遗址等三处。2014 年春夏，山东省文物考古研究所为配合济东高速公路建设，在滨城区秦皇台遗址进行小范围发掘，发现部分大汶口文化时期的陶片，证明秦皇台遗址

---

① 参见栾丰实：《东夷考古》，山东大学出版社 1996 年版，第 81 页。

② 参见山东省文物考古研究所编著：《山东 20 世纪的考古发现和研究》，科学出版社 2005 年版，第 112 页。

③ 参见栾丰实：《东夷考古》，山东大学出版社 1996 年版，第 81 页。

④ 参见《马克思恩格斯选集》第 4 卷，人民出版社 2012 年版，第 57 页。

早在大汶口文化时期就有人类居住，这一发现使滨州境内的大汶口文化遗址由三处增加为四处。大汶口文化时期，滨州境内的古人类经过2000年左右的不断开拓，其活动足迹终于由邹平南部山前丘陵地带发展到今黄河以北的滨城，并越过徒骇河下游，到达阳信东南。

然而，滨州境内的大汶口文化遗址发现数量还是较少，这一方面与考古工作做得较少有关，另一方面也与黄河淤积较深、地下水位较浅有关。但是，不可否认的是，渤海南岸盐碱程度较为严重，本就不太利于人类生存，这也就造成当时人们一般不会选择滨州北部沿海作为居住地。更何况自北辛文化开始，渤海南岸还发生了一次影响深远的海侵事件，更是严重阻碍了滨州境内人类的进一步向北开拓发展。

1.现渤海、黄海、东海一部分曾为陆地

海侵在渤海南岸经常发生，但在北辛文化、大汶口文化时期海侵之前，渤海南岸一带曾经形成一大片陆地。

据环境考古表明，在大理冰期顶峰时代，滨州附近的海平面大幅下降，3万年前约比今天低100多米，2.5万年前则低140多米。[①] 这时，现渤海、黄海和东海的相当一部分海域变成了一片辽阔的陆地平原，胶东半岛、辽东半岛、朝鲜半岛和日本列岛南部陆地可相连。到了距今12000年前，大理冰期逐渐结束，气温不断上升，海平面亦逐渐上升，胶东半岛、辽东半岛、朝鲜半岛和日本列岛南部等相连的陆地又逐渐沉到了海下。到了距今8000年前，气温已略高于今天。这段时间，气候变暖，海平面上升，滨州北部的很多区域也再次被淹于海下。

这一时期，气候在一连串的剧烈波动中逐渐回暖，从而引起了动植物群落的改变，也相应地改变了人类活动的内容：人们从以狩猎为主的取食活动逐渐过渡为渔猎和植物性食物采集并举的广谱型采集经济形态。在这个过程中慢慢积累起来的有关对植物资源的了解，成为农业最终产生的知识基础。而气候的剧烈波动也促进了许多植物的进化，进而为粟与水稻的培育成功提供了先期的条件。

在公元前6300年至前5300年间的后李文化时期，滨州南部山前丘陵地带开始出现人类活动的足迹。这一时期，正当大理冰期结束之后，气温逐步回升之时。滨州境内气候温暖湿润，气温比现在高2～3℃，降水丰富，河湖沼泽密布，大量喜温的动植物居于其间，属于典型的亚热带气候，自然环境非常适宜人类生存

---

① 参见刘敏厚：《晚第四纪海面变化——Ⅺ届INQUA会议海岸线分组会简介》，中国第四纪研究委员会、中国海洋学会编：《中国第四纪海岸线学术讨论会论文集》，海洋出版社1985年版，第5～14页。

和生活。不过，后李文化时期的聚落规模和人口密度还都比较小，农业生产也以原始的刀耕火种方式为主，人类活动范围主要分布在靠近山地的丘陵和山前平原地带。①

在北辛文化时期，即公元前5300年至前3800年前后，仰韶温暖期进入鼎盛时期，此时温度高于后李文化时期，高于现在至少2～3℃。这一时期，黄河冲积使泰沂山区周围开始慢慢形成适宜人类长期居住的平原地势，鲁北平原降水丰沛，湖沼较多，与后李文化时期一样都属于典型的亚热带气候。鲁北平原出现了大量的水蕨、水青冈、枫香、山核桃、铁杉、杨梅等植物和丽蚌、楔蚌、尖嵴蚌、水牛、梅花鹿等动物，这些动植物今天只生存于亚热带地区，尤其是楔蚌、丽蚌等物种，现在主要分布在温暖湿润的长江中下游地区及以南的河流湖泊中。位于邹平的西南庄遗址北辛文化地层中便发现大量的鹿、淡水蚌等亚热带物种。以上这些动植物标本的发现反映出当时滨州一带的生态环境与今天的长江中下游地区较为相近。此时，人类在滨州的活动范围有所扩大，他们过着定居的农耕生活，从事采集、渔猎等生产活动。

在大汶口文化早中期阶段，即公元前3800年至前2800年前后，山东北部的气候依然湿热多雨，温暖湿润。滨州的博兴曾发现一对完整的麋鹿角。1977年，与现滨州相邻的广饶在支脉河疏浚施工时也发现一对完整的麋鹿角。广饶五村遗址曾发现21种动物遗骸，其中有大量的楔蚌、丽蚌等野生蚌类以及鱼类、麋鹿等湖泊、沼泽动物。② 距滨州不远的泰安大汶口墓地还出土了许多生活于长江中下游及以南地区的扬子鳄、象、麋鹿等动物骨骼。③ 山东北部大汶口文化早期遗址出土的这些动物骨骼和大量贝壳，充分证明当时鲁北平原气候仍然较为温暖湿润，降雨较多。这一时期的植被以阔叶树种居多，并含有少量亚热带树种，森林茂密、草木繁盛、湖泊众多，年平均气温也仍比现在高出2～3℃，与现在长江流域的气候条件相似。也有学者依据广饶五村、潍坊寒亭前埠下等鲁北滨海遗址出土的獐、青鱼、丽蚌、扭蚌、楔蚌等动物和贝类遗骸，推定当时的年平均气温比现在高4～5℃。

到了大汶口文化晚期阶段，即公元前2800年至前2300年间，气温开始有小幅

① 参见燕生东：《全新世大暖期华北平原环境、文化与海岱文化区》，周昆叔等主编：《环境考古研究》第3辑，北京大学出版社2006年版，第73～84页。

② 参见山东省文物考古研究所、广饶县博物馆：《广饶县五村遗址发掘报告》，张学海主编：《海岱考古》第1辑，山东大学出版社1989年版，第61～123页。

③ 参见李有恒：《大汶口墓群的兽骨及其他动物骨骼》，山东省文物管理处、济南市博物馆编：《大汶口——新石器时代墓葬发掘报告》，文物出版社1974年版，第156～158页。

度的下降，气候较之以前也变得温凉干燥，降水也略有减少，以松、冷杉、云杉为主的温性针叶林面积有所扩大，阔叶林则相对减少，但整体气候仍较今天温暖湿润。

2.气温居高造成全新世中期最大海侵

由于气温的长时间居高不下，渤海湾沿岸随之发生了一次有史以来最长时间、最大范围的海侵，黄河和济水入海处的沿岸普遍受到影响，海水向陆地侵入数十千米。海侵时间大概从距今 7500 年前开始，到距今 5000 年左右的时候结束。据地质钻孔所获海相层分布和有孔虫研究，大汶口文化时期的海侵范围很大，海水向陆地推进得很远，在莱州湾沿岸深入陆地 30 千米，在基岩港湾海岸大致与 5 米等高线相一致，海侵范围一度到达盐山、无棣、滨城、广饶、寿光和昌邑一带，至大汶口文化末期，海水陆续后退。[①] 考古发现的滨城卧佛台遗址、秦皇台遗址和阳信小韩遗址等大汶口文化遗址的分布，表明全新世中期最大海侵并没有到达卧佛台、秦皇台和小韩一线。通过大汶口文化遗址的分布情况对海岸线、湖泊、沼泽地范围进行复原研究，发现此时的鲁北海岸线要比原来向前推进许多。[②]

到了龙山文化时期，即公元前 2300 年至前 1700 年间，渤海西南岸的海岸线不断后退并趋于稳定，鲁西北沿海地带已基本成陆。龙山文化早期的气候环境与大汶口晚期阶段相比基本相同，到了龙山文化后期气温又有所下降，但较今天依然要高。根据古史传说推测，这段时间黄河中下游地区应该有过大规模的洪水泛滥，严重影响到当时人类的生产和生活。特别是这一时期黄河曾经改道苏北，地貌的变化对古文化的发展产生了深远的影响，其结果是东夷文化集团与华夏文化集团的交流及融合。[③] 洪水和降温影响着高度发达的山东龙山文化，从而导致龙山文化在繁荣之后逐渐走向衰落，继之而起的则是相对落后的岳石文化。

---

① 参见王昭鸿：《莱州湾西岸第四纪海相地层及其沉积环境的初步探讨》，《海洋与湖沼》1979 年第 1 期；杨怀仁等：《黄河三角洲地区第四纪海进与岸线变迁》，《海洋地质与第四纪地质》1990 年第 3 期。

② 参见王青：《大汶口文化自然环境探讨》，《东南文化》1991 年第 5 期；徐其忠：《从古文化遗址分布看距今七千年至三千年间鲁北地区地理地形的变迁》，《考古》1992 年第 11 期；王青：《大汶口文化环境考古初论》，《辽海文物学刊》1996 年第 2 期；胡秉华：《山东史前文化遗迹与海岸、湖泊变迁及相关问题》，中国考古学会编辑：《中国考古学会第九次年会论文集(1993)》，文物出版社 1997 年版，第 35～49 页；何德亮：《山东史前时期自然环境的考古学观察》，《华夏考古》1996 年第 3 期。

③ 参见王青：《试论华夏与东夷集团文化交流及融合的地理背景》，《中国史研究》1996 年第 2 期；王青：《试论史前黄河下游的改道与古文化的发展》，《中原文物》1993 年第 4 期。

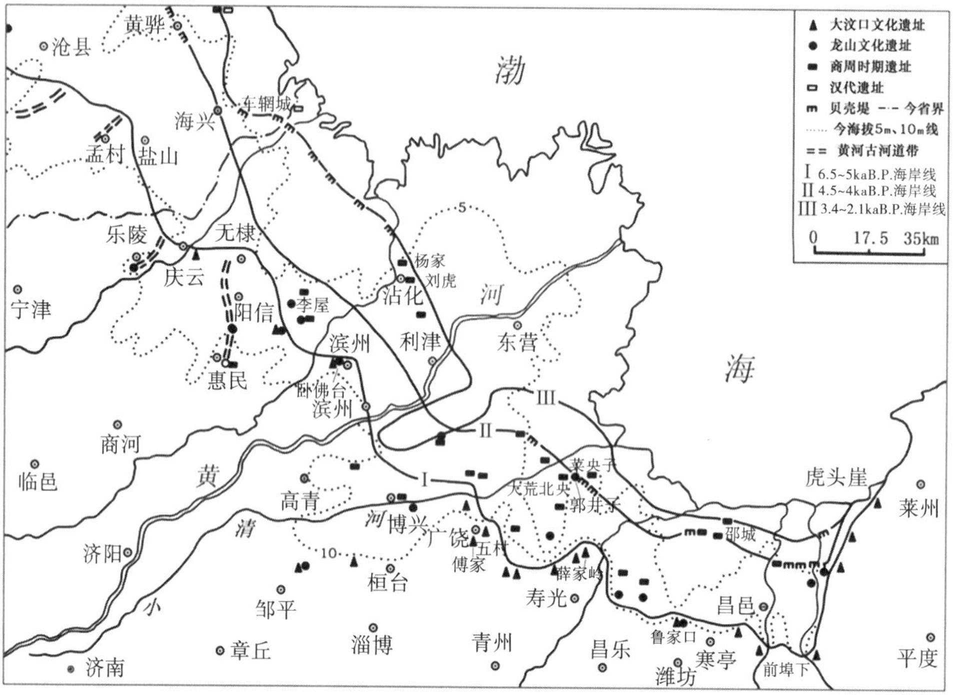

图 1-16　先秦时期渤海西南岸的海岸线变迁

资料来源:王青:《山东北部沿海先秦时期海岸变迁与聚落功能研究》,山东大学东方考古研究中心编:《东方考古》第 3 集,科学出版社 2006 年版,第 281～297 页。

3.海侵对滨州产生了深远的影响

渤海南岸的海侵虽然时有发生,但这次却是内侵范围最大、持续时间最长的一次。如此长时间大范围的海侵对滨州当地造成了两个影响深远的后果:一是严重影响了人们的生活,特别是无棣、沾化两地,直到龙山文化、岳石文化时期一直都没有人类活动,直至现在该地的盐碱化程度依然很高;第二个影响就是形成了丰富的卤水资源,促进了制盐业的发展,进而使滨州继龙山文化之后,在商代迎来了有史以来的第二次文化大繁荣。

渤海南岸一带是第四纪地质时期海水反复进退的滨海平原,地质基础是新生代的渤海构造盆地和第四纪的堆积盆地。滨海平原上有宽阔的海岸潮滩,滩面上分布着一些大大小小的坑洼、潮沟和古河道,有些岸段为河口沙坝、沿岸沙堤等堆积体及其所圈闭的宽浅潟湖洼淀等。这种地貌特征为积水成卤提供了非常有利的地质条件。渤海沿岸地区晚更新世以来古地理环境的突出特点就是海平面波动幅度大,海陆变迁次数多,海侵发生频率高。在距今 11 万年以来的晚第四纪时期，至少发生过三至四次大规模的海进海退。最近的一次大规模海侵，便发生在距今约7500年至5000年间的北辛文化晚期和大汶口文化早中期阶段，海水普遍侵入了渤海沿岸低地平原区。目前已被确认的海侵最大分布范围的古海岸线从无棣城东部、车镇、崔口→沾化城→阳信水落坡东→北镇（今滨城区）→博兴纯化、花官→广饶→寿光寒桥→潍坊寒亭→昌邑北部，经平度市新河和灰埠丘陵北麓，向莱州龙口滨海地带延伸。约在距今5000年至4000年之间，海平面逐渐下降，并在滨海平原成陆过程中产生了3～4次较长时间的停顿，发育成了多条以贝壳堤、牡蛎礁和潟湖洼地为标志的古海岸线，其中黄河三角洲渤海南岸至少有4条古贝壳堤，它们标示出了5000年以来古海岸线的迁移和成陆过程。[①] 在海陆反复进退过程中，一些海水滞留在滨海平原的低洼处，并逐渐成为地下卤水盐类物质的来源。[②]

图1-17　无棣县大口河贝壳堤

到了殷商时期，商王朝出于对海盐资源的渴求，开始不断强化对今滨州沿海一带的统治，并大范围地移民至此。包括滨州在内的河济下游、渤海西南岸地区也成为整个商王朝境内人口最为密集，经济、文化最为发达的地区之一，并发展

① 参见杨怀仁等：《黄河三角洲地区第四纪海进与岸线变迁》，《海洋地质与第四纪地质》1990年第3期；庄振业等：《渤海南岸6000年来的岸线演变》，《青岛海洋大学学报》1991年第2期；赵希涛主编：《中国海面变化》，山东科学技术出版社1996年版，第44～83页；徐家声：《渤海湾黄骅沿海贝壳堤与海平面变化》，《海洋学报》1994年第1期；王青等：《山东北部全新世的人地关系演变：以海岸变迁和海盐生产为例》，《第四纪研究》2006年第4期；王青：《鲁北地区的先秦遗址分布与中新世海变迁》，周昆叔等主编：《环境考古研究》第3辑，北京大学出版社2006年版；薛春汀：《7000年来渤海西岸、南岸海岸线变迁》，《地理科学》2009年第2期。

② 参见于成龙：《鲁北地区商周时期盔形器的初步研究》，山东大学历史文化学院硕士学位论文，2012年。

成为商王朝最稳定的大后方。

六　大汶口时期的遗址分布与社会现状

大汶口文化时期，由于渤海南岸发生大规模的海侵，人类的开拓发展受到严重影响。这一时期，虽然境内遗址数量仅仅由北辛文化时期的三处增加为四处，但从遗址的分布范围还是可以看出人类的活动足迹有了较大的拓展。

1.大汶口文化遗址的分布

滨州市境内的大汶口文化遗址目前发现的有邹平丁公遗址、滨城区卧佛台遗址、滨城区秦皇台遗址和阳信小韩遗址等四处。其中秦皇台遗址是 2014 年春夏期间发现的。当时，山东省文物考古研究所为配合济东高速公路建设，在滨城区秦皇台遗址进行小范围发掘，发现部分大汶口文化时期的陶片，证明秦皇台遗址早在大汶口文化时期也有人类居住，这一发现使滨州境内的大汶口文化遗址由三处增加为四处。

目前，四处大汶口文化遗址经过正式考古发掘的只有邹平的丁公遗址。滨城区秦皇台遗址虽做了部分发掘，但发掘位置只是处于遗址的边缘地带，所以发现极少。滨城区卧佛台遗址和阳信小韩遗址虽未做过正式发掘，但经过多次田野调查，也采集到一些典型器物，其中又以阳信小韩遗址文化遗存较为丰富。

2.小韩遗址是此时黄河三角洲地区最北端的分布

小韩遗址位于阳信县城东南 15 千米、商店镇小韩村北 2000 米处，距卧佛台遗址大约 20 千米，发现的大汶口文化器物主要有大汶口早期晚段和中期的陶器残片，时代与卧佛台同时或稍晚。[①] 该遗址南北长 200 米，东西宽 118 米，总面积为 2.36 万平方米，1988 年在夏季田野考古调查时发现，后经几次踏查和考古勘探，从遗址内采集有较为丰富的文物标本。近几年，遗址上又采集有北辛文化时期的红陶钵残片，陶钵口沿涂抹一圈朱红色颜料。这一遗址的发现将阳信东南区域、徒骇河下游地带的人文历史年代，上推到距今 7000 年前后。该遗址是迄今为止已知北辛文化和大汶口文化在滨州和整个黄河三角洲地区最北端的分布。[②]

---

① 参见滨城文物管理所、北京大学中国考古学研究中心：《山东滨州市滨城区五处古遗址的调查》，《华夏考古》2009 年第 1 期。

② 参见徐其忠等：《黄河三角洲古文化遗存研究》，山东人民出版社 2002 年版，第83 页。

图 1-18　滨州市大汶口文化遗址分布示意

小韩遗址地表现为一片农田，西高东低，呈漫坡状台地，地势明显高于周围农田。遗址中部偏东有一南北向水渠穿过。从水渠两侧渠壁观察，耕土层下为淤积土层，两层厚约 1.2 米，再往下为文化层，土色呈灰黑色，厚约 1.5 米，包含物较为丰富。在水渠两侧的农田中也散落有较多的遗物，多为陶器残片，器形有鼎、钵、小口双耳壶、鬶、豆、盆等，还采集到部分彩陶器物残片和石器残片。① 考古勘探还发现小韩遗址的土层中含有木炭块、红烧土等包含物，其文化地层主要包括大汶口文化、龙山文化和商周文化地层。1992 年 6 月，该遗址被山东省人民政府公布为第二批省级文物保护单位。

小韩遗址采集的大汶口文化时期的遗物多为陶器，有夹砂（蚌）陶和泥质陶两种，器形有鼎、钵、罐、三足觚形杯等，以钵类居多。其中，鼎足 4 件，呈扁锥状或侧三角凿形，夹砂陶，陶色分别为灰色、黄褐色和橘红色，火候较低；罐口沿残片 3 件，夹细砂红陶，火候相对较高；小口双耳壶残件 10 片，泥质陶，火候较高；陶钵 18 件，以口沿残片为主，为泥质陶，橘红色，火候较高；红陶杯口沿残片 1 件，泥质陶，火候较高；三足觚形杯底座 1 件，泥质灰陶，火候较高。彩陶器物残片均为泥质陶，胎壁较厚，色呈浅灰，外多施红、白、赭三种色彩，烧制火候较高。② 鼎等炊煮器均为夹砂陶，手制，不甚规整，火候较低；罐和小口双耳壶等盛器则多为夹细砂或泥质，火候较高；钵、杯等食器、酒器则全为泥质陶，陶钵形制多变，有的施彩绘。当时人们已经掌握了各类陶器的特点，能够根据不同的用途制造质地不同的陶器。陶器多为手制，以没有装饰的素面陶器居多，也有少量彩陶。

3.大汶口文化时期的经济状况

滨州境内发现的大汶口文化遗物虽然较为零散，但为研究黄河三角洲地区的大汶口文化提供了极其重要的新线索。

滨州自有人类生活以来，经过了后李文化、北辛文化 2000 多年的发展，至大汶口文化时期，社会经济的各个方面都获得了长足的进步，其中比较突出的是农业、家畜饲养业和手工业。而且由于大汶口文化本身经历了长达 1500 余年的时间，农业、家畜饲养业和手工业的生产水平也处在不断提高和发展过程中。

农业是大汶口文化时期最主要的经济部门，种植的农作物主要是粟。由于考古工作的原因，这一时期发现的农业生产工具比较少，但在陶器中发现了一定数量的陶鬶、高柄杯等专用酒器，这是与农业发达、粮食出现剩余分不开的。家

---

① 山东滨州市文物管理处、阳信县文物管理所：《山东阳信县古文化遗址调查》，《华夏考古》2002 年第 4 期。

② 山东滨州市文物管理处、阳信县文物管理所：《山东阳信县古文化遗址调查》，《华夏考古》2002 年第 4 期。

畜饲养业到了大汶口文化时期也达到较为发达的水平，猪、牛、狗、羊、鸡都已成为人们饲养的对象，尤其是猪更为重要，其是家畜饲养的主体，是大汶口文化居民肉食的主要来源之一。狗的饲养也很普遍，其地位仅次于猪。[①] 随着农业种植和家畜饲养业的发展，原来人们依赖较大的渔猎采集经济则逐渐退居为次要生产部门。但渔猎经济在大汶口文化居民生活中依然占有重要的地位，尤其是在沿湖、沿河或是山前丘陵地带，渔猎是人们生活食物的重要来源。渔猎对象主要是鹿类、野猪、鱼类和蚌、贝类。

在农业、家畜饲养业发展的基础上，手工业也发展迅速，主要有制陶、制石、制骨以及纺织、编织、酿酒和建筑等。这一时期，随着手工制作业的技术越来越复杂和高效，一些制造者开始逐步脱离农业，不断向专业化和独立化方向发展。至此，社会分工不但出现在农业和制造业之间，也在制造业内部发展起来，这必然引起产品交换和流通方式的复杂与多样化，促进私有观念的产生和私有经济活动的发展。

大汶口文化时期的制陶业是在北辛文化基础上发展起来的，是大汶口文化最为主要的手工业部门之一，在大汶口文化时期的手工业生产中占有相当重要的地位。陶器是人们日常生活中不可缺少的生活用品。大汶口文化时期陶器的生产表现出一定的阶段性，各种陶色在不同时期的比例也有着较大变化，时间越早，红陶所占比例越高；时间越晚，红陶所占比例越小，其他陶色比例相应增加。早期阶段，陶器制作以泥条盘筑的手制方法为主，慢轮修整技术为辅，陶器规整程度较前大为提高。但烧造火候依然较低，陶色以红陶、红褐陶为主，黑陶、灰陶少见。中期阶段，陶器制作仍以手制为主，但慢轮修整已运用得较为普遍，快轮技术开始出现。红陶和红褐陶数量开始减少，灰褐陶数量廾始增多。陶器烧制火候较高，器类也逐渐增多。晚期阶段的陶器生产有了更为显著的进步，许多器物已使用拉坯成型的快轮生产技术，生产效率大为提高，更为重要的是快轮制陶是一种可以大批量生产的技术，它的发明不可避免地要引起制造业内部的结构变革。红陶所占比例进一步下降，灰、黑和灰褐陶开始占据主要地位。[②] 这一时期器类增多，器形复杂，并新出现了白陶和薄胎黑陶。白陶和薄胎黑陶的出现，是大汶口文化晚期阶段陶器生产的两项重要成就。薄胎黑陶主要见于高柄杯，它代表了这一时期制陶工艺的最高水平，龙山文化时期流行的蛋壳黑陶高柄杯就是在此基础上产生的。白陶使用的原料为一种特殊的陶土——坩子土，经高温烧制而成，它突破了陶器原料局限于黏土的限制。白陶器多数胎薄质匀，质地

① 参见栾丰实：《东夷考古》，山东大学出版社 1996 年版，第 173～177 页。

② 参见山东省文物考古研究所编著：《山东 20 世纪的考古发现和研究》，科学出版社 2005 年版，第 184～185 页。

较硬，烧成温度达 1200℃左右，主要见于陶鬶等少数器形。[①] 大汶口文化时期，各种陶器颜色纷纷出现，从红、黄、褐色直到灰、黑、白色等，说明当时制陶技术的高超与全面。不同的陶色需要不同的烧窑技术，要烧制红陶需要用氧化焰，烧制灰陶要用还原焰，烧制黑陶则要掌握碳素渗入技术。[②]

大汶口文化时期流行三足器、圜底器、平底器和圈足器，器形有鼎、罐、盆、钵、杯、豆、壶等，其中陶鬶、高柄杯等专用酒器的出现，说明当时的酿酒业已十分发达。此时陶器器表多以素面或素面磨光为主，纹饰较少，有刻划纹、锥刺纹、捺窝和镂孔等。彩陶纹饰比较丰富，多绘在带耳杯、钵等泥质陶上，这些泥质陶质地细腻纯净，杂质较少，结构紧密，坚固耐用。色彩以红、白、赭色居多，用单彩或复彩绘制，颜料主要为天然赭石。复彩是在制坯时，先对器表进行磨光处理，然后在陶器表面着一层红色泥浆作为衬地，俗称陶衣。最后，以此为底着赭色漫涂，再用红、白色勾点。单彩就是直接在器物表面绘彩。绘彩又分烧前绘彩和烧后绘彩两种。烧前绘彩是在入窑前用类似毛笔一类的工具在陶坯上进行彩绘，再入窑烧造，这样可以使色彩与胎体融为一体，结合紧密，色彩不易脱落。烧后绘彩是将陶器烧好后再上色，由于与胎体粘接不牢，颜色容易脱落，这种陶器一般称为彩绘陶器。[③] 彩陶的图案比较简单，主要有圆圈、漩涡、三角、波浪纹和由条带组成的几何纹等。

滨州境内大汶口文化房址虽未发现，但根据周边的考古发现，可以看出当时的建筑形式已经由半地穴式逐步向地面式建筑发展，平面布局有方形、圆形两种，面积在 20 平方米左右。

4.父权制逐渐代替母权制

大汶口文化时期，随着生产力水平的不断提高，人们的劳动分工逐步扩大并固定化。到了大汶口文化中晚期，男女两性在社会生产中的作用和地位已发生了巨大的变化，过去从事渔猎的男子大多转向了农业生产，成为社会生产劳动的主力军。女子在整个社会生产活动中的地位则逐渐退居次要位置，开始以纺织、缝纫和其他家务劳动为主，男耕女织的生产模式已初步形成。

社会生产劳动分工的确立，打破了原始社会共同生产的局面。人们的分工不同，所需要的生产资料也不同。从事农业生产的，必然要和土地、农具结合在一起；从事陶器制作的，必然要和陶窑、制陶工具结合在一起，每个行业都有各自

---

① 参见栾丰实：《东夷考古》，山东大学出版社 1996 年版，第 180 页。

② 参见安作璋主编：《山东通史・先秦卷》，人民出版社 2009 年版，第 28 页。

③ 参见山东省文物考古研究所编著：《山东 20 世纪的考古发现和研究》，科学出版社 2005 年版，第 195 页。

独立的生产资料。这样,生产分工的不同促使从事不同生产的人与相应的生产资料结合在一起,从而形成了一种新的生产关系。这种生产关系打破了原始社会生产资料公有制的局面,进而出现了私有制。而社会分工引发的产品交换和流通的复杂化,则产生了最初的商品生产,这一点在手工业的生产领域表现得最为突出。从已经出现的可供大批量生产的快轮制陶技术和一些精制陶器分布广泛等情况看,此时的手工业中已萌发了以交换为目的的生产。产品交换是建立在尊重和承认交换双方分别占有自己产品的权利的基础上的,这就进一步强化了刚刚产生的私有观念。

这一时期,随着分工劳动的不断深化,人们创造出了更多的剩余产品,贫富差距逐渐出现并日趋明显,而且出现了高档陶器、酿酒等专门服务于社会上层的贵族手工业。人们在财产占有关系上,特别是在生产中地位和作用的巨大变化,必然引起整个社会结构、社会制度的根本变革,这一变革就是父权制逐步代替母权制,并在大汶口文化晚期正式确立父权制。

到了大汶口文化晚期,随着私有制和贫富分化的进一步加剧,古老的氏族制度遭到破坏,渐渐解体而亡,而新的文明社会的因素迅速成长起来,很快就在社会生活的各个领域取得优势,一场具有重大转折意义的新旧交替即将在滨州大地上展开。

七　龙山文化，滨州历史上的第一次文化大繁荣

从距今 8500 年开始至距今 4000 年前,在上下 4000 余年的时间里,滨州境内的人类聚落分布范围由南向北不断扩展,即从滨州南部的山前丘陵地带逐步向北扩大,进而跨过现在的小清河、黄河、徒骇河,几乎遍布整个滨州大地。到了公元前 2300—前 1700 年的龙山文化时期,滨州境内终于迎来了有史以来的第一次文化大繁荣。此时,人们活动的区域有了较大规模的扩展,境内的社会、经济和文化都有了翻天覆地的发展和变化,史前文化达到了鼎盛状态,这在遗址的数量、规模,礼制和辞章文字以及城址的出现等方面都得到了清楚反映。

1.龙山文化时期境内遗址数量骤然增多

滨州境内目前发现年代最早的史前文化为新石器时代的后李文化(前 6300—前 5300 年),滨州境内有人类活动的历史由此开始。但滨州境内后李文化遗址非常少,只有位于邹平山前丘陵地带的孙家遗址一处,说明当时人类的活

动范围还非常有限。继后李文化之后发展而来的是北辛文化(前 5300—前 3800 年),人类活动范围比后李文化时期明显扩大,甚至越过现在的小清河和黄河,到达徒骇河流域的滨城和阳信一带,但也只是发现了西南庄遗址、卧佛台遗址和小韩遗址等 3 处。[①] 再发展到公元前 3800—前 2300 年的大汶口文化时期,滨州境内的史前文化开始慢慢繁荣起来,遗址数量虽然只是由北辛文化时期的 3 处增加到 4 处,但遗址规模明显变大。这 4 处遗址分别为邹平的丁公遗址、滨城的卧佛台和秦皇台遗址、阳信的小韩遗址等。

继大汶口文化发展而来的龙山文化(前 2300—前 1700 年),是山东地区最早被发现的新石器时代文化,于 1928 年发现于章丘龙山城子崖。龙山文化遗址在滨州境内的分布十分广泛。据不完全统计,现滨州境内自 20 世纪 50 年代开始发现龙山文化遗址以来,经过三次大规模的文物调查,除由大汶口文化直接发展而来的丁公遗址、卧佛台遗址和小韩遗址等龙山文化遗址外,另外还发现龙山文化遗址 31 处,总共发现龙山文化遗址达 34 处。其中邹平境内有 20 处:丁公遗址、鲍家遗址、西鲍遗址、周西村遗址、芦泉遗址、尚旺遗址、古城遗址、后鲍遗址、化庄遗址、大闫遗址、好生遗址、史营遗址、礼参店遗址、大河崖遗址、杨家寨遗址、郎君遗址、古王台遗址、里六田遗址、庄郭项子遗址(因修建厂房被破坏,现已消失)、房家遗址(因邹魏集团修建厂房,现已消失)等;博兴境内有 6 处:寨下遗址、利城遗址、柳舒遗址、曹家遗址、村高遗址、辛耿遗址等;滨城境内有 2 处:卧佛台遗址、兰家遗址等;惠民境内有 3 处:路家遗址、大商遗址、大商二遗址等;阳信境内有 3 处:小韩遗址、棒槌刘遗址、纸坊遗址(因房屋建设现已消失)等。[②] 这些龙山文化遗址分布较有规律,在黄河以南主要分布在博兴和邹平的小清河沿线一带,黄河以北则主要沿徒骇河两岸分布在滨城、阳信、惠民。无棣曾发现一件残断的石斧,疑似龙山文化时期,但龙山文化遗址尚未发现,沾化等亦未发现明显的龙山文化遗址。

滨州境内发现最早的龙山文化遗址是于 1954 年在滨县旧城内西北隅(今滨城区滨北街道办事处)发现的卧佛台遗址,发现最为重要且经过正式考古发掘的龙山文化遗址则是邹平的丁公遗址。另外,邹平鲍家,博兴利城、寨下、村高,惠民路家、大商二,滨城兰家,阳信的棒槌刘等遗址也都十分重要。

---

① 参见滨城区文物管理所、北京大学中国考古学研究中心:《山东滨州市滨城区五处古遗址的调查》,《华夏考古》2009 年第 1 期。

② 参见滨州市文物局编:《滨州文物通览》,齐鲁书社 2014 年版;滨州市文物管理处编:《滨州市第三次全国文物普查资料汇编》,2010 年滨第 10 号内刊本;滨州文化志编纂委员会编:《滨州文化志》,方志出版社 2011 年版。

图　例

1. 丁公遗址
2. 鲍家遗址
3. 周西村遗址
4. 西鲍遗址
5. 芦泉遗址
6. 古城遗址
7. 化庄遗址
8. 后鲍遗址
9. 大闫遗址
10. 尚旺遗址
11. 好生遗址
12. 史营遗址
13. 大河崖遗址
14. 礼参店遗址
15. 杨家寨遗址
16. 郎君遗址
17. 里六田遗址
18. 古王台遗址
19. 庄郭项子遗址
20. 房家遗址
21. 寨卞遗址
22. 利城遗址
23. 村高遗址
24. 曹家遗址
25. 柳舒遗址
26. 辛耿遗址
27. 兰家遗址
28. 卧佛台遗址
29. 侯家遗址
30. 大商遗址
31. 路家遗址
32. 大商二遗址
33. 小韩遗址
34. 棒槌刘遗址
35. 纸坊遗址

图 1-19　滨州市龙山文化遗址分布示意

2.遗址聚落开始出现明显的等级和规模差别

龙山文化时期，社会总人口发生了一次爆发性的增长，聚落密度和规模都大大超过了以前，出现了城、中心聚落和围绕城、中心聚落的小聚落，形成了不同聚落之间的等级差别。

为了获得更多的资源，一些相邻的村落不得不结成大型聚落。久而久之，这些大型聚落渐渐发展成为一个地区的中心，而其中规模更大、实力更强的中心聚落则渐渐修筑起自己的城墙，发展成为古人所谓的国。这些中心聚落一般面积很大，达到数十万平方米，甚至近百万平方米，文化堆积也十分丰富，而围绕在其周边的小聚落则面积很小，有的只有几千平方米，文化堆积也不丰富。如滨城区卧佛台遗址面积达到40多万平方米，博兴的利城遗址面积更是达到60多万平方米。虽然这些大面积的遗址因为考古发掘工作较少，尚未发现城址，但至少也应是当地一处政治、经济和文化较为重要的中心聚落。而邹平丁公遗址发现了面积约11万平方米的龙山城址，则应是当地等级更高的政治、经济和文化、军事中心。丁公城呈圆角方形，由城墙和壕沟两部分组成，四周城垣十分规整。该城使用时间较长，持续了五六百年，基本贯穿整个龙山文化时期，一直到进入岳石文化时期还在使用。丁公城内的龙山文化堆积十分丰富，堆积厚度一般为1.5～2米，各种遗迹的叠压、打破关系错综复杂。城内有房基、水井、灰坑、陶窑、沟和墓葬等，还出土一大批精美器物，如兽面纹、云雷纹装饰的陶器和卜骨、陶龟等遗物。

丁公龙山城址的出现、遗址聚落间等级和规模的巨大差别，充分表明当时已经形成了城市、中心聚落和一般聚落的多重结构，等级森严，城乡差别也已产生。[①]

① 参见栾丰实:《东夷考古》，山东大学出版社1996年版，第266页。

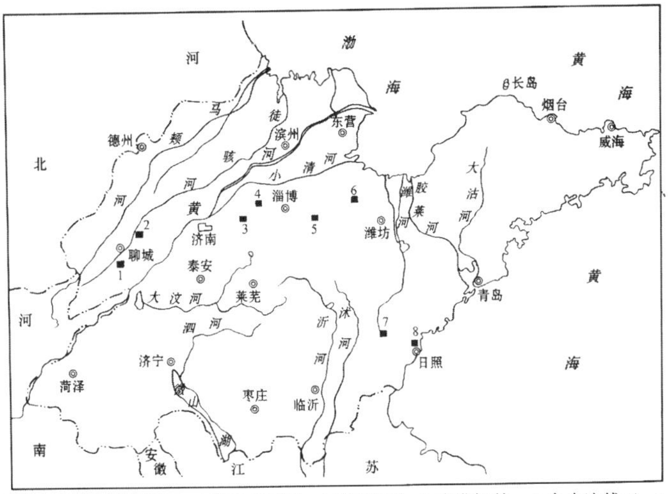

1.阳谷景阳冈 2.茌平教场铺 3.章丘城子崖 4.邹平丁公 5.临淄桐林 6.寿光边线王 7.五莲丹土 8.日照两城镇

图 1-20 山东龙山文化城址分布示意

资料来源：山东省文化考古研究所编著：《山东 20 世纪的考古发现和研究》，科学出版社 2005 年版，第 232 页。

3.社会经济得到长足的发展

龙山文化时期，社会经济得到了长足发展，农业、家畜饲养业、手工业以及狩猎捕捞采集业的多种经济形态日趋完善，并向专业化、规模化方向发展。而酿酒业的兴盛更是证明了当时经济的发达。大汶口文化晚期，酿酒业便已产生，到了龙山文化时期，更是盛行一时。考古工作发现了这一时期大量的饮酒器具，其中主要有饮酒用的各种杯子、盅，盛酒温酒用的鬶和盉等。非实用的薄胎高柄黑陶杯，即蛋壳黑陶杯便是在酒器基础上逐渐发展成为礼器的，这说明酒的饮用不仅具有重要的礼仪性质，更是成为当时社会生活中的一项重要内容。酿酒需要粮食，酒的产生是以粮食生产的剩余为前提的，酒的大量生产和饮用更是以农业生产发展到一定程度、粮食生产有了一定剩余为前提，表明当时的农业生产已经达到了相当的水平。[①] 社会分工的规模和范围日益扩大也是经济发达的重要体现。龙山文化时期，各类手工业专业化程度不断提高，手工业生产空前繁荣。以陶器为例，此时的陶器生产技术水平和艺术水平均达到了有史以来的新高度，即使在其后的历史发展过程中也没有哪一个朝代哪一个时期可以完全超越。龙山文化

① 参见栾丰实：《东夷考古》，山东大学出版社 1996 年版，第 266～267 页；山东省文物考古研究所编著：《山东 20 世纪的考古发现和研究》，科学出版社 2005 年版，第 265 页。

陶器在摆脱单纯实用和追求简约审美的基础上,将实用与审美完美地统一起来,赋予了很多实用器以美的感受。此时的人们更多地关注陶器的本体美,而不是外在的装饰。适用、经济和美观三者有机结合是龙山文化陶器最为主要的传统和特点。[①] 造型的灵巧和谐和陶色的单纯朴素成为这一时期陶器制作的主流。其中,最具有本体美感的就是蛋壳黑陶杯和仿生陶鬶。龙山文化时期制陶业的高度发展,是与当时专业化的生产分不开的。在丁公遗址,就曾在南北不到20米的范围内发现了3座陶窑,分布十分密集。丁公遗址成组陶窑的出现,说明此时制陶业已脱离了小规模的分散的家庭自给自足式的生产状态,开始出现专业化的制陶作坊。特别是陶鬶、单把杯和蛋壳黑陶杯等制作难度大、工艺技术要求高的器物在相当大的范围内以相同的形态大量出现,其应该是出自规模较大的专业制陶作坊,而且当时很可能已经有了陶器的商品交换。[②]

4.礼制产生并逐渐完善发展起来

礼器的产生和出现是礼制形成的最大标志。礼器是指专门或主要用于重要礼仪活动,如用于婚、丧、宴、祭祀等的专用器具。龙山文化时期的礼器已基本脱离了日用器的功能,具有自己专属的礼制作用。其实,早在大汶口文化时期,便出现了专用的礼器,形成了以鼎、豆、杯、罐等饮食器和玉钺、玉环作为随葬品的礼器使用传统。大汶口文化早期以觚形杯为礼器,中期出现了陶鬶,晚期时高柄杯渐次流行,玉器则有钺、环、牙璧和琮等。龙山文化继续延续大汶口文化时期礼制传统,出现了高柄杯、鬶、鼎、罍、豆等礼器组合。如丁公、利城、卧佛台等遗址发现的蛋壳黑陶杯、部分制作精美烧成温度较高的陶鬶等,应是专用于礼仪活动的礼器。这一时期,黄河下游的礼制传统也影响到中原夏商周的礼制,成为三代文明的重要组成部分。如鼎为中原礼器之首;鬶则演化为河南二里头文化(夏文化)的封口盉;牙璋不但传播到陕北的石峁文化和中原的新砦文化(夏代早期文化)中,而且在二里头文化和四川的三星堆文化中广为流行;玉钺成为玉礼器的最重要元素。在丁公遗址,还发现少量有灼痕而无钻凿的卜骨,其攻治方法虽然还较原始,但其内涵应与后世一样,有着浓厚的宗教或礼制色彩,对中原商文化也起到了重大的影响。

---

① 参见刘敦愿:《论(山东)龙山文化陶器的技术与艺术》,《美术考古与古代文明》,人民美术出版社2007年版,第68～88页。

② 参见栾丰实:《东夷考古》,山东大学出版社1996年版,第270～271页;山东省文物考古研究所编著:《山东20世纪的考古发现和研究》,科学出版社2005年版,第267～268页。

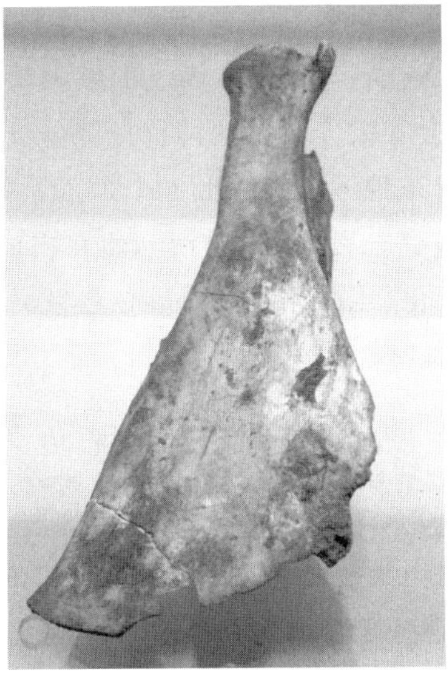

图 1-21　丁公遗址出土的卜骨(现藏于山东大学博物馆)

5.成熟的辞章文字已经产生

文明诸要素中最主要的核心部分为文字、城市、铜器和礼制，其中又尤以文字的地位最为重要和突出。美国著名社会学家、民族学家摩尔根在其名著《古代社会》中指出:“文字的使用是文明伊始的一个最准确的标志，刻在石头上的象形文字也具有同等的意义。认真地说来，没有文字记载，就没有历史，也没有文明。”[①]这是对文字和文明社会关系的最明确的表述。著名考古学家夏鼐先生也认为，文明产生的众多标志之中，“以文字最为重要”[②]。邹平丁公遗址发现的刻字陶片上有 5 行 11 个文字，排列规则有章法，很可能是一个短句或辞章，记载着某种特定的内容，表明此时已进入用文字记载历史的阶段。因此，有学者称丁公陶文为“陶书”，以区别于大汶口文化时期出现的单个图像文字。[③]

黄河流域是古老的中华文明重要的起源地之一，而位于河济之间、河海交会之地的滨州，在龙山文化时期更是迎来了历史上的第一次文化大繁荣。特别是到了龙山文化晚期，境内聚落数量显著增加，聚落分布日益密集，出现了若干小聚落围绕一座中心聚落分布的聚落层级结构，甚至出现了带有城墙和壕沟的大

① 〔美〕摩尔根:《古代社会》，杨东莼等译，商务印书馆 1997 年版，第 30 页。

② 夏鼐:《中国文明的起源》，文物出版社 1985 年版，第 81 页。

③ 参见王恩田等:《专家笔谈丁公遗址出土陶文》,《考古》1993 年第 4 期。

型聚落——城。此时，聚落等级差别普遍存在，文字开始用于记录特定信息，铜器制作虽然原始但已产生，礼制与以占卜为主的宗教活动也已形成，统治者与被统治者开始出现，整个社会等级分明，文明的初级阶段已经到来。而这一时期沂沭河流域、潍淄河流域、胶东地区、胶莱河流域及东南沿海地区却基本未见龙山文化晚期的重要聚落和遗存。可以说，包括滨州在内的河济之间的广大地区已成为海岱地区这一时期文化、经济和政治的重心之一。①

八　利城遗址的发现与发掘

一谈起滨州境内的龙山文化遗址，很多人第一时间想到的可能是邹平的丁公遗址。当然，由于丁公遗址至今前后共经过了 8 次发掘，出土和发现了大量遗物和遗迹现象，丁公龙山文化城址入选“1991 年度全国十大考古新发现”，其名声自是蜚声中外。但在滨州市，除丁公遗址外，还有一处遗址也经过了考古发掘，并且出土了不少遗物遗迹。该遗址的面积非常之大，只是由于发掘面积较小，其文化面貌还没有完全展现在世人面前。不过，如果单从其出土物和分布范围来看，该遗址应该属于黄河三角洲地区一处重要的中心聚落遗址。这就是位于博兴的利城遗址。

利城遗址，位于博兴县小清河北岸的店子镇利城村西南 150 米处，于 1981 年文物普查时发现，当时勘定面积约 25 万平方米，文化堆积厚约 2.5 米，最厚处近 5 米。遗址发现不少人类用火遗留下的红烧土和当时抛弃杂物的灰坑等遗存。当时遗址采集的龙山文化陶器多为夹砂黑陶和夹砂红陶，纹饰有弦纹、附加堆纹等。可辨器物类型主要有鼎、罐、鬶、蛋壳陶杯、盆等，其中白陶鬶、鸟喙形鼎足、磨光黑陶罐、蛋壳陶杯等具有典型的龙山文化特征。另采集有岳石文化泥质灰陶尊形器、罐、夹砂黑陶盆等残片，商周时期夹砂红陶绳纹鬲口沿、泥质灰陶大腹豆盘，汉代灰陶罐口沿、盆口沿等。② 1992 年 6 月被山东省人民政府公布为第二批省级文物保护单位。

2002 年 12 月，东距利城村约 200 米的利戴村村民在利戴村北取土时又发现了许多陶器残片，同时在取土范围内发现了几处呈灰黑颜色的土坑（考古学上称为“灰坑”，主要是垃圾坑和储物坑等）。考古部门得知后，经现场调查和勘探，确

① 参见燕生东：《河济汇同：濡养河济文明》，《联合日报》2014 年 4 月 12 日。

② 参见博兴县文物管理所：《山东博兴县利戴遗址清理简报》，《华夏考古》2009 年第 1 期。

定该遗址应与利城遗址为同一性质的同一遗址。至此,整个利城遗址的面积由原来勘定的 25 万平方米扩大到 60 万平方米。

利城遗址新发现的这部分区域地势较高,但由于取土原因,遗址的一部分已遭破坏。博兴县文管所与山东省文物考古研究所联合对已暴露出来的遗迹现象进行了抢救性清理,出土一批陶、石、骨、蚌器等遗物。

这次发掘清理的遗迹主要为灰坑和房址。其中灰坑共发现清理了 5 座,坑口上部已被破坏,仅余坑底部分,多数平面呈圆形,直壁,平底,个别平面呈椭圆形。以保存较好的 H5(H 为灰坑首字母)为例,平面呈圆形,直壁,平底,口径 1.92 米,残深 0.75 米。坑内填灰褐色土,结构稍紧密,内含少量草木灰、红烧土粒,并出土有红陶鬶等陶器残片。房址共清理 1 座,为半地穴式建筑,平面呈圆形,直壁,底部南高北低,中部下凹,在南侧有一月牙形的生土小台阶。房址口径 1.8 米,残高 1.65 米。居住面用红烧土加工铺垫,底部还掺杂有大量红烧土、草木灰,当是为防潮而特意铺垫。居住面四周放置有鬶、甗、盉、鼎、杯、器盖等 10 余件炊煮器和盛器,是一套种类齐全的生活用具。居住面和器物上覆盖有一层灰白色烧灰,可能是屋顶焚烧塌落所留下的痕迹。从房壁上看,没有明显的加工痕迹。从房屋用途上分析,不似常年居住的一般性房址,应具有临时使用或其他特殊用途。

出土遗物主要是陶器,共 37 件,另外还出土石凿 1 件、蚌镰 1 件、蚌镞 1 件。石凿为先琢制后磨制,断面呈长方形,侧锋,弧刃,刃部有崩损痕,长 7.6 厘米,宽 4.1 厘米。蚌镰长 10.1 厘米,宽 4.7 厘米,厚 1～2 厘米,以大蚌壳磨制而成,略呈长方形,刃部残,一侧有一单面钻孔。蚌镞尖残,锋断面略呈三角形,圆铤,残长 7.9 厘米。陶器中夹砂陶多于泥制陶,陶色以黑、褐色为主,少量灰、红陶,部分器物因烧制火候不均匀,颜色较为斑驳。器表以素面居多,泥制陶多经磨光处理。纹饰多弦纹和附加堆纹。制法以轮制为主,少量小型器物为手制。主要器形有鬶、盉、甗、鼎、盆、罐、盘、杯、盅、器盖、环等,器物组合又以鬶、甗、鼎、盆、杯和器盖较为常见。其中甗有实足和袋足两类。实足鬶均为粗颈。鼎多罐形、方唇、斜折沿,腹较深,凿形足。平底盆敞口、卷沿、斜壁。发现的鼎足从凿形、鸟喙形发展到侧三角形。从上述特征分析,该遗址龙山文化的年代约从龙山文化早期偏晚阶段一直延续到龙山文化晚期。

图 1-22　利城遗址出土的黑陶杯

图 1-23　利城遗址出土的陶鼎

图 1-24　利城遗址出土的陶鬶

从遗址出土的陶器特征看，陶器的器表以素面磨光为主，常见的纹饰基本都是凹弦纹或凸弦纹，未见鲁西地区常见的方格纹和绳纹。器物中有鲁东地区较常见的盉，而未发现鲁西常见的素面鬲。出土的实足鬶与潍坊鲁家口遗址出土的实足鬶相近①，实足甗与潍坊姚官庄遗址出土的甗相似。由此可见，该遗址文化面貌与潍坊姚官庄②、鲁家口和青州凤凰台③等遗址比较相近，而与西部的章丘城子崖和邹平丁公等遗址略有不同。该遗址的发掘为山东北部龙山文化研究提供了可靠的实物资料。

① 参见中国社会科学院考古研究所山东队：《潍县鲁家口新石器时代遗址》，《考古学报》1985 年第 3 期。

② 参见郑笑梅：《山东潍坊姚官庄遗址发掘简报》，《考古》1963 年第 7 期。

③ 参见山东省文物考古研究所、山东大学历史系考古教研室、青州市博物馆：《青州市凤凰台遗址发掘》，张学海主编：《海岱考古》第 1 辑，山东大学出版社 1989 年版，第 141～182 页。

九 丁公遗址发掘始末

时间回转到1992年,这一年是让中国考古界无比兴奋的一年。这一年年底,新华社播发了一条重要消息:山东大学考古实习队在邹平丁公遗址的第四次发掘中,发现一件刻有11个文字的龙山文化刻字陶片。这一发现把中国有文字记载的历史提前了约800年,引起国内外的轰动。而在此之前的1991年秋,这里还发现了一座珍贵的龙山文化城址,这座城址入选"1991年度全国十大考古新发现"。接连两次的重要发现,使丁公遗址成为国内外学术界和新闻界关注的热点。山东大学栾丰实教授曾撰文《丁公遗址发掘记》,该文被收录于山东省政协文史资料委员会编的《山东重大考古发掘纪实》一书中,为我们了解丁公遗址发掘始末提供了第一手的资料。①

图1-25 丁公遗址现貌

图1-26 1993年丁公遗址发掘时的场景
(山东大学考古系提供)

1.山东大学发掘丁公遗址的缘起

说起丁公遗址的发掘,当时带有相当大的偶然性。丁公遗址位于邹平长山镇丁公村和石羊村之间,远远望去,整个遗址微微隆起,大约高出周围地面1米有余。这里地处滨州南部山前丘陵与平原的过渡地带,孝妇河在遗址西边自南向北流去,优越的自然环境使这里非常适合古人类的居住。20世纪50年代以前,这里曾是一片坟地,地势要比现在高出许多。1958年前后,平掉坟地改造良田,遗址的大部分地段下落了将近1米。大量的陶片散落在地面上,但老百姓并不知道这是一处古遗址。直到1982年春,邹平县图书馆文物组和苑城乡文化站

① 参见栾丰实:《丁公遗址发掘记》,山东省政协文史资料委员会编:《山东重大考古发掘纪实》,齐鲁书社1998年版,第116～125页。

在丁公村东的田野中，发现了大量古代陶片，遂将其确定为一处古文化遗址。1985年5月，石羊村村民在村北取土时，又挖出了大量灰土堆积和陶片，苑城乡文化站站长言家信同志及时地把这一情况报告给了地区文物主管部门。滨州地区文物管理所闻讯立即对其进行了抢救性清理。但因为清理时间短暂，并且清理位置也是处在遗址的东南部边缘，所以收获不大。

为了了解这一遗址的详细情况，山东大学考古教研室马良民老师带领两名学生，于1985年秋对其进行了小规模试掘。从地面调查和试掘情况分析，初步认定该遗址是一处面积较大、保存较好、文化内涵以龙山文化和商代遗存为主的古遗址。

当时，山东各个地区的田野考古工作开展得很不平衡，鲁西北地区的考古工作做得更少。这时，作为山东大学考古实习基地的泗水尹家城遗址已经基本发掘完毕。考古是一门理论与实践并重的学科，学生们不能只学理论不参加实践，下一步要到哪里去发掘实习？山东大学的考古老师们经过分析，认为与其选择已经开展较多考古工作的地方还不如去工作做得较少的鲁西北地区，或许会有不错的发现。而丁公遗址原先做过试掘，遗址各方面情况比较了解，自然成为山东大学在鲁西北地区的首选发掘对象。而此时，大家只是将其作为一处考古实习、培养学生的基地，谁也没想到后来的发现成果竟是如此的重大。

2.建立山东大学考古实习基地

1987年9月1日，由山东大学3名教师、2名研究生和14名本科生组成的考古队开进了丁公村。考古队就住在了村子中建于20世纪50年代的一座闲置的旧学校中，虽然破旧，但独门独院，非常适合考古队使用。

由于丁公遗址的面积比较大，发掘分东西两个区域进行，每个区域各开10个探方，一个探方的面积为25平方米，共发掘揭露面积500平方米。此次发掘共50余天，到10月下旬基本结束发掘工作。发掘显示，该遗址的文化层厚度一般在2.5米左右，从下到上包含有大汶口文化、龙山文化、岳石文化、商代和汉代等五个时期的遗存，其中又以龙山文化遗存最为丰富，商代遗存次之。龙山文化遗迹主要有房址、灰坑、水井、灰沟、灶坑和墓葬等，其中比较重要的是发现了一座四周深挖基槽，槽内填土经层层夯打并铺垫碎陶片的地面式房屋，房屋平面呈方形，面积达50平方米。另外，还发掘有10余座墓葬，其中一座是使用一棺一椁的中型墓。出土龙山文化遗物的种类和数量也非常多，有石、骨、角、牙、蚌、陶器等多种，总数达1000余件。通过此次试掘，发掘者认为丁公遗址不仅面积大，而且文化内涵十分丰富，是一处值得长期开展工作的好地方。

11 月中旬，山东大学经与滨州地区、邹平县协商，决定将丁公遗址作为山东大学的考古实习基地和滨州地区的文物考古人才培训基地，并在丁公建立考古工作站。1989 年 8 月，占地 9 亩，建筑面积 500 平方米的考古工作站在当时的苑城（今邹平市长山镇）正式落成，其主要用于文物标本的存放。

3.早期龙山城址的发现

1991 年 6 月和 7 月之交，山东大学考古队在当时的山东省文物考古研究所（今山东省文物考古研究院）的帮助下，对丁公遗址进行了为期 10 天的全面勘探。在勘探过程中，发现了一条环绕遗址周围分布的淤土沟，淤土沟很宽，达 50～60米。当时，负责发掘工作的山东大学栾丰实、方辉、许宏老师和山东省文物考古研究所的张学海所长都认为这一条淤土沟十分重要，但大家谁也没有想到这竟是龙山文化城址，或者大家压根就没有往城墙方面去考虑。毕竟当时山东境内的龙山文化城址发现得太少太少，至今也才 10 座左右。

8 月底，发掘工作正常进行，参加实习的是山东大学考古专业 1988 级本科生。同时为搞明白淤土沟的性质，山东大学考古队于 10 月 8 日选择遗址东部边缘地带，布了一条长 10 米、宽 2 米的东西方向的探沟，对前期勘探到的淤土沟进行考古解剖。解剖发现，探沟东部是布满白色淤土的淤土沟，探沟西半部分则全是具有叠压打破关系的灰坑，后来整理时发现龙山文化陶文的 1235 号灰坑就是其中最大和最为规整的一个。然而随着发掘地不断深入，东部的淤土沟并不全是淤土，而是以淤土为主的花土（各种颜色不一的土混杂在一起），花土堆积比较坚硬，且呈现向西倾斜的缓坡状。

10 月末，考古队又在地势开阔的遗址北部边缘布了一条南北向的探沟，探沟长达 25 米，后来又延长到 55 米。探沟中间是 20 米长的黄白相杂的花土。负责发掘的山东大学栾丰实老师心里一震：这不就是一道夯土城墙吗？栾丰实老师又赶快跑到在遗址东面布的第一条探沟处，仔细比较，原来这条所谓的淤土沟根本就不是当初认为的淤土沟，当初勘探所见的淤土仅仅是城墙夯土的一部分。当初认为的淤土沟竟然会是龙山文化城墙，这让现场发掘的师生们高兴了好一阵子。

经进一步勘探和发掘，基本确定了丁公龙山文化城址的形状、面积。丁公龙山城平面呈圆角方形，南北长约 360 米，东西宽约 330 米，面积约 11 万平方米，主要由城墙和环绕城墙的壕沟两部分组成，四周城垣十分规整，城墙总宽度 20 米左右。丁公龙山文化城址使用时间较长，持续了五六百年。其始建于龙山文化早期，基本贯穿整个龙山文化时期，并进入到岳石文化时期。龙山文化城址的发现对探索中国古代城市的产生和发展，深入研究中华文明的起源等课题均具有重要的意义。

2014 年 9 月 30 日至 11 月 14 日，为配合国家社科基金重大项目《邹平丁公遗址发掘报告》的编写，山东大学历史系考古专业师生对该遗址进行了第八次发掘，发掘面积 48 平方米。至此，从 1985 年秋开始，山东大学历史系考古学专业师生先后对遗址进行过八次发掘和两次勘探，累计发掘面积 2000 余平方米，发现房址、墓葬、陶窑、水井和灰坑等各种遗迹 2000 余座，共出土石、蚌、骨、铜、陶器等各类文物近 5000 件。丁公遗址时间跨度长，面积大，遗迹埋藏丰富，对于研究新石器时代中晚期直至商周时期滨州地区的人类生活，有着十分重要的意义。

十　丁公龙山城址的发现与意义

丁公龙山文化城址是 1991 年 11 月山东大学历史系考古专业师生对丁公遗址进行第四次考古发掘时发现的。在此之前的 1991 年夏，在山东省文物考古所的协助下，山东大学考古队对丁公遗址进行了一次大孔距全面钻探。这次钻探的主要收获就是发现了丁公城址的线索。随后进行的两次发掘，发现并确认了城墙和城壕的存在，并初步探明了城墙和城壕的走向、范围和结构。

图 1-27　丁公城址位置示意（山东大学考古系提供）

1.丁公龙山城呈圆角方形

丁公龙山文化城址位于今丁公村与石羊村之间，平面呈圆角方形，南北长约360米，东西宽约330米，面积约11万平方米，主要由城墙和环绕城墙的壕沟两部分组成，四周城垣十分规整。由于历代人为破坏，城墙只剩现代耕土以下部分，地面之上已无踪迹可寻。地下残存城墙总宽度20米左右。丁公龙山城始建于龙山文化早期，使用时间较长，基本贯穿整个龙山文化时期，并进入岳石文化时期，持续了五六百年。依层位关系和夯土内的包含物分析，城墙本身可划分为四期，其年代分别为山东龙山文化早期偏晚、中期、晚期和岳石文化时期。就保存情况而言，第一期因年代最早保存也最完整，第二、三期较差，第四期破坏最严重。若以当时人们生活的地面计算，早期城墙现存高度为1.5～2米，晚期城墙则只保存有早期城墙外侧的附加部分，顶部已被全部破坏。城墙系分层夯筑而成，夯层厚度不一，一般为5～8厘米，有的超过10厘米。夯层主要分为三种情况：一为基本水平夯层，二为中部突起夯层，三为倾斜夯层。前两者主要见于早期，后者则主要用于城墙增筑部分。夯筑方法有平夯和棍夯两种，后者留有夯窝痕迹，夯窝为圆形圜底，较浅，直径5厘米左右，排列杂乱无章，属单棍夯，未见集束棍夯筑现象。夯土为黄、白、棕等颜色的土混杂而成的花土，局部还掺有淤土和细沙，夯土内包含文化遗物甚少。淤土和细沙就是前面所述误以为淤土沟的原因。城墙建成后，使用期间曾经过数次大规模增筑和修补。增筑主要是向外侧和高处发展，内侧也随之渐次外移。由于当时的城墙特点是内坡平缓较矮，外坡陡直较高，所以外侧容易坍塌，坍塌后在外侧进行修补，城墙内侧就逐渐外移，城的规模也变得越来越大。

2.城壕直接与城墙相连

丁公城的城壕位于城墙之外，直接与城墙相连，中间没有过渡地带和间隔。城壕总宽度30米左右，底部最深处距城内地面的深度超过3米，亦即当时的城壕深达3米。城壕内的堆积以淤土为主，按土质、土色和堆积成因等情况，主要可分为两大类。一类土色暗绿，呈比较均匀的薄层状分布，黏性大而结构紧密，应是由于积水的长时间浸泡而逐渐形成的淤土层。另一类是粉沙状黄土，堆积层厚而变化不大，结构相对较疏松，当属洪水冲积时形成的一次性堆积。伴随着城墙的不断向外侧增筑加宽，城壕亦渐次向外拓展。在长期的使用过程中，城壕经过多次人工挖掘和清淤。依其堆积情况，可以划分为若干期，每期宽度多为10～20米，进而可以与每期城墙相对应。

3.城内套城并有复杂的排水设施

在1993年的发掘中，城内又发现一座小一点的龙山文化早期城址。城址面积约6万平方米，形状也为方形，周围亦有一圈城壕环绕。

在1996年秋的发掘中，丁公城北城墙中部发现了一座城门和一座木结构排水设施。排水设施系利用废弃的北城门修建。考古发掘表明，其修筑步骤首先为开挖与城壕连通的排水沟，再沿排水沟两侧竖立密集的圆木，圆木顶端敷设横梁；圆木外侧回填泥土并夯实，并继续夯筑横梁以上城墙墙体。排水设施出口处还发现人为掩埋的猪骨架，或为奠基遗迹。结构如此复杂的排水设施为迄今为止已发掘的龙山文化城址所仅见。

2014年9月30日至11月14日，山东大学考古系对丁公遗址进行第八次发掘时再次确定丁公遗址在龙山文化早期和晚期各有一套城墙和城壕。

图1-28　山东大学博物馆陈列的丁公遗址排水设施模型

4.丁公城发现的意义

丁公龙山文化城址的发现，对认识龙山时代城址的分布规律、城址与中国古代文明社会的关系均具有重大的意义。关于城的重要意义，中国古籍中多有记载。《礼记·礼运》在述说“小康”社会时，就提出了“城郭沟池以为固”的见解，认为城是小康社会的重要标准之一。《春秋穀梁传》云：“城为保民为之也。”《墨子·七患》说：“城者，所以自守也。”许慎《说文解字》载：“城，所以盛民也。”又说：“国，邦也；从囗从或。”就是说，“国”是由城墙环绕的地域，即内城外郭。这些信息表明，最早的国家应该就是城邦的形式，而具有防御功能的城则是因为攻防的需要而产生的，这正是社会内部矛盾分化和外部矛盾激化的结果。同时，城的出现，在满足攻防需求的同时，也应具有防御野兽和洪水的功能，对城内居民的安全起到重要的保护作用。城的筑造，说明当时已出现了非常明显的权力集中，城的管理者处于权力的中心位置，有组织调动起大量人力和资源的能力。

城作为一种文明因素，其产生经历了一个漫长的过程。黄河流域作为中华文明的主要发祥地，是城发现最早的地区之一。依据目前发现的资料，在山东地区，城至少在大汶口文化晚期就已经出现，但数量较少，如五莲丹土遗址发现一处面积约 9.5 万平方米的城，平面呈椭圆形，有城壕。到了龙山文化时期，山东境内发现的龙山文化城址已有 10 余座，重要的有章丘城子崖、邹平丁公、阳谷景阳冈、茌平教场铺、临淄桐林、寿光边线王、五莲丹土、日照两城镇等，而丁公城址正位于这些城址的中间地带。

丁公龙山文化城址的发现，证明在龙山时代，“城郭沟池以为固”已成为一种普遍现象，大大小小的城市伴随着初级阶段的国家到处出现。在黄河中下游那些位置适中、交通方便、面积较大的龙山文化遗址中都有发现城墙的可能。丁公城址及其他城址的发现，揭示出龙山时代城址的分布具有一定的规律性。目前，鲁北及附近地区相继发现了章丘城子崖、寿光边线王、邹平丁公和临淄桐林等四个龙山时代城址。这些城址均为方形，分布于泰沂山脉北侧的冲积平原上，呈东西方向排列，每两座城址之间的直线距离为 40～50 千米，每个城址控制的范围大约在方圆百里左右，正符合中国早期方国“方不过百里”的记载，大小与周初某些小封国的疆域相当。这些城址，对外起着重要的防卫作用，对内则是组织军队作战和管理人民生产、生活的场所。同时，从这些城址的分布规律来看，它们应该也是东西经贸往来的重要交易场所。因此，这些城址及其周围控制的地域，应代表一个古代城邦国家。丁公龙山文化城址应该就是一个方国的国都，标示着文明时代的到来。

5.东西古道的初步形成

至少到商代晚期，在鲁中山区的北麓开始形成了一条横贯中原与海岱之间的东西陆路交通大道。这条东西陆路古道在今滨州南部的邹平及邹平礼参、长山等地经过，与现在的胶济铁路线基本平行，但略微靠北。它自古以来就是中原地区和山东半岛文化交流和经济联系的大动脉。其最初的萌芽，可以上溯到山东龙山文化繁荣的时代，近年沿线发现的大量龙山文化城址充分证明了这种可能性的存在。济南大辛庄遗址、章丘城子崖遗址、邹平丁公遗址、临淄桐林、寿光边线王等都在这条东西古道的两侧，往东直到五莲丹土和日照两城镇遗址，往西则经茌平教场铺遗址、阳谷景阳冈遗址到达中原腹地。滨州邹平正处于这条东西古道的中心位置。齐国建都临淄之后，这条位于鲁中山地北麓的东西古道更是得到了迅速发展，成为周王朝控制山东地区的主要经济、文化、交通干道，也成为齐国从中原通向半岛的主要军事交通线。①

十一　丁公陶文的发现与意义

文字是人类社会进入文明时代的重要标志之一，而陶器和陶片是早期符号和文字的重要载体。从仰韶刻划符号、大汶口图像文字到龙山丁公陶文，这些符号和文字都是刻画在陶器或陶片上。

文字是什么时候产生的，这是关系到中华文明起源的重大问题。半个世纪以来，考古工作者在黄河流域、长江流域发现了新石器时代的多种契刻符号，为解决我国文字起源之谜提供了重要线索，也进一步证明汉字是多元文化交流融合的结晶。

1.丁公陶文的发现与释读

1992 年 1 月 2 日上午，在整理 H1235 号灰坑（H 为灰坑的汉语拼音首字母，后面数字代表的是灰坑发现的数量和顺序）的出土陶片资料时，协助工作的丁公村村民董建华发现了一片陶片，上面还有一些认不出来的刻划纹。董建华马上将这一陶片交给考古队的带队老师看，经过大家的共同研究，确定这些刻划纹根本不是纹饰，而是文字，这一发现在国内外引起重大反响。当年，山东省文物局又组织召开了一系列座谈会和鉴定会，与会专家学者的意见比较一致，认为丁公陶文应该是一种原始的文字。文字中除一部分为象形字外，有的可能是会意字，表现出一定的进步性。

刻有丁公陶文的陶片出自灰坑 H1235 之内。H1235 位于丁公龙山城内东部，1991 年秋和 1992 年 5 月，山东大学考古队分别对其进行了发掘清理。H1235 的坑口为圆形，周壁略向外倾斜，呈袋状，平底，整体比较规则，废弃之前

① 参见侯仁之：《淄博市主要城镇的起源和发展》，《历史地理学的视野》，生活·读书·新知三联书店 2009 年版，第 399～448 页；朱活：《从山东出土的齐币看齐国的商业和交通》，《文物》1972 年第 5 期；齐文涛：《概述近年来山东出土的商周青铜器》，《文物》1972 年第 5 期；李象润等：《东夷契刻：中国书法的原生态——直插中华汉字根底基因的哲理对话》，《书法赏评》2014 年第 1 期。

应是一处窖穴。灰坑口径 2.22～2.44 米，底径 2.3～2.6 米，残深 0.4 米，坑口距地表约 0.2 米。灰坑内出有陶、蚌、骨、石器和兽骨、蚌壳等遗物。陶器残片以泥质黑陶和夹砂灰陶最多，泥制灰陶和夹砂黑陶次之，并有一定数量的褐色陶，陶器制作方法绝大多数为轮制。陶器以素面磨光为主，还有少量弦纹、绳纹、篮纹、方格纹、附加维纹和刻划纹等。器形主要有鬲、瓮、盆、罐、鼎、甗、鬶、盒、杯和豆等。此外，还出土有角锥、骨鱼镖、蚌铲、蚌镰和蚌刀等。

图 1-29　邹平丁公遗址 H1235 号灰坑（山东大学考古系提供）

刻字陶片便是出土于该灰坑中的泥质磨光灰陶大平底盆的底部残片。大汶口文化晚期开始出现这类陶盆，龙山文化时期最为流行。其演变规律为从大敞口、浅腹，向近直口直壁、深腹方向发展。这件大平底盆残片为龙山文化晚期器物，同一灰坑内还出土一件可以复原的同类陶盆。刻字陶片所在的 H1235，一方面被属于龙山文化晚期的 H1818 打破，另一方面又打破龙山文化的 H1269、H1277，层位关系十分明确。经严谨仔细地检查，该灰坑内出土的 1400 余件各类遗物及残片，均不晚于龙山文化时期。因此，通过层位关系和包含物两个方面分析，可以确证 H1235 属于龙山文化时期。坑内出土的侧三角形足鼎、分裆袋足甗、卷筒状把手鬶、素面鬲、近直壁大平底盆、矮子口豆、矮子口盒和筒形单耳杯等，均为龙山文化晚期阶段的典型器物。因此，H1235 的年代可确定为龙山文化晚期阶段略偏中间，其绝对年代在距今 4200 年前后，刻字陶片的年代最迟也不晚于这一时间。

丁公刻字陶片体积很小，最长处为 7.7 厘米，最短处为 4.6 厘米，宽约 3.2 厘米，厚 0.35 厘米。丁公陶文整齐地刻在一件大平底盆底部残片的器内面，其上共存 5 行 11 个文字，除右起第一行为 3 个字之外，其余 4 行每行均为 2 个字。此外，在陶片左上角还有一符号，但刻划较浅，陶片左下角也有一刻划短线，向下伸出陶片之外。有的专家认为这也是文字。如是，陶片上则共有13个文字。综观这些刻字，除一部分为象形字外，有的可能是会意字，表现出一定的进步性。其笔画比较流畅，个个独立成字，整体排列规则，刻写也有一定章法，线条均匀而有力度，已经脱离了刻划符号和文字画的初始阶段。刻字全文很可能是一个短句或辞章，记载着某种特定的内容。因此，有学者称其为“陶书”，以区别于大汶口文化出现的单个陶文，表明此时已进入用文字记载历史的阶段。

著名历史学家李学勤认为，“陶片文字已比较进步……邹平丁公的陶片文字，或者就是当时的俗体”。还有学者认为，“这是目前所知我国最早的一种古文字”。关于这些神秘文字的意义，很多专家曾尝试解读，但尚未有明确统一的权威解释。有的研究学者则将其释读为“魅卜，阿普渎祈，告。吉长，百鸡拐爪”，认为其性质为招祖护佑、驱邪求吉的卜辞。①

图 1-30　丁公陶文

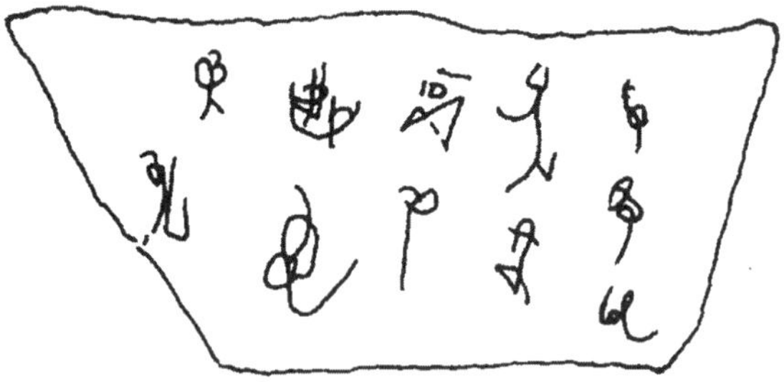

图 1-31　丁公陶文摹本

资料来源：冯时：《山东丁公龙山时代文字解读》，《考古》1994年第1期。

① 参见王恩田等：《专家笔谈丁公遗址出土陶文》，《考古》1993年第4期。

2.丁公陶文的字体特征

丁公陶文字体特征显著，多为连笔，类似于后世的行草书，和通常见到的殷墟甲骨文差别较大。发掘者认为，甲骨文是宫廷占卜文字，所以书写比较正规，类似于楷书。而且，甲骨材料质地坚硬，刻写难度较大，所以不宜运用连笔。从丁公陶文右数第一行第二个字、第二行第一个字、第三行第一个字的结构看，分别与甲骨文中的“见”“夋”“鬲”比较接近，所以其很有可能是甲骨文的前身之一，只是由于书体的不同，加大了其与甲骨文的区别。也有学者认为“丁公陶文使用连笔，字的写法、结构与甲骨文、金文有很大差距，似应属于东夷文化系统的文字”，或认为应该是古彝族文字。①

关于文字的刻写方法，发掘者认为这些文字应该是在陶器烧结后刻的。发掘者在20～30倍的显微镜下能够清楚地看到，文字笔画的边缘有许多崩碴，特别是转角处更多，这种现象一般应是被刻物质较硬所致，在较软的尚未烧结的陶坯上刻字一般不会出现这种情况。陶片测定硬度为2.5°，刻写文字的应是一种锐利的尖状工具。因为文字的笔画有宽窄变化，所以这种锐利的尖状工具很可能是扁尖。发现的文字中，有的字横划较宽，竖划较细，这种现象与刻字工具的运刀方法有直接关系。

丁公陶文的发现，将我国文字诞生的时间向前推进了800年左右，表明这一时期已经产生比较成熟的文字，并且这种文字已用于传递和记录信息，从而使龙山文化进入了用文字记载历史的阶段，这和城在这一时期普遍出现是相吻合的。

3.丁公陶文发现的意义

丁公陶文的发现具有十分重要的意义，甚至比丁公龙山文化城址的发现更为重要、更为珍贵。第一，丁公遗址龙山文化陶文的出现，表明龙山文化时期不仅已产生成熟的文字，而且开始用于记载和传递信息。中国古代文字从萌芽到成熟，经历了一个相当长的发展时期。19世纪末发现的殷墟甲骨文是我国发现最早的成熟文字。百年来，我国出土了大量的甲骨文，仅单字就近5000个。作为汉字最主要组成部分的形声字，在甲骨文中已占相当比例。但甲骨文不是中国最古老的文字，它是经过很长时间的发展才达到这一水准的，而中国更古老的那些文字就应该到早于殷商的诸文化中去寻找。从现有资料看，我国多地都发现了年代更早的早期文字或符号，其中主要有仰韶文化的刻划符号、大汶口文化

① 参见冯时：《山东丁公龙山时代文字解读》，《考古》1994年第1期。

的图像文字、良渚文化的文字和马家窑文化的文字等。就海岱地区来说，最早的文字是大汶口文化晚期阶段的大口尊上面的图像文字，又称之为“陶尊文字”。这些文字以图像为主，均刻于一种特殊的陶器——大口尊的颈部，并且每件器物一般只刻一字，只有个别菱形符号位于器物的底部或近底部。目前，共发现大汶口文化晚期的图像符号20余枚，约有8种个体，它们分别出自莒县陵阳河、大朱家村、杭头及诸城前寨等遗址。另外，在安徽蒙城尉迟寺等遗址也发现了相同或相似的符号。相比之下，丁公遗址出土的龙山文化陶文书写更加流畅，且多为连笔，已脱离了图像或文字画阶段，更非刻划符号可比。尤为重要的是，多个文字按一定排列顺序刻写，形成一组规则的文字。这种“辞章”式的句子较之单字，是一个巨大的质的进步。而且龙山文化之后，还在桓台史家遗址发现了属于岳石文化的卜骨刻字，作为文字发展的中间环节，丁公陶文无疑在其中起着承上启下的作用，正好弥补了大汶口图像文字与岳石文字之间的空缺。

第二，丁公龙山文字应是殷墟甲骨文的源头之一，对于探讨甲骨文的产生具有重要的意义。丁公遗址龙山文字与殷墟甲骨文相比，虽然有可能分属不同的系统，但依然有一定的接近因素，如从右数第一行第二个字、第二行第一个字，第三行第一个字的结构看，分别与甲骨文中的“见”“叟”“离”比较接近，有可能是甲骨文的前身之一。当然，两者之间的差异也十分明显。一是两者年代早晚相差较大，丁公陶文至晚产生于距今4200年至4100年间，而殷墟甲骨文的年代在距今3400年至3100年之间，丁公陶文比殷墟甲骨文整整早了800年左右。二是文字使用者不同，使用者等级明显不同。丁公陶文是龙山时代一个方国的文字，而殷商甲骨文则是商代宫廷占卜文字。三是两者书体不同。殷墟甲骨文刻写十分规整，类似于楷书。丁公陶文笔画连贯，应是原始草体字。四是两者的载体不同。丁公文字刻在陶片之上，载体质地相对较软。殷墟甲骨文则刻在龟甲或牛骨之上，材料质地比较坚硬，比在陶片上刻写难度更大。

汉字的起源应是经过了一个长期积累的过程，其形成可能是多源一统，即文字最初是在若干地区创造出来。由于这些地区之间，自古以来就存在着程度不同的经济和文化联系，互相影响，互相交融，文字在取长补短的互相借鉴过程中，具有了一定的相似性。先后控制了中原地区的夏人和商人，应是继承和吸收了多方面的文字成就，从而发展和完善了自己的文字系统。从这一意义上讲，丁公龙山文字至少应是殷墟甲骨文的若干来源之一。

第三，丁公龙山文字的发现，对于认识和探讨中国文明起源问题，更是具有十分重要的意义。文明时代是人类社会发展的一个阶段，文明社会的形成，是经济基础和上层建筑各个领域发生一系列质变的结果。文明诸要素中最主要的核心部分为文字、城市、铜器和礼制，其中又尤以文字的地位最为重要和突出。美国著名民族学家、社会学家摩尔根在其名著《古代社会》中指出："文字的使用是文明伊始的一个最准确的标志，刻在石头上的象形文字也具有同等的意义。认真地说来，没有文字记载，就没有历史，也没有文明。"①这是对文字和文明社会关系的最为明确的表述。已故著名考古学家夏鼐先生也认为，文明的诸标志中，"以文字最为重要"②。文字是随着人们交往的频繁和空间领域的扩展，适应日渐复杂化的社会的需要而被创造出来的，是社会日益复杂化的产物。在人们活动范围狭小，接触交往面较窄的简单社会里，对互相沟通联系和传递信息的文字的需求并不迫切。但随着人们交往空间和领域的扩展，尤其是王权的出现，记录和传递各种信息成为迫切需要，文字作为一种不可缺少的工具就应运而生。当然，文字的需求程度是不断增长的，文字的产生到形成也经历了一个与之相适应的过程。作为文明时代标志的文字，应该是具有记录和传递信息功能的成熟文字，"至少要发展到辞章阶段，而不仅仅是一种简单的刻划符号或带有符号性质的单字"③。丁公遗址发现的成组文字，绝非单个陶文可比，已经摆脱了文字的原始阶段，从而表明这一时期已进入用文字记载历史的阶段。

丁公遗址发现的具有"陶书"性质的文字虽然只有这一例，但它层位明确、年代确凿，结合其他文明要素的分析研究，如城市的出现、铜器的产生、礼制的形成等，可以确证龙山时代的滨州已跨入文明社会。

十二　丁公遗址出土文物丰富、价值重大

丁公遗址作为全国重点文物保护单位，丁公龙山文化城址又入选"1991 年度全国十大考古新发现"，那么除了龙山文化城址和丁公陶文外，还发现了什么？其实，丁公遗址发现的遗存非常之多，从 1985 年秋至 2014 年秋，山东大学历史系考古专业师生先后对遗址进行过八次发掘和两次勘探，累计发掘面积 2000 余平方米，发现房址、陶窑、墓葬、水井和灰坑等各种遗迹 2000 余座，共出土陶、石、

① 〔美〕摩尔根：《古代社会》，杨东莼等译，商务印书馆 1997 年版，第 30 页。
② 夏鼐：《中国文明的起源》，文物出版社 1985 年版，第 81 页。
③ 白云翔等整理：《中国文明起源研讨会纪要》，《考古》1992 年第 6 期。

骨、蚌、铜器等各类文物近5000件。[①]

1.丁公遗址出土了大量遗物

考古学上将出土的遗存分为遗物和遗迹两种，遗物指的是可以移动的文物，如陶器、石器等。遗迹则指不可移动的古代遗存，如城址、灰坑、房址、道路等。

丁公遗址文化层堆积厚约2.5米，最厚处超过4米，包含有大汶口文化、龙山文化、岳石文化、商周和汉代五个大的时期的堆积。此外，在发掘中还发现一座战国积蚌墓和宋代墓葬，但没有发现与之相应的文化层和其他遗迹。丁公遗址以龙山文化时期的堆积最厚，平均为1.5～2米，各类遗迹和遗物十分丰富。其次为商周和岳石文化时期的堆积。出土遗物大部分属于龙山文化，主要有石、骨、角、牙、蚌、陶器和铜器，其中又以刻有5行11个文字的丁公陶文和卜骨等最为重要，薄如蛋壳的黑陶高柄杯和光洁素雅的白陶鬶最为精制。陶器早期多夹砂褐陶，泥质黑陶(包括部分褐胎黑皮陶)次之，夹砂灰陶又次之。器表多素面，磨光的较少，另有少量篮纹、弦纹、压划纹和个别绳纹。典型器物有铲形足罐形鼎、深折腹盆形鼎、大敞口浅腹盆、环足折腹盆、有领鼓腹罐和单耳杯。中期夹砂灰陶居多，泥质黑陶次之，夹砂褐陶又次之，其中夹砂黑陶所见比例减少，褐胎黑皮陶有明显增加。器表多素面，磨光陶增多，纹饰多见弦纹，另有少量附加堆纹、压划纹、刻划纹、篮纹、绳纹、方格纹和乳钉纹。典型器物有鸟喙形足罐形鼎、盆形鼎、鼎式甗、高流长颈袋足鬶、瓦足盆、敛口匜和碗形单把杯等。晚期阶段泥质黑陶居多，夹砂灰陶次之，泥质灰陶又次之，并有一定数量的褐色陶。但从总量上来讲，灰陶多于黑陶。器表以素面或素面磨光为主，有纹饰者所占比例不高，绳纹明显增多，篮纹有所增加，其他还有凸凹弦纹、凸棱、方格纹、附加堆纹、刻划纹和泥饼等。蓖状擦痕(或称“线纹”)的数量出现较多，并且主要见于炊器之上，这是龙山文化晚期阶段的特点之一，这一传统被后来的岳石文化所继承。此时器物绝大多数为轮制，典型器物有筒腹素面鬲、侧三角足罐形鼎、近直壁大平底盆、子口盆(或加猪首形足)、子口盒、子母口器盖和筒形单耳杯等。

总体来说，早中段以黑灰陶最多，并有一定数量的夹蚌棕褐陶，器类中甗多

---

① 参见山东大学历史系考古专业、邹平县文化局:《山东邹平丁公遗址试掘简报》,《考古》1989年第5期;山东大学历史系考古专业:《山东邹平丁公遗址第二、三次发掘简报》,《考古》1992年第6期;山东大学历史系考古专业:《山东邹平丁公遗址第四、五次发掘简报》,《考古》1993年第4期;山东大学历史系考古教研室:《邹平丁公发现龙山文化城址》,《中国文物报》1992年1月12日;山东大学历史系考古教研室:《邹平丁公发现龙山文化文字》,《中国文物报》1993年1月3日;栾丰实:《丁公龙山城址和龙山文字的发现及其意义》,《文史哲》1994年第3期;栾丰实:《东夷考古》,山东大学出版社1996年版,第210～211页。

鬶少，鼎式甗常见且延续时间也长；晚段灰陶较多，黑陶多为黑皮陶，素面鬲广为流行，并取代鼎类器成为最主要的炊器，子母口容器与器盖大量涌现。

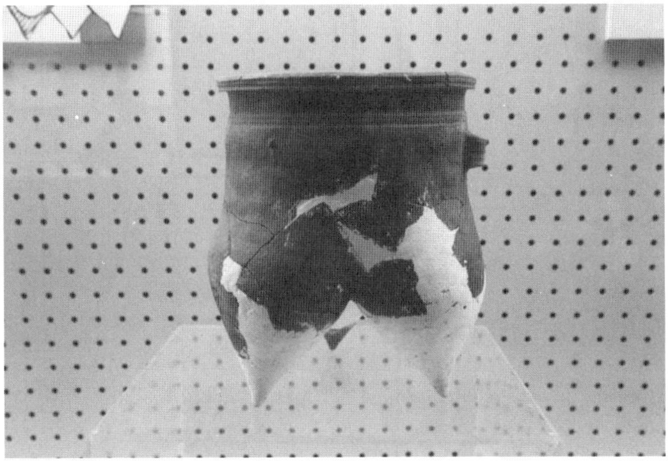

图 1-32　丁公遗址出土的素面鬲（现藏于山东大学博物馆）

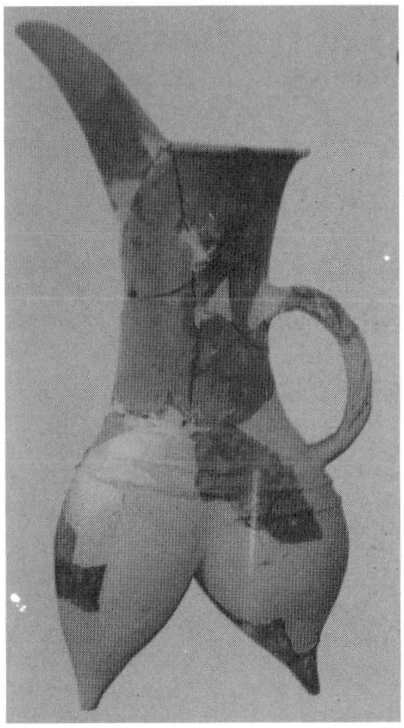

图 1-33　丁公遗址出土的红陶鬶

丁公遗址还出土各种纺轮 100 余件。这些纺轮制作精美，形状有圆台形、扁圆柱形和鼓形等多种。同时，在许多龙山文化遗址中还发现小巧纤细、制作精美、通体磨制光滑的带穿眼的骨针，这也从另一个侧面反映了龙山文化纺织业的情况。

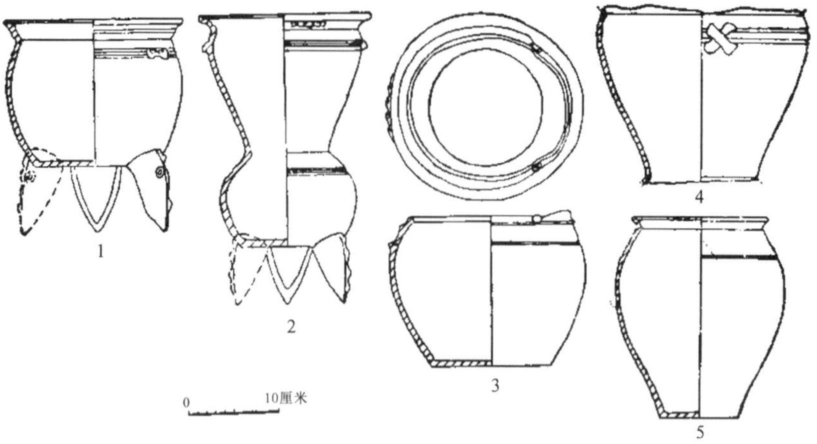

1.鼎(H1081:8) 2、4.甗(H1081:7、9) 3.匜(H1081:1) 5.罐(H1081:3)

图 1-34 丁公遗址出土的龙山文化陶器

资料来源：山东大学历史系考古专业：《山东邹平丁公遗址第二、三次发掘简报》，《考古》1992 年第 6 期。

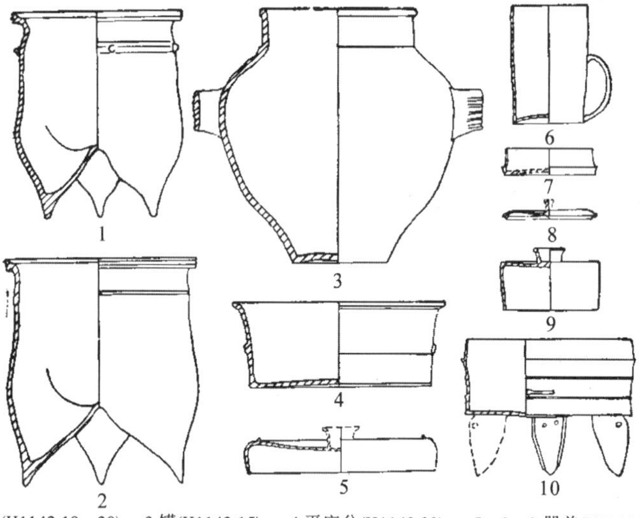

1、2.鬲(H1142:19、20) 3.罐(H1142:15) 4.平底盆(H1142:22) 5、8、9.器盖(H1142:24、6、25)
6.杯（H1142：26） 7.盒（H1142：37） 10.三足盆（H1142：8）

图 1-35 丁公遗址出土的龙山文化陶器

资料来源：山东大学历史系考古专业：《山东邹平丁公遗址第二、三次发掘简报》，《考古》1992 年第 6 期。

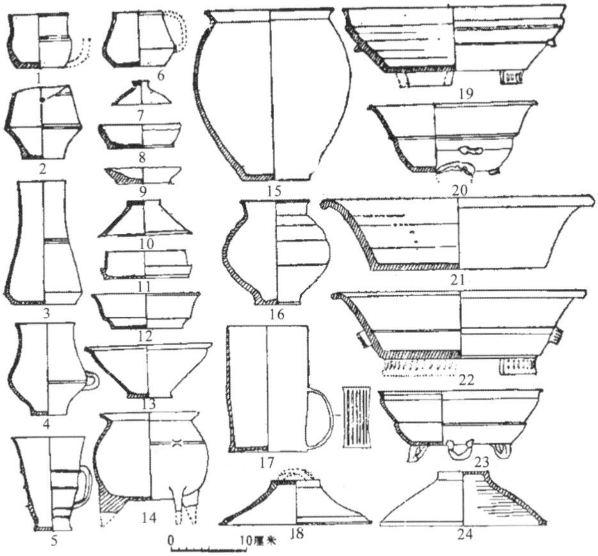

1.杯(T3⑬:3)　2、3.小壶(T3⑬:4、2)　4、5、6.杯(F1:3、4、1)　7.器盖(H31:1)　8.碗(T2⑪A:7)　9.碟(T1⑩:3)　10.器盖(H34:7)　11.盒(H21:4)　12.碗(H25:1)　13.碗(T1⑨:2)　14.鼎(H20:1)　15.罐(T3⑬:1)　16.罐(F1:2)　17.杯(H21:1)　18.器盖(T1⑪A:2)　19.三足盆(T1⑪A:4)　20.鼎(H42:2)　21.平底盆(H42:1)　22.三足盆(T1⑪B:1)　23.三足盆(T2⑪B:5)　24.器盖(H27:1)

图 1-36　丁公遗址出土的龙山文化陶器

资料来源:山东大学历史系考古专业、邹平县文化局:《山东邹平丁公遗址试掘简报》,《考古》1989 年第 5 期。

2.房址、陶窑、灰坑和墓葬等遗迹也十分多

丁公遗址龙山文化遗迹主要有城垣、房址、陶窑、灰坑、水井、沟、路土和墓葬等。房址在前后几次发掘中共发现 79 座,从建筑形制来看主要分为两类,一类是半地穴式建筑,另一类是地面式建筑,其中又以地面式建筑居多。绝大多数房址为长方形,圆形者较少。半地穴式建筑主要见于龙山文化早期阶段,面积较小,一般不超过 10 平方米。主室有灶坑,拐角处有柱洞,柱洞内夯垫烧土块、碎陶片或填灰土。地面坚硬平整。如 F3①,该房址为半地穴式,平面形状呈"吕"字形,南北残长 3.94 米,东西宽 3.28 米,面积为 13 平方米。西部保存较好,现存穴深约 0.7 米,东部被晚期地层和遗迹破坏较为严重。居室平面为圆角长方形。门朝南,有斜坡状门道,长 0.47 米,宽 0.53 米,居室通过门道与长方形门棚相连。门棚亦向内倾斜,残长 1.18 米,宽约 1.37 米。门棚南端有一高出地面约 0.1 米的

① F 为房址的汉语拼音首字母,是房址的简称,3 表明该房址发现时为第三座,这是考古学通用的一种表述方法。

门槛。主室中间偏北有一圆形灶坑，直径 0.72 米，残深 0.06 米，堆积着两层烧土，底部经长期烧烤呈红黑色。房内西北角有一长 1.86 米，宽 1.03 米的平台。整个房址共发现柱洞 12 个，分布于居室的拐角处及门棚内两侧，柱洞直径0.15～0.27 米，残深 0.1～0.24 米。除第 4、11、12 号柱洞底部夯垫烧土块和碎陶片外，余皆填灰土。房屋地面为黄灰色，坚硬平整。垫土分三层，厚 0.16～0.52 米。第二层层面有光滑的硬面，可能是活动或加工过的地面。

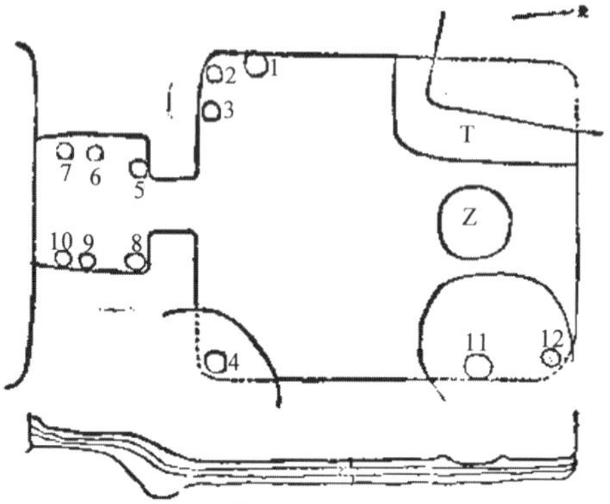

1~12. 柱洞　T. 平台　Z. 灶址

图 1-37　丁公遗址龙山文化早期房址平、剖面

资料来源：山东大学历史系考古专业：《山东邹平丁公遗址第二、三次发掘简报》，《考古》1992 年第 6 期。

地面式建筑以龙山文化晚期较多，面积一般较大，有的近 50 平方米，并有用小孩或成人奠基的现象。在这一时期，人们已经掌握了烧制和使用石灰的技术，石灰作为建筑材料得到了广泛的应用，居住面涂抹白灰现象比较普遍，这不仅可以吸潮，而且还美化了居室。石灰的应用是建筑史上又一项具有重大意义的发明。① 龙山文化晚期，人们居住房屋的大小、内部装饰及布局的变化，不仅反映出人们居住条件的改善，也反映出人们之间社会地位的不同。此时，水井的使用也是人们生活中一项重要的建筑发明。水井多为直桶形，口径较大，深度超过4 米。水井的使用标志着人们可以离开河道水源进而向更加广阔的区域发展，扩大了人们的生存空间。

① 参见栾丰实：《东夷考古》，山东大学出版社 1996 年版，第 273 页。

图 1-38　丁公遗址出土龙山文化房址(山东大学考古系提供)

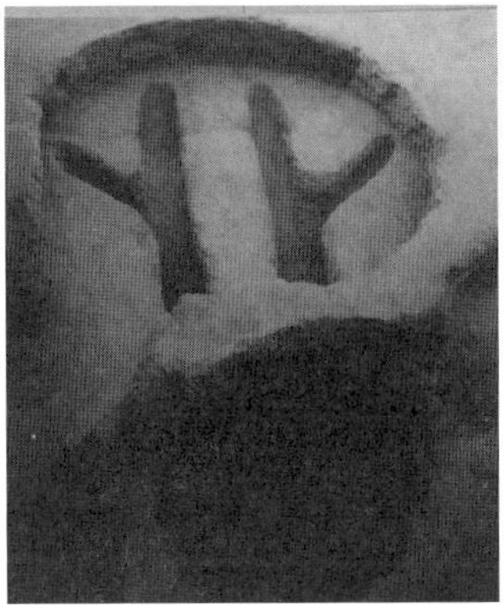

图 1-39　丁公遗址发现的陶窑

墓葬共发现 60 余座，多属零星发现，以小型墓为主，有的还在废弃的窖穴内扔弃人骨。中型墓仅属个别发现，数量极少，其中有一棺一椁的中型墓。墓中葬式以单人仰身直肢葬为主，有个别二次葬，绝大多数为头东脚西，多使用木质葬具，流行熟土或生土二层台，又以熟土二层台为主。多数墓中有少量随葬品，有手握獐牙的习惯。如 M30(M 为墓葬的汉语拼音首字母，为墓葬简称)，为长方形土坑竖穴墓，长 2.15 米，宽 0.90 米，残存深度 0.63～1.4 米。死者头向东南，面朝上，仰身直肢，缺右侧尺骨、桡骨。有熟土二层台，骨架上下分别发现有棺灰痕迹，纵向纹理，棺灰痕迹长 1.92 米，宽 0.61 米，墓内无随葬品。

陶窑有横穴窑和竖穴窑两种，形式保存较好的均为横穴窑，整体由窑室、火道、火膛和工作面等部分组成，是极其珍贵的研究海岱龙山文化高超制陶技术的实物资料。

灰坑共发现 600 余个，分布普遍，数量较多，绝大多数坑口呈圆形或椭圆形，有的直壁，有的斜壁，多无特殊加工痕迹，为一般垃圾坑。坑内出土物一般较为丰富，以陶片为主，很多可复原。

丁公遗址龙山文化遗存初步可以划分为五期，延续时间大致可以包括龙山文化的全过程，其中又以二、三、四期最为丰富，这部分资料对建立鲁北地区龙山文化的分期标尺具有十分重要的意义。[①] 丁公遗址规模面积大，时间跨度长，文物埋藏丰富，对于研究新石器时代中晚期直至商周时期滨州一带人们的生产与生活，有着重要的意义。

---

① 参见山东省文物考古研究所编著:《山东 20 世纪的考古发现和研究》，科学出版社 2005 年版，第 219～220 页。

十三 史前时期的农业与畜牧业

在滨州境内，史前时期开始于公元前 6300 年的后李文化，截止于公元前 1700 年的龙山文化时期。滨州境内的史前文化经过 4600 年的不断发展，到了龙山文化末期，已相当于中原地区的夏王朝纪年时期。对于这段历史，我们现在可能很难完全复原出当时人们的生活场景，但通过近几年不断出土的丰富文物，大体也可梳理还原出当时人们生活的一些基本的经济状态。

1.粟是当时最为主要的农业种植作物

滨州地处黄河下游，地势南高北低，南部主要为低山丘陵地带，北部现为黄河、小清河、徒骇河冲积平原。史前时期，古滨州一带湿热多雨，气候温润，湖河密布，林草茂盛，土地肥沃，水源充足，农业生产条件得天独厚。

自后李文化时期开始，滨州先民便开始了农业生产，当时的农业生产工具主要为石斧、石铲、蚌铲、蚌镰，粮食加工工具为石磨盘和石磨棒等。北辛文化、大汶口文化直至龙山文化时期，滨州境内农业生产日渐发达，主要表现在生产工具中农业生产工具的比重加大，种类增多。当时的农业生产工具多采用石、骨、角、牙和少量贝壳加工而成，生产工具的功能越来越专业化：石斧主要用于砍伐树木；石铲、鹿角锄主要用于翻耕土地，鹿角锄还兼有挖坑点种的功能，石铲还可以清除杂草；石刀、石镰、蚌刀、蚌镰等用于收割庄稼；石磨盘、石磨棒等数量较多，用于加工粮食和橡子等坚果。斧、铲类大型石器还可作为复合工具使用。

图 1-40 滨城区卧佛台出土的龙山文化石斧

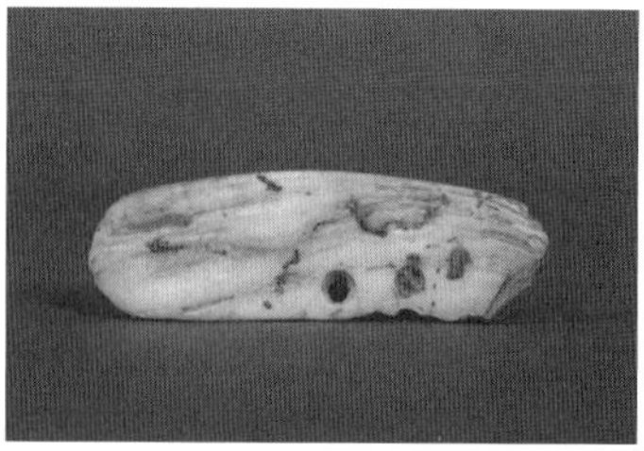

图 1-41 丁公遗址出土的龙山文化蚌刀

史前时期，人们种植的农业作物以粟类为主，水稻、黍、麦、菽等农作物也已出现。大汶口文化晚期，还出现了大量酒器，酿酒业发达。酒的大量生产和饮用是以大量的粮食剩余为基础的，证明当时的农业生产已经达到了相当的水平。

2.猪是家畜家禽饲养业的主要对象

后李文化时期，便已有较为成熟的家畜饲养，当时饲养的对象主要是猪和狗，但规模较小。[①]

北辛文化时期，家畜饲养在农业不断发展和人类定居生活日益稳定的同时，逐渐发展起来。邹平境内的北辛文化西南庄遗址发现的大量猪骨，证明除狩猎外，饲养家猪已成为当时居民的主要肉食来源。牛和狗也是当时饲养的对象，但因发现数量较少，应处于次要地位。

大汶口文化和龙山文化时期，家畜饲养业又得到了进一步的发展，家畜已经成为居民获取肉食资源的主要方式。从各遗址出土的动物骨骼数量分析，龙山文化时期饲养家畜家禽，依然以猪的数量最多，狗次之，牛、羊再次之，马和鸡最少，此时传统称谓中的“五畜”已经全部齐备。

养猪在史前时期的家畜饲养业中，始终占据着最重要的地位，是人们主要的肉食来源。经过发掘和调查的史前遗址中，猪骨的数量在各类动物骨骼中高居榜首。不但在史前时期，直到今天，猪依然是中国汉族人食谱中最主要的肉食来源。但猪是杂食性动物，存在着与人争食的情况，它能够被驯化并成为最主要的家畜，也从侧面反映出农业生产的发达程度。伴随着农业发展，人们定居程度越来越高，猪可圈养的习性尤其适合定居生活方式，这也使得家猪饲养逐渐发展成为中国农业经济的一个重要特征。

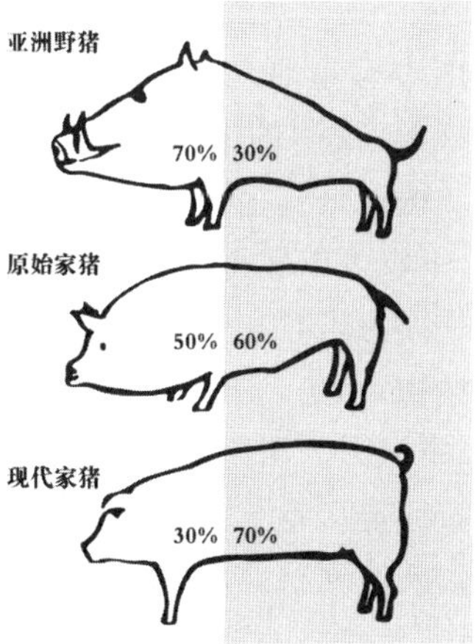

图 1-42　从野猪到家猪的改良过程

① 参见栾丰实：《东夷考古》，山东大学出版社 1996 年版，第 60 页。

大汶口文化时期出现的养狗之风也一直盛行不衰，多数遗址的动物骨骼鉴定结果表明，狗的骨骼数量仅次于猪骨骼的数量。到了商代，更是流行用狗和马殉葬的习俗，这种现象表明狗和马在当时的社会生活中具有比较重要的地位，狗和马成为当时社会的主要饲养对象。商代兰家遗址曾发现有大量的牛、马、猪、羊、狗的骨骼，其中又以牛骨和猪骨为最多。在遗址东部的付家河断崖上还散布着多处殉葬的马骨。惠民大郭遗址也发现有用马殉葬的墓葬。齐国时滨州一带则“有马千乘”，数量极多。

家畜家禽饲养业既可以稳定地为人类提供肉食，丰富人们的物质生活，还可以供人驱使，提供畜力，其皮毛更是可以制作衣物以御严寒。

3.采集、捕捞和狩猎业逐渐成为农业和畜牧业的补充

采集、捕捞和狩猎等攫取经济是早期人类主要的经济形式，亦是人类早期生活的重要食物来源，是农业出现和成熟之前，人们得以生存的重要保障。后李文化直至龙山文化时期，滨州一带气候温润，雨量充沛，森林、灌木丛生，为采集、捕捞和狩猎提供了理想的场所。

在后李文化时期，人们的采集对象十分丰富，植物的果、根、茎等都是人们采集的目标，鱼类和蚌类则成为人们捕捞的主要对象。从后李文化出土动物骨骼数量及分布看，狩猎活动在先民生活中占有重要地位，是提供肉食的主要手段。先民狩猎首选目标为梅花鹿、斑鹿、鹿、獐、野猪等体形较大的动物，其次是狗、獾、貉、狐等小型动物。

以现有资料看，后李文化及其以后的北辛文化、大汶口文化中，采集、捕捞和狩猎活动一直在人们生活中占有重要地位。其主要原因有四：一是与当时的地理和气候环境有关。当时气候温润，湖泊河流密布，丛林茂密，十分有利于各种野生动植物和鱼类的生存。特别是有些凶猛的动物还会对先民们的生命财产造成威胁和破坏。人们狩猎，不仅可以获得大量的肉食，还可以消灭给自身安全带来威胁和破坏的野兽。二是因为当时农业不发达，无法满足人们的日常所需，采集渔猎依然是人们重要的食物来源。三是人们在传统中掌握着丰富的渔猎和采集经验，拥有较强的渔猎采集能力。四是当时人口数量较少，保证了动植物数量和种类在一定范围内的平衡稳定。直至龙山文化时期，尤其是龙山文化以后，随着人口的增多、农业的发达、人们渔猎采集数量的增加，也由于气候的变化，一些野生动物如野猪、獐、鹿、麃等逐渐减少，采集渔猎活动才在人们的生活中失去了

原有的主导地位，从而居于次要和补充的位置。①

十四 史前时期的手工业

史前时期，手工业在农业、家畜家禽饲养业发展的基础上，也取得了较大的进步，当时的手工业门类主要有制陶、制石、制骨以及纺织、酿酒等，并不断向专业化和独立化方向发展。

1.越来越精细的制陶业

史前时期，人们还没有发明瓷器，陶器是人们日常生活中的主要用器，是人们炊煮食物、盛放粮食物品的必备之物，陶器制作则相应地成为先秦时期成就最为突出的手工业部门。这种器物用途广泛，容易破碎，需求量大，制作工艺也相对简单，在战国后期以前都是各个聚落城邑自己烧制，几乎所有先秦遗址都有陶窑这一类遗迹存在。而先秦时期发现最多的遗物也是陶器，包括各种罐、釜、鼎、鬲、甗、甑等炊煮器，觚、杯、斝、鬶、盉等饮器，碗、钵、豆、簋、盘等食器，罐、壶、瓮、瓶、盆、尊、缸等盛贮器和汲水器等。可见，陶器与早期人们的生活息息相关，密不可分。

滨州自后李文化时期有人类居住以来，便已开始制作使用陶器，其成为当时最为重要的生活用品之一。当时的陶器制作工艺还比较原始，以泥条盘筑法为主。多数陶器烧成温度较低，火候不匀，质地疏松。如孙家遗址后李文化地层出土的陶器颜色以红褐陶为主，质地松软，有些陶器遇水即溃，极难复原。由于火候的原因，器物内外壁的颜色往往斑驳不均，不同程度地存在灰、黄、黑色斑块。

北辛文化时期，陶器制作工艺虽然仍较落后，但比之后李文化时期已有相当大的发展。一是掌握了淘洗技术，可以生产出质地相对细腻的泥质陶器，这是制陶史上的一大进步。二是制陶工艺出现复杂化和程序化趋向。从陶土的淘选、羼和料的添加到器体的成形和烧制成功，已形成一套完整的流程。大型器物多采用泥条盘筑法，小器物则直接捏塑而成，部分则可能采用模制法。有些器类如鼎、小口双耳罐等不是一次制成，往往要经过2～4道工序才能完成。三是出现慢轮修整技术。部分鼎、钵类器物器口规整，有轮旋痕迹，出现了慢轮修整技术，

---

① 参见山东省文物考古研究所编著：《山东20世纪的考古发现和研究》，科学出版社2005年版，第78～79页。

为以后快轮制陶的革命性变化奠定了基础。四是陶器的烧成温度比后李文化时期明显提高，后李文化那种火候较低、遇水即溃的陶器已不再见。五是陶器的种类及纹饰较之后李文化时期明显增多，器物的复杂程度也加大，而且还出现了彩陶，如泥质陶钵的口沿外侧多绘有一周带状红彩。① 可以说，这一时期虽然大多数陶器仍采用手制的泥条盘筑法成形，但部分器物口沿已采用慢轮修整技术。陶器器形较后李文化时期更加丰富，并且以三足器、圜底器居多。其中鼎是北辛文化最具代表性的器形，后李文化未曾出现。三足器和慢轮修整技术的出现，是在后李文化圜形底陶器和泥条盘筑技术基础上最为重要的两大进步。邹平西南庄遗址出土大量北辛文化陶鼎和制作规整、胎制细腻的红陶钵，阳信小韩遗址红陶钵口沿外侧则绘有一圈流畅规整的带状红彩，都充分说明了当时制陶工艺的技步。

大汶口文化时期由于时间跨度较长，陶器的生产在逐渐进步中表现出一定的阶段性，各种陶色在不同时期的比例也有着较大变化，时间越早，红陶所占比例越高；时间越晚，红陶所占比例越小，其他陶色比例相应增加。早期阶段，陶器制作以泥条盘筑的手制方法为主，慢轮修整技术为辅，陶器规整程度较前大为提高。但烧造火候依然较低，陶色以红陶、红褐陶为主，黑陶、灰陶少见。中期阶段，陶器制作仍以手制为主，但慢轮修整已运用得较为普遍，快轮技术开始出现。红陶和红褐陶数量开始减少，灰褐陶数量开始增多。陶器烧制火候较高，器类也逐渐增多。晚期阶段的陶器生产有了更为显著的进步，许多器物已使用拉坯成型的快轮生产技术，生产效率大为提高。红陶所占比例进一步下降，灰、黑和灰褐陶开始占据主要地位。② 这一时期器类增多，器形复杂，并新出现了白陶和薄胎黑陶。白陶和薄胎黑陶的出现，是大汶口文化晚期阶段陶器生产的两项重要成就。薄胎黑陶主要见于高柄杯，它代表了这一时期制陶工艺的最高水平，龙山文化时期流行的蛋壳黑陶高柄杯就是在此基础上产生的。白陶使用的原料为一种特殊的陶土——坩子土，亦即瓷土，经高温烧制而成，它突破了陶器原料局限于黏土的限制，开创了最早使用瓷土烧制器物的历史。白陶器多数胎薄质匀，质地较硬，烧成温度达 1200℃ 左右，主要见于陶鬶等少数器形。③ 大汶口文化时期，各种陶器颜色纷纷出现，从红、黄、褐色直到灰、黑、白色等，说明当时制陶技

① 参见栾丰实：《东夷考古》，山东大学出版社 1996 年版，第 80 页；山东省文物考古研究所编著：《山东 20 世纪的考古发现和研究》，科学出版社 2005 年版，第 123 页。

② 参见山东省文物考古研究所编著：《山东 20 世纪的考古发现和研究》，科学出版社 2005 年版，第 184～185 页。

③ 栾丰实：《东夷考古》，山东大学出版社 1996 年版，第 180 页。

术的高超与全面。因为不同的陶色需要不同的烧窑技术、窑炉温度和火焰气氛，要烧制红陶，需要用氧化焰，烧制灰陶要用还原焰，烧制黑陶则要掌握碳素渗入技术等。[①]

龙山文化时期，陶器制作技术水平和艺术水平均达到了前所未有的高度，即使在其后的历史发展中也没有哪一个时期可以完全超越。陶器生产已普遍采用快轮制陶技术，不但大幅度提高了生产效率，使陶器数量猛增，而且质量也明显提高，绝大多数陶器外形规整，厚薄均匀，纹饰简洁，造型美观典雅，再配之以繁简适宜的耳、鼻、钉、突、条、饼等各种附件，使整个器物显得十分和谐得体。这一时期，用于祭祀的陶器已开始出现，最著名的代表便是蛋壳黑陶高柄杯。蛋壳黑陶的烧制技术十分复杂，它的烧制成功，充分证明了当时制陶业的发达。

由于采用先进的制作方法和技术，龙山文化时期的陶器不仅种类众多，形制多样，而且还具有极强的审美艺术价值。经济、适用和美观三者有机统一是龙山文化陶器最为主要的传统和特点。[②]

商周时期，特别是齐国建国后，除日用饮食器外，用于祭祀的陶器越来越多，这些陶器上面多用象征威严的云雷纹进行装饰。战国时期，不仅贵族大墓用陶礼器来代替青铜礼器进行陪葬，而且这种风气日益浓厚，甚至影响到一些小型墓葬也普遍存在这种现象。这种社会现象的迅速普及，使得仿照青铜器造型的陶礼器得以成组成套地生产，把陶器的制作工艺又推进到了一个新的阶段。

2.石斧、镰等器形与后世基本一样

石器是先秦时期农业生产的主要工具，不仅数量众多，种类丰富，而且制作水平也很高。石器制作工序可分为选材、制坯、琢修、打磨等，有的还需要钻孔。后李文化时期，打制石器与磨制石器共存是其主要特征。到了北辛文化时期，磨制石器日渐发达，而且人们已经掌握了利用不同硬度的石料制作不同器类的技术。硬度高的石材多用来制作石斧等砍凿工具，石灰岩等硬度相对较低的石材用来制作石铲、石锄等农耕工具。到了龙山文化时期，石器制作更加强调实用性。根据实际需要，可分为通体磨光和局部磨光两类，如厚重的斧、镢、镐等大多只有刃部磨光，器身则为打制或琢制。此时，大部分器形与后世相仿，在以后的历史时期中一直未出现太大变化。

夏商周时期，虽然相继出现了青铜器和铁器，但石器仍然是人们从事生产的

---

① 参见安作璋主编：《山东通史·先秦卷》，人民出版社2009年版，第28页。

② 参见刘敦愿：《论(山东)龙山文化陶器的技术与艺术》，《美术考古与古代文明》，人民美术出版社2007年版，第68～88页。

主要工具。如侯家遗址商代地层就出土有掘土工具舌状石铲和收割工具石刀、石镰等。

3.骨、角、蚌器发达且具有一定美感

骨、角、蚌类因质地较软，更容易加工成器，其制作技术自后李文化时起便已十分发达，不仅造型精致，而且数量较多，绝大多数磨制光滑。当时，人们就已掌握了使用不同的材质制作不同器物的能力，并根据器物要求进行选材、破料、成型、磨光和穿孔，进而生产加工出各种不同功能的生活用品、生产工具及装饰品等。主要器类有镖、镞、锥、笄、针、镰、铲、凿、刀、矛、匕、鱼钩和装饰品等，其中装饰品和生活用品制作最为精良。西南庄遗址出土的北辛文化时期的骨笄、骨饰、蚌饰等装饰品，制作十分精美，是当时人们爱美意识和审美观念的具体反映。

西南庄遗址出土的骨针针尖锐利，尾端多扁平，针眼为圆形或椭圆形，骨针有粗细长短的区别，均为磨制[①]，有的针眼大小近似于现在使用的缝衣针[②]，十分精致。甚至到了夏商周及以后的历史时期，很多骨角蚌器依然为人所生产使用。如兰家遗址商代地层发现有大量的骨料及半成品骨器，能辨认的有牛、马、猪、羊、狗、鹿角，而以牛骨和猪骨为最多，说明当时骨器制作的兴盛。

4.纺织工具已具有现代纱锭的基本功能

史前时期，不仅出土大量精致的骨针，而且在各遗址上还出土有各种质地的数量众多的纺轮，其中又以陶、骨、石纺轮等的数量最多。丁公遗址就出土各种纺轮 100 余件，它们和骨针一样反映出当时纺织缀连技术的发达。纺轮是纺锤上的小轮，与拈杆一起构成纺锤。纺轮在使用时，上加拈杆，杆上有一倒钩，人们利用其自重和连续旋转的原理，用手捻动轴杆，让其拴纱下垂转动，可将纤维拈成线。停转时，线缠在杆上。其构造已具备现代纱锭的基本功能。当时纺轮主要用于绩葛和麻等。[③]

---

① 参见山东省文物考古研究所编著：《山东 20 世纪的考古发现和研究》，科学出版社 2005 年版，第 104 页。

② 参见徐其忠等：《黄河三角洲古文化遗存研究》，山东人民出版社 2002 年版，第 67 页。

③ 《诗·豳风·七月》孔疏："绩，缉麻之名。"

十五　史前滨州的造型艺术与鸟图腾信仰

史前时期，滨州大地的古人类在艺术方面的成就是多方面的。特别是近几年，随着考古工作的不断开展，人们对当时的造型艺术更是有了比较深刻的认识。在当时，人们在制造物品的时候，往往将美观的要求与实用的目的融为一体，实现审美与实用的双重功能。而且，由于当时的生产力还相对比较低下，满足自身的需要是第一位的，这就决定了手工艺制作不论是从客观上，还是从主观上，只能以满足需要为第一要求，艺术的审美也总是伴随着物品的应用而体现出来。实用与审美相结合是这一时期最为主要的特点。

到了春秋时期，齐国出现了一本集工艺美学思想之大成的著作《考工记》，其中“天时、地气、材美、工巧”的工艺美学标准对后世影响极大。《考工记》虽然对器物的设计没有专章论述，但其讲求材料与质感相结合、结构与形式相结合、功能便利与审美愉悦相结合的原则，以及以功能之美、造型之美、装饰之美、材质之美、工艺之美为特征的制作原则，同样反映在滨州大地的艺术成就上。

1.古朴质拙的史前造型艺术

农业的发达，促使社会分工的规模和范围日益扩大，手工业也空前繁荣起来。这一时期，许多手工业制品，如陶器、骨蚌器、青铜器、玉石器等，逐渐摆脱了单纯实用的目的，进而赋予其观赏的美感，做到实用与审美的完美统一与结合，反映了当时人们审美观念的逐渐成熟，而陶器又是其中的集大成者。

制陶业的出现是人类将一种物质改造成另一种物质的开端。最初的陶器制作采用的是泥条盘筑法，受当时工艺水平的限制，人们一方面要考虑泥坯的稳定性，尽量保证不会变形；另一方面还要考虑使用的方便，找到用泥条盘筑法最容易制成的器型。此时的陶器，火候较低、色泽不匀，器形也不够规整，外观粗糙、陶质疏松，仅能满足人们使用的最低要求，尚无余力顾及装饰和美感。如邹平孙家遗址后李文化地层出土的陶器种类比较单调，器物造型也简单，质量较为粗糙，器物多以素面为主，有纹饰者极少，但人们已经知道在器物口沿下以刻、压、刺、戳等手法形成花纹。其最主要的目的可能是加固器物，但给它赋予了一定的装饰趣味和美感。

北辛文化时期，慢轮修整技术已开始应用于陶器制作，陶器种类和质量有了很大提升，陶器纹饰也日渐丰富起来，出现了附加堆纹、刻划纹、乳钉纹、锥刺纹、指甲纹和拍印纹等各种纹饰，既增加了陶器的坚固程度，又增强了装饰性。特别是人们刻划形成的直线曲折纹、波折纹、之字纹、三角纹、波浪纹等纹样图案，更是突出了器物的装饰美。这些装饰图纹的出现，已经超出了单纯实用的目的，应该具有一定的文化和精神内涵，是一种正在尝试、探索的原始艺术行为和形式。

随着制陶技术的提高，人们除了考虑陶器的实用功能和简单的刻划装饰外，也在探寻新的装饰手法，彩陶装饰在这一时期逐渐流行起来。在邹平西南庄遗址和阳信小韩遗址北辛文化地层中出土的钵类泥制陶的器物口沿外侧多彩绘一周带状红彩，十分醒目。到了大汶口文化时期，彩陶装饰开始兴盛起来。彩色多绘在带耳杯、钵等泥质陶器物上，色彩以红、白、赭色居多，用单彩或复彩绘制，颜料主要为天然赭石。复彩是在制坯时，先是对器表进行磨光处理，然后再在陶器表面着一层红色泥浆作为衬地，俗称“陶衣”。最后，以此为底着赭色漫涂，再用红、白色勾点。单彩就是直接在器物表面绘彩。绘彩又分烧前绘彩和烧后绘彩两种。烧前绘彩一般称为彩陶，是在入窑前用类似毛笔一类的工具在陶坯上进行绘彩，再入窑烧造，这样可以使色彩与胎体结合紧密，色彩不易脱落。烧后绘彩是将陶器烧好后再上色，由于与胎体粘接不牢，颜色容易脱落，这种陶器一般称为彩绘陶器。彩陶的纹样主要有三角、波浪纹、圆圈、漩涡和由条带组成的几何纹饰等。这一时期的彩绘图案还仅仅是中国古代绘画艺术的萌芽，依附于实用器物而存在，并不是一种专门性、独立性和艺术性很强的艺术，而是一种随意性、兼容性、粗率性极浓的原始艺术。然而，色调明快的彩陶图案散发出浑厚粗犷、古朴质拙的原始美感，是原始美术中实用与审美相结合的成功典范，为中国绘画艺术的发展奠定了基础，并积累了丰厚的艺术素材和创作经验。而且，这一时期的彩陶装饰已呈现丰富多彩的特征。从表现手法上看，用笔轻巧灵活，线条粗犷奔放，色彩富于变化，各种彩绘纹饰已成功应用了对称、平衡、连续、反复等方式，组成具有审美意义的花纹图案，具有了写意性极强的形式美，表现了当地先民的审美情趣、爱好和信仰等。当时多数图案都绘制在陶器最为突出的部位，与当时人们的日常生活习惯是一致的，这充分体现了人们的生活需要与审美心理，为我们了解古代先民的精神生活和审美情趣提供了生动资料，并极大丰富了先秦时期绘画艺术的内涵。

2.追求单纯质朴的自然美

到了大汶口文化晚期和龙山文化时代，陶器制作一改彩绘的传统，开始追求一种单纯质朴的自然美，人们的视角更多地放在陶器本体身上，而不是外在的装饰。陶色的单纯朴素和造型的灵巧和谐，成为这一时期陶器制作最为主要的传统和特点。其中最具有造型美感的是龙山文化时期的蛋壳黑陶高柄杯。它不以华美的纹饰和彩绘来装饰自己，全凭精致的、均衡对称的工艺和富于变化、线条流畅、圆润简洁的器体造型取胜。这类黑陶器壁极薄，陶质十分细腻，陶色漆黑发亮。有的器壁厚度只有0.5毫米至1毫米，称之为蛋壳黑陶。这类轻巧的蛋壳黑陶多用来制造高柄杯等器物，杯柄还常带有各式镂孔，十分精致。龙山文化时期的蛋壳黑陶以造型多样、纹饰优美、工艺精良而著称，它代表了中国古代工艺美术史上的第一个高峰，在造型与技巧上为青铜艺术奠定了基础。

这一时期还出现了大量模仿动物形状的仿生陶器，可称之为陶塑艺术。其在构图和表现手法上已具备了现代造型艺术的基本要素，非常接近于现实生活中的动物形象。龙山文化时期的仿生陶塑造型艺术，以鸟为主要素材，一方面反映了当时对鸟图腾的崇拜意识，另一方面也能体现出当时的造型水平。从器物造型上看，状如鸟形的陶鬶和鸟喙形鼎足最有代表性。滨州龙山文化遗址出土的各式陶鬶，由流、颈、腹、把手及袋足组成，外形流畅，结构合理，造型生动，整体如一只昂首站立、引颈长鸣的鸟。其向上且微向前伸的鬶流，酷似尖长的鸟喙，有的长流根部左右还贴塑有小小的圆形乳钉纹，形似一双眼睛。特别是有的陶鬶胎体以细腻轻薄的白陶制成，更显出工艺的精湛。2002年11月，博兴县店子镇利戴村北出土了一件夹细砂红陶鬶，保存基本完整。通高32.5厘米，口径10.5厘米，流长9.8厘米，腹径15.3厘米，侈口，圆唇外翻，仰流斜上冲，颈腹分明，腹微鼓，平档，尖实足，宽扁状柄，造型十分优美。龙山文化陶鼎的三足也往往塑造成鸟喙形状，形如自中对剖的空心足，根部作半圆形，足端尖细，外面正中有附加堆纹一道，按成波浪形，近根部左右各有穿透的小圆孔，与附加堆纹配合，形如眼鼻。鸟喙状鼎足既起到了三足支撑作用，又赋予其仿生美感。

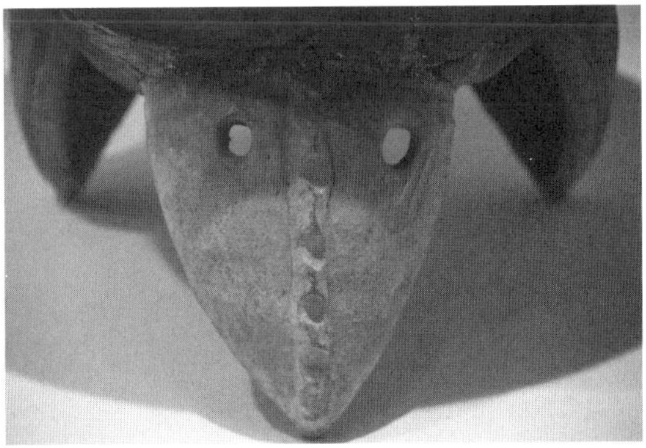

图1-43　龙山文化鸟喙形鼎足

3.鸟图腾崇拜的产生和流行

仿生陶鬶和鸟喙状鼎足在表现手法上既有写实又有抽象，其构思巧妙、刻画生动、形神兼备的特点，充分反映出龙山文化艺术发展的高超水平。而仿生陶鬶和鸟喙状鼎足的出现与流行，应是鸟图腾审美意识在陶器上的具体反映。

根据考古发现，这种以鸟为原型制作的仿生陶鬶最早出现于大汶口文化晚期，并与鸟喙状鼎足一起兴盛于龙山文化时期。在此之前，则几乎未发现如此数量众多的以鸟为原型的器物。而《左传·昭公十七年》等文献则记载有少皞氏“以鸟名官”的情况：“我高祖少皞挚之立也，凤鸟适至，故纪于鸟，为鸟师而鸟名。凤鸟氏，历正也；玄鸟氏，司分者也；伯赵氏，司至者也；青鸟氏，司启者也；丹鸟氏，司闭者也。祝鸠氏，司徒也；鴡鸠氏，司马也；鳲鸠氏，司空也；爽鸠氏，司寇也；鹘鸠氏，司事也。五鸠，鸠民者也。”这则记载似乎可以说明鸟图腾的崇拜大概起源于少皞之时。那么少皞氏大概生活在什么年代呢？《汉书·地理志》记载：“少昊之世有爽鸠氏，虞夏时有季荝，汤时有逢公伯陵，殷末有蒲姑氏，皆为诸侯国，国此地。”《左传·昭公二十年》也有关于“昔爽鸠氏始居此地，季荝因之，有逢伯陵因之，蒲姑氏因之，而后太公因之”的记载。结合上述文献记载和考古发现可推知，少皞氏的生活年代应该早于虞夏，似应为考古学意义上的大汶口文化晚期和龙山文化早期阶段。由此可知，东夷族的鸟图腾崇拜应起源于大汶口文化晚期阶段的少皞氏，兴盛于龙山文化时期。

第二章　夏商周时期的滨州

一　大禹治水：古史传说中的滨州

考古学界和史学界根据文字的产生和文献数量的多少，把中国考古学分为三个大的分期：一是史前时期，指有文字记载以前的历史；二是原史时期，指记载历史的文献比较少的时期，在中国主要指夏商周三代；三是历史时期，指记载历史的文献比较丰富的阶段，在中国则主要指秦汉及其以后的时期。而在史前时期晚期、原史时期早期的成文历史出现以前，人们的历史记忆全凭口耳相传，一些年代极为久远的重要事件和人物，就是通过一代一代的讲述而得以流传至今。古史传说就是这些流传的内容之一。古文献往往将这一时期称为“三皇五帝时期”或者“古史传说时代”。这是一个社会发生深刻变革的时代，一方面生机勃勃，充满着无限活力；另一方面社会剧烈动荡，冲突不断，英雄辈出。

1.少昊与蚩尤：东夷族的早期领袖

山东地区是古代东夷族的聚集地。滨州史前时期的文化，不论是后李文化、北辛文化、大汶口文化，还是龙山文化，它们的创造者都是作为土著的东夷族人。《说文解字》载：“夷，从大从弓，东方之人也。”据古史传说，海岱地区在远古时期就是东夷族的分布区，而东夷族早期最为重要的代表主要有太昊、少昊（皞）和蚩尤等，他们所处的年代，大致相当于考古学上的大汶口文化晚期和龙山文化早期阶段。这一时期，现滨州一带应该先后受到少昊集团和蚩尤集团的统治。

少昊，亦作“少皞”，名“挚”，又作“质”，号“金天氏”“穷桑氏”“朱宣氏”，生于穷桑，和太昊伏羲一样同为我国上古时期东夷族的祖先和首领，因修太昊之法，故称之为“少昊”，为嬴姓。今天鲁中南地区的汶河和泗河流域一带是少昊部族的主要活动区域之一，这里的徐、奄等商代和周初国家，都是少昊氏的后裔。包括滨州在内的齐地中心区域也曾是少昊部族的势力范围。《左传·昭公二十年》记载了晏子对齐地沿革的追述：“昔爽鸠氏始居此地，季萴因之，有逢伯陵因之，蒲姑氏因之，而后太公因之。”魏晋时著名经学家杜预在其所撰的《春秋左氏经传集解》中说，爽鸠氏，即“少皞氏之司寇也”。《汉书·地理志》亦记载：“少昊之世有爽鸠氏，虞夏时有季萴，汤时有逢公伯陵，殷末有蒲姑氏，皆为诸侯国，国此地。”依此类推，爽鸠氏应该早于虞代，为考古学意义上的大汶口文化晚期和龙山文化早期阶段，属少昊氏统治下的部落之一。①

少昊氏之后，东夷族的另一个著名首领为蚩尤。② 蚩尤的传说纷纭复杂，后世将其尊为“战神”。齐国自古就有八神主的祀典，八神主中的第三神主即为“兵主，祠蚩尤”③。相传蚩尤面如牛首，背生双翅，他有兄弟八十一人，都是铜头铁额，有八条胳膊九个脚趾，个个本领非凡，能食沙石子，战斗起来勇猛无比，不死不休。《玉函山房辑佚书》辑《归藏》言：“蚩尤伐空桑，帝所居也。”蚩尤取得统治权后，又与中原地区的黄帝产生了矛盾，大战于涿鹿之地，并被黄帝擒杀于涿鹿。黄帝部落在平定蚩尤之后，又派遣颛顼继续治理东夷之地。《山海经·大荒东经》记载说：“东海之外大壑，少昊之国。少昊孺帝颛顼于此，弃其琴瑟。”

蚩尤与炎帝、黄帝的传说，反映了夷夏东西大会合之际不同集团之间冲突与融合的史实。夷夏东西大会合，首先是炎帝集团、黄帝集团与东夷集团的大会合。黄帝集团和炎帝集团沿着黄河中下游一路东进，不可避免地与东夷集团产生矛盾和冲突。最初东进的是炎帝集团，他们一部分东进到中原，一部分继续东进到海岱地区，在败于蚩尤集团后，就安心与东夷人和谐共处，并成为继蚩尤部落之后的第二大部落集团。《逸周书·尝麦解》记载：“昔天之初，诞作二后，乃设建典。命赤帝分正二卿，命蚩尤于宇少昊，以临四方。”赤帝即炎帝，二后指炎帝和蚩尤。可见，蚩尤的统治中心亦为原来少昊的地方，也就是鲁中南及其周围地区，但蚩尤的活动范围并不限于此，甚至比之少昊氏更为广阔。后来，黄帝部落开始东进，到达中原后首先遇到炎帝部落。据《史记·五帝本纪》记载，黄帝“与炎帝战于阪泉之野，三战，然后得其志”。炎帝失败后，失去了在中原的立足之

① 参见安作璋主编：《山东通史·先秦卷》，人民出版社 2009 年版，第 443～447 页。

② 徐旭生：《中国古史的传说时代》，文物出版社 1985 年版，第 48～54 页。

③ 《史记·封禅书》。

地，只好全部迁到黄河下游地区。黄帝战胜炎帝后，势力继续扩张，又与东夷的蚩尤集团发生冲突，双方在涿鹿发生大战。据《逸周书·尝麦解》记载："蚩尤乃逐帝，争于涿鹿之阿，九隅无遗，赤帝大慑。乃说于黄帝，执蚩尤，杀之于中冀。"中冀指今河北省北部、河南省南部及山西省中部之间的大片区域。由此可见，蚩尤的活动范围应该很大，最西边可能到达了今山西省中部一带。而从中冀涿鹿等地一直到今天的山东一带，皆为蚩尤与黄帝的大战周旋之地。根据古史传说的记载，滨州一带也应是在蚩尤集团的统治之下，后又成为蚩尤与黄帝集团之间周旋转战的战场。

蚩尤与炎帝、黄帝集团之间的战争是夷夏之间冲突、碰撞直至融合的一种最初的原始形态。

2.大舜陶河滨是在滨州吗?

舜是东夷之人，《孟子·离娄下》说："舜生于诸冯，迁于负夏，卒于鸣条，东夷之人也。"司马迁在《史记·五帝本纪》中又说："舜耕历山，渔雷泽，陶河滨，作什器于寿丘，就时于负夏。"关于诸冯，焦循《孟子正义》引赵佑《四书温故录》以为在今诸城；负夏有说为"负海"之义，即临近大海，也有说是在今泗水县境内，又有说夏指雷夏泽，在今鄄城与郓城交界一带；鸣条，即商汤伐灭夏桀之地，在今河南登封附近。关于舜陶河滨的具体地点已难以考证，目前有一说是指泗水之滨，另有学者认为在今天冀鲁豫交界的古黄河沿岸①，滨州市原文联主席李象润认为舜陶河滨，首先确定该河应为黄河。班固《汉书·沟洫志》载："中国川原以百数，莫著于四渎，而河为宗。""河，中国之经渎。"先秦文献"河"是黄河的专用名词，而在夏商周三代，滨州境内现惠民、阳信、无棣三县西境是古黄河入海的一条重要通道。李象润明确指出河滨应在今滨州北部地区的黄河沿岸一带。②

有关大舜早年行迹，见诸古代典籍的基本为以上所列几个地方，大体为泰沂山脉周边地区，其中又以鲁西南为主，并辐射到鲁西北一带。通过史籍、传说推测，大舜的足迹应该到过河济之间的广大地区，并在黄河岸边指导过先人制作陶

---

① 参见张华松主编:《济南通史·先秦秦汉卷》，齐鲁书社2008年版，第41页。

② 参见李象润:《大舜"陶河滨"原址考——滨州市远古历史地理文化考》，李象润等编著:《滨州历史与民俗文化考略》，黄河出版社2007年版；李象润:《大舜"陶河滨"在哪里》，《春秋》2006年第5期。

器，古滨州似乎也应该在这一范围之内，但大舜是否来过还没有非常确切的证据。[①]

3.夷夏治水与禹疏九河

据古史记载，大约尧、舜、禹时期，中国东部大地多有洪水泛滥。如《尚书·尧典》："汤汤洪水方割，荡荡怀山襄陵，浩浩滔天。"《尚书·益稷》："洪水滔天，浩浩怀山襄陵，下民昏垫。"《诗经·商颂·长发》："洪水芒芒，禹敷下土方。"《孟子·滕文公上》："当尧之时，天下犹未平，洪水横流，泛滥于天下，草木畅茂，禽兽繁殖，五谷不登，禽兽逼人，兽蹄鸟迹之道交于中国。"这一时期，距今大约4000年，根据考古发现，此时确实曾经发生过洪水泛滥事件。山东省文物考古研究院等单位通过对菏泽十里铺北遗址洪泛层堆积进行化学、沉积学和年代学分析，确定距今在4000年至3500年间，黄河下游曾发生过两次大的洪泛灾害，并认为全球变冷背景下持续减弱的厄尔尼诺现象是造成普遍洪泛的主要原因。此前，便有不少学者研究认为，中国地势西高东低，大洪水的发生区域主要集中在黄河下游和九州之一的兖州，这与考古发掘所见基本一致。如著名古史学家徐旭生指出的："如果详细考察我国的地形，各代水患的沿革，以及我中华民族发展的阶段，就可以明白洪水发生及大禹施工的地域，主要的是兖州。豫州的东部和徐州的一部分也可能有些小施工。此外，北方的冀州，西方的雍、梁，中央豫州及南方荆州的西部，山岳绵亘，高原错互，全不会有洪水。""洪水所指主要是黄河下游及

---

① 舜陶河滨，首先确定该河应为黄河。班固《汉书·沟洫志》载："中国川原以百数，莫著于四渎，而河为宗。""河，中国之经渎。"先秦文献"河"是黄河的专用名词，而在夏商周三代，滨州境内现惠民、阳信、无棣三县西境是古黄河入海的一条重要通道。其次，《楚辞·九歌》咏娥皇女英的诗句赞大舜有"帝子降兮北渚"。滨州北部沿海一带，在先秦古籍中多被称为"北渚""北海""河曲""海曲""曲沃""海眉"等。《楚辞》中"帝子降兮北渚"形象地说明，大舜和娥皇女英早年曾长时间生活奋斗在古滨州一带。《尚书》"济河惟兖州"一章说大舜的时候，也谈到人们"浮于济、漯，达于河"，滨州也符合这一地望特点。最后，河（黄河）济（济水）之间的广大地区一直是海岱地区远古人类生存、活动的重要区域之一。滨州正处于河济之间，滨州先人也曾创造出灿烂的东夷文化，特别是丁公龙山文化城址和丁公陶文的发现，意义更加重大。丁公城址周边地区还相继发现了章丘城子崖、寿光边线王和临淄桐林等三座龙山时代城址，这些城址分布于泰沂山脉北侧的冲积平原之上，呈东西方向排列，每两座城址之间的直线距离为40～50千米。这一区域是海岱地区城邦最为林立的地方，作为部落联盟首领的舜不可能不在此地留下他的足迹。康熙《大清一统志》卷一〇八载："旧志马谷山在（无棣）县北六十里……西南半麓有洞，广二丈余，深不可测。"当地传说此为唐尧驻足过的尧洞。山的南麓有一口井，据说是大舜所挖，故又称为"神井"或"舜井"。通过史籍、传说和考古发现，推测大舜的足迹应该到过河济之间的古滨州一带，而且可能还指导过滨州先人制作陶器，促进了古滨州的发展。

它的流域。淮水流域的一部分也可能包括在内，此外全无关系。"[①]中国社科院考古研究所研究员许宏也同样认为洪水发生或大禹治水主要是位于黄河下游的兖州地区。[②]

兖州位于黄河古河道和济水之间，包括现在滨州的大部区域，因地势低洼，极易发生水患。而古滨州一带又处于黄河下游，属九河末梢之地，更是洪水泛滥的重灾区，特别是海水逆行倒流，使人们饱受海浸水淹之苦。

在这种情况下，单单依靠东夷族的力量治理洪水成效甚微。而洪水的发生也大大危害了东进到此的华夏族部族的利益。此时，黄帝东进后与东夷族联合建立起来的强大的方国联盟发挥了巨大的作用。大概在尧舜时期，便开始了夷、夏联合治水的历程。特别是禹，在东夷人首领皋陶、伯益和商人始祖契等人的辅佐下，带领包括滨州先民在内的夷、夏人民，疏九河，定九州，治水取得了巨大成功。

大禹总结了前人特别是其父鲧治水的经验教训，大胆地改用疏导的方法，"掘地而注之海"[③]，即疏通河道，让四溢的河水流向大海。禹首先在鲁西北平原的北部包括今河北省东南部，疏通、修整了黄河下游的若干支流，这些支流总称为"九河"，"导河，北播为九河，入于海"[④]。

关于九河的记载，最早见于儒家经典《尚书》。《尚书·禹贡》记载："九河既道……"《史记·李斯列传》也说："禹凿龙门，通大夏，疏九河……"秦汉时期成书的《尔雅》则具体指出九河为：徒骇、太史、马颊、覆鬴(釜)、胡苏、简、絜、钩盘、鬲津。此后大都沿用这一说法。

关于上述九河的来历，唐孔颖达曾在《尚书正义》中引用李巡的话进行注释："徒骇，禹疏九河，以徒众起，故云徒骇。太史，禹大使徒众通其水道，故云太史。马颊，河势上广下狭，状如马颊也。覆釜，水中多渚，往往而处，形如覆釜。胡苏，其水下流，故曰胡苏。胡，下也；苏，流也。简，大也。河水大而深也。絜，言河水多山石，治之苦絜。絜，苦也。钩盘，言河水曲如钩，曲折如盘也。鬲津，河水狭小，可鬲以为津也。"从春秋以来，九河故道大都湮废。

---

① 参见徐旭生：《中国古史的传说时代》，科学出版社1985年版，第139～140页。

② 参见许宏：《何以中国：公元前2000年的中原图景》，生活·读书·新知三联书店2014年版，第53～58页。

③ 《孟子·滕文公下》。

④ 《尚书·禹贡》。

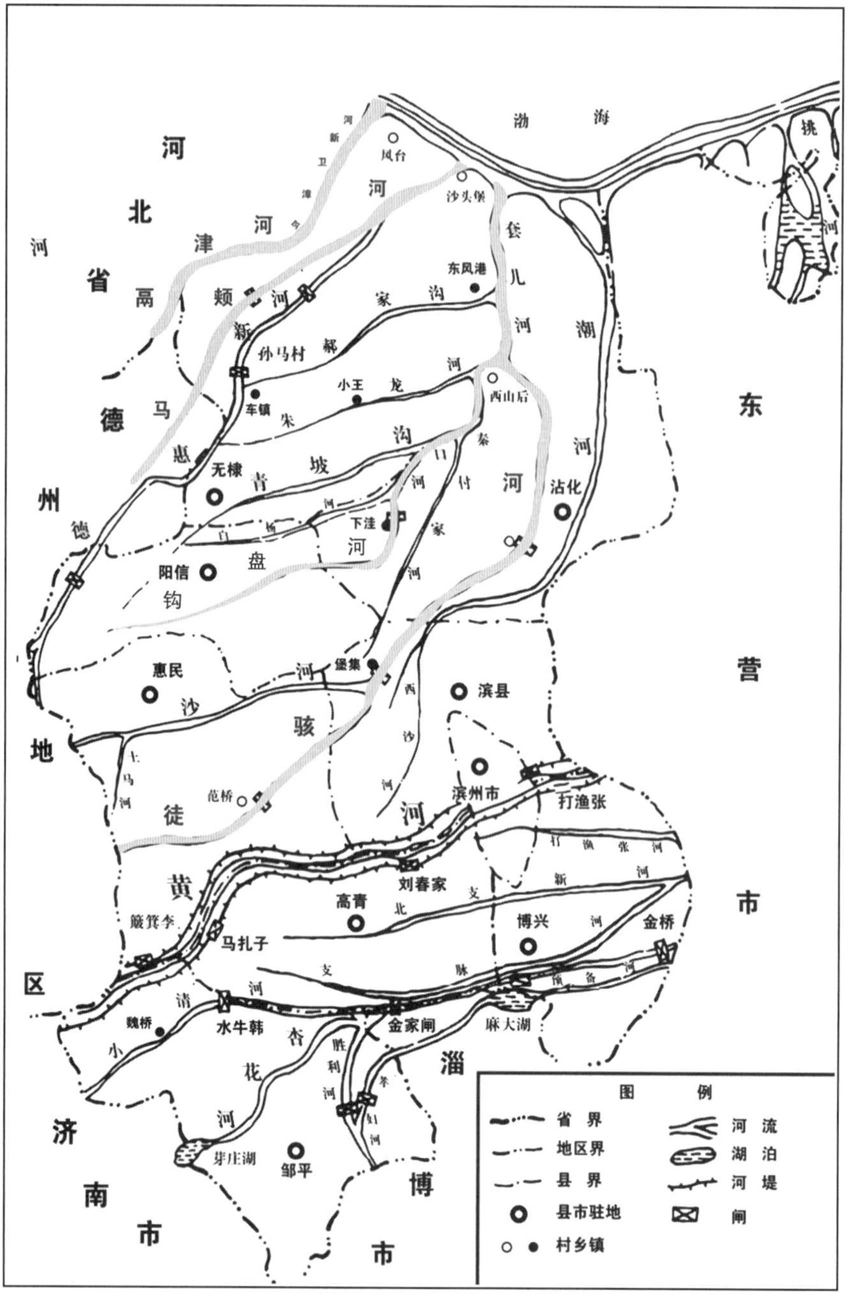

图 2-1　1985 年惠民地区水系示意

资料来源:山东省惠民地区水利志办公室编:《惠民地区水利志》,青岛出版社 1991 年版。

关于九河的范围,《尚书·禹贡》明确记载:"济河惟兖州。九河既道,雷夏既泽,灉、沮会同。"《尚书·禹贡》中所记载的黄河故道,在出河南孟津以后,汇合洛水等支流,改向东北流,经今河南省北部,再向北流入河北省,又汇合漳水,向北流入今邢台、巨鹿以北的古大陆泽中。其后分为几支,顺地势高下,漫流入海,其主要河道则在今天津静海一带注入渤海。济水的位置,比今天的黄河河道略微靠南,其故道大概相当于大清河及今天的小清河一带。兖州在河济之间,也就是现在山东省西北部、河北省东南部地区,因此九河的范围也应该在此区域。具体来说,包括现在河北河间、沧州,山东德州以东,天津以南,山东东营及滨州北部的广袤地区,这里是大禹治水的主要区域。现在这一区域的一些河流,还保留着九河中的称谓,如流经滨州的徒骇、马颊、钩盘、覆釜、胡苏、鬲津等河流。

大禹率领夷夏人民,用了十三年的时间,疏通河道,引导洪水入于大海,基本解决了洪水水患,使老百姓能够安居乐业,免受流离之苦。大禹在治水过程中表现出的非凡才能使他得到各部落拥戴。舜年老时,效法尧的做法,按照古老的禅让制度,将部落联盟首领的位子禅让给了禹。禹的巨大历史功绩,让后人赞叹不已。"禹疏九河,瀹济漯,而注诸海;决汝汉,排淮泗,而注之江;然后中国可得而食也。"[①]"美哉禹功,明德远矣!微禹,吾其鱼乎!"[②]

在大禹治水过程中,东夷族的皋陶和伯益、商人的始祖契与大禹并肩治水,也付出了艰辛的努力。

二　夏代后期滨州经济的衰退

大禹治水是一项跨地域、跨邦国的规模浩大的工程,需要统一组织调配,从而大大强化了大禹的权力和威望。夷夏联盟治水成功后,禹的个人威信不断提高。舜年老时,按照古老的禅让制度,将部落联盟首领的位子禅让给了禹。禹死后,禹的儿子启建立了夏朝,开始了"家天下"的统治历程。夏王朝是我国第一个奴隶制国家,也是第一个统一的王朝,其存续时间一般认为从公元前21世纪到公元前16世纪。夏王朝由史前中原部落大联盟发展而来,广义的夏文化已突破原始部落集团文化的限制,融合了各大区域文化的诸多因素,从而一步步上升为

① 《孟子·滕文公上》。
② 《左传·昭公五年》。

早期华夏民族共同体的文化。在滨州，龙山文化晚期即已进入中原的夏王朝纪年阶段，龙山文化之后发展而来的岳石文化早中期应对应着夏王朝的较晚阶段。

1.滨州境内岳石文化的分布

《史记》记载的中国最古的王朝是夏王朝。然而，夏王朝是否存在，近代以来一直争论不休，疑古学派的鼻祖顾颉刚的考证更被人曲解为“大禹是条虫”。顾颉刚除引《说文解字》“禹，虫也”的解释之外，还认为禹或是九鼎上铸的一种动物。夏代的有无且不说，考古学上则多是以考古学文化来叙事，一般说夏文化指的便是位于河南的二里头文化，而在海岱地区，与夏文化基本同期的考古学文化是龙山文化晚期到岳石文化的早中期阶段。岳石文化因平度市东岳石遗址而得名，根据碳-14 测定，其绝对年代为公元前 1700—前 1400 年，已进入夏王朝纪年的晚期范围。岳石文化由龙山文化发展而来，主要分布在山东、苏北、豫东、皖北一带。岳石文化是夏代时期东夷人的土著文化，虽然当时夷夏之间在斗争和合作之间逐渐融合，但东夷人的土著文化依然保留着自己的主流地位。也就是说，岳石文化是夏王朝统治范围之内的一种相对独立的文化体系，并且一直延续到商代早期。

滨州境内岳石文化遗址的分布规律与龙山文化遗址有较大的一致性。黄河以南的邹平、博兴发现较多，尤以博兴分布最为密集，黄河以北地区分布相对较少。据不完全统计，滨州境内发现的岳石文化遗址大约有 23 处，其中邹平境内岳石文化遗址有 6 处，分别为丁公遗址、好生遗址、古城遗址、芦泉遗址、大刘遗址、台头遗址等；博兴境内的岳石文化遗址有利城遗址（利戴遗址）、寨卞遗址、曹家遗址、辛张遗址、院庄遗址、顾家遗址、西辛安遗址、北营遗址、西郑遗址、马兴遗址、大肖遗址等 11 处，另加因基础建设现已消失的 3 处岳石文化遗址（椒园遗址、曹王遗址、东河东遗址等），共有 14 处；滨城境内发现的岳石文化遗址有 1 处，即侯家遗址；阳信境内岳石文化遗址有 1 处，为三崔遗址；惠民境内的岳石文化遗址也只有大郭遗址 1 处，考古人员曾在这里采集到一件岳石文化时期的方孔石铲残片。[①] 在这些岳石文化遗址中，以丁公遗址等做得考古工作相对较多，发现遗物也较丰富，其他遗址发现的岳石文化遗物多以地面采集为主。

---

① 参见滨州市文物局编：《滨州文物通览》，齐鲁书社 2014 年版；滨州市文物管理处编：《滨州市第三次全国文物普查资料汇编》，2010 年滨第 10 号内刊本；滨州文化志编纂委员会编：《滨州文化志》，方志出版社 2011 年版；国家文物局主编：《中国文物地图集 · 山东分册》，中国地图出版社 2007 年版。

2.人口数量与文化大范围衰落

目前,滨州境内除丁公遗址和侯家遗址经过局部发掘外,其他岳石文化时期的遗址均未经过正式发掘,所得资料也仅仅局限在田野调查和采集阶段,从而导致地下发掘资料相对匮乏,很难全面地了解滨州境内岳石文化的面貌。

根据现有资料可知,目前滨州境内发现的岳石文化时期人们的生活遗迹主要有灰坑、灰沟、房址和灶等。灰坑平面以椭圆形、圆形、不规则形为主,坑内常见较多的红烧土堆积。房址以长方形地面建筑为主,大多用红烧土块铺垫房基。此外,在丁公遗址还发现岳石文化的城址和城壕。生产工具以石器、骨器为主,蚌器亦占有相当的数量。石器中以半月形双孔石刀、长方形石镢、扁平石铲和石镰为主,其中两侧带缺口的长方形石镢很有特色。蚌器主要有铲、刀、镞和锥等。陶器中泥制陶多于夹砂陶,器表多素面。在纹饰中,绳纹所占比例较高是这一地区的显著特点。大多数绳纹呈斜向或横向排列,纹路细而印痕深,排列虽杂乱但很紧密,甚至达到相互挤压的地步,多饰于泥质陶罐、盆、瓮等器物之上。此外,泥质陶罐、瓮等大型器物上常见的压印和拍印的小方格纹也较有特点。陶器器形主要有鬲、甗、盆、罐、浅盘豆等,而鼎、盒、尊则较少,基本不见三足罐和乳头状足甗。①

图 2-2　博兴县店子镇北营村出土的岳石文化陶尊形器

① 参见山东省文物考古研究所编著:《山东 20 世纪的考古发现和研究》,科学出版社 2005 年版,第 313 页。

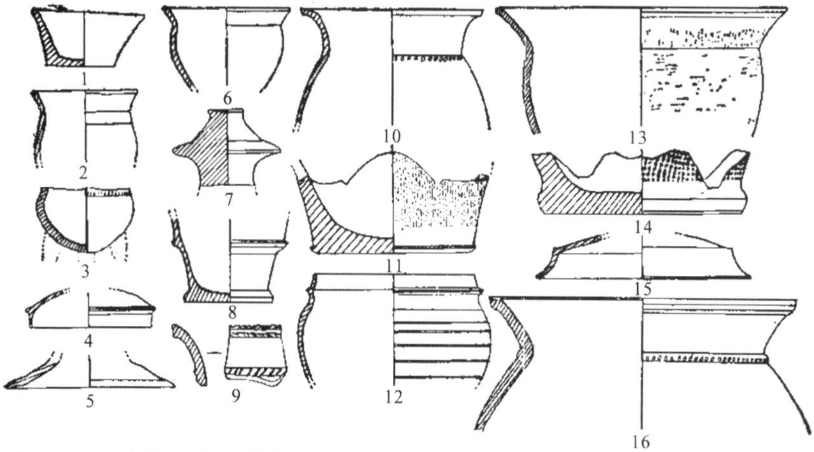

1.碗(H22:2) 2.小罐 3.鼎 4.器盖 5.豆 6.盂 7.器盖 8.尊形器 9.盆 10.罐 11.瓮底 12.罐 13.盆 14.器底 15.器盖 16.瓮

图 2-3 丁公遗址岳石文化陶器

资料来源：山东大学历史系考古专业、邹平县文化局：《山东邹平丁公遗址试掘简报》，《考古》1989 年第 5 期。

与龙山文化相比，滨州境内岳石文化遗存主要有以下几点不同。一是岳石文化遗址的数量不仅没有在龙山文化基础上继续增加，反而有所减少。龙山文化遗址在滨州境内据不完全统计有 34 处，而岳石文化则下降为 23 处。二是遗址规模也普遍较小，没有出现过如龙山文化遗址一样面积达几十万平方米的大遗址，大多都在 10 万平方米以内。三是遗址分布虽然总体规律与龙山文化时期较为一致，主要还是分布在黄河以南的邹平、博兴两地，但个别地区则发生了较大变化。如邹平境内龙山文化遗址有 20 处，而岳石文化遗址则下降为 6 处；博兴境内龙山文化时期的遗址有 6 处，而到了岳石文化时期则增加至 14 处。黄河以北地区则只发现阳信三崔遗址、滨城侯家遗址和惠民大郭遗址 3 处。四是岳石文化陶器制作较为粗糙，特别是夹砂陶更为草率，总体风格古朴厚重，更倾向于实用，远不如龙山文化时期陶器制作的精致细腻，给人以文化衰退的感觉。

以上现象虽然与岳石文化发现较晚，相关考古工作做得较少有关，但同时也反映出岳石文化较龙山文化时期社会经济状况在某些方面的衰退。这一点与整个海岱地区的情况有一定的一致性，但其中的原因是多方面的，具体到滨州一带来看，其中一个主要的原因可能与龙山文化晚期的气候变化和大规模洪水泛滥有关系。根据考古发现和古籍记载，在距今 4000 年前，也就是龙山文化的中晚期，仰韶温暖期开始结束，鲁北地区的气候逐渐由湿暖温润向干冷变化，虽然总体温度比之现在要高，但伴随而来的大规模洪水泛滥则造成了极为严重的危害。滨州又处于“九河”下游入海之处，地势低洼，海水倒灌，洪涝灾害尤其严重。洪水灾害的频发，导致人口的大量减少。特别是现在的黄河以北地区，大洪水的影响更是造成聚落数量的骤减。另一原因可能与发生在这里的夏夷战争有关。古滨州地区是龙山文化晚期夷夏集团之间战争的频发地带，战争的惨烈直接导致了人口的减少和经济发展的后退，其后果甚至超过洪水的危害。反映在考古学上，主要表现为滨州境内的岳石文化遗址不仅数量明显减少，面积大大减小，而且其文化整体发展水平也出现了下降趋势。这种变化，在黄河以北地区和邹平境内表现得尤为突出。

3.农业生产工具在原有基础上则有所改进提升

岳石文化的社会生产综合水平也并非全面下降，它在某些方面还是有着较大的进步和提高的。

首先，在农业方面，岳石文化时期的农业在社会经济生活中占据的地位越来越重要。这一时期农业的发展主要表现在农具的改进和创新上。岳石文化时期农业生产工具主要有石铲、石刀、石镢、石镰等，另外还有蚌铲、蚌镰、蚌刀和骨铲等。石铲平面呈长方形或梯形，器身扁薄，单面刃，易于松土和翻土。有的顶端出肩，便于捆扎安柄。岳石文化新出现一种石镢，平面为扁平长方形，中间或偏上部位穿有一长方形大孔，有的两侧有凹缺。长方形孔和凹缺便于安装、固定、捆绑木柄。这样既可以延长手臂，使人可以站立劳动，加大了人的控制范围，又减小了劳动强度，提高了生产效率。半月形双孔石刀是岳石文化的典型工具，由龙山文化的长方形双孔石刀演变而来。从使用角度来讲，半月形更利于把握，实用性强，双孔则便于人们穿绳使用，利于收割。以上工具的改进和创新反映出岳石文化时期，人们对于农作物生长规律和田间劳作的认识有了很大的提高，标志着农业生产水平又有了较大的发展。[①]

---

① 参见栾丰实：《东夷考古》，山东大学出版社 1996 年版，第 318～319 页；山东省文物考古研究所编著：《山东 20 世纪的考古发现和研究》，科学出版社 2005 年版，第 320 页。

图 2-4　博兴县店子镇辛张村出土的半月形双孔石刀

其次，青铜冶铸业是古代社会生产力获得巨大发展的一个重要标志。岳石文化时期，青铜冶铸业作为手工业生产的一个专业部门，较之龙山文化时期有了显著提高。根据发掘资料，丁公遗址岳石文化遗存中就出土有刀、镞等多件青铜器。[①] 丁公岳石文化遗存中出土的青铜器不仅数量增加，种类也摆脱了龙山文化时期只发现铜片的情况，而且与龙山文化时期主要使用黄铜相比，丁公遗址岳石文化地层出土的铜器是由硬度高于黄铜的青铜制成，反映了人们已经掌握了青铜合金的冶炼技术。

岳石文化时期的社会形态仍然是龙山文化时期社会形态的延续，依然属于城邦国家的发展时期，并进入奴隶制社会。这一时期，中央集权进一步加强，阶级对立进一步激化。特别是青铜镞的出现，说明代表先进生产力的青铜冶炼技术已运用于战争，反映出岳石文化时期社会贫富分化日益严重，集团之间争斗更为激烈，社会仍然处于一个大的动荡变革阶段。

三　夷夏文化的交争与融合

滨州一带地处海岱文化区的北部边缘，在当时是与中原文化和京津地区文化交流的重要通道和接壤之地，从而也成为海岱地区最早与中原夏文化发生大规模摩擦、碰撞和融合的地区之一。

① 参见方辉：《海岱地区早期铜器的发现与研究》，《海岱地区青铜时代考古》，山东大学出版社 2007 年版，第 42～52 页。

1.夷夏之间的矛盾与权力争夺

五帝时代末年，当大禹在位时，部落大联盟内部的利益冲突逐渐演变为史籍所载的夷夏交争。传说禹会诸侯，东夷防风氏后至而禹斩之。[①] 又相传在大联盟议事会上，起先被大家举荐继任盟主的是与大禹一起治水的皋陶，但皋陶不久死去，大家只好又推举同样跟随大禹一起治水的伯益，可见当时东夷族的势力是相当强大的。[②] 但禹死后，伯益三年服丧，就把盟主位子暂时让给禹的儿子启。由于伯益辅佐大禹时间较短，威信尚有不足，启便顺势夺得帝位。对此，东夷不听号令，“益干启位，启杀之”[③]，东夷再次失败了。等到启死后，内政再次大乱，有穷氏后羿遂驱逐启子太康夺得大权，“因夏民以代夏政”，后为寒浞（又称“逢蒙”）所杀。寒浞又先后攻灭过、戈、二斟（斟灌、斟寻，有学者考证其首领为季萴氏，地望在今滨州至潍坊寿光一带）。寒浞派其子浇进攻斟寻时，一直打到潍河流域。古本《竹书纪年》记载：“大战于潍，覆其舟。”寒浞还攻杀仲康之子相。相妻缗只好逃往有仍氏，相臣靡则逃奔有鬲氏（今德州与无棣交界处）。缗生少康，并先后得到有仍氏、有虞氏的扶持。至少康 21 岁时，伯靡率部众及二斟等攻灭寒浞，少康则灭过、戈和有穷氏，并归于夏邑，史称“少康中兴”，少康亦成为夏朝第六代天子。夷夏交争导致夏王朝统治中心东移，并促进“与国制”实行，众多城邦式或非城邦式的“古国”变为名副其实的方国，从此旧式的联盟集团的方式逐渐为王朝与方国、方国与方国之间的关系所取代。而“九夷”的称号，也在夏代后期开始流行起来，并主要是指泰沂山脉以东的众多古夷人土著方国或部落，也包括了泰山以西的一些夷人群体。

据古本《竹书纪年》记载，少康以前，九夷诸部前往夏王朝“来宾”者只有少数的一两个。至后杼之子芬（又作“槐”）即位以后，九夷部落才相继承认夏王朝的存在，虽然中间也存在一定的摩擦甚至是叛服无常，但夷夏关系相对较为稳定。夏桀继位后，夷夏关系重新陷于破裂，夏王朝的统治已岌岌可危。[④]

2.夷夏文化的融合，东夷文化略占上风

同时，随着夷夏之间斗争与合作的深入，其文化交融也日趋明显，而且这种

---

① 参见《国语・鲁语下》。

② 参见《史记・夏本纪》。

③ 《晋书・束皙传》引古本《竹书纪年》。参见方诗铭等：《古本竹书纪年辑证》，上海古籍出版社 2005 年版，第 2 页。

④ 参见王志民等主编：《中国地域文化通览・山东卷》，中华书局 2013 年版，第 56～57 页。

交融是相互的，甚至于东夷土著的岳石文化的影响力更大。大禹治水的成功，为夏朝姒姓集团的向东拓展提供了难得的机遇。姒姓集团的东进或者说夏文化的东进在考古学文化上的突出反映，便是陶鬲这一器物突发性地大量涌现。据丁公遗址发掘可知，自龙山文化晚期开始，丁公遗址中的陶鬲便已开始大量涌现，且广为流行，并逐渐取代鼎、甗类器具成为当时及今后很长一段时间内最为主要的炊器。这一时期，滨州境内其他遗址也都大量出现陶鬲这一炊器。另据研究，陶鬲在龙山文化晚期和岳石文化时期主要集中于泰山山脉的北部地区。陶鬲的发源地则主要分布在河南孟津以上的黄河中游地区。[①] 山东龙山文化的陶鬲虽有自己的特色，但在此之前的同一文化中找不到这一器形的来源，所以应该是受西部中原地区的影响而产生的，其时间大概超不出公元前 2000 年。也就是说，中原鬲文化的东传与大禹疏浚济漯、华夏姒姓集团的东进，在时间和空间路径上都有一定的吻合性。[②] 事实上，夏初立国于鲁北的国家有鬲氏正是以制造和使用陶鬲而得名。虽然有鬲氏的地望难以具体确定，但其基本应在今鲁西、鲁北一带。禹疏九河之一的鬲津河，自今德州一带流经滨州无棣入海。鬲津之名应该也与有鬲氏或陶鬲在此地的盛行有关。除陶鬲外，滨州境内这一时期的陶器纹饰以绳纹所占比例较高，这一地域特点与其他地区的岳石文化明显不同，显然也是受到夏文化绳纹装饰流行的影响。

东夷文化对夏文化的影响，反映在考古学上主要表现为岳石文化对中原夏文化腹地二里头文化的影响。二里头文化以河南偃师二里头遗址命名，主要分布在河南中、西部的郑州附近和伊、洛、颍、汝诸水流域以及山西南部的汾水下游一带，已发现的遗址有近百处，是典型的夏文化遗址，而二里头遗址则是夏王朝中晚期的都城所在地。根据新的资料和研究，岳石文化与二里头文化的分界线大致在今河南杞县至淮阳一线。[③] 二里头文化中所见岳石文化因素比较明显。二里头遗址发现的生产工具中存在一定数量的半月形双孔石刀，还有个别的单孔石刀，这都具有典型的岳石文化风格，而且这种半月形双孔石刀主要分布于现在的泰山山脉附近的黄河下游地带。[④] 二里头文化的陶器亦受到岳石文化的影响，特别是二里头文化三、四期所见的陶甗、陶鼎和陶罐，均具有典型的岳石文化风格。如甗，均为夹砂褐陶，表面有篦状刮痕，腰部有附加堆纹，并在堆纹上刻压

---

① 参见高天麟：《黄河流域龙山时代陶鬲研究》，《考古学报》1996 年第 4 期。

② 参见高天麟：《黄河流域龙山时代陶鬲研究》，《考古学报》1996 年第 4 期。

③ 参见郑清森：《豫东地区岳石文化初论》，《考古与文物》1998 年第 6 期；张翠莲：《试论豫东东部地区的岳石文化遗存》，《考古与文物》2001 年第 2 期。

④ 参见任相宏：《郑州小双桥出土的岳石文化石器与仲丁征蓝夷》，《中原文物》1997 年第 3 期。

短斜线等纹样，这些都是岳石文化的特征。夹砂褐陶罐形鼎，平底或圜底，素面，主要见于二里头文化三期，它与夹砂褐陶罐一样，也具有岳石文化典型特征。这几种器形，无疑是直接或间接来自岳石文化的影响。总体来看，“岳石文化与二里头文化相互交流、影响的趋向，以岳石文化对二里头文化的影响为主，典型的岳石文化因素不仅深入到二里头文化的腹地，并且在墓葬内出现，当有深层次的原因。相反，二里头文化对岳石文化的影响，在地域上……似未进入鲁中南等岳石文化腹地，在影响趋向上处于次要地位”[①]。

其实，东夷文化对中原夏文化的影响自龙山文化晚期便已开始。考古表明，夏代主要的青铜酒器觚、爵等都是由海岱龙山文化的陶觚和陶鬶演变而来，其他礼器也多与东夷礼器有关。而古籍记载的“夏后氏尚黑”，各种物品虽有花纹但不重华彩，这一传统应直接继承于龙山时代的“黑陶文化”，而其源头则出于对于古夷人玄鸟图腾的崇拜。[②]

龙山文化陶鬶

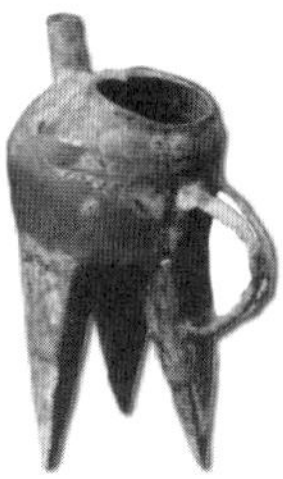
二里头文化铜盉

商代晚期铜斝

图 2-5　龙山文化、二里头文化时期和商代晚期的酒器

四　商文化东进带来第二次文化大繁荣

殷商时期，现滨州境内继龙山文化之后，再次迎来了文化大发展的机遇。这一时期，商王朝的政治、经济和文化中心移至安阳，即今天的殷墟。河济之间的广大地域更加靠近商朝王畿，较之山东其他地区更早地受到了商文化的影响。而此地丰富的海盐资源更是大大刺激着商王朝对其占有的热情。到了殷墟文化

① 栾丰实：《东夷考古》，山东大学出版社 1996 年版，第 331～332 页。

② 参见王志民等主编：《中国地域文化通览・山东卷》，中华书局 2013 年版，第 58 页。

一期前后[①]，商文化或商人势力逐步扩张进入今滨州境内，殷墟文化二期前后到达淄河以西地区。与龙山文化和岳石文化相比，位于河济之间的滨州，此时的聚落遗址数量骤然增加。这表明，殷墟时期，商王朝的势力在其北方、西方、南方和东南部逐渐退缩的同时，出于对海盐资源的渴求，不断强化对今滨州沿海一带的统治和移民，包括滨州在内的渤海西南岸地区遂成为整个商王朝境内人口最为密集、经济和文化最为发达的地区之一，并发展成为商王朝最稳定的大后方。[②]后来，随着商王朝的灭亡，以及周人势力的东进和齐国的分封，该地区的聚落人口以及经济、文化都被齐国所继承。直至周初齐国迁都临淄之前，现滨州境内一直是齐国经济文化最为发达的地区。

1.商周时期遗址数量骤增且分布广泛

龙山文化之后的岳石文化时期，滨州境内出现了一定程度的经济文化衰退现象。岳石文化聚落遗址的数量不仅没有在龙山文化基础上增加，反倒大量减少。据不完全统计，龙山文化聚落遗址在滨州境内有 34 处，岳石文化时期则下降为 23 处，而邹平境内龙山文化遗址有 20 处，到了岳石文化时期则下降为 6 处，黄河以北地区则只发现阳信三崔、滨城侯家和惠民大郭 3 处遗址。岳石文化时期的聚落遗址面积也普遍较小，没有出现过如龙山文化时期一样面积达几十万平方米的大遗址，大多都在 10 万平方米以内。岳石文化时期制作的陶器也较为粗糙，远不如龙山文化时期制作的陶器精致细腻，给人一种文化衰退的感觉。以上现象虽然与岳石文化发现较晚，相关考古工作做得较少有关，但同时也反映出岳石文化较龙山文化时期社会经济状况在某些方面的衰退。

而到了殷商时期，滨州境内的聚落遗址数量骤增，且分布十分广泛，远较岳石文化时期为多，而且遗址面积也非常大，动辄几十万平方米，甚至近百万平方米。虽然这些遗址大多未经发掘，但仅就考古调查所采集的遗物，无论在数量上还是种类上，都是非常丰富的。据不完全统计，滨州境内商周时期的遗址大概有 158 处，远远多于岳石文化和龙山文化时期的遗址数量。其中，邹平有 60 处，博兴有 44 处，滨城有 8 处，惠民有 18 处，阳信有 20 处，无棣有 2 处，沾化有 6 处。[③]

---

① 商朝从建立至公元前 11 世纪后半叶灭亡，共经历十七世三十一王。其间，以公元前 14 世纪盘庚迁殷（今河南安阳）为界，大致可分为前后共三个时期。迁殷之前为前期和中期，相当于考古学上的郑州二里岗文化一期、二期；迁殷之后为后期，相当于考古学上的殷墟文化时期，又可详分为殷墟一至四期。

② 燕生东：《河济汇同：濡养河济文明》，《联合日报》2014 年 4 月 12 日。

③ 参见滨州市文物局编：《滨州文物通览》，齐鲁书社 2014 年版；滨州市文物管理处编：《滨州市第三次全国文物普查资料汇编》，2010 年滨第 10 号内刊本；滨州文化志编纂委员会编：《滨州文化志》，方志出版社 2011 年版。

而且很多遗址一直深入到沿海滩涂地带，如无棣境内的无影山遗址，沾化境内的杨家盐业遗址群、郑家古窑址、陈家古窑址、西垡遗址等，都距当时的海岸线很近。

2.高规格聚落遗址较多出现

这一时期，不仅聚落遗址数量众多，而且还出现了多个出土青铜容礼器和兵器（多为贵族墓葬出土）的高规格聚落。如滨城兰家遗址出土有青铜觚、卣、爵、戈、豆、鬲等器物。[①] 其中青铜礼器卣上还有族徽符号“卤”字。惠民大郭遗址则出土有鼎、爵、觚、小方彝、戈、矛、刀、锛、铙、钺等青铜礼器、兵器和乐器，以及石钺、玉环等，可见该聚落的地位是相当高的。[②] 特别是其中出土的一件象征权力的玉钺，通长 20.3 厘米，通体磨光，精致细腻，是祭祀或仪仗专用器物，非常珍贵。大郭遗址出土青铜铙的内壁、方彝的盖和腹内壁、铜戈上均有一“戎”字徽识符号，可能是“戎”族的族徽。[③] 从大郭遗址出土遗物和墓葬规格上来看，其地位还要高于兰家遗址，应是整个黄河三角洲地区的一处中心聚落，负责管理该区域的盐业生产及相关工作。位于今博兴小清河两岸的寨卞遗址亦曾于 1970 年村民修挖溢洪河时出土有殷墟三期的青铜鼎、爵和一批青铜镞，显示该聚落的等级较高，也应是该区域的中心聚落之一。滨城兰家、惠民大郭和博兴寨卞、贤城等遗址，都属于等级较高的聚落，这些聚落的贵族享用着代表特殊身份地位的青铜礼器，控制着更多的占卜、祭祀行为或权力，充分说明了此一时期该地政治地位的重要和经济、文化的发达。

这一时期的各个聚落还非常注重整体规划和布局。如滨城兰家遗址的聚落布局就有着明显的规划，聚落中有着专门的居住区、贵族墓地、平民墓葬区、骨器作坊区和生产盔形器的制陶区，各分区之间相对独立。博兴的东关遗址则在村落周围发现有大型堆筑（建筑）工事，由内侧到外侧逐次逐层堆筑，逐层交互叠压，层层夯打加工而成，可能是当时为维护聚落安全所建的建筑遗迹，具有防御功能。

3.东夷大国分布林立

据文献记载，殷商时期，滨州境内的古国大概有时、邹、落姑、夫于、於陵、重

---

① 参见滨州市文物局编：《滨州文物通览》，齐鲁书社 2014 年版，第 19～21 页；山东省地方史志编纂委员会编：《山东省志・文物志》，山东人民出版社 1996 年版，第 68 页。

② 参见山东惠民县文化馆：《山东惠民县发现商代青铜器》，《考古》1974 年第 3 期。

③ 参见滨州地区文物志编委会编：《滨州地区文物志》，山东友谊书社 1992 版，第 6 页。

氏国、逢和薄姑国等，其中又以薄姑国势力最为庞大。[1] 薄姑，文献又作“薄丘”“蒲姑”等，是商末周初东夷大国，据考证其故城应在今博兴境内。薄姑国历史悠久，文献多有记载。《竹书纪年》载：“太戊，五十八年，城蒲姑。”《水经注·济水注》曰：“济水又经薄姑城北……《地理书》曰：吕尚封于齐郡薄姑。薄姑故城在临淄县西北五十里，近济水。”《左传·昭公二十年》杜预注曰：“爽鸠氏，少昊氏之司寇也。季萴，虞夏诸侯。逢伯陵，殷诸侯，姜姓。蒲姑氏，殷周之间代逢公者。”其言简意赅地勾画出商末周初以前此一地域文化的发展序列。[2] 周初，周公平定“三监之乱”。薄姑氏因国力强盛，成为反叛主力，更是受到了周公的残酷镇压，将其灭国、毁社，并把薄姑的君及其遗民迁徙到关中地区，以便于直接管辖。[3] 东方大国薄姑从此消亡。通过近年来的考古调查和勘探，薄姑国都初步推测应为博兴的寨卞遗址或贤城遗址。周初齐国初立国都之地的营丘即属薄姑古国范围之内，位于济水下游一带，济水原称“齐水”，齐国之名亦来源于此。大约公元前9世纪初，齐国内乱，齐太公五世孙齐胡公姜静将都城由营丘迁至薄姑城，薄姑城由此成为齐国国都达24年。周初的这段时间，包括滨州在内的黄河三角洲故地被纳入姜齐势力范围，由于齐国“因其俗，简其礼”的政策，促成了当地文化与齐文化充分的交流融合，既保持了晚商以来较高的物质生产发展水平，又吸纳了齐文化的革新、开放、包容精神，推动了当地社会物质生产的发展，吸引了众多周边居民汇聚此地，开发经营，使得人口渐众。[4] 直至齐献公将都城由位于古济水下游的滨州一带迁往东南的淄河西岸的临淄，齐国的政治、经济和文化中心才相应地由滨州一带转移到临淄一带。

4.东西交通古道形成促进了文化的交流和发展

随着商王朝的东进，至少到商代晚期，山东北部滨州境内便形成了三条横贯中原与海岱地区的东西交通大道，滨州也成为这三条东西古道上最为重要的节点之一。

水路一直是古代交通的主要方式，而古黄河及其支津古济水作为贯通东西的两条主河道更是承担着海岱与中原地区交流的重要作用。黄河与济水在相当长的时间内流经滨州境内，形成南济北黄的格局。黄河下游与济水下游流域，为海岱地区与中原地区、京津地区文化交流的重要通道，也是最早融入中原文化区

---

① 参见政协滨州市委员会编著：《滨州区域文化通览·综合卷》，中国文史出版社2012年版，第46～48页。

② 参见郑杰文：《黄河三角洲文化的历史进程及基本特征》，《光明日报》2007年1月5日。

③ 参见李白凤：《东夷杂考》，齐鲁书社1981年版，第83～84页。

④ 参见郑杰文：《黄河三角洲文化的历史进程及基本特征》，《光明日报》2007年1月5日。

的区域。大约在距今100万年前的中更新世晚期阶段，黄河开始进入豫、冀、鲁地界。济水作为黄河一条最大的支津，它流经河南中部、东部，鲁西南、鲁北地区，河道走向在山东境内与黄河基本平行。整个鲁西南、鲁西北和鲁北平原及今黄河三角洲地区，都是济水和黄河下游流经范围。这两条水路也相应成为商人东进的两条主要交通要道，也是商代晚期商人控制滨州一带海盐资源的重要运输通道，进而使河济之间的广大地区成为商王朝经济、文化最为发达和人口最为密集的地区之一。

同样，至少到商代晚期，鲁中山区北麓开始形成一条横贯中原与海岱之间的东西陆路交通大道。这条东西古道在今滨州南部的邹平及邹平礼参、长山等地经过，与胶济铁路线基本平行，但略微靠北。它自古以来就是中原和海岱地区经济联系与文化交流的大动脉。其最初的萌芽，可以上溯到山东龙山文化繁荣的时代，章丘城子崖、邹平丁公、临淄桐林、寿光边线王等遗址都在这条东西古道的两侧。滨州邹平正处于这条东西古道的中心位置。齐国迁都临淄之后，这条位于鲁中山地北麓的东西古道更是得到了迅速发展，成为周王朝统制海岱地区的主要经济、文化和交通干道，也成为齐国征伐周边地域的主要军事交通干线。①

5.盐业生产的发达带动了经济文化的发展

滨州濒临渤海，沿海有大量的滩涂及地下卤水资源。据考古和文献记载，先秦时期东方地区的盐业生产中心主要集中在包括滨州在内的渤海南岸地区，到了明清两代及至今天，滨州沿海一带一直是中国海盐生产的主产区之一。

滨州境内自20世纪50年代以来，在北起沾化、无棣，南到博兴、邹平的广大地域，都发现了大量商周时期的煮盐器具盔形器以及盐业生产、聚落遗址。这些遗址尤以黄河以北的沾化、无棣、阳信、滨城一带分布较为密集，如沾化杨家、西封、陈家、郑家，滨城侯家、兰家、小赵家等。作为处于渤海南岸制盐区域中间位置的滨州一带，不仅有着发达的盐业生产，而且也是这一带最早发现盐业遗址的地区。早在20世纪50年代徒骇河疏浚加宽时，便在今沾化区富国街道办事处杨家村西北发现了大量盔形器及烧窑遗迹，这是省内最早发现的一处盐业遗址群。②

商王朝的产盐之地主要有两处：一是山西运城一带的河东盐池，武丁对西北

① 参见侯仁之：《淄博市主要城镇的起源和发展》，《历史地理学的视野》，生活·读书·新知三联书店2009年版，第399～448页；朱活：《从山东出土的齐币看齐国的商业和交通》，《文物》1972年第5期；齐文涛：《概述近年来山东出土的商周青铜器》，《文物》1972年第5期；李象润等：《东夷契刻：中国书法的原生态——直插中华汉字根底基因的哲理对话》，《书法赏评》2014年第1期。

② 参见王思礼：《惠民专区几处古代文化遗址》，《文物》1960年第3期。

地区的征伐，主要是保持盐路畅通；二是渤海南岸，晚商时期大规模征伐东夷，主要目的就是攫取渤海南岸地区的海盐。① 殷墟时期，受周人势力的影响，商王朝势力在西部、西北部大规模退缩，晋南地区也几乎不再见到商文化聚落，殷墟卜辞中所记录的盐业活动应发生在东方沿海地区即渤海南岸地区。据研究，殷墟卜辞中的"卤"就是指的盐卤，金文、甲骨文中都涉及殷商时期盐业生产和盐政的记录。在滨城兰家遗址出土的铜卣上便有铭文"卤"字，证明商王朝应在今滨城兰家一带设立过盐业管理机构，负责海盐的生产与供给。惠民大郭遗址出土铜铙内壁、方彝盖和腹内壁、铜戈上均有一"戎"字徽识符号，可能是"戎"族的族徽。② 甲骨文中记载："己酉卜，宾贞，戎卤。"这条卜辞中的"戎卤"似应释为"戎族向商王朝进献食盐"。由此推测，大郭遗址很可能是商朝派遣戎族首领来此进行统治的一处管理遗存，来的原因就是控制食盐的生产。从大郭遗址出土遗物和墓葬规模上看，其规格要高于兰家遗址，或许就是商王朝控制渤海南岸盐业生产的中心之一。③

殷商时期，包括滨州在内的渤海南岸地区是殷商王朝直接控制的、唯一的产盐之地和唯一能通往海洋的地方。滨州境内的聚落、人口数量骤然增多，考古学文化变得空前繁荣，商代聚落数量甚至超过龙山、岳石文化时期数倍，并最终形成了以沿海盐业和盐工定居地为主导的聚落分布格局。同时，内陆地区也出现了与盐业遗存同时的数量众多的聚落遗址群，每群中有一个或多个更高等级的聚落。如博兴寨卞、惠民大郭、滨城兰家等便属于这些高等级聚落的中心。此时期渤海南岸地区商文化的突然繁荣、聚落和人口数量的急剧增加，应是商人或外来人员在很短时间内迁入的结果，而这则是以商王朝对渤海南岸食盐的控制为基础的。

五　商文化的分布与几个重要的商代遗址

夏商之交，商人曾经与夷人结成联盟，共同灭夏，直至商朝迁都殷墟之前，商

① 参见杨升南：《从"卤小臣"说武丁对西北征伐的经济目的》，台湾师范大学国文系等编：《甲骨文发现一百周年学术研讨会论文集》，（台北）文史哲出版社有限公司 1998 年版，第 221～226 页；方辉：《商周时期鲁北地区海盐业的考古学研究》，《考古》2004 年第 4 期；冯时：《古文字所见之商周盐政》，《南方文物》2009 年第 1 期。

② 参见滨州地区文物志编委会编：《滨州地区文物志》，山东友谊书社 1992 年版，第 6 页。

③ 参见政协滨州市委员会编著：《滨州区域文化通览 · 综合卷》，中国文史出版社 2012 年版，第 45 页。

夷之间还一直是一种近乎平等的联盟关系，这为东夷文化的稳定发展赢得了时间。此时，滨州一带的东夷文化有着极大的独立性，仍然属于岳石文化的范畴。商朝迁都殷墟之后，商王朝出于对海盐资源的渴求，开始不断强化对今沿渤海一带的控制。包括滨州在内的河济下游、渤海西南岸地区也成为整个商王朝境内人口最为密集和经济、文化最为发达的地区之一，并发展成为商王朝最稳定的大后方。这一时期，滨州境内遗址众多，远超前代。

1.商周时期文化遗址的分布

根据历次文物普查结果，在滨州境内发现的商周时期遗址[①]大概有 158 处，分布广泛，数量众多，规模较大，遗物丰富。

从地域分布来看，除北部的无棣、沾化商周时期遗址发现较少外，邹平、博兴、惠民、阳信、滨城等地分布都十分密集。而且商周时期，人类活动足迹第一次到达沾化、无棣的沿海地带，这与商周王朝为了控制海盐资源，从而不断强化对古滨州沿海一带的统治有关。以上遗址除丁公遗址、侯家遗址（原李屋遗址）、秦皇台遗址外，大多未经正式发掘，但部分遗址如滨城兰家遗址、惠民大郭遗址、沾化杨家盐业遗址群等都出土了大量遗物，弥足珍贵。通过考古调查可知，滨州境内越靠近内陆的区域，其农耕聚落的面积越大，为 3 万～6 万平方米，有的超过 10 万平方米，甚至更大，而越往北部沿海靠近，遗址中的农耕聚落面积就越小，如侯家遗址聚落面积只有 1 万平方米左右。[②] 这一带，包括滨城西北部、惠民东部和阳信东南部的殷商时期聚落与南部地区的遗址群，在堆积形态、聚落内容以及经济活动方式上有着显著差异。这里的聚落遗址规模较小，人口也较少，这与当地土壤盐碱化程度较高，不太适合农作物生长有着密切的关系。再往北靠近沿海处则几乎没有农耕聚落，代之而起的是以生产食盐为主的盐业生产遗址。

2.部分重要的商代遗址

（1）丁公遗址

丁公遗址虽然主要为龙山文化时期的遗址，但同样分布有较多的商代文化层，遗存也十分丰富，仅次于龙山文化地层。丁公遗址发现的商周时期遗迹主要

---

① 目前在山东境内发现的商代遗址，考古学者习惯上分为两类：一类是商文化遗址；另一类是土著夷人的地方性文化遗址，即岳石文化遗址。而典型商文化的影响直到商代中期才到达泰山周围。本书所谓商代遗址即指商代中期以后的商文化遗址。

② 燕生东等：《桓台西南部龙山、晚商时期的聚落》，山东大学东方考古研究中心编：《东方考古》第 2 集，科学出版社 2006 年版，第 193 页。

有灰坑、水井、房址和墓葬等。灰坑发现总数近300个，以圆形和椭圆形直壁者居多，填土一般为灰褐色，质地松软，多含有兽骨、蚌壳和大量陶片。水井有长方形和圆形两种，口大底小，井壁均有脚窝，深3～5米。井内出土有石器、骨器和大量陶片，陶片中可辨器形有鬲、盆、罐、尊、瓮、豆等。墓葬多为长方形土坑竖穴墓，有用狗随葬的现象。此外还见有陶棺葬，多无随葬品。商周时期的遗物以陶器为大宗，还有石器、骨器、蚌器等。①

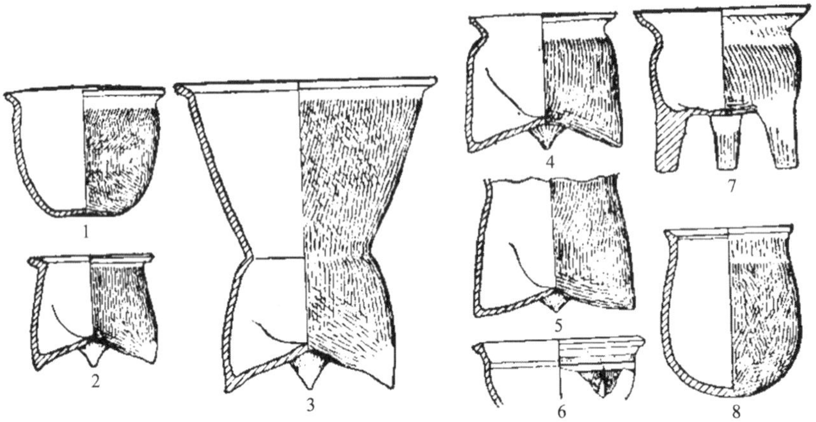

1.盆(M23:1) 2.鬲(M23:2) 3.甗(H36:2) 4.鬲(F11:1) 5.甗(H17:1) 6.簋(H17:2) 7.鼎(H214:1) 8.圜底尊(H17:3)

图2-6 丁公遗址出土的商周时期陶器

资料来源：山东大学历史系考古专业：《山东邹平丁公遗址第二、三次发掘简报》，《考古》1992年第6期。

(2)寨下遗址

寨下遗址位于博兴县湖滨镇寨下村，溢洪河从遗址中部穿过。遗址南部尚存一土丘，民间传为"旧城子"。1970年村民修挖溢洪河时，曾发现过墓葬，出土了殷墟三期的青铜鼎、爵和一批青铜镞，显示该聚落的等级较高，应是该区域的中心聚落之一。1983年、1987年山东省文物考古研究所通过考古勘探发现地下有一面积约16万平方米的战国时期的城址。城墙基宽12米，夯窝径6～8厘米，夯层厚8～10厘米。1992年6月，该遗址被山东省人民政府公布为第二批省级

① 参见山东大学历史系考古专业、邹平县文化局：《山东邹平丁公遗址试掘简报》，《考古》1989年第5期；山东大学历史系考古专业：《山东邹平丁公遗址第二、三次发掘简报》，《考古》1992年第6期；山东大学历史系考古专业：《山东邹平丁公遗址第四、五次发掘简报》，《考古》1993年第4期。

文物保护单位。[①]

(3)贤城遗址

贤城遗址位于滨州市博兴县城东街道办事处贤城村西，面积约100万平方米。文化堆积厚约1.5～2米。1987年、2002年，山东省文物考古研究所在此进行了调查勘探，探得东西、南北城墙各长约1000米，城墙基厚20米左右。遗址中部发现隋唐时期寺址。采集遗物有商周时期夹砂褐陶素面鬲、夹砂红陶绳纹鬲，战国兽面纹半瓦当、灰陶豆、灰陶鼎足等残片。民国《山东通志》卷三十七载："奄城，在(博兴)县东北十里。昔成王既践奄，将迁其君于薄姑，此其故城，今俗名'嫌城'。"嫌城即指贤城。1992年6月被山东省人民政府公布为第二批省级文物保护单位。

(4)大郭遗址

大郭遗址位于惠民县麻店镇大郭村，北距沙河约1千米。遗址南北长115米，东西宽98米，面积约1万平方米。遗址中心为高台地，断面上有成片的夯土，似乎是墓葬填土。但由于多年整地取土，大部分台地已被破坏，现存高台南北长62米，东西宽12米，最高处距地表约4米，高台周围较为平坦。遗址文化堆积厚0.5～5米，文化内涵丰富。从断面看，土质呈黑褐色，出土器物有殷墟一、二期的陶鬲、盔形器等碎片以及石斧、骨锥、磨石、蚌镰、陶拍和灰土堆积等。

1973年8月，大郭村村民取土时发现该遗址，并在高台西侧距地表约1.2米深处发现一座商代墓葬。墓室南北长12米，东西宽6米，有二层台，台上殉葬6人。墓东、西、北侧均有一耳室，各殉葬一人一狗。墓室四周曾有大量马骨出土，但由于取土破坏，殉葬马的数量、位置已无法弄清。墓葬早年被盗，但依然出土一批十分重要的青铜器和玉石器，其中有鼎、爵、觚、小方彝、铙、戈、矛、刀、镑钺等青铜礼器、乐器和兵器，以及玉钺、玉环等。从墓葬形制、规模、出土器物及殉葬情况分析，此墓时代约在殷墟三期前后，墓主人身份较高。[②]

从遗址出土的青铜器和玉器来看，该遗址的地位是相当高的。大郭遗址出土方彝1件，为山东地区仅见；作为乐器的铙，在山东地区仅仅发现4件，除大郭遗址发现1件之外，其余3件都出土于级别非常高的青州苏埠屯遗址。而象征着权力和地位的青铜钺，山东地区共出土8件，大都出土于高等级的遗址中。如

① 参见滨州市文物局编:《滨州文物通览》，齐鲁书社2014年版；滨州市文物管理处编:《滨州市第三次全国文物普查资料汇编》，2010年滨第10号内刊本；滨州文化志编纂委员会编:《滨州文化志》，方志出版社2011年版；山东省地方史志编纂委员会编:《山东省志·文物志》，山东人民出版社1996年版，第71页；国家文物局主编:《中国文物地图集·山东分册》，中国地图出版社2007年版，第868页。

② 参见山东惠民县文化馆:《山东惠民县发现商代青铜器》，《考古》1974年第3期。

青州苏埠屯遗址出土4件，济南大辛庄遗址出土1件，滕州前掌大遗址出土1件，泗水寺台遗址出土1件。① 大郭遗址还出土有玉钺1件，呈长梯形，两面弧刃，钺的端部有钻孔，通长20.3厘米，宽8.8厘米，厚0.6厘米。玉质呈青黑色，通体磨光，质地坚硬细腻。

大郭遗址出土铜铙的内壁、方彝的盖和腹部内壁、铜戈上均有一个“戎”字徽识符号，可能是“戎”族的族徽。② 甲骨文中记载：“己酉卜，宾贞，戎卤。”“卤”在甲骨卜辞中的字形是盔形器中盛满盐粒的形状，代指食盐。因此，这条卜辞中的“戎卤”似应释为“戎族向商王朝进献食盐”。由此推测，大郭遗址很可能是商朝派遣戎族首领来此进行统治的高等级聚落，其目的就是控制和管理食盐的生产与流通。③

大郭遗址墓葬是山东地区目前所发现的规格最大的商代墓葬之一，或许就是商王朝控制和管理鲁北盐业生产的中心之一。④ 1977年12月，该遗址被山东省革命委员会公布为第一批省级文物保护单位。

1.大郭遗址　2.虎纹铜鼎　3.铜铙　4.铙内壁上铭文符号　5.铜爵　6.铜方彝　7、8.彝盖及底上铭文符号　9.玉钺

图2-7　惠民大郭遗址墓葬出土的部分器物

① 参见曹艳芳：《山东出土商代青铜器研究》，山东大学历史文化学院博士学位论文，2006年，第93页。

② 参见滨州地区文物志编委会编：《滨州地区文物志》，山东友谊书社1992版，第6页。

③ 参见政协滨州市委员会编著：《滨州区域文化通览·综合卷》，中国文史出版社2012年版，第45页。

④ 参见政协滨州市委员会编著：《滨州区域文化通览·综合卷》，中国文史出版社2012年版，第45页。

(5)秦皇台遗址

秦皇台遗址,位于滨州市滨城区秦皇台乡西石村西南约 100 米处。遗址北部有一椭圆形高台,残高约 19 米,底部直径约 80 米。该台系人工夯筑而成,夯层较为分明,每层厚约 15 厘米,夯土内夹有红烧土块及红陶、灰陶器物残片等,台周围地表暴露有东周至汉代的盆、罐等残片及"长乐未央"瓦当。2009 年 2 月,高台西南部(大约为秦皇台遗址的中心地带)龙吟湖内发现有商周盔形器残片和陶窑,其中有完整盔形器一件,同时发现大量灰陶瓦等。2013 年底至 2014 年 6 月,为配合济南至东营高速公路建设,山东省文物考古研究所、滨州市文物局、滨城区文化局联合对遗址进行了调查、勘探,探明遗址南北长 500 余米,东西宽 300 余米,面积 15 万平方米。同时,对高速公路经过的遗址北部边缘地带进行了发掘,发掘面积近 3000 平方米。

此次发掘发现该遗址主要有大汶口文化、商周至汉、宋元等时期的地层。商周至汉代遗迹发掘有夯土遗迹及墓葬 10 余座、灰坑 42 座,沟 20 余条。遗物出土有各时期铜、铁、陶、石、骨器等 120 余件,还有大量东周至汉代的筒瓦、板瓦和瓦当等。墓葬多属汉代,分土坑竖穴墓葬、砖椁墓、瓦椁墓和瓦棺墓数类,均为小型墓葬,填土多经夯打,出土随葬品有五铢钱、陶罐等。个别墓葬填有大量西周时期的盔形器残片。商周时期,这里是烧制煮盐器具的地方,并修筑有大型台基,台基上当存有大型建筑,证明该地在商周时期应是鲁北沿海地区的一处重要中心聚落。

1

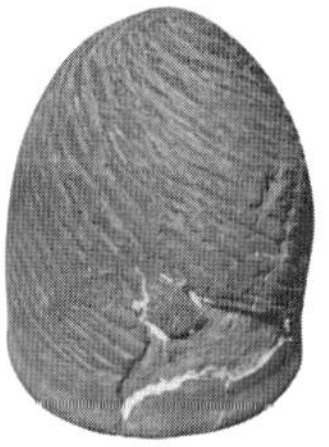
2

3

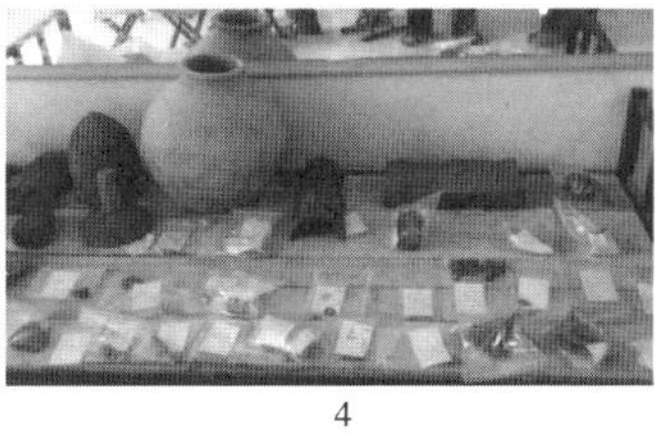
4

1.秦皇台遗址发掘现场　2.2012年于秦皇台遗址龙吟湖内发现的盔形器　3.秦皇台遗址发掘出的大量陶片
4.秦皇台遗址出土遗物

图 2-8　秦皇台遗址及出土部分器物

(6)兰家遗址

兰家遗址位于滨州市滨城区三河湖镇兰家村东部,东距徒骇河约1千米,南临利(津)禹(城)公路,付家河从遗址东部自南向北穿过。遗址中部高,四周低,最高处海拔7.1米,遗址地表覆盖着1米厚的淤土。1957年村民取土挖出部分青铜器,有卣、觚、爵等。1960年又出土剑、戈等。经多次调查、勘探和试掘,确定遗址聚落面积东西长约500米、南北宽约250米,面积近13万平方米,文化堆积厚2～3米。北部堆积层中发现大量的骨料及半成品骨器,能辨认的有牛、马、猪、羊、狗、鹿角等,而以牛骨和猪骨为最多。从切、剖、凿、刻、磨的痕迹中可以看出使用的工具很锐利,制作技术也比较高超。另在遗址东部的付家河断崖上散布着多处殉葬的马骨。1978年惠民地区文物管理所曾清理殉马坑一处,因受河水冲刷,马骨已不完整,马头朝向正北,系被杀死后埋葬。

该遗址贵族墓中出土的卣、觚、爵、戈、豆、鬲等器物在形制、纹饰等方面均具有商代晚期的特征。① 其中,青铜礼器卣上还有族徽符号"卤"字。甲骨文中有"卤小臣"的记载,"卤小臣"是商朝专门管理盐业生产的官员,因此兰家遗址青铜卣上的"卤"字,证明兰家墓葬的主人,很可能就是商王朝设立的专职的盐业官员。也有学者认为,该铭文释为"甾",即卜辞中的甾族,兰家可能是古甾国所在地,"甾"形意为甾缶之象形,甾氏以制造盛盐的甾器为职。

兰家遗址的等级要明显高于侯家遗址,据推测应是一处重要的盐业管理机构。1977年12月,该遗址被山东省革命委员会公布为第一批省级文物保护单位。

① 参见滨州市文物局编:《滨州文物通览》,齐鲁书社2014年版,第19～21页;山东省地方史志编纂委员会编:《山东省志·文物志》,山东人民出版社1996年版,第68页。

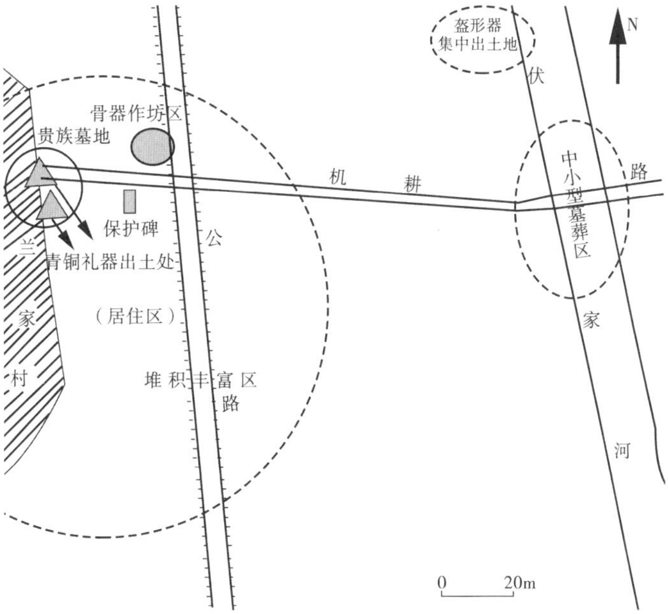

图 2-9　滨城区兰家遗址聚落布局示意

资料来源：燕生东：《商周时期渤海南岸地区的盐业》，文物出版社 2013 年版，第 204 页。

1.青铜卣　2、3.青铜卣上的铭文符号　4.青铜爵　5.青铜觚　6.兰家遗址　7.陶簋　8.盔形器
9.殉葬的马骨

图 2-10　兰家遗址及出土部分器物

(7)侯家遗址

侯家遗址(原李屋遗址),位于滨州市滨城区三河湖镇侯家村西北3千米、阳信县李屋村东南1千米,地处滨城、阳信、沾化交界处。该遗址为开阔平地,东西长250米,南北宽200米,面积约5万平方米。文化堆积厚1～4米,其中以商代聚落堆积最为丰富,平均厚约2米,最厚处超过4米,是一处以制作盔形器为主的盐工聚落遗址。该遗址还有岳石文化、东周、汉代和宋元时期的地层,但文化层堆积相对较薄。2004年1月,侯家遗址被滨州市人民政府公布为第一批市级文物保护单位。

侯家遗址中的商代聚落规模不大,约1万平方米,发掘表明这类聚落均包含有房屋、院落、窖穴、取土坑、墓葬以及生产、生活垃圾区,时间从殷墟一期延续至四期,表现的是一个稳定的、长期的生产和生活单位。

侯家遗址出土器物除各类日用陶器和盔形器外,还出土玉石器和骨器、角器、蚌器等,另有大量的动物骨骼和少量卜骨、卜甲等。侯家遗址玉、石器出土数量较多,有武器或礼器类玉、石钺3件,掘土工具有舌状石铲1件,收割工具有石刀、镰等6件,还有打磨器和砂岩质砾石(磨石)13件。骨、角、蚌器亦出土较多,其中出土骨器57件、蚌器17件、角器13件。骨器有骨簪、骨锥、象牙制品、骨梳等。蚌器保存较好者有收割工具带齿蚌镰和弧刃蚌刀7件、挖土工具蚌铲2件。另外还有一定数量的骨镞、蚌镞等。侯家遗址出土的石器和蚌器中,有两个明显特点:一是收割工具如石、蚌镰、刀的数量多,与挖土工具相比,比例明显偏高;二是打磨、加工和修理石、骨、蚌、角器的砾石比较多。由于侯家遗址所在地在当时的盐碱化程度较高,不太适合农作物种植,这些石、蚌刀、镰的主要作用应不是收割农作物,而是收割薪柴。这些薪柴除用于生活和烧造陶器外,也是为盐场煮盐做准备。而硬度不高的砂岩质砾石则主要是用于修理打磨石、蚌刀和镰等。

侯家遗址还出土有卜骨22块,卜甲5块。卜骨上均有长方形或长形凿坑,凿坑较深,但钻痕不明显,甚至无钻。凿坑一侧有灼痕。卜甲上均有凿、钻、灼痕。①

① 参见山东省文物考古研究所、北京大学中国考古学研究中心、山东师范大学齐鲁文化研究中心、滨州市文物管理处:《山东阳信县李屋遗址商代遗存发掘简报》,《考古》2010年第3期。

1.侯家遗址考古发掘现场　2.侯家遗址北台地发掘区主要遗迹分布示意图　3.侯家遗址M33-10墓出土的玉璧　4.考古人员正在清理M32-1文物
5.侯家遗址M4-4墓葬　6.侯家遗址H20摆放的盆形器

图2-11　侯家遗址及出土部分器物

(8)杨家盐业遗址群

杨家盐业遗址群(原杨家古窑址),位于滨州市沾化区富国街道办事处东杨村西北2.5千米处,东距现海岸线大约4.5千米,徒骇河穿过遗址群的西部,太平河由遗址群东部穿过。该遗址群于1950年发现,1955年徒骇河疏浚加宽时出土了大批盔形器。当年山东省文管处为配合徒骇河加宽工程,对其进行试掘,开5个探方,并清理东周墓一座,出土贝币、青铜剑、矛等器物。1978年,惠民地区文物工作队又对其进行了调查、钻探,划定了东西长650米,南北长240米,面积约15.6万平方米的保护范围,并探知文化层堆积厚度为1.5～2米。此后,文物部门又先后对该遗址群进行了多次调查,采集的大部分标本是盔形器、滤器等盐业生产用具,还有极少量生活器皿,如厚方唇商式簋、绳纹小口罐、灰陶豆残片等。

2007年春,部分专家学者以遗址保护碑为中心向四周勘探,调查范围南北长1700米,东西宽1500米。其中,仅在遗址保护碑周围15万平方米的区域内就发现了10处商周时期制盐遗址、2处东周时期制盐遗址。地表、排水沟、太平河内所见陶片几乎全是盔形器残片。虽然遗址大多被淤土覆盖,但依然可以观察到较多的遗物集中区。每处遗物集中区面积为500～1000平方米,应是制盐作坊内盐灶和盐棚所在地。另外还发现了草拌泥烧土、烧焦结的盐灶壁以及烧坏的盔形器等,说明这里应有烧制盔形器等制盐用具的窑场。

此次调查还在遗址群以南2000米、西杨村西700米处发现两处盐业生产点。当年修挖徒骇河时,就曾在这一带的河岸边发现大量草拌泥烧土块、窑渣,并有南北排列的六七座陶窑。从平面看,这些陶窑可分为圆形或椭圆形,窑内壁是直接在原生土上挖削而成,直径在2.5米左右,内呈青灰色,外呈火红色,有的内壁抹有草拌泥。陶窑附近还暴露有大量盔形器、滤器等陶片,器壁厚重,质地坚硬,烧制火候高。根据出土陶器分析,这批陶窑以烧制盔形器、滤器等煮盐用具为主。

2011年底,山东省文物考古研究所与洛阳古韵钻探有限公司又对杨家盐业遗址群进行了考古勘探,勘探面积117万平方米,发现古窑址12处,灶2处,卤水坑池5处,另还发现盐业遗址1处。

经历次调查勘探,大体确定杨家盐业遗址群的范围南北长约8千米,东西宽约3千米,面积约24平方千米,最南端直至沾化城区,是黄河三角洲区域最大的盐业遗址群。这与阳信、惠民东部、滨城、沾化南部存在着数量较多的盐工聚落遗址和内陆地区规模较大的聚落遗址群是相符的。1977年12月,该遗址被山东省革命委员会公布为第一批省级文物保护单位。2013年3月,该遗址被国务院公布为第七批全国重点文物保护单位。①

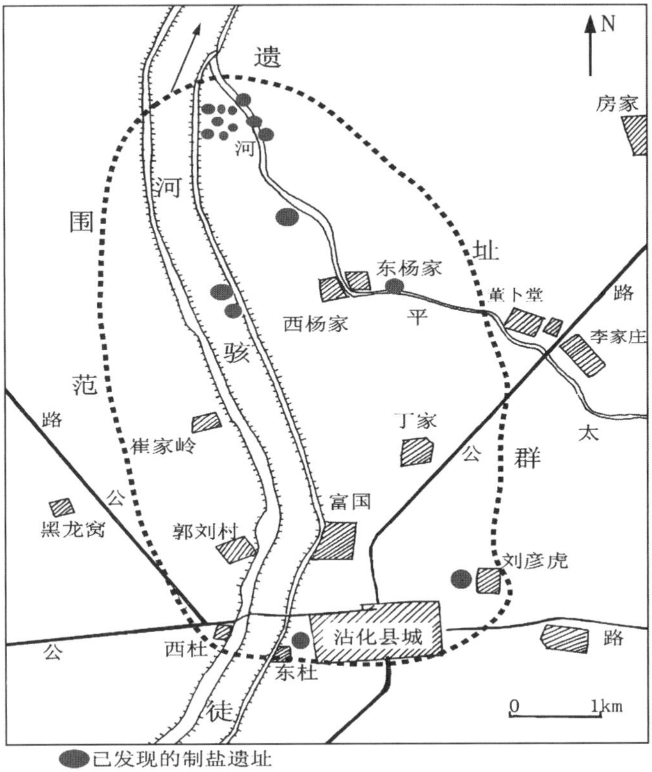

图 2-12 沾化杨家盐业群分布范围示意(据 1971 年版五万分之一地图改绘)

资料来源:燕生东:《商周时期渤海南岸地区的盐业》,文物出版社 2013 年版,第 165 页。

图 2-13 杨家盐业遗址群

图 2-14 杨家遗址群到处遍布盔形器残片

① 参见燕生东:《渤海南岸地区商周时期盐业遗址群结构研究——兼论制盐业的生产组织》,北京大学中国考古学研究中心、北京大学震旦古代文明研究中心编:《古代文明》第 8 卷,编:文物出版社 2010 年版,第 88～137 页;滨州地区文物志编委会编:《滨州地区文物志》,山东友谊书社 1992 年版。

图 2-15 杨家遗址群出土的盔形器、漏器等

六 夏商周时期的滨州古国

滨州在龙山文化晚期，已进入邦国林立的时代。按照古人城即为国的概念，丁公龙山城便是龙山时代的古国之一。而到了夏商周时期，滨州大地上更是存在着众多大大小小的方国。“国”即城市，是当时政治、经济和文化的中心，是统治者的统治据点，生活在城邦之中的居民谓之“国人”。与“国”相对的则为“野”，是指城市之外的地区，生活在那里的人称为“野人”。宗法制度的血缘原则是划分国野分居体系的主要依据。滨州境内的国野分居制度主要形成于龙山文化时期，及至夏商时期，国野制度日渐完善，进入西周则达到最为成熟的典型形态，形成了一种“体国经野”的统治体系。①

早期所谓的“国”，实际上是由部落发展而来的部落酋邦，有着较为固定的居住地和分布范围，按照血缘亲疏形成国野分居的体系，以此达到对城邦之外野人的统治。夏商周时期，这些方国虽然名义上受到夏商周王朝的直接控制，但具有一定的独立性。中央王朝采用“五服”制度，根据血缘的亲疏和地缘的远近，对方国实行不同的统治策略。他们可以封赐方国首领为“侯”“伯”等，并对方国拥有一定的支配权力，正所谓“礼乐征伐自天子出”②。到了春秋时期，礼崩乐坏，国野解体，宗法制也逐渐分崩离析，中央专制集权制度下新的城乡制度开始慢慢形成并取得主导地位。

中央王朝与方国这种既有上下尊卑之别，又多少带点联盟意味的国家组织

① 参见赵世超：《周代国野制度研究》，陕西人民出版社 1991 年版。

② 《论语 · 季氏》。

形式，与后世的国家有着很大的区别。那么，夏商周时期，滨州一带究竟有多少古国存在呢？通过考古发掘成果，并结合众多文献资料和当地学者的研究，大体梳理出滨州境内先后或同时并存的夏商周时期的古国。其中，一些材料取自南宋罗泌所撰《路史》。《路史》一书因其多涉神话传说，所以学界一般不把它作为信史看待。不过，《路史》取材繁博庞杂，又记载较多的地理风俗，还是有一定的史料价值的。

1.时

时国，姓氏不明，因时水而得名，在今博兴县境内。东汉王符《潜夫论》认为时国应该是嬴姓，与秦国同姓。宋罗泌在《路史》中指出，当时的博昌县境内有时水，也就是春秋时期的乾时。时水，《辞源》解释说："因水色黑，故又称黑水。其水源浅易涸，亦名乾时，俗呼乌河。源出山东临淄县西南矮槐树，北合浉水系水，流入博兴县境，北汇于麻大湖；东为小清河。"民国《重修博兴县志》卷十七载："赵马乡庄北有冢，极巍峨，传为齐桓公将死乾时之战者。"赵马乡即今博兴县兴福镇赵马村。博昌即现在的博兴县。古时国应在今博兴县兴福镇赵马村一带。[①]

2.邹

邹，侯国，夏封虞舜后代建立的封国，姚姓，在今邹平县境内。《路史》卷二十七记载："邹，桑钦《水经》云：湿（漯）水迳邹平故城。"郦道元《水经注》卷五云："漯水又东迳邹平县故城北，古邹侯国，舜后，姚姓也。又东北，迳东邹城北。"民国《邹平县志》认为，邹侯国城，应当在县城以北20千米的孙家镇（今邹平孙镇）。

关于邹国，历史上在传播过程中产生了一些误导。如《舆地广记》记载："淄州邹平县古邹国，兖州邹县邾文公所迁。"实际上，邹平的邹国与邹县的邹国是年代、族系都互不相干的两个古国。邹平的邹国，是虞舜时期所封的姚姓侯国，约与季萴氏一个时期。邹县的邹国，为曹姓子国，是周武王时封给颛顼后裔邾挟的封地。因在娄地，称"邾娄国"。春秋时迁至古邹地，为鲁国的附庸国，鲁穆公改邾为邹。

① 参见政协滨州市委员会编著：《滨州区域文化通览·综合卷》，中国文史出版社2012年版，第46～48页。

3.爽鸠氏、季荝、逢国

这三个国家是前后相继的三个古国，也是滨州大地除薄姑之外，最重要的三个古国。《左传·昭公二十年》记载齐地沿革时说："昔爽鸠氏始居此地，季荝因之，有逢伯陵因之，蒲姑氏因之，而后太公因之。"上面说法可以证明，爽鸠氏、季荝氏、逢伯陵、薄姑的地望应该是一脉相承的，其地大多都在今滨州市境内。

爽鸠，少昊时官名。少昊是著名的东夷首领，因为东夷历来有鸟崇拜的习俗，所以少昊以鸟名官，有"五鸠""五雉"之说。爽鸠氏就是"五鸠"之一，担任司寇之职，主管抓捕盗贼，维护社会治安。爽鸠氏曾经被少昊封为诸侯，封地即在今山东北部地区，滨州一带在当时应为其封地的中心区域。

季荝氏，古籍记载极其简略，大概与虞夏同时，也属于东方诸侯。季荝应是指夏代斟氏方国的首领，其族在夷夏交争之季为夏后氏所倚重，大约自少康复国之后被封为齐地诸侯。[①]

逢，又作逄，伯国。[②] 商代所建的姜姓国，为炎帝后裔。杜预注："逢伯陵，殷诸侯，姜姓。"逢伯陵当为逢国开国之君，名陵。《国语·周语下》载周景王时的伶州鸠曰："我姬氏出自天鼋……则我皇妣大姜之姪伯陵之后，逢公之所凭神也。"韦昭注曰："天鼋，即玄枵，齐之分野。周之皇妣王季母太姜者，逢伯陵之后，齐女也，故言出于天鼋。""大姜，大王之妃，王季之母，姜女也。女子谓昆弟之子，男女皆曰姪。伯陵，大姜之祖有逢伯陵也。逢公，太姜之姪，殷之诸侯，封于齐地。"由此可知，早在商代后期，逢与周国便十分友好，而且还有联姻关系，周太王古公亶父即娶逢女太姜而生王季。

关于逢伯陵的封地，《魏书·地形志》在逢陵后注"有於陵城"。据谭其骧主编《中国历史地图集》北魏时期青州部分中的标注，逢陵县在於陵城东，约在今邹平与周村交界处，此应是逢公伯陵的封地中心。

及至商代晚期，逢被薄姑氏所取代，被迫迁至今山东济阳一带。20世纪七八十年代，考古工作者对济阳姜集乡刘台子遗址进行了3次发掘，共清理墓葬4座，年代为西周康王、昭王时期。墓葬出土精美的青铜器共32件，其中一件方鼎的铭文为"夆宝尊彝"，另有2方鼎、1觯、1盉、1盘铭文皆为一"夆"字，"夆"即为

---

① 王志民等主编:《中国地域文化通览·山东卷》，中华书局2013年版，第65页。

② 参见安作璋主编:《山东通史·先秦卷》，人民出版社2009年版，第366页。

逄。根据墓葬形制和出土青铜器物的“夆”字铭文，可知此地正是逄国国君和贵族在西周早期的墓地。[①] 此时的逄国具有较高的政治地位，其经济和文化也相当发达。

4.北齐国

齐地之先有北齐国，姜姓，其地在齐地，逄伯陵国故地。[②] 据《路史》卷二十四载：“齐，侯爵，伯陵氏之故国，以天齐渊名。吕尚复封，都营丘。”又载：“北齐，内传齐之先有逄伯陵，盖伯陵前封逄，后改于齐。故《山海经》有北齐之国，姜姓……伯陵之子尧代有殳戕，即齐地冐淳也。一作朱，故传作有朱戕。”逄伯陵以天齐渊名，后改逄国为北齐国。北齐国故地，后姜太公居之，复封为齐国，称周代齐国。

齐不仅在太公受封以前，就已是姜姓集团的统治区，而且“齐”之名称也多次出现在殷墟卜辞之中。《殷墟文字·甲编》中有一片甲骨：“庚寅卜，在齐餗。”还有几片，一为“在齐餗，隹王来征人方”。齐是帝辛征人方所过的地方，人方就是夷方，地在山东。王献唐认为商代山东确实早已有了齐，《左传》《国语》《山海经》的记载是相当可靠的。郭沫若也认为：“齐当即齐国之前身，盖殷时旧国，周人灭之，别立新国而仍其旧称也。春秋时，齐地颇广大。殷代之齐，当指齐之首都营丘附近。”[③]

《史记·齐太公世家》说太公是“东海上人”，《吕氏春秋》卷十四也说其是“东夷之士”。可见姜太公的原籍为山东。周王封太公于齐，是有目的地采取以姜族治姜族的策略。

---

① 参见德州行署文化局、济阳县图书馆：《山东济阳刘台子西周早期墓发掘简报》，《文物》1981年第9期；德州地区文物局文物组、济阳县图书馆：《山东济阳刘台子西周墓地第二次发掘》，《文物》1985年第12期；山东省文物考古研究所：《山东济阳刘台子西周六号墓清理简报》，《文物》1996年第12期。

② 参见逄振镐：《山东古国与姓氏》，山东人民出版社2006年版，第72～73页；王献唐：《山东古国考》，齐鲁书社1983年版，第163～165页。

③ 郭沫若：《卜辞通纂》，科学出版社1983年版，第463页。

5.薄姑国

薄姑，是滨州一带最重要的一处古方国，也是商末周初时期势力最大的东方方国。[①] 薄姑一名最早见于西周金文，字作“尃古”，文献中又作薄（蒲）丘、蒲姑、亳姑、亳姑[②]等，是齐（济）水入海的地方，博兴、蒲台之名，渤海之称，或都出于此。《史记》作“薄姑”。《史记·周本纪》：“召公为保，周公为师，东伐淮夷，残奄，迁其君薄姑。”《左传·召公九年》记为“蒲姑”：“王使詹桓伯辞于晋，曰：‘我自夏以后稷，及武王克商，蒲姑、商奄，吾东土也。’”《尚书·周官》作“亳姑”：“周公在丰，将没，欲葬成周。公薨，成王葬于毕。告周公，作《亳姑》。”《尚书注疏》卷十七云：“亳姑，即前序蒲姑，亦即薄姑也。亳、薄古字通，用蒲、薄则音转耳。”《路史》卷二十九载：“薄姑，商诸侯，即薄丘。”李学勤亦认为远古时“薄”与“蒲”通假。蒲姑其地临河近海，蒲字象征草木深茂交错、蒲草茂盛之状。薄姑氏族主要活动区域在泰山以北至渤海南岸一带，其活动范围虽时大时小，多有变化，但其中心区域则一直位于古济水入海处的今博兴、滨城南部一带。傅斯年曾说：“商代发迹于东北渤海与古兖州，是其建业之地。”[③]即指薄姑一带曾是商代重要的发源地之一。

薄姑氏应为商末周初东夷大国，嬴姓，历时 460 年至 500 年间，故城在今博兴或滨城一带。在今山东地区，古代曾生活着许多以鸟为图腾的东夷部族，薄姑与布谷音近，当是东夷族中以布谷鸟为图腾的一个部族。也有人认为“薄姑”之得名，是由鸠鸟之中一种名叫“鹁鸪”的鸟转化而来。因此，薄姑是以图腾作为族名，建国之后则以图腾作为国名，属于鸟夷之一。[④]

薄姑本是商在东方的与国，周初武庚叛乱后，薄姑与徐、奄等东方国家起兵响应。周公平定武庚、管、蔡之后又继续东征，薄姑等国被相继平定，而作为反叛

---

① 参见李象润等：《薄姑三论》，《文史知识》2010 年第 9 期；李象润等：《蒲姑，东夷大国风采觅踪》，《文史知识》2009 年第 4 期；张基地：《薄姑考略》，李象润等编著：《滨州历史与民俗文化论坛》，黄河出版社 2009 年版，第 27～45 页；郭杭英等：《徙都蒲姑齐胡公》，滨州市政协文史资料委员会编：《滨州文史》第 6 辑，黄河出版社 2007 年版，第 290～298 页；李沈阳：《蒲姑研究：历史与未来》，滨州市政协文史资料委员会编著：《滨州文史集萃》，中国文史出版社 2012 年版，第 143～152 页。

② 亦有学者认为，薄姑实即亳姑，本由商人宗社的共名亳社之称转来，因此薄姑氏应该只是商末征东夷时监视“九夷”而建立的子姓直系封国，并非东夷土著。参见王志民等主编：《中国地域文化通览·山东卷》，中华书局 2013 年版，第 66 页；张富祥：《东夷文化通考》，上海古籍出版社 2008 年版，第 507 页。

③ 参见傅斯年：《民族与中国古代史》，河北教育出版社 2002 年版，第 4 页。

④ 参见杨宽：《西周史》，上海人民出版社 1999 年版，第 146 页；何光岳：《鸟夷族中诸鸟国的名称和分布》，山东古国史研究会编：《东夷古国史研究》第 2 辑，三秦出版社 1990 年版，第 56 页。

主力的薄姑则落了个灭国、毁社、迁君、徙民的下场。1927 年出土于陕西宝鸡的丰白鼎上面有 35 个铭文，其中有“隹（唯）周公于征伐东尸（夷）、丰白（伯）、専古（薄姑），咸□（灾）”。即记载了薄姑国灭亡的史实。陈梦家将此鼎称为“周公征东方鼎”。

薄姑国历史悠久，《竹书纪年》载：“太戊，五十八年，城蒲姑。”太戊五十八年的确切时间还没有明确答案，但薄姑灭国时间则较为明确。按照“夏商周断代工程”《夏商西周年表》推算，成王在位时间为公元前 1042—前 1021 年。“成王三年灭蒲姑”的成王三年即为公元前 1040 年或前 1039 年。

关于薄姑国都具体在今博兴何处，一直没有定论。《史记正义》引《括地志》云：“薄姑故城在青州博昌县东北六十里。薄姑氏，殷诸侯，封于此，周灭之也。”《水经注》卷八曰：“济水又经薄姑城北，《后汉郡国志》曰：‘博昌县有薄姑城。’《地理书》曰：‘吕尚封于齐郡薄姑。薄姑故城在临淄县西北五十里，近济水。’”《路史》卷二十九载：“薄姑，商诸侯，即薄丘，一曰蒲姑，在青之博兴。《地志》有‘薄姑城，在临淄西北五十’。”《齐乘·博兴州》：“府西北四十里古薄姑地，东南有薄姑城。”《齐乘·古迹》：“薄姑城，《元和志》在博昌东北六十里，即殷末薄姑氏。”《左传·昭公九年》载：“及武王克商，蒲姑，商奄，吾东土也。”西晋杜预注：“乐安博昌县北有蒲姑城。”[①]今人杨伯峻注：“‘蒲姑’亦作‘薄姑’，故城在今临淄区西北五十里。”[②]道光《博兴县志·古迹考》载：薄姑城“在县南十五里柳桥社”。清代学者叶圭绶《续山东考古录·博兴县》认为，博兴县东南 5 千米寨卞村北即为薄姑故城。也有人认为薄姑城址当为博兴北部的贤城遗址。如民国《山东通志》卷三十七载贤城一条时说：“奄城，在（博兴）县东北十里。昔成王既践奄，将迁其君于薄姑，此其故城，今俗名‘嫌城’。”奄城、嫌城，都是指贤城。

近年来，通过考古调查和勘探，虽然在寨卞遗址发现了古城址，但其年代为战国，与薄姑商代城址的年代不符。但该遗址仍然是一处较大规模的商周时期的聚落遗址，而且 1970 年村民修挖溢洪河时，曾发现过墓葬，出土了殷墟三期的青铜鼎、爵和一批青铜镞，显示该聚落的等级较高，应是该区域的中心聚落之一。战国城址下面是否还有商代的城址有待进一步的考古发掘。位于博兴北部的贤城遗址经过多年考古调查和勘探，也探得一座古城址，其东西、南北城墙各长约

① 《春秋左传正义》卷四十五。
② 杨伯峻编著：《春秋左传注》，中华书局 1990 年版，第 1421 页。

1000 米，城墙基厚 20 米左右。该遗址也属于一处商周时期的重要聚落。至于薄姑城旧址到底是寨下还是贤城，还需进一步的考古调查和发掘。

薄姑国都城所在现在虽然还未确定，但薄姑国的势力控制范围应当很大，大概包括今小清河中下游地区，甚至还包括古济水中下游一带（今黄河下游一带）的广大地区。[1] 现莒县一带在商时称为姑幕国，有学者认为姑幕为薄姑的音转，似乎可以说明薄姑国的势力范围在商代曾经到达今莒县一带，或者是薄姑国曾有族人于商代时迁徙至此。

图 2-16　蒲姑国位置示意

资料来源：根据谭其骧主编《中国历史地图集》第 1 册（中国地图出版社 1982 年版）绘制。

6.落姑国

落姑国，商代方国。《春秋·闵公元年》载："秋八月，公及齐侯盟于落姑。"《路史》卷六也载："落姑，按《春秋传》，落姑齐地。"而《通志·氏族略·以邑为氏》却说："落姑氏，鲁大夫食采于落姑，因氏焉。"《左传·闵公元年》杨伯峻注："'落姑'，《公羊》《穀梁》作'洛姑'，落、洛字通。落姑，齐地。顾栋

① 参见郑杰文：《黄河三角洲文化的历史进程及基本特征》，《光明日报》2007 年 1 月 5 日。

高谓在今山东省平阴县境，沈钦韩则谓落姑即薄姑，在今博兴县东北十五星，未知孰是。”[1]落姑大概在今博兴县境内，但由于记载太少，实际地点难以考证，也可能是在古书传抄过程中，将“薄姑”误为“落姑”。[2]

7.有鬲国

有鬲，相传是皋陶之后，夏代与国，周初周公东征后灭国。其故址在今鲁北、鲁西一带，今滨州西部偏北的部分地区在夏代后应属有鬲国的统治范围。夏初，夏启之子太康时，后羿取代了夏王朝的统治，任命寒浞为相。夏王朝贵族靡则带领一部分人逃奔有鬲。后来，寒浞又杀掉后羿，夺取权力。为了继续打击夏人的势力，寒浞派遣自己的儿子寒浇和寒豷用兵，灭了夏的同盟部落斟寻氏和斟灌氏，并封浇于过，封豷于戈。此时，太康之孙少康在有虞悄悄组织起夏朝民众准备复国，有鬲也在帮助靡招纳斟灌、斟寻氏的民众，最终少康灭掉寒浞，恢复了夏王朝的统治，史称“少康中兴”。

有鬲氏以制造和使用陶鬲而得名。禹疏九河之一的鬲津河，自今德州附近流经滨州无棣入海。鬲津之名应该与有鬲氏或陶鬲在此地的盛行有关。

8.斟寻、斟灌

斟寻，又作“斟鄩”，斟灌又作“斟戈”，均为夏朝初年封立的与国，姒姓，合称“二斟”，季萴氏应是二斟及附近其他方国的共同首领。《左传·襄公四年》载：“使浇用师，灭斟灌及斟鄩氏。”寒浞派其子浇进攻斟寻时，一直打到潍河流域，古本《竹书纪年》记载：“大战于潍，覆其舟。”寒浞还攻杀仲康之子相。相妻缗只好逃往有仍氏，相臣靡则逃奔有鬲氏。缗生少康，并先后得到有仍氏、有虞氏的扶持。至少康 21 岁时，伯靡率部众及二斟等攻灭寒浞，少康则灭过、戈和有穷氏，并归于夏邑，史称“少康中兴”，少康亦成为夏朝第六代天子。二斟地望当在今博兴东南部至寿光一带。

9.夫于

夫于，春秋齐公子子周采邑，现邹平西董镇夫村。

---

① 杨伯峻编著：《春秋左传注》，中华书局 1990 年版，第 256 页。

② 参见政协滨州市委员会编著：《滨州区域文化通览·综合卷》，中国文史出版社 2012 年版，第 46～48 页。

夫于，也作“浮渝”“扶馀”，又名“凫臾”。凫为一种水鸟，俗名野鸭。凫臾以凫鸟为图腾，后为东夷古国名。《字汇补》云：“凫臾，东方国名，即夫于也。”《左传·昭公十年》载：“桓子召子山，私具幄幕器用从者之衣屦，而反棘焉。子商亦如之，而反其邑。子周亦如之，而与之夫于。”杜预注：“夫于，济南於陵县西北有于亭。”清代王渔洋晚年家居曾著《古夫于亭杂录》，序云：“所居鱼子山下有鱼子水……山上有古夫于亭，因以名之。”康熙《长山县志》载：“夫于邑，在县西南三十里夫村。”夫村即为今邹平县西董镇的夫村。齐景公十六年（前532年），齐国内乱。内乱平息后，内乱参与的主要胜利者陈桓子（田无宇）为处理好与王室的关系，召回被逐出国的诸公子，分赠采邑。夫于是赠给公子子周的食采地。夫于族人后来迁徙至东北松花江、鸭绿江一带，建立扶余国。

亦有人认为夫于即於陵，《四书释地补》引杜预注《左传》曰：“於陵即春秋夫于。”

10.重氏国

重氏国，东夷古国之一。《路史》卷二十九载：“沧之南皮有千童城，年表云故重是也。城在今无棣，汉县也。”故城在今无棣县西南境。

11.甾国

滨城区兰家遗址出土青铜卣上铭文有学者释为“甾”字，认为是卜辞中的甾族，兰家可能是古甾国所在地，“甾”形意为甾缶之象形，甾氏以制造盛盐之甾器为职。亦有学者认为该字为“卤”字，兰家遗址则为商代盐业官员“卤小臣”的盐业管理机构。

七　身材高大勇猛善射的东夷人

滨州史前先民为东夷人。东夷人是上古时代生活在环渤海地区的高加索人种（蒙古人种），属于广义上的地中海亚种。根据大汶口遗址的人骨测量，东夷人男性身高一般在166.59～178.35厘米，平均身高为172.26厘米，最高者达190厘米。平均身高比同时期的中原地区仰韶文化先民高出3～4厘米，可谓是当时的“山东大汉”。

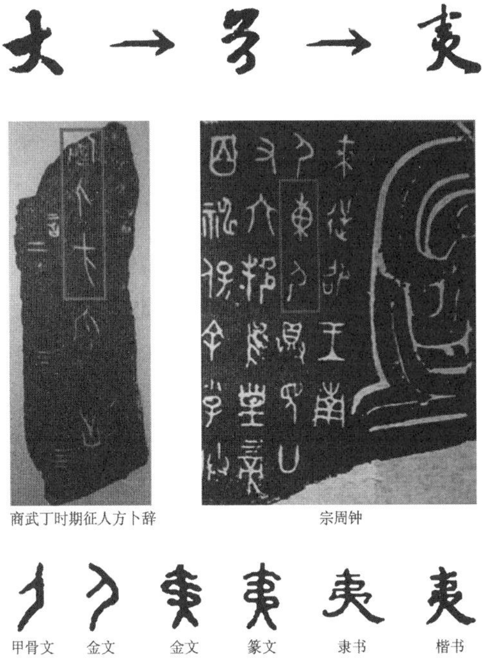

图 2-17　“夷”字的演变

1.东夷人勇猛善射，兵法出众

东夷人不仅身材高大，而且勇猛善射。东汉许慎的《说文解字》解释说：“夷，从大，从弓，东方之人也。”这说明当时的东夷人是非常善射的民族，也就是远程攻击能力特别强。即使近身作战，东夷人也是非常勇猛，甚至出现了被后世尊为战神的蚩尤。蚩尤的传说纷纭复杂，但无一例外都是说其神勇善战。齐国自古就有八神主的祀典，八神主中的第三神主即为“兵主，祠蚩尤”①。相传蚩尤面如牛首，背生双翅，他有兄弟八十一人，都是铜头铁额，有八条胳膊九个脚趾，个个本领非凡，能食沙石子，战斗起来勇猛无比，不死不休。到了西周时期，东夷之地出现了一位伟大的政治家和军事家，那就是建立齐国的姜尚姜太公。《史记·齐太公世家》说太公是“东海上人”，《吕氏春秋》也说其是“东夷之士”。史籍明确说姜太公为山东人、东夷人。到了春秋时期，齐国又出现了两位非常有名的兵学大家，那就是司马穰苴和孙武。孙武大家都知道了，司马穰苴和孙武一样，也是田

① 《史记·封禅书》。

完的后代，他著的兵书《司马法》、孙武的《孙子兵法》、传为姜太公著的《六韬》《三略》同入选《武经七书》。《武经七书》作为北宋朝廷官方颁行的兵法丛书，是中国古代第一部军事教科书。《武经七书》中有四本兵法著作出于齐人之手。可见齐人不仅善战，而且善于总结战争的规律，属于智勇双全的民族。

2.东夷的经济文化十分发达

齐人即东夷人的一部分。东夷人不仅能征善战，东夷的文化、经济也一度领先于中原的文化。特别是在龙山文化时期，其影响更是遍及全国大部，以至于学术界将大部分那个年代的文化都被标以“龙山文化”的名称，如河南龙山文化、陕西龙山文化等。山东的龙山文化则被称为典型龙山文化。这个时代也被考古学家称为“龙山时代”。

3.地理形势是其屡战屡败的主要原因之一

由上可见，东夷之人不仅能征善战，而且其文化经济也十分发达。那么，为什么东夷在与华夏的斗争中屡战屡败呢？蚩尤败于黄帝，皋陶败于夏启，后羿也败于夏，后来东夷又败于商。再后来的历次与中原的交战中，最终也是败绩居多。至于出现这种情况的原因，似乎应与山东的地理形势有着十分重要的关系。

评价一个地方战略形势好不好，主要有两大要素：一是山，二是水。所谓的山川形胜即指此。山的作用毋庸置疑，高山几乎等于不可逾越的天然屏障。那么在山脉之间的一些谷道，就成了连接两大区域间的唯一通道。历史上又经常在这些谷道上修筑一些易守难攻的关隘，就成了兵家必争的咽喉要道。

河流同样具有防御作用，但不如山脉那样明显。然而河流却同时具有另外两大功效：一是交通运输，二是农田灌溉。一个光险要而没有经济实力的地域是缺乏战略价值的，因而山、水两要素，必不可少。

可是对山东来说，它除了东面的渤海、黄海算是安全之外，其余三面，几乎无险可守。中间的泰沂山脉，根本起不到屏障山东的作用，特别是山东北部齐国地区更是一马平川，无险可守。黄河和济水河道不仅不能起到保护作用，反倒成为中原顺水而下进兵山东的主要水上运输通道。战国时乐毅一口气几乎吞并整个齐国，然后田单又一口气将整个齐国光复，这种事情也只有在齐国地区才会发生。

4.侵占东夷地区主要是为了掠夺渔盐资源

但山东却又是兵家必争之地，为什么呢？原因很简单，这里很富。

山东北部渤海南岸之地渔盐之利天下闻名，而且山东也是中国传统的工商业发达地区。依托傍海优势，这里渔业资源和盐业资源丰富。平原之上，粮食自然也相当充足。此地便成了历史上重要的经济基地。

对于山东的战略地位，清代地理大家顾祖禹在《读史方舆纪要·山东方舆纪要序》中写道："以自守则易弱以亡，以攻人则足以自强而集事。"此话是很有道理的。

中原的商人为什么要占领山东，特别是要控制渤海南岸的滨州一带？就是要掠夺这里的盐业资源。在相当长一段历史时期内，盐业资源是最为重要的战略资源。

八 商文化东渐带来的影响

商文化与商代文化，是两个既有联系又有区别的概念，商文化是商代文化的一部分，专指成汤灭夏之后和武王灭商之前即商王朝存续期间其直接统治区的文化，它是在大量吸收夏文化成果基础上形成的一种新文化。这种文化与海岱地区的夷人文化虽有一定的联系，但有着本质的区别。对于海岱地区来讲，商文化基本上是一种外来文化，土著文化则是夷人文化。[①] 商代时期的滨州，由于商文化的逐渐东渐，夷商文化交织在一起，从而形成了复杂的文化面貌。

1.商人为何要侵占滨州？

滨州在史前时期一直处于东夷文化的范围之内，即使到了商代晚期，滨州南部很多地方，如邹平丁公遗址依然保持有一定的东夷文化元素。商文化对山东的控制在总体上有一个由西往东的渐进过程。在商代早期和中期，商朝的文化势力并未到达滨州地区。

商朝早中期，盛产井盐的山西中南部已是商文化的分布区，商王朝的用盐可能主要来自这一带的井盐。进入晚商阶段，即商朝迁都殷墟之后，商人在与周人的战争中失败，逐渐失去了在晋南的地盘，只好东进山东，侵占渤海南岸地区，形成一个个密集的聚落群。其主要目的应该是出于对食盐的控制和需求。渤海南岸的自然条件并不好，这里地势低洼，土地盐碱，黄河漫流入海，泛滥成灾，并不适合以农业为主的人类的居住。然而这里的地下卤

---

① 参见栾丰实：《东夷考古》，山东大学出版社1996年版，第340页。

水浓度高，是著名的产盐区，控制了这一带的食盐生产，就保证了整个商王朝的食盐供应。

目前，对于商人的东进除部分甲骨文献外，更多的只能是依靠商文化元素的分布来进行分析。商文化在山东的扩张有一个自西向东、由早到晚的渐进过程。目前学术界普遍认为，山东商文化主要分布在鲁西南、鲁中南、鲁西北、鲁北中西部地区。在鲁北向东不超过潍河，大致到潍坊以西，潍河、弥河之间；鲁中地区以蒙山为界，主要分布在鲁中山区和蒙山以西；鲁南地区向东不超过沂河，达于平邑、费县、泗水、枣庄和兰陵西部一线。

商代末期，商人又逐渐失去了对鲁南地区的控制，但鲁北渤海南岸一带则一直被商王朝牢牢地控制住，其主要原因就是控制这里的盐业资源。

2.商文化是何时进入滨州境内的？

商王朝早期的政治、文化中心在洛阳与郑州之间。商文化最早在商代中期（二里岗上层晚段时期，商朝迁都殷墟之前），沿着古济水和黄河支津，首先进入鲁西南和鲁西地区，并取代这里的岳石文化。这一时期商文化自西向东分布，向东大致在济南—泗水—枣庄一线[①]；商代晚期，即殷墟时期，其政治、文化中心移至安阳，河济之间的广大地域更加靠近商朝王畿，较之山东其他地区更早地受到了商文化的冲击，而此地近海的食盐生产也大大刺激着商王朝对其占有的热情。商文化及商人的东进使得位于河济之间的滨州，与龙山文化和岳石文化时期相比，其晚商时期的聚落数量骤然增加了数倍。与此同时，沿海平原上在黄河下游支津地区、济水及相关河流的两岸还出现了包含众多制盐作坊组成的盐场群及相应的盐工聚集村落。其出土的各种器物与安阳的商文化如出一辙。这表明，殷墟时期，商王朝的势力在其北方、西方、南方和东南部逐渐退缩的同时，在河济之间与潍淄地区则扩张迅速，这一地区也成为整个商王朝境内人口最为密集和经济、文化最为发达的地区之一，并发展成为商王朝最稳定的大后方[②]，而这个大后方是以商王朝对食盐的控制为基础的。

3.商文化在滨州的扩张是个渐进的过程

商文化在滨州的扩张也经历了一个由西向东、由北到南逐步推进的过程，最早在商代中期即在今博兴境内发现零星的商文化元素。到了殷墟文化一期前

① 参见山东省文物考古研究所编著：《山东20世纪的考古发现和研究》，科学出版社2005年版，第350页。

② 参见燕生东：《河济汇同：濡养河济文明》，《联合日报》2014年4月12日。

后，商文化开始较大范围地向东北方向扩张到今滨州境内，殷墟文化二期前后到达淄河以西地区。但是直至商末周初，今滨州黄河以南的博兴和邹平等地的许多遗址依然还保留着许多当地东夷族的土著文化元素。虽然当地商文化在此时已占据主流，但并没有达到完全商化的程度，商夷文化仍然处于互相交融的阶段。

在滨州境内，商文化大范围进入的首先是今黄河以北的广大地区。滨城、阳信、沾化交接地带的侯家遗址，其出土的鬲、甗、簋、豆、盆、罐、瓮、盔形器等陶器的特征，在年代上约相当于殷墟一期至四期。这些日用器皿均属于商式，未见东夷人的土著陶器。墓葬随葬陶鬲、盆、簋、豆的组合以及人骨架下面挖有腰坑、腰坑内殉狗的特点都是商人的埋葬习俗。发现的卜骨、卜甲也是商人常用的占卜工具。出土的青铜器、玉器等也是典型的商代风格。侯家遗址商代遗存属于典型的商文化系统。滨城区兰家遗址、惠民大郭遗址等地都发现过商式青铜器，墓葬形制也是典型的商代特点，这说明商人早在殷墟文化一期开始便已取得对这一地区的统治权，商文化已成为这一区域的主流文化。此时期这一地区及更北沿海一带商文化和经济的突然繁荣，聚落和人口数量的急剧增加，不排除是商人在短时间内迁入的结果，其目的则是控制此地的盐业生产。

而位于今黄河以南的博兴和邹平等地，虽然总体文化因素以商文化为主，但其地方文化特色依然较为显著，反映了此地商夷文化交流融合的状况。邹平曾经发掘过的丁公遗址也表现出较多的夷商交融现象。如丁公遗址商代地层中发现的用狗殉葬的习俗、典型中原商式陶器的大量存在等，都证明商文化的流行。而丁公遗址还出土有较大比重的东夷土著器物。例如，鼎作为食用炊器与鬲、甗共存的现象便是东夷特有的风俗，特别是绳纹鬲在制器风格上表现得最为突出，具有浓郁的东夷地域特色。①

4.商夷文化交错复杂

商代晚期，即殷商时期，今滨州境内的文化面貌极其复杂，有的地方已完全商化，未见土著文化元素，有的地方则既有商文化元素，又有当地的土著文化元素，在商文化中夹杂着当地土著的文化元素，在土著文化元素中又夹杂着商文化元素，文化面貌交错复杂。在滨州境内，商文化的发展规律表现出三个特点。一是地域倾向明显。遗址分布越往东往南，当地土著文化的因素越多；越往西往北，商文化特征就越明显。二是遗址的规格、等级不同，商夷元素也不同。遗址

---

① 参见山东大学历史系考古专业、邹平县文化局：《山东邹平丁公遗址试掘简报》，《考古》1989年第5期；山东大学历史系考古专业：《山东邹平丁公遗址第二、三次发掘简报》，《考古》1992年第6期；山东大学历史系考古专业：《山东邹平丁公遗址第四、五次发掘简报》，《考古》1993年第4期。

和墓葬的规格或等级越高，商文化元素越浓厚；而遗址和墓葬的等级越低，夷人的文化元素越多。这表明在滨州境内，上层文化主要是商文化，底层文化则更多地表现为商文化与东夷文化的融合。三是遗址功能不同导致商夷文化的分布不同。如与制盐业有关的遗址商化程度近乎百分之百，而内陆聚落遗址则处于商夷融合阶段。

在商代晚期的滨州地区，虽然商人势力取得了统治地位，夷商文化的交融也以夷人被动接受商文化为主，但夷人依然保存延续着一些土著的文化传统，甚至还有着自己相对独立的统治区域。这种复杂文化面貌的出现，一是与商文化在滨州的扩张有一个渐进的过程有关；二是因为东夷文化延续多年，其生命力还非常顽强；三则应该与商人力求控制沿海盐业资源有关。滨州惠民、阳信、滨城、沾化近海一带发现的大量的商代晚期盐业遗址及煮盐用的盔形器，就是商人控制盐业资源的结果。商王朝对今滨州近海一带的控制强度和力度因食盐的原因，远远大于对滨州南部内陆区域的控制，又加之滨州近海一带是岳石文化相对薄弱的地区，受到商王朝的完全统治更为容易。

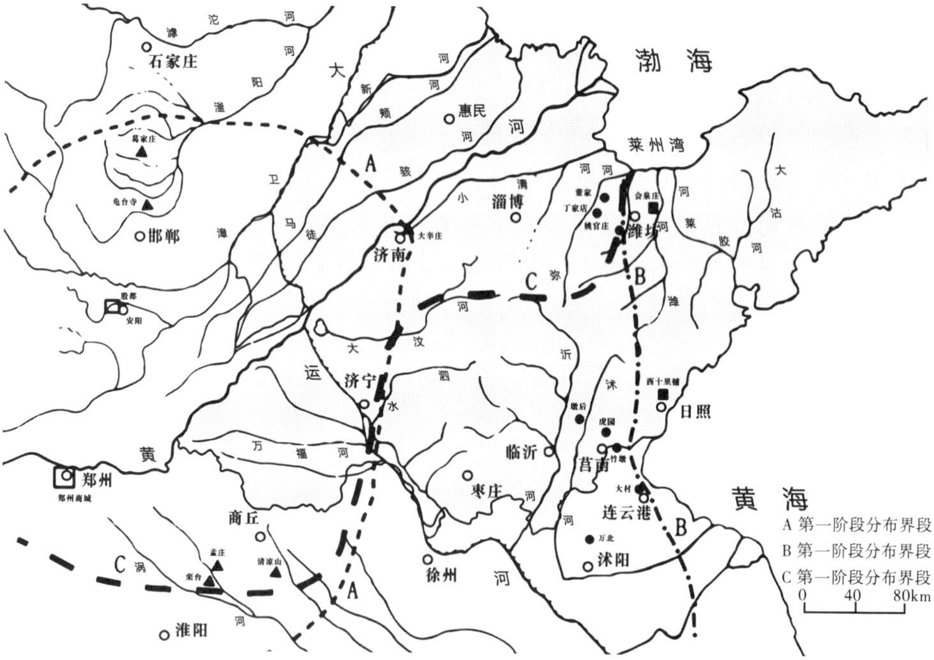

图 2-18 商文化在东方地区不同阶段的发展情势示意

资料来源：燕生东：《商周时期渤海南岸地区的盐业》，文物出版社 2013 年版，第 255 页。

九　侯家遗址与滨州的商代盐业生产

20世纪50年代，徒骇河疏浚施工时，在沾化杨家附近的河岸边发现大量的状如头盔一般的陶器，因为不知道这些陶器的名称和功用，大家就根据其形状，称其为“将军盔”。后来，这些出土的盔形器都被运往山东省博物馆保存。此后，杨家一带又经过了多次考古勘探，对其面积、性质有了进一步的了解，确定为一处商周时期的盐业遗址群，盔形器也被证明为制盐用具。[①] 由于未经正式的考古发掘，杨家盐业遗址群的制盐情况还无法用充足的考古资料来展现。然而，2003年一次配合滨博高速公路的考古发掘，发现了一处商代晚期的盐业聚落遗址，这对了解当时人们的生活和制盐情况起到了十分重要的作用。

1.侯家遗址的发掘

2003年3月，为配合滨博高速公路滨州段建设，文物部门在高速公路沿线开展考古勘探时发现了一处古遗址。当年6月，山东省文物考古研究所、北京大学中国考古学研究中心和滨州市文物管理处等组成联合考古队对其进行了钻探、发掘。这是黄河三角洲中心区域的第一次正式考古发掘，当时将该遗址命名为“李屋遗址”，后来又改称“侯家遗址”。

侯家遗址位于滨城区三河湖镇侯家村西北3千米、阳信县李屋村东南1千米，地处滨城、阳信、沾化交界处，东距现海岸40余千米，东北距沾化杨家盐业遗址群26千米。遗址所在地海拔仅8米，表面被黄河、徒骇河带来的淤泥淤沙所覆盖。该遗址为开阔平地，东西长250米，南北宽200米，面积约5万平方米。文化堆积厚1～4米，其中以商代聚落堆积最为丰富，平均厚约2米，最厚处超过4米。岳石文化、东周、汉代和宋元时期的地层相对较薄。

遗址中部有两片缓坡台地，二者相距35米左右，北台地面积较大，长65米，宽50多米，面积约3500平方米，高出四周平地近1米。北台地商代文化堆积较厚的范围约1500平方米，发掘区便位于这一北台地的中心区域，发掘面积400余平方米。因地下水位较高，清理到水位线和商代房址、室外垫土处就不得不停

---

① 参见滨州市文物局编:《滨州文物通览》，齐鲁书社2014年版，第7～9页。

止了发掘。[①]

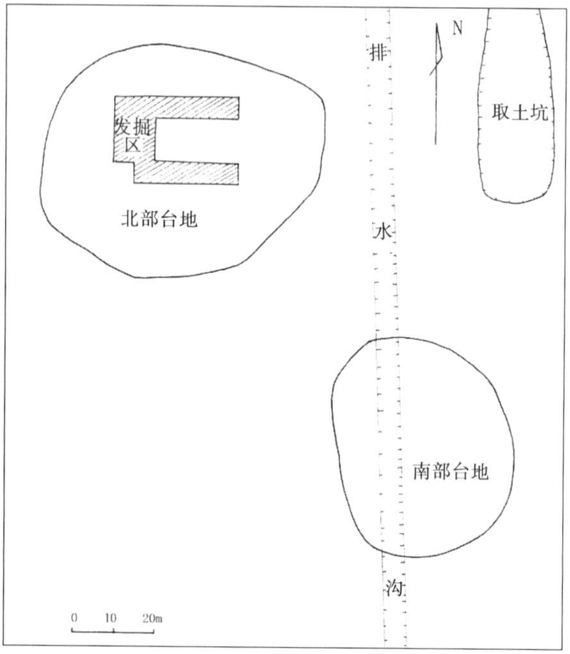

图 2-19 侯家遗址台地及发掘位置示意

资料来源：燕生东：《商周时期渤海南岸地区的盐业》，文物出版社 2013 年版，第 182 页。

侯家商代聚落规模不大，约 1 万平方米，清理的遗迹单位有墓葬、灰坑、窖穴以及与房址有关的柱洞、室内和室外（院落）垫土、烧灶等，此外，钻探还发现了这个时期的窑址。

经勘探发掘，侯家遗址至少由两个较为独立的生产和生活社区组织单元组成。每个社区单元又可划分出更小的社群单元。如遗址北台地发掘区发现三片较小的社群单元，每一片都有各自的房屋、院落、窖穴及从属的墓葬、生产和生活垃圾倾倒区等，有的还发现有烧灶和窑址等，不排除还各有自己的制陶作坊区。就层位关系和出土陶器分期，每片区域都从殷墟一期延续至四期，表现的是一个稳定的、长期的生产和生活单位。

北台地上述三个片区年代上同时共存，每片区应代表着当时最小的社群单

① 参见山东省文物考古研究所、北京大学中国考古学研究中心、山东师范大学齐鲁文化研究中心、滨州市文物管理处：《山东阳信县李屋遗址商代遗存发掘简报》，《考古》2010 年第 3 期。

元。这三个社群单元又组成了一个较为独立的生产、生活社区组织单元。侯家遗址共有两个同时共存的台地，说明当时该聚落可能由两个社区组织单元组成。每个社区单元下分若干个独立的生产和生活社群单元（大家庭或家族），各拥有独自的房屋、院落建筑、窖藏、墓地以及生产、生活垃圾倾倒区。这样的社群单元内，既生活有成年男女，也有儿童，但人口规模不大，约数十人，其中劳力约在10人。总体来讲，侯家遗址聚落单元的构成、布局和规模明显小于内陆地区同时期的农耕聚落，人口数量也远少于内陆地区，同时其聚落形态也不同于沿海平原上的盐业生产遗址，应是一处以制作盔形器为主的盐工聚落遗址。

考古发现证实，该遗址在3000年前属于中原商王朝东进的一个聚落，东周和两汉时期变为墓地，南北朝隋唐时期又有人居住，宋元时期又变为墓地，前后延续了2000余年。

2.侯家聚落遗址以烧造盔形器为主

侯家遗址出土的陶器主要发现于生产、生活垃圾堆积和墓葬中，有鬲、甗、甑、豆、簋、盆、钵、罐、瓮及原始青瓷罍等。侯家遗址出土最多的器物是陶器，陶器又以盔形器为大宗。据统计，侯家遗址出土盔形器约占整个陶器群的50%左右，有的遗迹中以生活器皿为主，占60%～70%；有的以盔形器为主，占70%左右。其中，灰坑H46、H33、H22内堆积物主要是盔形器碎片，基本可拼对为完整器物，这些灰坑可能是储放盔形器的窖藏地。遗址所见盔形器基本上为泥质，不见夹砂陶，烧制火候高，质地坚硬。器表多不经修整，内、外壁面保留垫窝和拍印痕，稍显粗糙。这里出土的盔形器底部未见烟炱灰，也未粘有草拌泥烧土，盔形器内壁均未见白色垢状物（而生活器皿如鬲、甗内壁都有黄白垢状物，裆部有灰炱），说明这些盔形器均为当时最新生产的，未经二次使用。换句话说，这些盔形器未用过煮盐，可以判断这一遗址并不是制盐遗址。

侯家遗址出土的完整盔形器和碎片数量都很多，与内陆地区农耕聚落不同。H20东部的底面并排倒扣着8件盔形器，其中有3件因火候过高而被烧裂，口沿部分也严重变形，1件还被烧扁。其他4件或者腹部有损伤，或者口沿部有缺口，均非完整品。因此，这8件陶器应是作为废品倾倒的垃圾。在各个时期的灰坑内还出土了成堆的窑壁碎块，一面较为平滑，比较坚硬，呈灰绿色，厚达5～10厘米。有些因温度过高，形成了窑汗。灰坑内发现的许多盔形器口沿、腹部及底部还因为过烧而膨胀，甚至有的烧制变形。窑穴内出土如此多的、未曾使用过的盔形器，以及垃圾坑内出土相当数量的窑壁、窑汗和各种变形的盔形器表明，侯家聚落应有专门烧造盔形器的窑场。而在遗址中发现的窑址，很有可能就是烧造盔形器的陶窑。

侯家遗址出土的完整盔形器和碎片数量非常多，但与内陆农耕聚落遗址、沿海制盐遗址明显不同，盔形器所占比例远高于内陆地区的农耕聚落（盔形器占陶器总量的5%左右），但低于沿海地区的制盐遗址（盔形器占陶器总数的95%以上）。加之该聚落延续时间长，不似沿海一带的盐场一样延续时间较短。可见，侯家遗址与陈家等聚落一样，都不是具体的盐业生产遗址，而是一处以制作盔形器等制盐用具为主的盐工聚落遗址。

侯家遗址是一处盐工聚落遗址。侯家遗址一带为盐碱地，分布在咸淡水分界线内侧，土质盐碱化较为严重，不太适宜农业生产。在附近与其规模、堆积性质、出土遗物相似的聚落还有沾化郑家、陈家、西范明家，阳信棒槌刘、雾宿洼、三崔、东魏、台子杨，滨城兰家、秦皇台、卧佛台、高家、后尹、小赵家等遗址。它们呈群分布，聚落之间的距离多在2～3千米。这些聚落群分布在盐业遗址的内侧，东北距同时期盐场如沾化杨家盐业遗址群仅10～25千米。这些遗址应该以烧造盔形器为主业，主要提供给沿海的盐业生产遗址用于煮盐使用。

对于盔形器的认识也经历了一个较为复杂的过程。20世纪五六十年代，盔形器曾在沾化、滨县、利津的杨家村、陈家村、兰家遗址发现过，其年代一度被定为东周。侯家遗址的发掘可以确定这类器物流行于商代晚期，在西周初期逐渐消失。对于盔形器的用途，学术界曾有不同看法。一是汲水器，因为在内地一带的章丘、桓台等商周水井内出土过这类器物，但数量极少，用之汲水是可能的。而渤海沿岸一带的数量可占陶器总数的百分之七八十，并且这里地势低洼，河道、湖泊密布，水资源丰富，专门烧造大量的盔形器用于取水不太可能。二是冶炼用的坩埚，其形状与安阳殷墟青铜冶炼用的大口尊相似，但这一带并不产铜，发掘的遗址内也未见与冶炼有关的遗存，此类功用也可排除。第三种看法最为流行并最终得于学界的一致认同：从盔形器的年代、主要分布集中在渤海西部地区和形制特征等方面综合分析，盔形器就是商代晚期渤海西岸的制盐用具。

3.商人东进与当地的盐业生产

侯家聚落遗址就是商王朝控制的一个与盐业有关的村落遗址，这从考古发掘最为常见的陶器中可见一斑。商代时期，东方地区的陶器制作存在两大技术传统，器物形态和种类也相应分为两大群：一是当地土著人制作的陶器即学界所说的东夷陶器，这种文化传统流行素面陶，即陶器表面没有纹饰，并且使用敞口窑烧制，烧出的陶器颜色呈红色和红褐色；二是殷商王朝统治下生产的陶器即商式陶器，表面布满拍印的绳纹，用封口窑烧制，颜色为灰色或灰黑色。商王朝控制范围内的陶器生产已模式化，各地的陶器形态和种类基本一致。侯家遗址商代遗存的陶器种类和形态就属于商代晚期的典型商式陶器，而没有发现东夷本土的陶器。此外，从精神文化方面，该遗址墓葬随葬鬲、盆、簋、豆组合以及遗体下挖有腰坑、坑内殉狗的特点都是商人的埋葬习俗，发现的卜骨、卜甲也是商人占卜的常用工具。因此，侯家遗址应是商人东进或者商王朝控制下的一个村落，而且很有可能是商人外迁而来形成的一个聚落。

4.3000 年前的滨州水草丰美、湖泊密布

侯家遗址取土坑和生产、生活垃圾堆中还发现有大量的动物骨骼，其中可鉴定标本 5225 件，代表了 211 个个体，已鉴定的动物有猪、牛、羊、狗、麋鹿、斑鹿、獐、貉、猫、仓鼠、兔子、竹鼠、鸟类、龟、鳖、草鱼、鲤鱼、青鱼、螃蟹、文蛤、青蛤、毛蛤、螺、细纹丽蚌等，至少有 26 个属种。说明侯家遗址居民的肉食来源非常庞杂，除家养的牛、羊、猪、狗外，野生动物占的比例较高，为 40%～50%。居民的食肉量也较内陆地区同时期农耕聚落高，这与各种镞、陶网坠等渔猎工具的发现，共同说明渔猎活动在侯家先民的经济生活中还占有重要的地位。①

特别是该遗址发现的大量商代的牛、猪、狗、鱼骨以及蚌壳、鹿角，为复原该地区 3000 年前的自然景观提供了科学资料。该遗址发现的鱼类、蚌类、贝类分别出产自咸水和淡水，说明当时该地距海边不远，但附近也有淡水湖泊和沼泽，发现的生活在沼泽水旁的大量麋鹿角和骨骼也可证明这一点。另外，麋鹿和有些蚌类的现生种主要是分布在亚热带地区，而这里发现的这类动物骨骼和蚌类贝壳数量非常多，可知黄河三角洲地区在晚商时，气候比现在要温润得多，很可能比较接近于亚热带气候，是靠海较近的一个气候温润、湖泊众多、水草丰美的地方。由该地出土蚌壳有相当一部分为河蚌分析，此地当时也是一处河流密布的地方。

---

① 参见宋艳波等：《鲁北地区商代晚期遗址出土的动物遗存》，《古代文明研究通讯》总第 35 期，2007 年 12 月。

十 商周时期的盐业生产与古今制盐的不同[①]

盐是古人最为重要的战略资源之一。商代晚期，中原和山东之间便因为盐而引发一场旷日持久的战争。商人为掠夺渤海南岸的盐业资源，不断派军东进，引发了商夷之间的一场大规模战争。这场战争的结果就是渤海南岸迎来了历史上最大规模的一次移民。商代晚期渤海南岸聚落遗址骤然增多就是商人东进大量移民造成的。另一个结果就是夷人不断东退，进而不断反击，间接造成了商王朝的灭亡。《左传·昭公十一年》称之为"纣克东夷而殒其身"。

1.盐是重要的战略资源

盐的重要性有那么大吗？作为今天来讲，盐似乎是生活中最为普遍的物品，买一袋子就能吃很长时间。但在古代，盐则是国家的重要战略资源，同时也是国家税收最为重要的来源。齐国因盐而富强，以及后来的盐铁官营即是例证。

在商代，盐只有少数贵族才可以享受，普通百姓是吃不到的。同时盐也是商王赏赐大臣的重要物品。商王朝的产盐之地主要有两处，一是山西运城一带的河东盐池，武丁对西北地区的征伐，主要是保持盐路畅通[②]；二是渤海南岸的海盐，晚商时期大规模征伐东夷，主要目的就是获取东方地区的海盐。[③] 卜辞中记录的盐业活动主要发生在渤海南岸一带。有块卜辞上面说："癸未卜，在海[illegible]（次），贞：旬亡祸？王占曰：吉。在十月，唯王辶鹵。"讲的是殷历十月即夏历二月仲春之季[④]，商王率兵东巡海隅，在产盐之地振兵田猎，保护盐田。

商王朝非常重视盐业，商王不仅亲自巡视、规划、保护产盐之地，派重臣负责敛取或运输盐卤，还设有专职官吏主管盐业："鹵小臣其又（有）邑？…乎…邑？"

① 参见燕生东：《商周时期渤海南岸地区的盐业》，文物出版社2013年版。本部分基本观点、资料及图表（除特别标注及近年发现的新资料外）皆参考和引用该书。

② 参见杨升南：《从"卤小臣"说武丁对西北征伐的经济目的》，台湾师范大学国文系等编：《甲骨文发现一百周年学术研讨会论文集》，（台北）文史哲出版社有限公司1998年版，第221～226页。

③ 参见方辉：《商周时期鲁北地区海盐业的考古学研究》，《考古》2004年4期；冯时：《古文字所见之商周盐政》，《南方文物》2009年第1期。

④ 参见常玉芝：《殷商历法研究》，吉林文史出版社1998年版，第422页。本书涉及殷商历月问题均依据常文。

说商王赐予卤小臣采邑之事。卤小臣有自己的封邑，说明“小臣”在商王朝内等级较高。

滨城区兰家遗址出土铜卣上的铭文便有学者将其隶定为“卤”字，与甲骨文中提及的管理盐业生产的官员“卤小臣”有关。由此亦可推测，商王朝应在今兰家一带设立过盐业管理机构，负责海盐的生产与供给。

2.丰富的卤水资源是如何形成的？

渤海南岸滨海平原地带分布着丰富的地下卤水资源，为商周时期的制盐业提供了最为重要的生产原料。这一地区的地下卤水资源是经历了漫长的地质演变过程而逐渐形成的。①

首先，这里是第四纪地质时期海水反复进退的滨海平原，地质基础是新生代的渤海构造盆地和第四纪的堆积盆地。滨海平原上有宽阔的海岸潮滩，滩面上分布着一些大大小小的坑洼、潮沟和古河道，有些岸段为河口沙坝、沿岸沙堤等堆积体及其所圈闭的宽浅潟湖洼淀等。这种地貌特征为积水成卤提供了非常有利的地质条件。

其次，渤海南岸地下卤水的形成与海岸线变迁息息相关。渤海沿岸地区晚更新世以来古地理环境的突出特点就是海平面波动幅度大，海陆变迁次数多，海侵发生频率高。在距今 11 万年以来的晚第四纪时期，至少发生过三次大规模的海进海退。最近的一次大规模海侵，发生在距今 7500 年至 5000 年之间，海水普遍侵入了渤海沿岸低地平原区。目前已被确认的海侵最大分布范围的古海岸线从无棣城东部、车镇、崔口→沾化城→阳信水落坡东→北镇（今滨城区）→博兴纯化、花官→广饶→寿光寒桥→潍坊寒亭→昌邑北部，经平度市新河和灰埠丘陵北麓，向莱州龙口滨海地带延伸。在距今 5000 年至 4000 年之间，海平面逐渐下降，并在滨海平原成陆过程中产生了 3～4 次较长时间的停顿，发育成了多条以贝壳堤、牡蛎礁和潟湖洼地为标志的古海岸线，其中黄河三角洲渤海南岸至少有

① 参见于成龙：《鲁北地区商周时期盔形器的初步研究》，山东大学历史文化学院硕士学位论文，2012 年。

4条古贝壳堤，它们标示出了5000年以来古海岸线的迁移和成陆过程。[①] 在海陆反复进退过程中，一些海水滞留在滨海平原的低洼处，并逐渐成为地下卤水盐类物质的来源。

最后，华北地区第四纪古气候的特点是干冷与温湿波动变化相对较大，尤其是晚更新世以来的干燥化趋势一直在增强，中国北方大陆的沙漠、黄土和盐湖主要形成于晚第四纪地质时期。渤海南岸的地下卤水也是在这一阶段生成。[②]

华北沿海最近10万年以来的气候水文环境条件最终促成了地下卤水的形成，从而使滨州滨海一带的地下蕴藏着丰富的、易开采的制盐原料——浅层地下卤水。这些地下卤水来源于海水，系海退过程中滞留于沉积层内的海水浓缩而成。据山东省地质矿产局《山东省无棣县东风港地下卤水详查报告》指出，仅现在的东风港一带宜盐区面积就达137平方千米，地下卤水储量13738万立方米，地下卤水可采量8542万立方米，折合原盐461.9万吨。1989年山东省制盐科学研究所在无棣车镝城和东风港两盐区（北起东风港、南至王家坟、东到秦口河、西至谭杨等庄）均匀布置了8处电测点。结果表明，以上两盐区地下60米深度内分布着5个卤水层，地下卤水储量非常丰富。[③]

3.滨州境内的制盐遗址

除杨家盐业遗址群和侯家遗址外，滨州境内还存在大量的盐业遗址，而且随着考古工作的不断开展，应该还会发现更多的盐业遗址或与制盐有关的聚落遗址。据不完全统计，境内出土盔形器及相关制盐工具的遗址主要分为沿海一带、咸淡水分界线一带和内陆山前平原一带三个层次。

---

① 参见杨怀仁等：《黄河三角洲地区第四纪海进与岸线变迁》，《海洋地质与第四纪地质》1990年第3期；庄振业等：《渤海南岸6000年来的岸线演变》，《青岛海洋大学学报》1991年第2期；赵希涛主编：《中国海面变化》，山东科学技术出版社1996年版，第44～83页；徐家声：《渤海湾黄骅沿海贝壳堤与海平面变化》，《海洋学报》1994年第1期；王青等：《山东北部全新世的人地关系演变：以海岸变迁和海盐生产为例》，《第四纪研究》，2006年第4期；王青：《鲁北地区的先秦遗址分布与中新世海变迁》，周昆叔等主编：《环境考古研究》第3辑，北京大学出版社2006年版；薛春汀：《7000年来渤海西岸、南岸海岸线变迁》，《地理科学》2009年第2期。

② 参见韩有松等：《中国北方沿海第四纪地下卤水》，科学出版社1996年版，第142～143页。

③ 参见无棣县盐务局编著：《无棣县盐业志》，山东省地图出版社2003年版，第65页。

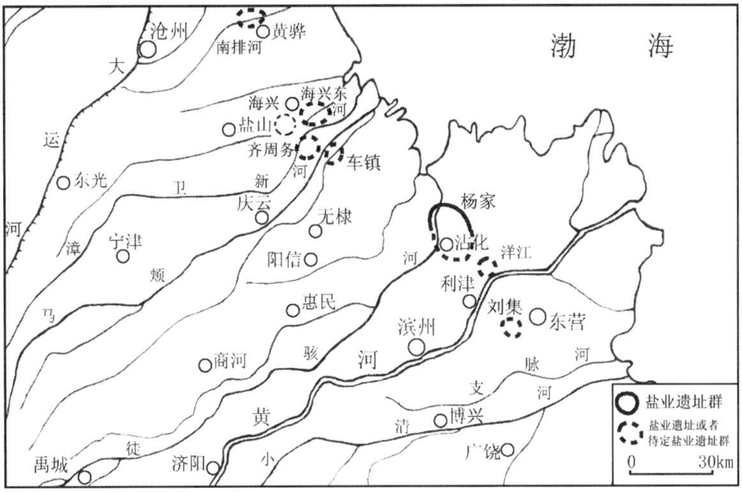

图 2-20　黄河三角洲地区盐业遗址群分布示意

资料来源：燕生东：《商周时期渤海南岸地区的盐业》，文物出版社 2013 年版，第 160 页。

(1)沿海一带盐业遗址

沾化西埕盐业遗址

沾化西埕盐业遗址位于沾化冯家镇西埕村西北 500 米处，秦口河与迷河沟分别穿过遗址东侧和西侧。遗址地势为一高出四周耕地约 1.5 米的漫坡状台形地，因河流冲刷，文化层直接暴露，厚度达 2.5 米，河边堆积大量陶器残片，其中包括夹蚌红陶罐、灰陶罐、陶豆、筒瓦片等，并出土有铜戈、铜钱币等文物。2010 年第三次全国文物普查期间，在该遗址还发现大量盔形器残片，另有部分生活用具和极少数的白陶残片。1992 年 6 月，该遗址被山东省人民政府公布为第二批省级文物保护单位。

无棣邢山子盐业遗址

无棣邢山子盐业遗址位于无棣县埕口镇东部邢山子村西南 800 米处，长约 200 米，宽约 100 米，面积 2 万平方米左右，暴露出的文化层堆积厚达 1 米以上。遗址坐落在一条西北—东南方向的古贝壳堤上，近年修挖的鲁北运河从遗址中心穿过。运河两侧断崖可以见到成堆的陶片和牡蛎壳。陶片中有大量的红陶，可见器形有内壁戳印几何形纹饰的小口瓮、大口罐，还有生活用具如陶鬲、豆、小罐、盆、盂等。

无棣车镇盐业遗址

该遗址还未曾做过田野工作，据无棣县盐务局编著的《无棣县盐业志》描述，该地曾出土过盔形器，圆筒形，尖底，青灰色，通体旋风纹（应为粗绳纹），坚硬，击之响声清脆，高 22.5 厘米、外径 20 厘米、内径 16 厘米，内深 18.5 厘米，壁厚约 2 厘米。①

无棣邓王村盐业遗址

该遗址位于无棣县佘家镇邓王村东北约 1500 米处。遗址地势较周边相对略高，中部有一条东西向人工水渠，现地表种植有玉米、棉花等作物。遗址平面略呈椭圆形，南北长 200 米，东西宽 150 米，面积约为 3 万余平方米。地表分布有较多陶片，尤其是遗址中部沟渠边分布最为集中，可见器形有盔形器、豆、鬶、盆等，从年代看属于晚商、西周时期。

目前，由于黄河淤积过厚、考古工作又做得相对较少，除了杨家、西埝和无棣邢山子、车镇马颊河附近发现制盐遗址外，其他地区的盐业生产遗址相对较为零散。但考虑到渤海西南岸盐业遗址的分布特点及附近盐业聚落遗址的广泛密集分布，这里应存在更多的大规模盐业遗址群。值得注意的是，这一带不仅发现了大量的制盐工具盔形器，而且还在沾化区冯家镇孙家村发现一件青铜煮盐器。该煮盐器口径 83 厘米，深 31 厘米，壁厚 2.4 厘米，环绕腹部一周有 6 个錾手。如此大型的青铜煮盐器证明了当时当地盐业生产的发达。

图 2-21　沾化区冯家镇孙家村发现的青铜煮盐器

(2)咸淡水分界线两侧的盐业遗址

滨州境内靠近盐业生产遗址西南侧 5～20 千米处为咸淡水分界线。在分界线两侧，目前所发现的聚落遗址一般集中在今沾化西南、滨城、阳信东部、博兴东北部一带，主要有沾化陈家、明家、郑家、西范，滨城兰家、侯家、小赵家、秦皇台、

① 参见无棣县盐业局编：《无棣县盐业志》，山东省地图出版社 2003 年版，第 411 页。

卧佛台、高家、后尹，阳信棒槌刘、三崔、东魏、雾宿洼、台子杨，博兴曹家、兴合、北营、梨园遗址等。该区域目前发现的大汶口文化、龙山文化和岳石文化遗址相对较少，而殷墟时期聚落数量与其相比则增加了 10 倍多，这些聚落的突然兴起，应当与这里的盐业生产有关，聚落遗址应是当时盐工的定居地。

此区域出土的遗物多完整器，有陶豆、盖豆、盂、盒、彩陶壶、鬲、鼎、璜形器以及玉璧、玉环等墓内随葬品。小赵家还出土了东周制盐工具小口瓮，瓮通高达 90 厘米，形体硕大。滨城区侯家遗址在 400 平方米的发掘范围内，发现春秋晚期至战国末期土坑竖穴墓 30 余座，还见有把制盐工具陶瓮、罐碎片填塞墓室周围的现象，即“积陶”墓。显然，该区域的墓地应与近海的盐场有关。

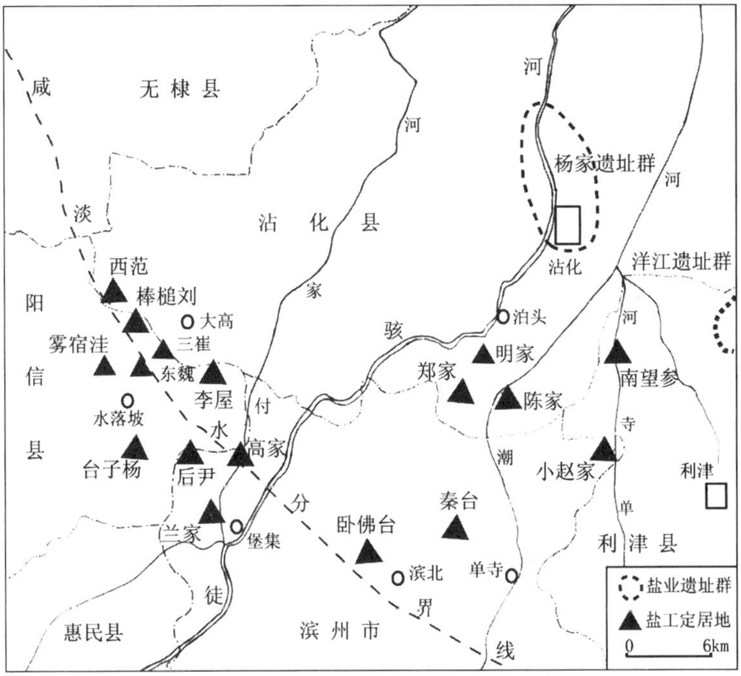

图 2-22　黄河三角洲部分盐工定居地分布示意

资料来源：燕生东：《商周时期渤海南岸地区的盐业》，文物出版社 2013 年版，第 178 页。

沾化陈家等遗址

陈家遗址位于沾化杨家盐业遗址群西南 13 千米处。1965 年修挖潮河时发现。遗址南北长 200 米，东西不足 100 米，面积约 1.4 万平方米，文化层堆积较厚，达 1.5 米以上。2007 年春天，文物部门在遗址以东、以南 1000 米范围内及潮河两岸进行考古调查，采集大量陶片，其中又以盔形器为大宗，鬲、甗、甑、瓮、罐、盆等生活器皿数量也较多，还发现了相当数量因烧制温度过高导致的变形盔形器。这些变形废弃的盔形器说明这里曾有烧制制盐工具的窑场存在。所见完整盔形器均未见二次使用过的痕迹,如内壁无白色垢状物,器底也未粘有草拌泥烧土等。就目前所调查的盔形器看,其使用时间大约从殷墟一期后段至四期早段,延续时间较长。

陈家以西 2 千米的郑家遗址与陈家以北 3 千米的明家遗址,其聚落规模、堆积形态、延续的时间及性质与陈家遗址几乎相同。其中郑家遗址面积约 9000 平方米,文化层厚 1.5 米以上。

侯家遗址周围的其他遗址

与侯家遗址规模、堆积性质、出土遗物相似的还有沾化西范,阳信棒槌刘、三崔、东魏、雾宿洼、台子杨,滨城秦皇台、卧佛台、高家、后尹等遗址,这些聚落遗址,分布比较密集,间距多为 2～3 千米。这些聚落群分布在盐业生产遗址的内侧,东北距同时期盐场如沾化杨家盐业遗址群仅 10～25 千米。

后尹遗址位于滨城区三河湖镇后尹村北,北距付家河 2.5 千米。1991 年村民修挖丰收渠时发现。商周时期文化层堆积较厚,达 1 米以上,出土了鹿角、石镞、蚌镰以及陶鬲、甗、盔形器、罐残片,还见完整陶簋 3 件、罐 1 件及扰乱的人骨等,完整陶器皆为墓葬的随葬品。后尹同侯家一样,都存有墓地。该遗址的年代从殷商时期直至西周早期。

卧佛台遗址位于滨城区滨北街道办事处,文化层堆积厚约 1.5 米,所见遗存除了大汶口文化早期和龙山文化外,主要是商周遗物,有折沿、盘口、沿面有凹槽的鬲口沿、高实足鬲足、甗足、盔形器等残片,年代多属于殷墟一至四期。还发现了牛、鹿的臼齿。

高家遗址位于滨城区三河湖镇高北营村西北 1,000 米处,文化堆积厚达1 米以上。发现的商周时期遗物主要有鬲口沿、鬲足,甗裆、小口瓮、腹部刻划三角纹的小罐、盔形器口沿和腹部残片等,年代为殷商时期和西周早期。还见斑鹿和麋鹿角等动物遗骸。

大体看来,这些遗址的商周时期地层堆积较厚,延续时间较长,一般为整个殷商时期直至西周早期,说明其聚落结构比较稳定。

滨城兰家遗址

兰家遗址位于侯家遗址以南近 10 千米,其聚落规模、内部功能区划分以及出土遗物的等级均高于上述侯家、陈家、后尹、卧佛台、高家等遗址。

兰家遗址面积近 13 万平方米,聚落布局有明显的规划,分为若干功能区,有专门的居住区、贵族墓地、平民墓葬区、骨器作坊区和生产盔形器的制陶区等。贵族墓葬中出土了大量青铜礼器和兵器,青铜礼器卣上还有族徽符号。关于这一铭文或徽识，山东大学方辉教授认为该字形象如内盛盐粒的圜底盔形器，可定为“卤”字，其构形与甲骨文中的“卤”字亦相同，所以应与甲骨文中提及的管理盐业生产的官员“小臣卤”或“卤小臣”有关。而由此亦可推测，商王朝应在今兰家设立过盐业管理机构，专门负责海盐的生产与供给。兰家遗址的商墓主人，也应是一位与“小臣卤”有关的盐业官员。也有学者将该字释为“甾”字，意为甾缶之象形，甾氏以制造盛盐之器为职。

兰家与侯家、陈家等为代表的聚落，分布在同一区域，出土盔形器的数量也较多，聚落性质有些相似。但是，兰家聚落规模大，聚落布局有明显规划，贵族墓葬内还出土了青铜礼器和兵器，礼器上有族徽符号，其在等级上要明显高于侯家、陈家等聚落，或者像侯家、陈家这等规模的聚落很可能是隶属于兰家这一高等级聚落的。

博兴东部地区遗址

该地区的遗址多被淤土覆盖，水利部门修挖小清河、预备河和当地村民挖土烧窑时，发现了一批遗址，如博兴北营、梨园等多处遗址，密集分布在博兴东部地区。每处遗址暴露面积在 1 万平方米左右，个别遗址面积达数万甚至十几万平方米。这些遗址出土的盔形器（包括碎片）皆未见二次使用的痕迹，如内壁没有白色垢状物、器底也未粘有草拌泥烧土等。此外，遗址内还多见因烧制温度过高导致盔形器变形的现象，说明这里有烧制盔形器的陶窑。这些情况显示，这一地域的聚落应不是制盐遗址，其主要功能之一也应是烧制盔形器等制盐工具。

根据以上遗址，可以看出，分布在咸淡水分界线两侧即第二分布带的聚落有以下特点：

聚落规模不大，一般在 1 万平方米左右，有功能明确的分区规划。侯家遗址的发掘表明这类聚落均包含有房屋、院落、窖穴、取土坑、墓葬以及生产、生活垃圾倾倒区，时间从殷墟一期延续到殷墟四期，部分遗址还延续到西周早期，表现的是一个稳定的、长期的生产和生活消费单位。规模稍大的聚落内一般都存在着几个较为独立的生产和生活社区单位，每个社区单元还可以划分出更小的社群单元，每个社群单元各有自己的房屋和院落、窖藏、墓葬、生产和生活垃圾倾倒区，也不排除还各有自己的制陶作坊区。每个社群的人口约数十人，劳力 10 人左右，这与滨海一带一个制盐单元所需劳力是相符的。每个社群之间关系是平等的，但社群内有地位较高的人，即拥有玉器和原始瓷器者，他们可能管理和组织社群的生产和生活。

这些遗址内出土的盔形器与生活器皿数量一般各占 50%左右，个别遗址内盔形器所占比例还要高。盔形器中完整者比较多，但无论是完整的盔形器还是破碎的盔形器，其内壁均无白色垢状物，底部也不见草拌泥烧土，也就是说没有二次使用过的痕迹。同时，遗址内还多见窑壁、窑汗以及因烧制温度过高导致烧坏、烧溜、烧变形的盔形器，有些遗址内还发现了陶窑，说明这些聚落应专门为盐场烧制盔形器。由于盐场一带黏土资源不易获得，加之土壤和地下水含盐量高，不能烧制陶器，其所需数量较多的煮盐工具应来自这一带的聚落。

遗址内出土的石制、蚌制的刀、镰等收割工具和加工修理刀镰的工具较多，而掘土工具较少，说明居民收割燃薪活动仍占有重要地位，柴薪不仅是为了烧制陶器，也是为了煮盐需要。盐工们在秋冬季节要从住地带着工具到草场收割草料，积攒薪柴为来年煮盐做准备。

这一带遗址出土的动物遗存表明当时居民的肉食来源比较庞杂，居民的食肉量偏高，除家养的牛、羊、猪、狗外，野生动物所占的比例也较大，为40%～50%。人们食用的动物种类组成多样，生活在陆地、天空、地下、淡水、海水和咸淡水之间的动物都有一定数量存在。家畜饲养和渔猎活动在当时人们的生活中占有较为重要的地位。

咸淡水分界线两侧的聚落应主要是盐工及其亲属人员在盛夏、秋冬季节生活的居住地，居民专门为盐场烧制煮盐工具。秋末冬初，盐工们自备收割工具从住地出发到盐场周围的草场上刈草积薪。平时饲养家畜、渔猎动物为春季制盐筹备肉食。而像兰家这种等级较高的聚落可能管理和控制着盐业生产，并支配着相关生产和生活物资的分配与流动等。

(3)内陆山前平原一带的遗址

与咸淡水分界线同时期的内陆腹地聚落群，分布比较广泛，目前能确定的分布最为集中的有阳信中西部、惠民东部、博兴东北部(后者位于黄河三角洲与莱州湾交接区)及邹平等地。这一带地表多被淤沙淤土覆盖，目前所发现的聚落遗址数量只是原有的很少一部分。这类遗址为典型的农耕聚落，应该承担着为盐工提供后勤保障和军事支持的作用。

阳信、惠民一带的聚落群

这一带聚落群与东部滨城、沾化淡水分界线两侧的聚落群相连接，东部边缘与后者交错分布，很难划出具体的分界线。目前已发现了阳信纸坊、幽家、刘同智、狼丘冢、孙寨、小韩、秦家、大邱，惠民东小吴、大商、小商、大李、朱家、刘黄、大郭、麻店、王店、于大夫、路家、张家坊、石庙赵、郝家、水波杨、高家等多处聚落。部分区域分布密集，聚落间距仅为2～3千米。该区域发现的大汶口文化遗址仅1处、龙山文化和岳石文化遗址也只有零星几处。殷商时期聚落数量比龙山时期高出近10倍。

这些遗址的暴露面积多在1万～6万平方米(个别仅有数千平方米者,可能与暴露较少有关),部分遗址则有十几万甚至数十万平方米,不排除是不同时期聚落累加而成。各遗址出土陶片(器)以生活器皿占绝大多数,盔形器的比例较小,遗址时代贯穿整个殷商时期,部分遗址还延续到西周早期,显示出聚落的稳定性。这一时期该区域聚落数量的突然增多以及经济、文化的繁荣,显然与渤海岸边盐业资源的开发有关。

这一地域的遗址,当以位于惠民县麻店镇的大郭遗址最为重要。大郭遗址东距兰家遗址仅20千米。遗址中心为高台地,就残存铜礼器的组合和墓葬特点分析,该墓年代为殷墟三期前后。墓地周围还发现有殷墟一、二期的陶鬲、盔形器等残片以及石斧、骨锥、磨石、蚌镰、陶拍和灰土堆积等。大郭遗址墓葬是山东地区目前所发现的规格最高的商代墓葬之一,其等级明显比兰家遗址规格要高,应是该区域乃至整个黄河三角洲地区的中心聚落,负责管理该区域的盐业生产及相关管理工作。

博兴一带的聚落群

位于小清河两侧的博兴南部地区属于山前平原与黄泛冲积平原的交接处,目前已发现了寨卞、贤城、东关、顾家、柳舒、村高、鲁刘、西辛安、东河、马兴、西郑、新贾、董官、店子、张王、柳童、利戴、利城、大肖、辛耿、东鲁、辛张、椒园、院庄北、北营、兴和、兴益等数十处殷商至西周早期的聚落遗址。而小清河北部因被淤土覆盖,遗址发现较少。这些遗址出土的标本主要是殷商各时期的盔形器、鬲、甗、足、簋、豆等。

文物部门曾对小清河北岸的博兴寨卞和东关聚落遗址进行过田野勘探和发掘。2002年、2004年、2008年,山东省文物考古研究所对寨卞遗址进行了调查、勘探和发掘工作。系统调查和勘探范围超过1.5平方千米,清理面积达上千平方米。2002年秋冬的发掘中,在商代堆积中发现了一些盔形器口沿残片,其特征为圆唇,卷沿,侈口或盘口,腹部拍印较粗的横绳纹。

该遗址殷墟时期至西周早期遗存的分布范围较大,面积达45万平方米。殷墟一、二期阶段遗存分布于遗址东部,面积在14万平方米左右,三、四期阶段遗存分布在遗址西北部,约12万平方米,商末周初遗存位于西南部约15万平方米。不同时期的聚落在不同时代的位置是不一样的,聚落曾有过几次迁移。

除少量盔形器残片外,该遗址出土陶器以生活器皿鬲、甗、盆、罐、瓮为主。1970年村民修挖溢洪河时,还曾发现过墓葬,出土了殷墟三期的青铜鼎、爵和一批青铜镞。1983年、1987年钻探得知地下有面积约16万平方米的东周时期的城址遗存。该聚落等级较高,应是该区域的中心聚落之一。

东关遗址位于博兴县东关村南、寨卞遗址以西3千米处，南临小清河，小清河分洪道溢洪河从遗址南邻穿过。遗址东西200米，南北180米，面积三四万平方米。遗址中部高、四周低，由中心向四周呈缓坡下降。遗址西南部水塘两侧，曾发现过成堆的商代鬲口沿、鬲足、豆、罐、簋、盔形器残片等。2004年秋天在遗址南部做过试掘。2008年，山东省文物考古研究所等单位为配合南水北调东线工程在遗址东北部发掘面积2500平方米。发现商代遗迹有灰坑、房址、灶坑、灰沟、大型堆筑(建筑)工事等。灰坑多见圆形和椭圆形，直壁、平底，多为废弃的窖穴。房址平面形状呈方形。墙体有两种建筑形式，挖基槽、内立木柱和版筑墙体。室内地面平整坚实。灶坑为近圆形，位于房址东墙一侧。遗址边缘发现的大型堆筑工事，由内侧到外侧逐次逐层堆筑，逐层交互叠压，层层夯打加工而成，其目的可能是维护当时聚落的安全，具有一定的防御功能。

东关遗址出土遗物有陶、石、骨、角器，其中陶器有鼎、鬲、盆、罐、豆、壶、簋、盔形器等，以鬲、盆、罐、豆为主；石器主要是刀、镰、戈等。由出土陶器来看，多数属于殷墟一、二期。在遗址西南部水塘两侧还见殷墟三、四期的遗物，说明该遗址延续时间包含整个殷墟时期。

邹平山前平原一带的聚落群

邹平虽然地处山前平原，但很多遗址也曾出土过盔形器。

丁公遗址，从殷墟一期至西周初期的盔形器在这里均出土过。见诸正式发表的完整盔形器共2件，为圆唇，侈口，唇面内凹，弧腹下垂，大圜底，腹部拍印斜粗绳纹。与盔形器伴出的器物有绳纹甗的甑部、甗的鬲部和簋等。甗甑部卷沿、敞口、斜直腹。甗鬲部为袋足，无实足根。簋为厚方唇，腹部刻划三角纹。这些都是殷墟四期前段的特征。其共出的盔形器年代也应属于这个阶段。

鲍家遗址，西临黛溪河的支流韩信沟，面积约3000平方米。这里出土盔形器两件，均残，其中1件的口径为17.2厘米。

史营遗址，位于潴龙河东南岸，面积约10万平方米，遗址中出土尖底盔形器底部残片1件。

大河崖遗址，位于潴龙河故道的西岸，面积约15万平方米，出土盔形器口沿残片1件，口径16.8厘米。

廉家遗址，位于孝妇河西岸，面积约3万平方米，出土盔形器口沿残片1件，口径13.2厘米。

台头遗址，位于黛溪河东岸，残存面积约3000平方米，出土盔形器1件，口径16厘米。[①]

4.商周时期是怎么制盐的?

近几年来,北京大学中国考古学研究中心、山东省文物考古研究所、山东大学考古系以及沿海各地市文物部门联合或分别对渤海南岸(包括莱州湾沿岸地区和黄河三角洲地区的潍坊滨海经济技术开发区、昌邑、寒亭、寿光、广饶、博兴、东营、利津、沾化、无棣、庆云、滨城、海兴、黄骅等县区市)的盐业遗存进行了长达数年的田野考古调查工作,发现了殷墟时期至西周早期,东周、汉魏和宋元时期的上千处制盐遗存。

滨州境内的盐业生产遗址尚未经过正式发掘,但通过对杨家盐业遗址群的考古勘探,并结合滨州附近已经发掘的寿光双王城遗址和东营南河崖遗址,大概可以看出与制盐有关的遗迹主要有以下几类,即盐井、蒸发过滤池、蓄卤池、涂泥圆坑、滩晒场、盐灶等,其制盐流程也大体相仿。

首先,从盐井内汲取卤水后经卤水沟流入炉灶周边较大的浅池——沉淀池,通过池子里的草木灰过滤和吸附卤水中的杂质,使卤水在此得到初步过滤、沉淀。其次,将卤水引入蒸发池内,通过风吹日晒进行自然蒸发,形成更高浓度的卤水。在这个过程中,部分碳酸镁钙得以析出,卤水再次得到净化。盐工把制好的经过浓化处理的卤水放入盐灶两侧的储卤坑。在椭圆形或长方(条)形灶室上搭设网状架子,网口内铺垫草拌泥,其上放置盔形器,一个网口放置一个,最多可以放置上百个。最后,在工作间内点火,往盔形器内添加卤水,卤水经加热蒸发后,再向盔形器内添加卤水,再蒸发,再添加,直至盐块满至盔形器口沿,停火。煮盐期间,还要不断除去撇刮出来的碳酸钙、硫酸钙、碳酸镁等杂质。待盐块冷却后,打碎盔形器,取出盐块,一次制盐过程便已完成。[②]

山东大学王青教授根据《管子·轻重》的记载与南河崖的考古发现,考证当时的煮盐时间应主要是在深秋至来年春季之间进行的。

《管子·轻重》有一段管仲与齐桓公的对话,管仲劝桓公说:"齐有渠展之盐,请君伐菹薪,煮沸火水为盐,正而积之。"桓公采纳了管仲的意见,于是"十月始正,至于正月,成盐三万六千钟"。管仲又建议桓公说:"孟春既至,农事且起,大夫无得缮冢墓,理宫室,立台榭,筑墙垣。北海之众无得聚庸而煮盐。若此,则盐

---

① 参见方辉:《商周时期鲁北地区海盐业的考古学研究》,《海岱地区青铜时代考古》,山东大学出版社2007年版,第42～52页。

② 参见山东省文物考古研究所、北京大学中国考古学研究中心、寿光市文化局:《山东寿光市双王城盐业遗址2008年的发掘》,《考古》2010年第3期。

必坐长而十倍。”然后，把盐卖给周边的梁、赵、宋、卫、濮阳等地，获利甚众，“得成金万一千余斤”。这篇对话内容，可说明当时齐国的食盐生产是在每年的深秋至来年春季进行的。南河崖的发掘也发现，很多煮盐的遗迹之间多有几层较纯净的细沙相隔离，表明煮盐活动有间歇的时段。南河崖的发掘还出土了较多文蛤等海生贝壳，对文蛤的切片观察和生长线分析表明，应是在深秋至来年春季之间死亡的，死亡原因应当与制盐人捕捞食用有关。这从另一个角度证明煮盐是在深秋至来年春季之间进行的。

5.食盐是通过什么途径运输的？

殷商时期，渤海南岸成为商王朝的唯一制盐中心。而在古代，大宗数量的物资一般经水路运输。《管子·轻重》中也有“修河济之流，南输梁、赵、宋、卫、濮阳”的记载。商代甲骨文曾提及了舟船这类水上交通的重要运输工具。[①] 渤海南岸地区商代所产盐制品经过河流运往内地应是可能的。而滨州古时河道纵横，正适合水运的方式。根据卜辞记录，商朝大臣“弜”曾代表商王到产盐之地敛取盐卤，应该就是用的水运。

从渤海南岸地区的古河道、商代盐业生产作坊群及对应的盐工定居点、内陆腹地聚落群空间布局看，它们在空间分布上与古河流走向大体一致，并有规律地分布在古河流的两侧。由此可以推测出当时的盐运路线是以水路为主的。

从相关文献记载及后世学者的梳理和研究来看，先秦时期，流经中原地区，从渤海南岸一带入海的河流主要有黄河、漯水、济水、漳水、徒骇河等。殷墟卜辞有五百多片提及了“河”，“河”就是后世所谓的黄河。黄河在这一段时期内主要流经商王朝的王畿区，其支流洹水又正好经过殷都。此时黄河又从今黄河河道以北至天津一段范围内漫流入海，而黄河支津的九河主要分布在今惠民、阳信以北，沧州、黄骅以南地区。滨州一带在殷商时期通过黄河及其支津与安阳殷都相通，具有非常便利的水路运输条件。沿古黄河支津、古济水、古漯河等河流溯流而上直达中原腹地应是当时盐业运输的主要路线。而沿泰沂山地北缘的东西古道向西直达中原地区，则是盐业运输的另一主要路线。[②]

6.商王朝如何对渤海南岸的盐业进行管理？

渤海南岸地区是殷墟时期商王朝直接控制的、唯一的产盐之地和唯一能通

---

① 参见杨升南：《甲骨文中的舟和商代的水上交通运输工具》，宋镇豪等主编：《纪念殷墟 YH127 甲骨坑南京室内发掘 70 周年论文集》，文物出版社 2008 年版，第 193～203 页。

② 参见李象润等：《薄姑三论》，《文史知识》2010 年第 9 期。

往海洋的地方。基于沿海地区盐业资源的开发，渤海南岸地区最终形成了以沿海盐业和盐工定居地为导向的聚落分布格局。

这种聚落分布格局是有一定规律的，大多分布在便于食盐外运的河道两侧，并由滨海向内陆腹地形成了三大分布区。第一分布区位于滨海平原，是盐业生产基地。第二分布区位于咸淡水分界线两侧，其聚落是盐工及亲属人员的定居地。这里的居民为制盐场所专门烧造煮盐用具和生活用陶器，制作和修理收割燃薪工具，平时还饲养家畜、渔猎动物为盐工筹备肉食。第三分布区则是位于内陆腹地的聚落群，其职能是为制盐场所和盐工定居地提供后勤保障和军事保护。这里是农耕区，居民种植农作物为盐工及其亲属人员提供粮食。此外，他们还要把山前平原的木材和石料运往滨海地带，同时负责把食盐向内陆和中原地区外运。这种不同功能聚落群分布格局的出现，显然是人为、有计划、有组织统一规制的结果。

除盐业生产和聚落遗址的分布有一定规制外，数量庞大的盔形器也遵循着一定规制进行制作。渤海南岸所出盔形器在同一时期内的形态基本一致，口径、腹径大小统一，口径为16～18厘米、腹径为17～18厘米、通高为22～25厘米，容量也差不多，演变轨迹也比较一致。各地盔形器都按照一定样式生产，专业化、制度化生产程度较高。

而这些，都是由一个个更高等级的聚落人群具体负责组织和操作。如博兴寨卞、惠民大郭、滨城兰家等，都属于高等级的聚落。聚落里的居民生活在有壕沟环绕的村落内，贵族享用着代表特殊身份地位的青铜礼器，控制着更多的占卜、祭祀行为（权），使用着来自其他村落制作的用具等，消费着更多的肉食和牺牲（如牛、猪）资源。这些高等级聚落，其贵族墓葬内出土青铜器的族徽符号都能从安阳殷墟找到，显示墓主人与商王朝关系密切，有些本身就是商王朝东封的方国，有些族氏直接来自安阳殷都，个别甚至是地位很高的王族。当时的盐业生产活动和相关的物资流动就由这些商王朝派来的贵族直接负责、管理和控制。商王朝通过封国或派过去的贵族一层层地直接控制了渤海西南岸地区的盐业生产。

7.古今制盐方式有什么不同？

从夏商周至明初，滨州一带的制盐方式都是以煮为主，有时还采用煎盐的方式，史称“煮海为盐”，用锅（商周时为盔形器）为煮，或称之为熬，用浅盘为煎，其实差别不大。

煎煮盐要经过制卤和煎煮两个环节，即要煎煮，必先制卤。古人没有现在的仪器，而卤水想要凝结成盐则需要一定的浓度。那么，卤水的浓度古人是如何看出来的呢？古人一般用莲子检验卤水的浓度，莲子沉证明卤淡，横浮证明卤度不足，莲子立浮于卤液面，才能达到结晶浓度，然后注入盘中煎煮。由于成熟莲子难得，到清代各场多用煮熟的黄豆或黑豆试卤，豆沉则卤淡，豆浮中半则五六成，豆浮卤面即八九成。还可用鸡蛋检验，卤淡则鸡蛋下沉，卤成时，鸡蛋横浮卤面。其他制卤和煎煮办法几乎与商周时期大同小异。唯一不同，就是卤水暴晒以后，要将饱含足卤的草木灰堆集起来，放于牢中（筑一方形土台，高三四尺左右，周围筑堤坝形小墙，灶户称之为“牢”）。牢底侧通一小孔，与牢外所修储卤坑相连，淋出卤水流入储卤坑。这种方法叫淋卤。商周时期一些盐业遗址在发掘中也发现一些类似遗迹，但学界意见不统一，有的认为此时已使用淋卤法制卤，但也有专家认为当时的制卤方法与现在的一样，采用的是滩晒法。

到了明代初年，滨州一带出现晒盐法。据《明史·食货志》载：“山东之盐有煎有晒。”《天工开物》卷上载：“其海丰、深州引海水入池晒成者，凝结之时，扫食不加人力，与解盐同。”明永乐年间，海润、海盈二场有煎有晒。但当时技术还不成熟，只是小范围试用。直到明嘉靖元年（1522 年），官府传福建盐民来海丰场传晒盐技术，海丰盐场遂率先易煮盐为滩晒制盐。永利场晒盐则始于清初。据嘉庆《山东盐法志》卷七记载，康熙十八年（1679 年）山东盐场定为十场：“东运煎盐之场三：登宁、石河、信阳；晒盐之场三：永利、永阜、王家岗；煎晒兼者四：富国、西由、涛雒、官台。”是年，全省废煎兴晒，一改沿续数千年的旧工艺。但实际情况是整个清代还是处在有煎有晒，两法并存的格局中。直到民国初年，仍有盐民使用盐锅煎卤，后来晒盐法才逐渐代替煎盐法。[①]

晒盐方法古今虽有不同，但修滩、上水、制卤、结晶、收盐等诸工序基本一致。其中制卤是利用自然条件将海水、井水逐渐浓缩成饱和卤的过程。古代制卤多采用灰淋、土淋等淋卤法。现代制卤则采用滩晒法。其中一种滩晒法叫平赶卤。海水或卤水进入第一段蒸发池后，顺着一个方向逐步跑下，同一行蒸发池浓度相同。到最后一步浓度达到饱和。也就是说，蒸发池有好几级，一级级地往下，卤水浓度一级级地升高，直至饱和。

---

① 参见纪丽真：《明清山东盐业研究》，齐鲁书社 2009 年版，第 114 页；山东省盐务局编著：《山东省盐业志》，齐鲁书社 1992 年版，第 13、194 页；无棣县盐务局编：《无棣县盐业志》，山东省地图出版社 2002 年版，第 199 页。

图 2-23　单锅熬盐

资料来源：山东省盐务局编著：《山东省盐业志》，齐鲁书社 1992 年版，第 194 页。

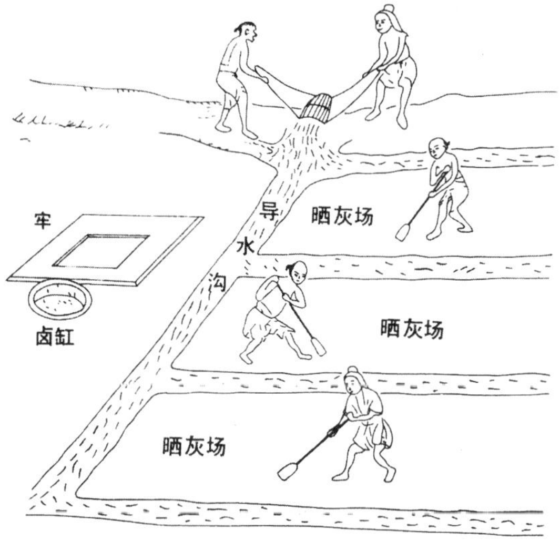

图 2-24　灰淋时期滩田结构

资料来源：山东省盐务局编著：《山东省盐业志》，齐鲁书社 1992 年版，第 188 页。

除此之外，新中国成立之前，滨州还有一种制盐方法，就是土盐制作方法。土盐系淋碱土所制的盐，质劣而成本高，但分布很广，是滨州历史上除海盐外的另一盐种。据《山东省盐业志》记载，凡地有盐碱均可产土盐，滨州的滨城、博兴、沾化、无棣、惠民等皆善产土盐。直到 20 世纪 90 年代初，鲁西南地区仍有晒土盐的。土盐生产也分制卤、结晶两个阶段。将碱土置于苇席之上，用水冲淋，流入淋缸，即可成卤水。再经杂质沉淀后，可用于结晶。结晶也分为晒制和熬制两种。商周时期，邹平、博兴一带内陆地区也发现不少盔形器。据专家考证，这些盔形器似乎与煮海盐无关，应该是当地用来熬煮土盐的，卤水原料则应来自当地咸水井里的水或盐碱。现在，邹平、济阳一带还有用卤水井中的卤水点豆腐的。这些卤水应该是商周时期内陆地区的制盐卤水原料之一。

十一　薄姑和营丘，寻找齐国早期都城的重要线索

雄踞东方的齐国，是周王朝开国功臣姜尚姜太公的封国。它的都城临淄以经济繁荣、文教发达而著称于世。但定都临淄，是距周初始封 200 多年之后齐献公时候的事了。齐献公是齐国的第七代国君，距离齐国建国已有 200 多年。这 200 多年的齐国史，扑朔迷离。始封地与早期都城在哪儿，文化面貌和礼乐制度如何，都是雾里看花，史书上记载的也都语焉不详。近年来，许多专家学者都围绕寻找齐国早期都城的课题，做了大量的工作。随着考古工作的不断开展，再结合历史文献上的蛛丝马迹，很多史学家和考古学家认为，齐国早期都城营丘和薄姑故城很可能位于今小清河下游的滨州一带，滨州很有可能就是齐国最早建国立都的地方。

1.薄姑为寻找齐国早期都城提供了重要线索

对于齐国早期都城的寻找，这些年一直没有间断过，其说法也有多种，如高青陈庄说、博兴说、临淄说等，但都没有明确的考古发现和证明。根据《史记》等文献记载，齐国前七世从战争到稳定建国的 200 多年间曾二徙其都，先是立国营丘，后又迁都薄姑城，二者皆在薄姑境内。到了齐献公时，齐国内乱，其都城才开始由西北的古济水下游的薄姑一带迁往东南的淄河西岸的临淄。

《史记·齐太公世家》记载："(齐)哀公时，纪侯谮之周，周烹哀公而立其弟静，是为胡公。胡公徙都薄姑，而当周夷王之时。哀公之同母少弟山怨胡公，乃与其党率营丘人袭攻杀胡公而自立，是为献公。献公元年，尽逐胡公子，因徙薄姑都，治临菑。"公元前 9 世纪初，姜太公吕尚五传至齐哀公，齐哀公得罪了纪侯，纪侯便向周夷王进谗告状。周夷王三年(前 883 年)，夷王听信谗言，将齐哀公处以烹刑，并立哀公异母弟姜静为胡公，是齐国第六代国君。齐胡公(？—前 860 年)，名姜静，谥胡，姜太公五世孙，但他不为齐人所拥护，所以胡公只好将都城由营丘迁往薄姑城，薄姑城由此成为齐国国都达 24 年。周厉王十九年(前 860 年)，齐哀公的同母少弟姜山"怨胡公，乃与其党率营丘人袭攻杀胡公"，将其杀死在博兴南部的贝水。随后，姜山自立为齐献公。献公即位的第一年，便将胡公的

儿子全部放逐，都城则迁至临淄。齐国以临淄为都城便由此开始。

《毛诗·烝民》则记载："王命仲山甫，城彼东方……四牡骙骙，八鸾喈喈。仲山甫徂齐，式遄其归。东方，齐也。古者诸侯之居逼隘，则王者迁其邑而定其居，盖去薄姑而迁于临菑也。"虽然未提到营丘，但明确提到齐早期都城也是由薄姑迁往临淄。时间是在西周晚期周宣王时，迁都原因是齐国都城薄姑城位置狭隘、偏僻，而迁往地势条件更好的临淄。《史记·货殖列传》也说："故太公望封于营丘，地潟卤，人民寡，于是太公劝其女功，极技巧，通鱼盐，则人物归之，繦至而辐凑。"《汉书·地理志》亦说："太公以齐地负海舄卤，少五谷而人民寡，乃劝以女工之业，通鱼盐之利，而人物辐辏。"《盐铁论·轻重》也描述："昔太公封于营丘，辟草莱而居焉。地薄人少，于是通利末之道，极女工之巧。"这几条也说明齐国早期都城所在地理位置相对较为狭隘，这与《毛诗》的记载是相吻合的。

以上文献记载，都说明齐国早期都城与薄姑有着千丝万缕的联系，而由薄姑迁往临淄的原因一是齐国内乱；二是薄姑地理位置近海狭隘，地碱人少。但不论哪条原因，要想找到齐国早期都城所在，似乎都要先弄明白薄姑的地望。

那么薄姑国在哪，薄姑国故城又在哪，这对寻找齐国早期都城就显得格外重要了。《左传·昭公二十年》记载齐地沿革时说："昔爽鸠氏始居此地，季萴因之，有逢伯陵因之，蒲姑氏因之，而后太公因之。"蒲姑即薄姑，这与《史记》和《毛诗》之中的记载是能吻合起来的，这也为寻找薄姑国提供了重要的线索。

薄姑本是商在东方的与国，周初武庚叛乱后，薄姑与徐、奄等东方国家起兵响应。周公平定武庚、管、蔡之后又继续东征，薄姑等国被相继平定，而作为反叛主力的薄姑则落了个灭国、毁社、迁君、徙民的下场。《尚书大传》载："奄君、薄姑谓禄父曰：'武王既死矣，今王尚幼矣，周公见疑矣，此世之将乱也，请举事。'然后禄父及三监叛也。"禄父即商纣王的儿子，谥武庚。今本《竹书纪年》载："（武王）十六年，箕子来朝。秋，王师灭薄姑……（成王）二年，奄人徐人及淮夷入于邶以叛……三年，王师灭殷，杀武庚禄父。遂伐奄，灭薄姑。四年……王师伐淮夷遂入奄。五年春正月，王在奄，迁其君薄姑。夏五月王至自奄。"李白凤在《东夷杂考·蒲姑熊盈考》中这样描述薄姑："我国古代典籍中消灭得几乎无踪无影的这一个部落氏族，有着比其他各氏族消灭得更彻底的感觉；它是最为古老的古代氏族之一，又是文化相当发达的氏族之一。"西周王朝"首先灭蒲姑于博兴一带"，"蒲姑族的痕迹几乎就要被周人从历史中完全抹掉"[1]。这造成了史书记载薄姑的内容非常之少，又进而造成了现在寻找薄姑城的困难。幸运的是，1927年，陕

① 李白凤：《东夷杂考·蒲姑熊盈考》，齐鲁书社1981年版，第81～93页。

西宝鸡出土了一尊青铜鼎——丰白鼎，鼎上面有35个铭文，其中有“隹(唯)周公于征伐东尸(夷)、丰白(伯)、尃古(薄姑)，咸□(灾)”，即记载了薄姑国灭亡的史实。陈梦家将此鼎称为“周公征东方鼎”。薄姑，文献中又作薄(蒲)丘、蒲姑、勃姑、亳姑等，是齐(济)水入海的地方，博兴、蒲台之名，渤海之称，都出于此。薄姑之名最早所见的传世文献为《左传》。《左传·召公九年》记为“蒲姑”：“王使詹桓柏辞于晋，曰：‘我自夏以后稷，及武王克商，蒲姑、商奄，吾东土也。’”《尚书·周官》作“亳姑”：“周公在丰，将没，欲葬成周。公薨，成王葬于毕。告周公，作《亳姑》。”《尚书注疏》卷十七：“亳姑，即前序蒲姑，亦即薄姑也。亳、薄古字通，用蒲、薄则音转耳。”《路史·国名记》：“薄姑，商诸侯，即薄丘。”

关于薄姑国都具体在今何处，一直没有定论。但大部分古籍如《水经注》《路史》《括地志》《山东通志》都认为是在博兴一带，甚至认为就是现在的博兴寨卞遗址。《史记正义》引《括地志》云：“薄姑故城在青州博昌县东北六十里。薄姑氏，殷诸侯，封于此，周灭之也。”博昌为汉晋时期县治，地点在今博兴县城以南二十里。《水经注》卷八曰：“济水又经薄姑城北，《后汉郡国志》曰：‘博昌县有薄姑城。’《地理书》曰：‘吕尚封于齐郡薄姑。薄姑故城在临淄县西北五十里，近济水。’”《路史》卷二十九载：“薄姑，商诸侯，即薄丘，一曰薄姑，在青之博兴。《地志》有‘薄姑城，在临淄西北五十里。’”《齐乘·博兴州》：“府西北四十里古薄姑地，东南有薄姑城。”《齐乘·古迹》：“薄姑城，《元和志》在博昌东北六十里，即殷末薄姑氏。”《左传·昭公九年》载：“及武王克商，蒲姑，商奄，吾东土也。”西晋杜预注：“乐安博昌县北有蒲姑城。”[1]今人杨伯峻注：“‘蒲姑’亦作‘薄姑’，今山东博兴县东南十五里。”[2]道光二十年刊印的《博兴县志·古迹考》载：薄姑城“在县南十五里柳桥社。”清代学者叶圭绶《续山东考古录·博兴县》在逐一考证各家之说后，认为薄姑城即博兴县东南十五里的柳桥：“薄姑国城在(博兴县)东南十五里，今柳桥。《书序》：‘成王既践奄，将迁其君于蒲姑。’……今县东北十许里有奄城，俗曰嫌城，即奄君所迁。”他甚至提出博兴县东南5千米的寨卞村北即为薄姑故城。

---

① 《春秋左传正义》卷四十五。

② 杨伯峻编著：《春秋左传注》，中华书局1990年版，第1421页。

图 2-25　寨下遗址上立的“蒲姑城遗址”碑

图 2-26　寨下遗址小清河北岸发掘现场

也有人认为薄姑故城当为博兴北部的贤城遗址。《齐乘》记载：“《元和志》：在博昌东北六十里，即殷末薄姑氏旧都，今博兴东北俗呼为嫌城者是。”民国《博兴县志》云：“奄城，《通志》云在县东北十里。《书序》‘成王既践奄，将迁其君于蒲姑。’即此地也，俗名嫌城。”民国《山东通志》卷三十七载：“奄城，在(博兴)县东北十里。昔成王既践奄，将迁其君于薄姑，此其故城，今俗称名‘嫌城’。”奄城、嫌城，都是指今天的贤城。《尚书序》记载：“成王伐淮夷，遂践奄，作成王政，成王既践奄，将迁其君于薄姑。”《史记·周本纪》亦记载：“召公为保，周公为师，东伐淮夷，践奄，迁其君薄姑。”很多学者认为，周王灭掉位于现在山东南部的奄后，将其国君迁到了今天山东北部的博兴贤城，从而认为现在的博兴贤城就是薄姑城所在地。

通过以上的众多文献记载可以知道，薄姑故城位于今博兴寨下遗址或贤城遗址的可能性较大。近年来的考古调查和勘探也在一定程度上支持这一观点。寨下遗址位于山东省博兴县寨郝镇寨下村北 1 千米处，南临小清河，北濒溢洪堤。遗址于 1976 年发现，1982 年、1987 年曾对遗址进行了调查、钻探。2002 年 10 月至 12 月，为寻找齐国早期都城，山东省文物考古研究所与博兴县博物馆再次对该遗址进行了调查、勘探、发掘工作。此次工作首先对该遗址进行了调查和勘探，在发现城墙后进行了详细的勘探、试掘。经勘探发现，该遗址有夯筑和堆筑的城墙墙体，城址大体呈方形，东西长约 380 米，南北约 350 米，南、北墙中部各有一缺口，下部发现有路土，可能为城门所在，西墙没有发现城门痕迹。城墙外与墙体相隔 10 余米发现有宽 20 余米的壕沟，深度因水位较高，只清理到宋金时期的淤积层。城墙分早晚两大期，晚期城墙叠压春秋时期的灰坑和墓葬，年代属于战国时期。早期墙体只在东墙北部和北墙东部，被春秋早期的墓葬和遗迹打破和叠压，其下又叠压商代文化层，墙体内的包含物也属于晚商时期。早期墙体的相对年代上限不早于商代晚期，下限不晚于春秋早期。另在城址西北部发现一面积10余万平方米的商周时期遗址。2008年10月至12月，为配合南水北调东线调水工程，对该遗址进行了第二次发掘，证明该遗址在商周时期已经存在。[①] 现在，寨卞遗址南部尚存一土丘，民间传为“旧城子”。1970年村民修挖溢洪河时，曾发现过墓葬，出土了殷墟三期的青铜鼎、爵和一批青铜镞，显示该聚落的等级较高，应是该区域的中心聚落之一。

贤城遗址位于滨州市博兴县城东街道办事处贤城村西，面积约100万平方米。文化堆积厚1.5～2米。1987年、2002年，山东省文物考古研究所在此进行了调查勘探，探得东西、南北城墙各长约1000米，城墙基厚20米左右。

寨卞或者贤城到底是不是，或者哪一个是齐胡公所迁的薄姑城，现在还难以确定，需要以后进一步开展工作。这两个遗址虽然所做考古工作较少，但无疑为寻找齐国早期都城提供了十分重要的线索。特别是两个遗址不仅规模大，级别高，而且正好处于古济水(今小清河)下游一带，古济水下游又很可能就是齐国最早建国的地方，寨卞和贤城的意义就更显得不一般了。

2.博兴是寻找齐国早期都城的重要区域之一

2008年10月至2010年1月，在南水北调东线山东段建设工程中，山东省文物考古研究所对高青县陈庄遗址进行了大规模的考古勘探和发掘，发现了西周早中期的夯土城址、包括甲字形大墓在内的贵族墓葬、祭坛、(车)马坑、带有“齐公”字样的有铭铜器、刻辞卜甲等等重要遗存。陈庄遗址的发现，让学术界兴奋不已，甚至有些学者提出了陈庄即营丘的结论。2020年4月25日至2020年12月17日，邹平东安遗址的发掘亦是发现了目前为止西周时期级别最高的车马坑遗存。东安遗址与陈庄隔河相望，是为配合小清河综合治理工程的考古项目，遗址东西长约850米、南北宽约650米，总面积约50万平方米，小清河道隔断为南北两部分。共发掘6500平方米，其从龙山时期延续至唐宋时期，龙山至商代堆积并不丰富。西周时期主要见车马坑及少量墓葬，基本不见其他生活遗迹，发掘区在西周时期应为相对单纯的墓葬区。车马坑规模不大，大致呈3米×4米的长方形，南北向，均随葬1辆车(两马或四马)。尤以1号车马坑级别最高，配备4銮铃、4马冠，每匹马配备青铜马胄、马镳、马衔、络饰、胸辔饰以及成串的海贝马尾装饰，是目前山东地区发现西周时期保存最完整、级别最高的车马坑。

西周时期遗存是本次发掘的主要收获，地势较高的东区应为当时贵族墓葬

---

① 参见魏成敏等:《博兴县寨卞商周时期遗址》，中国考古学会编:《中国考古学年鉴(2009)》，文物出版社2010年版，第245～246页。

区，而地势较低的西区则主要为平民墓葬，显示出明显的等级分区。无论是贵族墓葬区还是平民墓地，均表明其与陈庄城址存在密不可分的关系。对于理解西周时期尤其是西周中期之前陈庄城址（遗址）的性质，了解齐国早期历史及早期齐文化的形成和发展具有重要意义。不过随着工作的开展，学术界渐渐否定了陈庄即营丘的观点。但陈庄遗址如此高规格的遗存集中出土，使人有理由把它们与齐国早期权力中心的活动联系在一起。

虽然陈庄遗址（东安遗址）是不是齐国营丘尚无定论，但沿着小清河寻找齐国早期都城的观点开始得到学术界的认可。小清河即古代的济水。周初齐国立国之地的营丘，应属薄姑范围之内，位于济水下游一带的可能性非常大。济水原称齐水，齐国之名亦源于齐水。《水经注》卷七引汉代《春秋说题辞》："济，齐也；齐，度也，贞也。"又引东汉应劭《风俗通》："济者，齐也，齐其度量也。"表明古者"济"与"齐"当为一字，济水即是齐水。

齐地之先有北齐国①，姜姓，其地在齐地，逄伯陵国故地。据《路史》卷二十四载："齐，侯爵，伯陵氏之故国，以天齐渊名。吕尚复封，都营丘。"又载："北齐，内传齐之先有逄伯陵，盖伯陵前封逄，后改于齐。故《山海经》有北齐之国，姜姓……伯陵之子尧代有殳戕，即齐地冐淳也。一作朱，故传作朱戕。"逄伯陵以天齐渊名，后改逄国为北齐国。北齐国故地，后姜太公居之，复封为齐国，称周代齐国。齐不仅在太公受封以前，就已是姜姓集团的统治区，而且"齐"之名称也多次出现在殷墟卜辞之中。《殷墟文字·甲编》中有一片甲骨："庚寅卜，在齐䧅。"还有几片，一为"在齐䧅，隹王来征人方。"齐是帝辛征人方所过的地方，人方就是夷方，地在山东。王献唐认为商代山东确实早已有了齐，《左传》《国语》《山海经》的记载是相当可靠的。郭沫若也认为："齐当即齐国之前身，盖殷时旧国，周人灭之，别立新国而仍其旧称也。春秋时，齐地颇广大。殷代之齐当指齐之首都营丘附近。"②《史记·齐太公世家》说太公是"东海上人"，《吕氏春秋》也说其是"东夷之士"。可见姜太公的原籍为山东。周王封太公于齐，是有目的地采取以姜族治姜族的策略。

齐国营丘与薄姑故城皆是因济水而建，那么寻找齐国的早期都城就只能沿古济水沿岸去寻找。而现在的小清河就是"四渎"之一的古济水下游自济南入海的一段。《尔雅》曰："江、河、淮、济为'四渎'。"济即济水，小清河原是古济水自济南至莱州湾的入海河段。济南即因在济水之南而得名。济水在唐代时，由于黄河浸淤，上游已湮没。《水经注》卷八："今枯渠注巨泽，巨泽北则清口。"《禹贡锥

---

① 参见逄振镐：《山东古国与姓氏》，山东人民出版社 2006 年版，第 72～73 页；王献唐：《山东古国考》，齐鲁书社 1983 年版，第 163～165 页。

② 郭沫若：《卜辞通纂》，科学出版社 1983 年版，第 463 页。

指》卷十五曰："唐人谓之清河。"这时，山东以上已无济水。唐人为区别黄、济两河，将山东境内的济水改称清河，即现在的小清河。李学勤先生说："种种迹象表明，姜太公建立齐国是从中原地区，顺济水而下，在济水下游……一带建国的可能性更大，而从陆路到临淄直接去建国的可能性极小。"[①]济水是当时连接中原和山东的主要交通要道，而走水路也是当时最为经济和方便的交通方式。而且，不仅薄姑都城是临济水而建，营丘临济水而建的可能性也较大。《尔雅·释丘》："水出其右，正丘。水出其左，营丘。"从而可以得出营丘应该是临近水源的高台地。这个水源应该就是济水，即现在的小清河。《水经注》卷八则记载薄姑故城亦在济水之畔："济水又经薄姑城北，《后汉郡国志》曰：'博昌县有薄姑城。'《地理书》曰：'吕尚封于齐郡薄姑。薄姑故城在临淄县西北五十里，近济水。'"所以，要想寻找齐国早期的都城营丘和薄姑城，有必要在小清河两岸去下功夫寻找一番。

根据近几年的考古发现，今小清河两岸遗址分布最为密集的地方为滨州博兴段和淄博高青段，其中又以博兴段遗址数量最多。如博兴的寨卞遗址、贤城遗址、院庄遗址等不仅位于小清河两岸，而且面积都相对较大，寨卞和贤城遗址还发现了早期城址。这都说明小清河两岸的博兴一带有重要发现的可能性很大。

武王灭商，建立周朝，分封诸侯，姜子牙复建齐国。姜子牙率众自西向东沿济水而下，落脚地点选在位于古济水下游的薄姑故地（今滨州的博兴一带），并在此建都兴邦。蒲姑一带遂成为齐国文化最早的中心。齐国建立之初，便是以营丘为中心，方圆仅百里，是典型的小国寡民。《孟子·告子下》亦记载："太公之封于齐也，亦为方百里也。""齐，海国也"[②]，刚刚建立的齐国不仅地处东夷，靠海多碱，不适于农业生产，而且地少人稀，当地的风俗习惯也与周人不同，被征服者随时有可能发生暴乱。太公姜尚在此情形之下，因地制宜，采取了"因其俗，简其礼"[③]的统治策略，利用依山靠海的自然条件，"通商工之业，便鱼盐之利，而人民多归齐"[④]，逐渐形成了尚武、重商、功利、开放的大国面貌。周初的这段时间，包括滨州在内的黄河三角洲地区被纳入姜齐势力范围，由于齐国"因其俗，简其礼"的政策，促成了当地既保持了晚商以来较高的物质生产发展水平，又吸纳了齐文化的革新、开放、包容精神，推动了当地社会物质生产的发展，吸引了众多周边居民汇聚此地，开发经营，使得人口渐众。[⑤] 滨州的盐业、交通及水利特点都深深影

① 张卡等编著：《滨州通史·先秦—魏晋南北朝卷》，山东人民出版社 2017 年版，李学勤序。

② 梁启超：《论中国学术思想变迁之大势》，上海古籍出版社 2006 年版，第 29 页。

③ 《史记·齐太公世家》。

④ 《史记·齐太公世家》。

⑤ 参见郑杰文：《黄河三角洲文化的历史进程及基本特征》，《光明日报》2007 年 1 月 5 日。

响着齐文化的形成和发展。直至齐献公将都城由位于古济水下游的滨州一带迁往东南的淄河西岸的临淄，其政治、经济、文化中心才相应地逐渐由滨州一带转移到临淄一带。可以说，滨州的盐业、交通及水利特点都深深影响着齐文化的形成和发展，滨州不论是在经济还是在政治文化方面，都对齐文化做出了相当重要的贡献，滨州在齐文化研究中应占有较大的地位，其作用也不应忽视。

十二　於陵古城与於陵仲子

仲子城边日向中，田家馌亩自西东。
高原雨脚牛羊外，一径秋深豆夜风。

——（清）徐夜《古於陵城》

徐夜，清初诗人，“中岁以往，屏居田庐，邈与世绝，写林水之趣，道田家之致”（《渔洋文略》卷一）。徐夜为明末诗人王象春的外孙，诗人王士祯的外从兄弟。在其隐居之后，蓬门昼掩，只与王士祯等往来。徐夜性子恬淡，不求闻达，诗文虽佳，却只自吟自乐，王士祯屡屡索求其诗稿，他也只是逊谢而已。不得已，王士祯只好到处搜求其诗，得百余首，并编集传世。该诗表达了徐夜对於陵仲子灌园隐世生活的向往。诗中正文虽无一句写到於陵古城，却巧妙点到了於陵城与陈仲子的关系。

1.於陵古城今犹在

於陵古城，就位于今邹平市临池镇的古城村。古城村仅仅是鲁中山前平原上的一处普通村落，与其他村落没有什么太大的区别，唯有“古城”二字似乎寓意着这个村落的不同一般。村落南面地势略高，上面种着一望无际的麦田。春风浮过，绿油油的麦苗宛如绿色的波浪，上下起伏，一派蒸蒸日上的春日景象。麦田的东面立着三块石碑，上面标注着这里是市级文物保护单位——古城遗址。漫步地里田间，地上散落着大大小小的陶片。这些陶片多是农民种地捡拾出来的，而正是这些不起眼的陶片经历了当地 2000 多年的风风雨雨。而这麦田，正是当年於陵古城的旧址。

图 2-27　现存於陵古城残断城墙

麦田的南面和西面，还保存着当年的两段城墙，分别位于古城村的西南角和西北角。远远看去，城墙就像是普通的土堆子，杂草及膝，灌木丛生。古老的城墙无奈岁月的销蚀，只剩下了几块断垣残壁，在明月长草间诉说着当年的故事。站在残断的城墙上，极目远眺，麦浪如潮，突然想起了文徵明的那首诗："会心何必在郊垌，近圃分明见远情。流水断桥春草色，槿篱茆屋午鸡声。绝怜人境无车马，信有山林在市城。不负昔贤高隐地，手携书卷课童耕。"

於陵古城的城墙为版筑，城墙两侧尚还保留密集的穿棍痕迹。古城遗址呈正方形，面积约 1 平方千米，整体高出周围地面平均 2～3 米。西南角残存古城墙为东西向，长 108 米，残高 4～10 米，城墙厚约 16 米，夯层厚约 18 厘米。西北角城墙残长 80 余米，残高 8 米以上，厚约 15 米。① 夯土中曾经发现石斧、石镰等。在附近的地表，文物工作者还采集有龙山文化夹砂红陶鼎足、岳石文化夹砂灰陶甗足、红褐陶鼎足及石铲，商周时期夹砂红陶绳纹鬲足及口沿、泥质灰陶豆盘及卷云纹、树木纹半瓦当残片等，证明此处最早在龙山文化时期即有人类生活居住。商末，周朝开国重臣散宜生从陕西只身来於陵求虞救文王，即是此地。战国时期，齐国曾经设置於陵邑。汉代设立於陵县，属济南郡。战国时期，齐国名士陈仲子归隐于此，种菜灌园，过着闲云野鹤的隐居生活。

① 参见郭济生：《逄陵——齐文化的源头之一》，古城志编纂委员会编：《古城志》，(香港)中国文艺出版社 2011 年版，第 331～338 页。

走在城墙边上，不经意间，还能捡到不少的陶片，甚至还捡到一枚东周时期陶豆的豆柄。陶豆是古代的陶制食器，形似高足盘，用于盛食物，流行于新石器时代至汉代。当时人的生活用具主要是以陶器为主，虽然出现了极少量的原始青瓷，但也只有极少的贵族才能够使用。或许，当年的陈仲子正是使用这只陶豆吃饭呢？

2.廉洁隐逸的陈仲子

陈仲子（约前 347—前 262 年），本名陈定，字子终，排行第二，故称“仲子”。其先祖为陈国贵族陈完，因避战乱逃至齐国，改为田氏，所以陈仲子又叫“田仲”。因避居於陵，又称“於陵子”。陈仲子与孙武都是陈完的后人。

陈仲子的思想主要保存在《於陵子》一书中。全书共分《畏人》《贫居》《辞禄》《遗盖》《人间》《先人》《辩穷》《大盗》《梦葵》《巷之人》《未信》《灌园》等 12 章，比较全面地介绍了陈仲子的理论思想和人生哲学。

陈仲子的父亲去世很早，其兄继承了父亲的世卿世禄，并在齐国盖邑有一块封地。陈仲子见其兄食禄万钟，以为不义。齐国想聘他为大夫，他不仅坚辞不受，还避兄离母，迁居於陵，辟纑织屦，自食其力，以示“不入污君之朝，不食乱世之食”。后楚王听到他的贤能，也派人持百镒金想聘其为相。于是陈仲子又携妻逃去，隐居齐国西部长白山中，终日为人灌园，过着清贫的生活。晋陶渊明《扇上画赞》诗曰：“至矣於陵，养气浩然。蔑彼结驷，甘此灌园。”

陈仲子特别反对行贿受贿，将贿赂之物视为“不洁之物”。他的哥哥担任齐国大夫，享受着丰厚的待遇，可是仍经常接受别人的贿赂。有一天，他回到家里，正好碰上哥哥收下了别人送的一只鹅，陈仲子当面指责哥哥。可是，当陈仲子再次回家时，母亲已经把鹅宰了，做成了菜，陈仲子在不知道的情况下就吃了下去。他的哥哥便借机发挥，讥讽他也吃了这些不干不净的东西。陈仲子听后，气得坐不住了，立即跑出去，用手伸进喉咙使劲抠，把鹅肉全部吐了出来，然后又拼命地用水漱口，直到自己感觉心清气爽为止。

陈仲子反对贪欲，主张廉洁自律。有一年，山东大旱，人们吃水都成了问题。陈仲子早晨起来背着瓦罐到离家十里之外的地方去取水。陈仲子来得早，刚舀满一罐，泉池中的水就几乎没有了。这时又陆续来了一些取水的人，他们看到水已经没了，都抱怨自己来得太晚，长吁短叹，但并没有责怪陈仲子的意思。陈仲子见到这种情况，感到十分惭愧，连声谴责自己：为什么要跑在别人前头取光了水呢？这种行为难道不是贪欲吗？他赶忙留住大家，并把自己的水分给别人，自己一滴也不留。分完水后，他干脆连罐子也摔碎了。因为感到羞愧，他竟然三天不喝一口水，谁劝也不管用。

陈仲子主张自食其力，反对享用民脂民膏。隐居於陵期间，他自己编草鞋，甚至给人打短工，让妻子织麻布，用自己劳动所得交换其他生活用品。有一年灾荒，陈仲子三天没有吃东西了，耳朵几乎失去了听觉，眼睛也快看不见了。他爬着到了井边上，发现有个李子，已经被金龟子的幼虫吃掉了一大半。他认为这个李子乃是上天赐给自己的，否则，怎么连虫子都只吃了一半。于是，他捡拾起来，吞吃了三口，耳朵就完全恢复了听觉，眼睛也恢复了视力。

战国时代，陈仲子是被当时人作为“隐士”或者“廉士”来看待的。陈仲子厌恶做官，从繁华的都城迁居到於陵居住，而且视富贵如浮云，终生不仕，因此是“隐士”。他厌恶占用别人的劳动成果，终生自食其力，因此是“廉士”。同时，后人对陈仲子的妻子也给予了高度评价。陈仲子之妻亦视官禄为粪土，一直追随丈夫过着恬淡的生活。当楚王派人携带重礼聘请陈仲子为相时，陈仲子当初也有些心动。他跟妻子商量，却被妻子一口回绝。于是，陈仲子最终打消了出仕的念头，安心地过起了隐居生活。①

但是，当时亦有很多人认为陈仲子行为过于偏激，有欺世盗名之嫌。齐宣王时，孟子来齐，与齐国名将匡章讨论陈仲子。孟子亦评价陈仲子为“齐之巨擘”。但同时，孟子也认为陈仲子的思想过于偏激，为人过于酸腐，他那种所谓的廉洁是要把人变成“上食槁壤，下饮黄泉”的蚯蚓才能做到。孟子不仅不提倡陈仲子的做法，而且认为陈仲子的所作所为太过分了，是一种走极端的行为。荀子也认为陈仲子的主张是违背人性的，是故意标新立异，自视高人一等，但却言之成理，足以欺骗民众。《荀子·非十二子》云：“忍情性，綦谿利跂，苟以分异人为高，不足以合大众，明大分；然而其持之有故，其言之成理，足以欺惑愚众。是陈仲、史鰌也。”《荀子·不苟》又认为陈仲子所为乃欺世盗名：“人之所恶者，吾亦恶之。夫富贵者则类傲之；夫贫贱者则求柔之，是非仁人之情也，是奸人将以盗名于晻世者也，险莫大焉。故曰：盗名不如盗货。田仲、史鰌不如盗也。”

韩非子曾经讥笑陈仲子是一个没用的“实心葫芦”。《韩非子·外储说左上》说：“齐有居士田仲者，宋人屈谷见之，曰：‘谷闻先生之义，不恃仰人而食。今谷有树瓠之道，坚如石，厚而无窍，献之。’仲曰：‘夫瓠所贵者，谓其可以盛也。今厚而无窍，则不可剖以盛物，而任重如坚石，则不可以剖而以斟，吾无以瓠为也。’曰：‘然，谷将弃之。今田仲不恃仰人而食，亦无益人之国，亦坚瓠之类也。’”

陈仲子的做法或许会被有些人视为偏激，但其赞赏古代圣贤义士，反对骄奢

① 参见侯玉杰：《滨州百名历史人物》，山东人民出版社 2012 年版，第 10～14 页。

淫逸，提倡廉洁自律以整顿世风、纯洁社会，主张洁身自好、修身自立的思想具有非常现实的“警世”作用，是一份宝贵的文化遗产。[1] 他抨击王公贵族的尔虞我诈、争权夺利、谋位篡权、鱼肉百姓，提醒人们不要为世俗所惑。汉代的刘向是最早系统整理《於陵子》的人。尽管刘向认为陈仲子“违远中庸”，但还是建议皇帝“少加观览”，因为它可以用来“风谕臣工”。王充《论衡・刺孟》更是严肃批驳了孟子对陈仲子的求全责备。后来明朝的徐渭等人重刊《於陵子》并为之作序，清代的《四库全书》也收录了《於陵子》。尤其是古城村《陈氏宗谱》收录的《於陵子》，非常完备。

陈仲子死后先葬于长白山，后迁葬于长山城内十字街东北侧。原有墓碑，后遭破坏。墓地封土于1958年被铲平，1968年被拆毁。在陈仲子生活过的於陵地区，至今还保留了很多纪念地。於陵故城（今邹平市临池镇古城村）东南角，被称作“老人仲子”或“老人冢子”，相传为陈仲子灌园之处。陈仲子去世后，后人在其居住地立“於陵仲子宅”碑以作纪念，惜今已不存。嘉庆《长山县志》载：“古泉驿在於陵城东，唐张说过之有诗。”唐张说《题古泉驿》诗：“昔闻陈仲子，义守辞三公。身赁妻织屦，乐亦在其中。岂无穷贱苦，羞与倾巧同。长白临河上，於陵入济东。我行吊遗迹，感叹古泉空。”《长山县志》又载：“石室，在长白山之阿，相传为陈仲子所居。又一在太湖山（今玉泉山）。”又：“三贤祠在城西礼参店。明万历四十三年新城王之都建，祀陈仲子、伏生、范希文。”又：“陈仲子祠在县南街，国朝康熙五十五年修。”[2]

3.於陵学说是先秦六大学派之一吗?

近年来，不知出于什么原因，渐渐地有不少人和媒体，特别是一些当地学者堂而皇之地提出了“於陵学派”的说法，而且指出“於陵学派”是先秦六大学派或六大学说之一。那么先秦时期有六大学派的说法吗，於陵学派真的是六大学派之一吗？

春秋战国时期产生的诸子百家学说，对中华民族几千年的灿烂文化有着深远影响。“诸子百家”一词出自西汉司马迁的《史记・屈原贾生列传》：“贾生年少，颇通诸子百家之书。文帝召以为博士。”关于对诸子百家的派别归类，司马迁的父亲司马谈列举了六家，“乃论六家之要指曰：易大传：‘天下一致而百虑，同归

---

① 参见王忠修：《特立独行的思想家陈仲子》，王忠修等主编：《邹平历史人物》，山东友谊出版社2014年版，第1～5页。

② 王忠修：《特立独行的思想家陈仲子》，王忠修等主编：《邹平历史人物》，山东友谊出版社2014年版，第1～5页。

而殊途。'夫阴阳、儒、墨、名、法、道德，此务为治者也”(《史记·太史公自序》)。司马谈最早提到有阴阳、儒、墨、名、法、道六家。班固《汉书·艺文志》中提到诸子有儒、道、阴阳、法、名、墨、纵横、杂、农、小说十家。《隋书·经籍志》中提到诸子有儒、道、法、名、墨、纵横、杂、农、小说、兵、天文、历数、五行、医方十四家。其中以儒、墨、道、法四家影响最大。

可见，历代史书典籍之中，似都没有提到过六大学派的说法。陈仲子的於陵学说也不是六大学说或六大学派之一，甚至史书中提到的各种诸子学说都极少有於陵学说的身影。造成这种情况的原因虽然还不清楚，但作为研究者，似乎也没必要非要给於陵学说加个大字，突显其在历史上的地位，同时这也不符合陈仲子不慕虚名、不求功利的初衷。笔者认为，真正理解和践行《於陵子》中有益的优秀的廉洁的精神内涵，这才是最为重要的。

十三　具有防御功能的城池建筑日渐增多

从龙山文化晚期进入万国林立的城邦时代开始，直至商周时期，城池建筑日渐增多。“城者，所以自守也!”(《墨子·七患》)古代城池的主要功能就是军事防御，是阻挡敌人进攻的有利工事。夏商周三代天子虽为天下共主，但诸侯林立，各建城邦，互有攻守。特别是到了春秋战国时期，更是战乱频仍，进一步刺激了城池建筑的兴盛和发展。

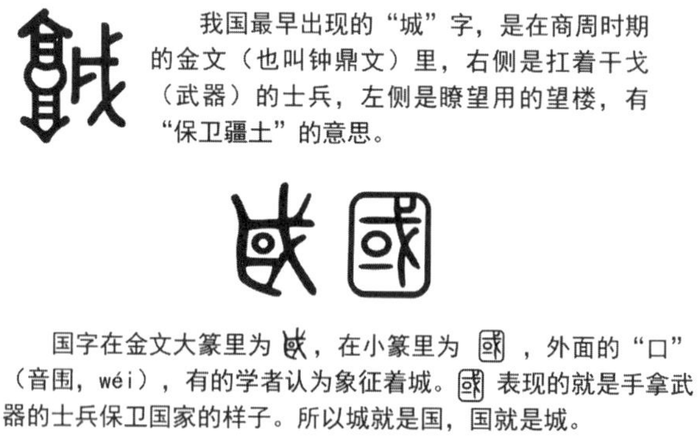

图 2-28　古文字中的“城”与“国”

1983 年、1987 年，山东省文物考古研究所在博兴寨下遗址考古勘探时，发现地下有一面积约 13 万平方米的战国时期的城址。城墙基宽 12 米，夯窝径 6～8

厘米，夯层厚 8～10 厘米。该城墙的东墙北部和北墙东部，被春秋早期的墓葬和遗迹打破和叠压，其下又叠压商代文化层，墙体内的包含物也属于晚商时期。早期墙体的相对年代上限不早于商代晚期，下限不晚于春秋早期。1987 年、2002 年，省考古所在贤城遗址调查勘探时，亦探得东西、南北各长约 1,000 米，墙基厚约 20 米的城墙。学界认为，寨卞遗址和贤城遗址，是薄姑城旧址的可能性很大。邹平於陵古城址，位于今邹平市临池镇古城村，该村亦保存有战国齐於陵邑西南角和西北角的一段城墙，城墙为版筑，城墙两侧尚还保留密集的穿棍痕迹。版筑形式的出现是城墙发展过程中的一大进步。

博兴东关遗址则发现有商代房址和大型堆筑（建筑）工事等。房址平面形状呈方形。墙体有两种建筑形式，挖基槽内立木柱和版筑墙体。室内地面平整坚实。遗址边缘发现的大型堆筑工事，由内侧到外侧逐次逐层堆筑，逐层交互叠压，层层夯打加工而成，其目的可能是维护当时聚落的安全，具有一定的防御功能。这一时期的各个村落都非常注重整体规划和建筑设计布局。如滨城兰家商代遗址的聚落布局就有着明显的规划，聚落中有着专门的居住区、贵族墓地、平民墓葬区、骨器作坊区和生产盔形器的制陶区。滨城侯家遗址中的商代聚落规模不大，约 1 万平方米，同样有着整体的规划布局，而且每一个小聚落中都包含有房屋、院落、窖穴、取土坑、墓葬以及生产、生活垃圾区，几个小聚落同时又组成一个较大聚落，非常规范。

春秋战国时期，诸侯战争频繁激烈，各种防御设施日渐严密，层出不穷，这成为当时边防建筑的一大特色。滨州位于齐燕交界之地，北部的滨城、阳信、无棣一带发现众多的带有军事防御功能的高台遗址，应是当时传递烽火的烽火台。其中具有军事防御功能的代表性遗址主要有滨城区的秦皇台、无棣的信阳故城址和阳信的秦台遗址等。信阳故城址最早建于春秋时期，位于无棣县信阳镇谢家村西南，城址平面呈矩形，东西长约 1500 米，南北宽约 1400 米，总面积约有 200 万平方米，现保存有西南角一段城墙，长约 120 米，最高处 6 米。信阳故城历经数次勘探，知城址内分大小二城，大城居东，小城坐落于大城的西北隅，两城有内城墙相隔。城墙用版筑法筑成，其布局与齐临淄故城相似。滨城区的秦皇台遗址位于秦皇台乡西石村西南 700 米处。遗址上有一椭圆形高台，当地称为秦台，该台现高出地表约 19 米，底部周长 188 米，面积 2826 平方米，顶部周长 63 米，面积 314 平方米。秦皇台建于东周，为人工夯筑而成，夯层较为分明，每层厚约 15 厘米，夯土内夹有红烧土块及红陶、灰陶器物残片等。2014 年春夏，山东省文物考古研究所为配合济东高速公路建设，在滨城区秦皇台遗址进行了勘探和小范围发掘，在台地周围及发掘现场发现大量东周时期的灰陶瓦片、素面半瓦当和环纹半瓦当，板瓦最大者长 50 余厘米，推断此处曾经存在一大型建筑。

这些城址并不仅仅是简单的生活居住区，应该还兼有齐国非常重要的军事防御功能。

十四　夏商周时期的玉器艺术

玉雕艺术是我国古代最早产生并成熟的艺术门类之一，它萌发于石器制作之中，继而成为一种影响深远、具有独特魅力且蕴含社会文化精神的一大艺术门类。

中国玉材精良，质地纯洁，色泽典雅，制作工艺也十分精湛，不但器类丰富，而且造型十分优美，可谓是材质之美、工艺之美、比例协调之美三美合一。中国玉器制作历史悠久，早在距今 8000 多年前的兴隆洼文化时期，我国玉器制作技术便已十分成熟，并形成了自己的独特特点。在国外，仅有中美洲的墨西哥、大洋洲的新西兰和亚洲贝加尔湖等地发现过早期玉器，但都没有中国的玉器产生得早，延续得时间长，文化内涵更是不如中国玉器。因此，“在某种意义上来说，玉器是一种中国特有的艺术品”[①]。从中国古代玉器总体上分析，可初步分为礼仪、日常用器、葬玉、辟邪、佩饰和专门的陈设艺术品等六大类。

礼仪类玉器主要用在祭祀、朝享、册封和仪仗等礼制活动中。古代的礼玉，据《周礼》记载，专指璧、琮、圭、璋、璜、琥等六种“瑞玉”。然而，这六种瑞玉都“是战国和汉初的礼学家理想化了礼器系统”[②]。实际上，古代礼制活动中所用的玉器品种非常多，除六瑞外，历代的各种龙、凤形佩饰和玉册、玉印等都是与礼制活动有关的玉器。属于仪仗内容的玉器则主要是一些仿武器、工具造型的钺、戈、戚和造型比较特殊的斧、刀以及仪仗饰件等。

滨州境内发现的玉器依其功能和造型大体可分为两类：一是礼玉，二是饰玉。但由于考古工作做得较少，滨州一带发现的先秦时期的玉器较少，最重要的是在惠民大郭遗址出土的商代玉钺。1973 年 8 月，惠民县麻店镇大郭村群众在村边高台地取土时，在高台西侧距地表约 1.2 米深处发现了一座商代墓葬。该墓

---

① 夏鼐：《汉代的玉器——汉代玉器中传统的延续和变化》，《考古学报》1983 年第 2 期。

② 夏鼐：《汉代的玉器——汉代玉器中传统的延续和变化》，《考古学报》1983 年第 2 期。

葬中便出土一件象征权力的礼仪玉器——玉钺,另外还有用于佩带装饰的玉环等。[①] 该玉钺长20.3厘米,宽8.8厘米,厚0.6厘米。总体呈长梯形,两面弧刃,钺的端部有钻孔。玉质呈青黑色,通体磨光,质地坚硬细腻,制作精美,无使用痕迹。这件玉钺应为祭祀或仪仗专用器物。1991年春,堡集镇(今滨城区三河湖镇)水利工程施工时在后尹村出土了一件东周时期的玛瑙环,呈圆环状,外径4.6厘米,内径2.7厘米,厚0.8厘米,内环为竖直切面,环面较平,两面斜削,剖面呈六棱扁圆形,通体圆润,晶莹剔透。该玛瑙环应是玉组佩中的一件。2004年,对滨城区侯家遗址进行发掘时,在29号和33号两座战国墓内,发现谷纹玉璧、环,还发现玉管、玉珠上百件。玉璧为礼器,为“六瑞”之一。《周礼》曰:“以玉作六器,以礼天地四方,以苍璧礼天,以黄琮礼地,以青圭礼东方,以赤璋礼南方,以白琥礼西方,以玄璜礼北方”。玉管、玉珠等则是佩饰。而且还在一战国墓中的墓主人头部位置发现象牙梳、凤鸟形簪、条形簪和管状器等,都是难得的艺术品。阳信西北村战国墓也出土7件穿孔骨环和74枚穿孔蚌等饰品。骨环直径在1厘米左右,中间有细小穿孔。这些牙角骨蚌器经过钻孔、打磨、抛光,虽不着纹饰,但造型十分优美,不论是装饰品还是生活用具,都具有一种质朴的美感。不论是装饰品还是礼器用玉,都是先秦时期的人们在将其制作成生产工具的基础上形成的,人们不断地将自己的审美和价值观念灌输其中,从而形成了脱离于单纯实用目的的装饰品和礼器。

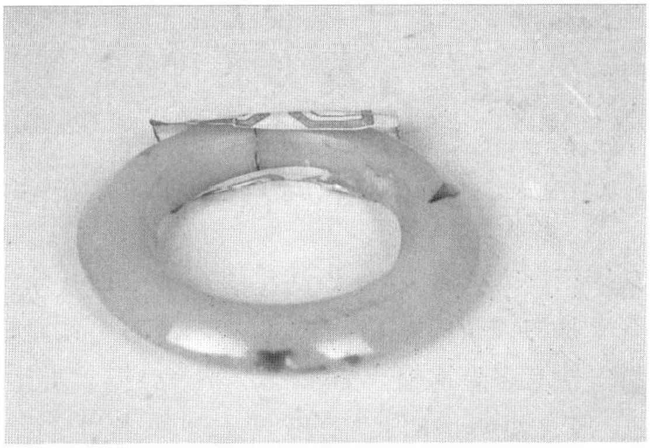

2-29　滨城区后尹村出土的周代玛瑙瑗

阳信西北村战国墓则发现有滑石管饰850节和磬形片饰228片。滑石管饰

① 参见山东惠民县文化馆:《山东惠民县发现商代青铜器》,《考古》1974年第3期。

多呈棱柱状，两端有小穿孔，长度一般在3厘米左右。磬形片饰也为滑石质，色黑，完整者少，一端有尖，中间有细小穿孔，这些应该属于车马上的饰品。

玉器的使用首先要解决玉料的来源，其次由于玉器造价相对较高，琢玉工艺十分复杂，当地的经济发展状况无疑决定了玉器的使用情况。受地理环境、玉石来源、生产工具和自身活动范围的限制，先秦之时人们多是就地取材。采玉点一般离生活聚落不远，且开采和运输方便。只要石质较好，易于琢刻，便可作为玉器材料使用。当时人们制作玉器除透闪石外，一般多使用玛瑙、玉髓、绿松石、青金石、琥珀、水晶、萤石、滑石、大理石、石英岩等。东汉许慎《说文解字》中所说的"玉，石之美者"即是指此。滨州发现的早期玉器主要的玉料主要是当地来源，尤以滑石质为主。如滨城区侯家遗址出土的玉璧和璜形器都是滑石质的。先秦时期，古人对于玉质的选择并不是十分的挑剔。

图2-30　侯家遗址出土的滑石制作的玉璧（现藏于山东省文物考古研究院）

玉器之所以受到中国人的喜爱，除去其质地和色泽具有极高的审美价值外，更是因为玉器拥有丰富的人文内涵，历来是君子之德的形象象征。对此，我国第一部诗歌集《诗经》中便有多处比喻。如《秦风·小戎》把君子比作美玉，"言念君子，温其如玉"。《卫风·淇奥》亦曰："有匪君子""如圭如璧"。后来经过战国、秦、汉儒家的增色，这种说法更为普遍。《礼记·玉藻》曰："君子无故玉不去身，君子比玉于德焉。"《春秋繁露》卷十六进一步解释说："玉至清而不蔽其恶，内有瑕秽必见之于外，故君子不隐其短，不知则问，不能则学。取之玉也。""玉在中国一直被奉若神明，深得统治阶级的宝爱。他们把玉本身的特性加以道德观念的比附延伸，使它在政治、经济、文化、思想、伦理、宗教等各个领域中，充当着特殊的角色，发挥着其他工艺美术品所不能取代的作用。”[1]玉被儒家视为具有仁、义、礼、智、信等多种美德。《礼记·聘义》中记载孔子与其弟子子贡之间的一段对话：“子贡问于孔子曰：‘敢问君子贵玉而贱珉者何也？为玉之寡，而珉之多与？’孔子曰：‘非为珉之多故贱之也，玉之寡故贵之也。夫昔者君子比德于玉焉，温润而泽，仁也；缜密而栗，知也；廉而不刿，义也，；垂之如坠，礼也；叩之其声清越以长，其终诎然，乐也；瑕不掩瑜，瑜不掩瑕，忠也；孚尹旁达，信也；气如白虹，天也；精神见于山川，地也；圭璋特达，德也；天下莫不贵者，道也。’”

中国工艺美术的创作思想历来重视造物在伦理道德上的感化作用，非常强调物用的政治功能与审美情感的满足，同时强调这种感官上的愉悦或启发要符合伦理道德规范。特别是玉器的礼玉等更是强烈地受制于传统伦理道德规范的约束。即使是后来流行的装饰陈设类玉器也都有特定的寓意，并往往借助于造型、体量、尺度、色彩或纹饰等来象征性地喻示伦理道德和社会等级观念，每件玉器几乎都代表了一定的政治、宗教含义，或是标榜个人的道德志趣、价值追求。

十五　夏商周时期的青铜艺术

滨州境内出土的青铜器以食器、酒器、水器等礼器和兵器为主，铸工精良。大件器物一般器形厚重古朴，小件器物则挺拔精巧，纹饰或繁缛或华丽或浑厚或简约，具有很高的艺术审美价值。

1.龙山时期即有铜器遗物出现

滨州境内年代最早的铜器遗物发现于丁公遗址龙山文化地层中。虽然只是数量极少的铜器残片，却表明冶铜业开始走上历史舞台。

自岳石文化（相当于中原的夏代）时期开始，青铜冶铸业已经成为新崛起的手工业生产的一个专业部门。[2] 丁公遗址岳石文化遗存中就出土有刀、镞等多件青铜器。[3] 这一时期青铜器制作技术比龙山文化时期有了显著的提高，铸造工艺已经能够熟练运用合范铸和锻打技术。特别是青铜镞的出现，表明青铜冶铸业已运用到狩猎和战争这种需求量非常大的领域，可见其生产能力之强和社会储

---

① 杨伯达：《杨伯达说玉器》，上海辞书出版社2011年版，第1～2页。

② 参见张学海：《张学海考古论集》，学苑出版社1999年版，第19页。

③ 参见方辉：《海岱地区早期铜器的发现与研究》，《海岱地区青铜时代考古》，山东大学出版社2007年版，第42～52页。

量之丰富，已能满足一次性社会活动的耗用。

2.商周时期境内青铜器数量明显增多

商周时期，滨州境内发现的青铜器数量明显增多，这些青铜器造型更加精美，而且规格很高，铸造技艺十分精湛。如滨城兰家遗址于1957年、1960年发现的青铜卣、觚、爵、剑、戈；惠民大郭遗址于1973年出土的鼎、小方彝、觚、铙、钺、锛、戈、矛、刀等青铜礼器、乐器和兵器，其中部分礼器还有族徽铭文；侯家遗址出土的青铜戈、剑、带钩、镞；邹平长山大省村5座春秋晚期墓出土的铜鼎、提梁壶、舟、匜、鉴①；阳信西北村战国墓出土的编钟、鼎、镈、豆、壶、敦、提梁壶、罍、漏铲、小铲、盘、匜、车马器等众多青铜器，都是造型庄重，纹饰精美，弥足珍贵。②

3.兽面纹是商代青铜礼器最突出的纹饰

商代青铜礼器上的装饰纹样最突出的主题是兽面纹。其特征是一个正面的兽面，以竖直的鼻梁作为整个图案的中轴线，向左右形成对称的构图。鼻子的左右分别是双眉、双眼，鼻梁下是翻卷的鼻头和张开的巨口。兽面巨大而狰狞可怖。这一造型综合了多种动物的特征，形成了一个巨眼、突睛、裂口、尖牙、锐爪的怪异形象。特别是以繁缛细密的云雷纹为地，与主体兽面纹形成强烈的反差对比，给人以狰狞、恐怖的感觉。除了兽面纹之外，滨州一带发现的青铜器纹饰还有虎纹、窃曲纹、乳钉纹、云雷纹、夔龙纹等。有的青铜器纹饰十分繁缛，充分利用浮雕和线雕技术，浮雕粗犷，线雕纤细，在主体纹饰四周都填满云雷纹为衬底，形成纹饰层次变化多端的华美风格。如博兴县寨下村正北2000米处寨下遗址出土的兽面纹立耳三足鼎，通体装饰兽面纹，线条刚劲有力，给人以古朴沉稳的感觉。出土于惠民县麻店镇大郭村大郭遗址的虎纹铜鼎，通高37厘米，口径28.5厘米。腹外部一周饰三对浮雕虎纹图案。所饰虎纹头部微低，四肢半蹲，尾巴卷起，蓄势待发，动感十足。出土于该遗址的商代铜爵，通高18厘米，深腹圜形底，三棱足，足尖外撇，窄流，尖尾，菌状双柱，条形鋬，器形挺拔流畅。腹部装饰的饕餮纹及漩涡纹繁缛细密，十分精美。邹平小清河水利工地出土的1件商代晚期西周初期的云雷纹铜爵，高21厘米，流长8.5厘米，三足，饰有云雷纹、乳钉纹，造型挺拔秀丽，亦十分精美。

---

① 参见山东省惠民地区文物组、邹平县图书馆：《山东邹平县大省村东周墓》，《考古》1986年第7期。

② 参见山东惠民县文化馆：《山东惠民县发现商代青铜器》，《考古》1974年第3期；徐其忠等：《山东阳信城关镇西北村战国墓器物陪葬坑清理简报》，《考古》1990年第3期；山东省惠民地区文物组、邹平县图书馆：《山东邹平县大省村东周墓》，《考古》1986年第7期。

图 2-31　邹平小清河水利工程出土的商代饕餮纹双耳三足鼎(邹平博物馆提供)

图 2-32　邹平出土的东周双耳三足鼎(邹平博物馆提供)

4.周代青铜纹饰趋于简化

到了周代，青铜器的纹饰特点延续商代晚期风格，更为庄严厚重。周代晚期，纹饰则逐渐趋于简化，有的鼎上只有简单的几周弦纹和加饰一个凸出的兽面纹。器形也由礼器逐渐向日常生活用器转变，朝着实用性方向发展。在形式风格上则由厚重变为轻灵，由规整严谨变得生动活泼，表现出丰富多彩的艺术特征。如邹平大省村春秋墓出土的一件铜鼎只是在腹部饰窃曲纹一周和简单的凸弦纹，纹饰变得非常简单。①

滨州境内发现的青铜兵器戈、剑、矛等一般很少装饰纹饰，但流畅的线条、和谐的比例仍然给人一种美的享受。

图 2-33　滨城区侯家遗址出土的商代戈

① 参见滨州地区文物志编委会编:《滨州地区文物志》,山东友谊书社 1992 年版,第 56～59 页;山东惠民县文化馆:《山东惠民县发现商代青铜器》,《考古》1974 年第 3 期;徐其忠等:《山东阳信城关镇西北村战国墓器物陪葬坑清理简报》,《考古》1990 年第 3 期;山东省惠民地区文物组、邹平县图书馆:《山东邹平县大省村东周墓》,《考古》1986 年第 7 期。

十六　商周时期的音乐与书法艺术

1.礼乐盛行的音乐艺术

音乐起源于劳动，是人类生活的一部分。古代滨州一带的先民以及山东其他地区的东夷族人一向以能歌善舞而著称。据《后汉书·东夷列传》载："东夷率皆土著，喜饮酒歌舞，或冠弁衣锦，器用俎豆。所谓中国失礼，求之四夷者也……以腊月祭天，大会连日，饮食歌舞，名曰'迎鼓'。是时断刑狱，解囚徒。有军事亦祭天，杀牛，以蹄占其吉凶。行人无昼夜，好歌吟，音声不绝。"据《路史》卷十六，少昊时"立建鼓，制浮磬，以通山川之风。作《大渊》之乐，以谐人神，和上下，是曰《九渊》"。《世本·作》则有"舜造箫，夔作乐，垂作钟，叔(均)造磬"的说法。

商周时期，礼乐文化趋于成熟，各种音乐更为盛行。《战国策·齐策》记载齐国"钟鼓竽瑟乐音不绝，和乐、倡优、侏儒之笑不乏"。《论语·述而》记载："子在齐闻《韶》，三月不知肉味。曰：'不图为乐之至于斯也。'"

商周时期的乐器，滨州境内发现最为重要的是惠民县大郭遗址出土的青铜铙和阳信县西北村战国墓出土的石磬、编钟和镈，其中又以石磬和编钟最为典型。

1988年10月，阳信县城关镇西北村发现一座战国早期墓葬，在清理的陪葬坑中，出土了一批重要文物，乐器青铜编钟和石磬便在其中。

编钟是我国古代用青铜铸成的，按照一定顺序悬挂在木架上的一种打击乐器。该乐器一般分成一组或几组悬挂，用木槌或棒分别敲打铜钟，每个钟体因体积不同而产生的振动频率各异，从而形成不同的音高，演奏出不同的乐曲。古代的编钟多用于宫廷演奏，是一种重要的礼器。西北村战国墓出土的编钟全套共9枚，全部为钮钟，单钮，有的钟体内尚存泥胎内范。1、3、6、7、8号较为完整，余者有不同程度的残蚀。9枚编钟造型一致，大小有序，鼓部为素面，钮部饰头尾相交的蛇形纹。编钟尺寸按照钟的大小依次是：1号，钮高5厘米、通高28厘米；2号，钮高4厘米、通高28厘米；3号，钮高4厘米、通高24.5厘米；4号，钮高3.7厘米、通高21厘米；5号，钮高4厘米、通高17.5厘米；6号，钮高3.5厘米、通高19厘米；7号，钮高3.5厘米、通高18.3厘米；8号，钮高3厘米、通高15.3厘米。9号残蚀严重，尺寸不详。该陪葬坑另出铜镈5枚，单钮，平口，鼓部为素面，钮部亦为头尾相交的蛇纹。

磬是用石或玉制成的打击乐器。编磬就是把若干只磬排成一组，每磬发出不同的音色，多用于宫廷雅乐或盛大祭典。西北村战国墓出土的石磬一套共13枚，全部由质地相同的青灰色石灰岩磨制而成，形制规整，上缘作倨钩形，底部微内凹。编磬大小相次，有一件出土时破损，经修补后完整，其余12件完整无缺。出土时表面附有朱红色颜料，应为朱砂。经过调测，这套编磬音律规范，符合“五声、六律、十二管旋相为宫”的音律原则，其律名应为齐国“大吕律”，是一套实用器物。①

阳信编磬的音阶有13个，音质非常清晰。正声部五音阶名序列为：宫、商、徵、羽、清羽，但在商、徵之间少了一个“角”音，多出一个清羽音阶，由此造成了该套编磬正声部五声音阶不完备现象，其原因不明。②

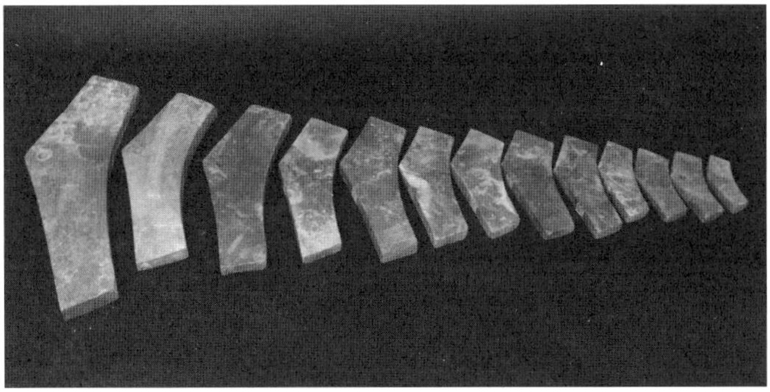

图2-34　阳信县西北村战国墓陪葬坑出土的石磬（现藏于阳信县博物馆）

2.字体雄奇的商周金文

中国的书法，是伴随着中国文字的发明而产生的写字的艺术。早在史前时期，已经出现有各种刻划符号，有些被认为是象形文字的萌芽。滨州境内所知最早的文字当为龙山文化时期的丁公陶文。

滨州发现的青铜器金文，大多属于商代晚期，铭文往往只有单字，大都是族徽图像。这一时期的青铜器金文，目前发现的有兰家遗址出土的青铜卣上的

---

① 参见徐其忠：《山东阳信战国编磬的形制、律调及相关问题初探》，山东大学历史系考古教研室编：《纪念山东大学考古专业创建二十周年文集》，山东大学出版社1992年版，第327～341页。

② 参见政协滨州市委员会编著：《滨州区域文化通览·综合卷》，中国文史出版社2012年版，第70页。

“卣”（或释为“甾”）字；大郭遗址出土的铜铙内壁、方彝盖与腹内壁，还有铜戈上的“戎”字徽识符号。这几个金文皆为铸文，单字，年代为商代晚期。字是先刻在陶范上，然后与器体同时浇铸而成。这种金文还存有图案的韵味，字体粗壮雄奇，中书肥大而两端尖锐，收笔处偶有波磔，这些特征都代表着商代金文书法艺术的风貌。

第三章　秦汉隋唐时期的滨州

一　茅焦台与茅焦的故事

上卿当日事嬴秦，忠谏能回帝主心。
一片丹衷昭汗简，千年美誉重儒绅。
草生庭下空交翠，花落台前自送春。
庙像至今犹炫赫，阴施德泽济贫民。

——（清）于宗《秦茅焦台》

这是清代僧人于宗题写茅焦台的诗，收录在咸丰《滨州志·艺文志》之中。至今，滨州市滨城区滨北街道办事处北街还保留有茅焦台遗址。

1.茅焦归隐之地的茅焦台

据民间传说和滨州地方志记载，茅焦台遗址是秦始皇嬴政的臣子茅焦隐居的地方，后人还在上面立了茅焦祠。

现在，茅焦台尚余海拔约 18 米的土台，东西长约 60 多米，南北宽约 50 米左右。据当地居民介绍，原来茅焦台的面积比现在要大得多，也要高得多。多年前因村民取土，已经所剩不多，成为一处地势较高的高台平地，上面还建有几处民房。所幸的事，高台平地之上还保留有一小段高台，尚保持着原来的样子。这段高台南北宽 3 米左右，东西长 10 余米。从现存土台剖面观察，夯筑层次清晰，夯层厚度一般在 16 厘米以上，每层都夹有大量陶片、砖瓦、瓷片等。根据其筑造工艺和夹杂的陶瓷遗物分析，茅焦台筑台时间可能较晚，现保存较好的部分高台应是宋代前后建造的可能性较大。2018 年 4 月 9 日，笔者在夯层中发现其中夹杂有较多的宋代瓷片，夯层中夹杂的灰瓦年代也相对较晚，从而确定现存高台的筑造年代不会早于宋代。即使宋代之后，现高台也曾经过数次整修，从而出现上下夯层和包含物不同的现象。

图 3-1 茅焦台现存台顶全貌

图 3-2 茅焦台夯层清晰,中杂陶瓷砖瓦碎片

图 3-3 夯土层中夹杂的宋元时期白瓷片

图 3-4 重修真武庙拜台记碑碑额

高台下面是否还有更早时期的夯土建筑或夯土堆积,现在因考古工作做得较少不得而知。但现在的高台下面一定有更早期的遗迹和遗物是毋庸置疑的。多年前,文物工作者曾在该处捡拾过石斧、石锛、盔形器等。石斧、石锛从器形分析,应是新石器时代的砍砸工具,说明新石器时代这里即有人类居住。盔形器则是晚商周初煮盐用的工具,说明这一时期这里可能有盐工居住,或者是居住有与制盐有关的人员。笔者也曾在遗址周边捡拾到一片新石器时代龙山文化时期的黑陶片。茅焦台遗址所在地人类生活的延续时间应该非常长,自史前即有人类居住,现在看到的宋代建起的夯土高台可能是建在早期高台的基础之上的。最初筑造高台的目的现在已不清楚,也许就是为了纪念茅焦。

据了解,茅焦台上原来还有真武庙,明代重修过。台下保留有重修真武庙碑额。1983 年,该遗址被滨县人民政府公布为第一批县级文物保护单位。

2.齐人茅焦是滨州人吗?

题写《秦茅焦台》诗的清代诗人于宗,史载极少,而茅焦却是正史有载。《史记·秦始皇本纪》记载得较为简略，只一句："齐人茅焦说秦王曰：'秦方以天下为事，而大王有迁母太后之名，恐诸侯闻之，由此倍秦也。'秦王乃迎太后于雍而入咸阳，复居甘泉宫。"司马光《资治通鉴·秦纪·始皇帝上》记载得则较为详细，且绘声绘色："初，王即位，年少，太后时时与文信侯私通。王益壮，文信侯恐事觉，祸及己，乃诈以舍人嫪毐为宦者，进于太后。太后幸之，生二子，封毐为长信侯，以太原为毐国，政事皆决于毐；客求为毐舍人者甚众。王左右有与毐争言者，告毐实非宦者，王下吏治毐。毐惧，矫王御玺发兵，欲攻蕲年宫为乱。王使相国昌平君、昌文君发卒攻毐，战咸阳，斩首数百；毐败走，获之。秋，九月，夷毐三族；党与皆车裂灭宗；舍人罪轻者徙蜀，凡四千余家。迁太后于雍萯阳宫，杀其二子。下令曰：'敢以太后事谏者，戮而杀之，断其四支，积之阙下！'死者二十七人。齐客茅焦上谒请谏。王使谓之曰：'若不见夫积阙下者邪？'对曰：'臣闻天有二十八宿，今死者二十七人，臣之来固欲满其数耳。臣非畏死者也！'使者走入白之。茅焦邑子同食者，尽负其衣物而逃。王大怒曰：'是人也，故来犯吾，趣召镬烹之，是安得积阙下哉！'王按剑怒而坐，口正沫出。使者召之入，茅焦徐行至前，再拜谒起，称曰：'臣闻有生者不讳死，有国者不讳亡。讳死者不可以得生，讳亡者不可以得存。死生存亡，圣主所欲急闻也，陛下欲闻之乎？'王曰：'何谓也？'茅焦曰：'陛下有狂悖之行，不自知邪？车裂假父，囊扑二弟，迁母于雍，残戮谏士，桀、纣之行不至于是矣。令天下闻之，尽瓦解，无向秦者，臣窃为陛下危之！臣言已矣！'乃解衣伏质。王下殿，手自接之曰：'先生起就衣，今愿受事！'乃爵之上卿。王自驾，虚左方，往迎太后，归于咸阳，复为母子如初。"

《史记》和《资治通鉴》所记载的茅焦皆为齐人，但是否为滨州人，史籍皆无明确记载。同是李熙龄撰的咸丰《滨州志》中，便对茅焦是否为滨州人（当时的滨州大概相当于现在的滨城区）提出了质疑，并专写《滨州祀茅焦考》一文。作者李熙龄认为，历史上的滨州志都说茅焦为滨州人，但"秦时茅焦为齐人……按齐地，凡武郡及济南皆是，未见其确为滨州人也，惟旧志已建祠立祀，姑仍之"。

虽然茅焦是否为滨州人还有疑问，但至少自宋以来，官方志书中还是承认此处即为立祠供奉茅焦的所在，或者是茅焦隐居的地方。元代于钦纂《齐乘》卷五"真祐庙"条写道："滨州城内祀齐客茅焦兄弟，宋大观三年赐额真祐庙。政和六年兄封允济侯、弟强济侯。金末祠废，土人呼做茅神台。"明嘉靖《山东通志》"茅焦台"条也记载："在滨州东北旧有庙，宋大观初废。"李熙龄撰咸丰《滨州志》记载茅焦台："世传为焦隐所，土人立焦祠于其上，宋大观初改元武祠（《滨州志》因避康熙帝玄烨讳，改玄为元，即玄武祠），而茅像移于西廊，至今犹存。土人呼为茅神台……千九百年巍然犹存，虽为神所依凭，而名未之或改。登斯台也，高风时来，缅怀前烈，可以振懦强志矣。百世之下，庶不思废焉。”从中可以看出，虽然茅焦台千百年来的兴废易名史籍记载不甚一致，但至少到了宋代，官方或地方便在今天的茅焦台立祠纪念茅焦，甚至朝廷还为此专门赐名。直到清代咸丰前后，茅焦台上还有茅焦像，茅焦台也一直被当地人称之为茅神台。

二　信阳古城：汉代阳信故城址

平原北望郁峥嵘，古垒犹传大将名。
把酒几伤兴废事，凭栏不尽古今情。
千年戎马雄图散，百尺登临壮眼明。
对此令人倍惆怅，秋风禾黍晚云横。

——（明）孙重光《汉城俯瞰》

遗垒犹堪国士夸，空留断戍阅年华。
干戈此日销沉久，桃李春风尽是花。

——（清）李异《汉垒盘旋》

孙重光和李异的这两首怀古凭吊诗篇，据说缅怀的是汉初三杰之一的淮阴侯韩信。诗中的“古垒”和“遗垒”则是指的位于今无棣县城北面的信阳古城，即无棣古八景“汉垒盘旋”中的“汉垒”。

信阳古城位于今滨州市无棣县信阳镇谢家村西南 500 米处，平面呈“磬”形（古代的一种乐器），面积约 120 万平方米，将现在的车里村、谢家村和如意村三个村庄包围在内，南北最宽处约 1400 米，东西最长处约 1500 米。如今，荒草旧垒历经数千年风雨，只残存一段 120 来米长的土城墙，高约 6 米，依稀还可见昔日雄伟壮观的泱泱气象。附近的村民更是将其视为风水宝地。他们自发在古城边上修建了一座土地庙，四时祭拜，祈求风调雨顺，家庆食丰。

2014 年 10 月 21 日至 12 月 29 日，山东省文物考古研究所对信阳古城进行了考古勘探，初步揭露出其城址范围、结构布局和城址的性质，认为该城即为汉代阳信故城址。

1.县志中记载的信阳古城

信阳古城遗址在当地县志中多有记载。康熙《无棣县志》载：“信阳城，《山东通志》作信城，在县北十七里。相传韩信下齐所筑，周围六七里，形如磬折而缺其西南。旧有信城里。或云即汉阳信县故城。”民国《无棣县志·古迹》也沿用这种说法：“相传韩信下齐所筑，形如磬折而缺其西南。旧有信城里，或云即汉阳信县故城。”民国《阳信县志》也认为今无棣信阳古城即为西汉的阳信故城址。《山东通志》称信阳古城为“信城”，当地民众则俗称为“歇鞍城”“小鞍城”。至于筑址原因，据《山东通志》载：相传韩信由燕地讨伐齐地，行军至此，发生大战，并在战斗中丢掉了战靴。韩信为报丢靴之仇，遂命令士卒仿照战靴的样式筑造城池，现成为无棣县古八景之一，称之为“汉垒盘旋”。1994 年版《无棣县志·文物》记载筑城原因与《山东通志》基本相同：“相传韩信下齐至此，鏖战丢靴，士卒哗然，为雪丢靴之辱，下令仿靴筑城，形如磬折而缺其西南。”信阳古城址的名称来历一是取韩信之名中的“信”，二是因其位于河流之阳，合并为“信阳城”。《无棣县地名志》记载：“紧靠两条黄河故道，南曰‘萧米’，北曰‘覆釜’，先萧米，后覆釜；萧米源于今无棣镇的洼里宋、河东许家之间，覆釜源于今无棣镇的南桥、信阳乡的大王之间。汉初建城时，黄水正从萧米河东流。取韩信建城和城处大河之阳的意思，命名‘信阳城’。”

图 3-5　信阳古城残存城墙

图 3-6　信阳古城夯层清晰

2.信阳古城的布局是什么样的？

信阳古城的布局是什么样的，呈什么形状？从县志上来看，有说其为磬形的，也有说其为靴形的，也因此延伸出一些故事和传说。

县志记载，信阳古城外形如靴，一是因为韩信仿靴筑城，以雪丢靴之辱；二是内含“靴踢长安”之意，表明韩信志在长安的雄心。民国《无棣县志·古迹》说其“形如磬折而缺其西南”。1994 年版《无棣县志·文物》说得更为清楚：“相传韩信下齐至此，鏖战丢靴，士卒哗然，为雪丢靴之辱，下令仿靴筑城，形如磬折而缺其西南。”

康熙《海丰县志》卷首有“无棣八景”图，为清代钱塘画家费而奇所绘。其中有“汉垒盘旋”一景，清晰画出了信阳古城的城墙走向、城门位置及里面的村落布局。根据梳理史籍，可判断信阳城共有六门：其中北面有两座城门，门内为车里村。车里村原称城里村，明初立村，因位于信阳城里故名城里村，后演变为车里村。西面有城门一座。城门里亦有一村，因位于城西南的“靴脸”处，故名“靴脸村”。明代初年立村，后因“靴脸”二字不够文雅，便于 1939 年更名为“如意村”。东面有城门一座。门里村庄叫谢家村，原称信阳城东门里小张家。明代初年，有谢氏人家迁此居住，人丁兴旺，张姓人家则日渐衰落，故更改名称为“谢家村”。城内有一条东西街道连接东、西两座城门。城墙西南向内凹处和南城墙各有一座城门。《黄河三角洲古文化遗存研究》一书中写道：“信阳故城经历次勘查，知故城内分大、小两城，大城居东，小城坐落于大城的西北隅，两城用内城墙相隔。”[①]进而有人认为城内有大小二城，小城为内城，是官府署衙所在地，后成为信阳乡政府驻地，还有供销社、邮政所、粮所等部门。

据附近村民回忆，20 世纪五六十年代，城墙保存还相对较好，长达八九千米，高达 10 米以上，底部宽约 15 米。保存最好的是南城墙一段和北城墙西段，两段城墙的底部宽在 25 米以上，高也超过 15 米，非常壮观。城墙上面虽比底部要窄，但最宽处依然可以并排行驶两三辆轿车。20 世纪 70 年代，一面高大的土墙还横在原店子公社粮库北面，一直向南延伸。西城墙南段和南城墙西端也保存完好，能够清楚看出古城的形制和规模。后来，村民为了盖房子和扩大耕地拆除了大部分城墙，现在只剩下了南城墙西段约 120 米长的一段城墙。残存城墙黄土夯筑，夯层厚约 30 厘米，残宽 5 至 10 米，残高 6 米左右；城内有厚约 2 米的文化堆积。信阳古城由“版筑法”筑造而成：用木板夹附在墙体两侧，两侧木板中间用木棍或绳索连接固定，后在两侧木板中间填土夯实，此层墙体完成后再将两侧木板上移，如此反复，城墙便层层增高。现在，从残存的城墙两侧，仍能看到很多柱洞或绳索遗迹形成的直径 15 厘米左右的孔洞，以及层层版筑形成的夯土层，非常清晰。[②] 惠民地区文物普查组曾于 1987 年对遗址进行过调查，文物工作者在遗址上采集有大量罐、盆和泥质灰陶豆等器物残片等。该遗址还曾出土战国“齐大刀”刀币（原来都释义为“齐法化”，今从新说）及秦汉时期铜剑、箭镞、陶器等文物。1992 年 6 月，山东省人民政府将该遗址公布为第二批省级文物保护单位。

---

① 徐其忠等：《黄河三角洲古文化遗存研究》，山东人民出版社 2002 年版，第143 页。

② 参见徐其忠等：《黄河三角洲古文化遗存研究》，山东人民出版社 2002 年版，第149 页。

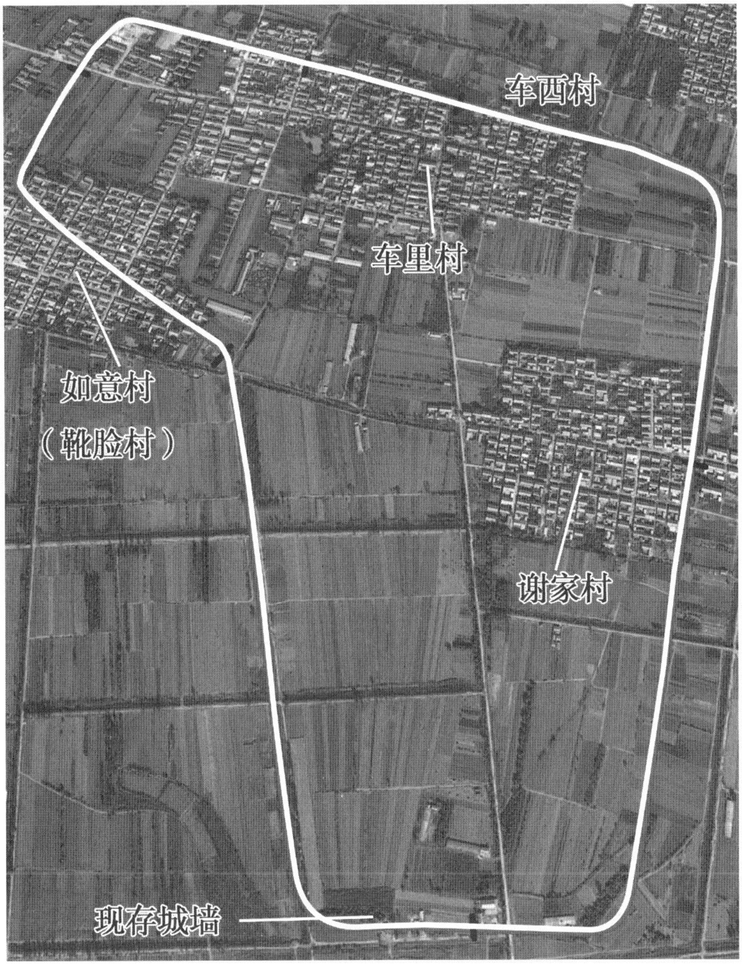

图 3-7　考古勘探确认的信阳古城平面轮廓(无棣县博物馆提供)

那么信阳古城的形状和平面布局究竟是什么样的呢？2014 年 10 月 21 日至 12 月 29 日，山东省文物考古研究所信阳古城考古勘探队对其进行了详细的考古勘探。通过勘探，知道信阳古城的平面形状确为磬形。同时，对城址内的地层堆积、城址形状、城墙、城门、壕沟及城内可探区域的遗迹有了初步了解：勘探确认该城共有六座城门，和县志所记相符，其中西门两座(一南一北)、南门一座、北门两座(一东一西)、东门一座；南门和靠东的那座北门相对，东门和靠南的那座西门相对。

勘探发现城墙、壕沟的长度和宽度不一。夯土城墙墙基宽为 32～43 米，壕沟宽 16～20 米。南城墙长约 440 米；东城墙长约 1240 米；北城墙长约 1200 米，西城墙呈明显的三段弯曲状，总长约1890米。城址占地总面积达120万平方米。

南城墙东西向，长约440米，平均宽约32米，夯层为0.18～0.2米，今地表残存近100米；残宽5～10米；地上残存最高5.8米；地下1.7～2米；拐角呈弧状。城墙外有壕沟距城墙约5米，宽16～20米。南门一座，宽约9米。

东城墙呈偏东北—西南向，长约1240米，平均宽约43米。夯层为0.18～0.2米，地表部分今已不存；残存地下部分深1.7～2米；拐角呈弧状。壕沟距城墙约5米，宽20～24米。东门一座，位于谢家村东首东西进村路南8米，宽约8米，其间未发现与城墙相连的夯土。

北城墙呈偏西北—东南向，长约1200米，平均宽约38米，夯层为0.18～0.2米，地表部分今已不存；地下残存1.7～2米；拐角呈弧状。无棣八景"汉垒盘旋"中言清邑人中宪张映蛟曾建别墅于西北城垣上，额题"桃坞"，旁立"桃坞碑"和"信阳城碑"。壕沟距城墙约5米，宽约18米。北门两座，即北西门和北东门，两门相距较近。北西门位于车里西村后街，宽7米；北东门位于车里西村北水塘东南角6米处，宽7米。

西城墙呈明显的三段弯曲，分为南、折弯、西北三部分，总长约1890米，三段分别长约380米、600米、910米，平均宽约32米。夯层为0.18～0.2米，今地表部分不存；地下残存1.7～2米；拐角呈弧状。折弯段整体被如意村（靴脸村）占压，南段被现代引水渠打破，西北段北部被原粮所、幼儿园等建筑占压。壕沟距城墙约5米，宽约16米；折弯段被如意村完全占压。西门两座，即西北门和西南门。西北门在老粮所南、紧邻进出车里西村的水泥公路南侧6米，宽8米；西南门位于折弯段如意村东南角60米、南北生产路西侧，宽7米。

城址内文化堆积时间长，分布广泛。因原城址内部高低不一，堆积的厚薄不同，主要分为东周和汉代两个时期的文化层，汉代文化层明显较厚，其上为厚厚的淤土，临近今村庄或房屋包围处耕土下部分可见薄薄的一层明清文化层。

城内遗迹主要有夯土台基、青砖基础、道路、活动面、窑、灶、灰坑、墓葬等。发现的遗物众多，青砖、瓦块、陶片、铁渣、兽骨、炉渣、草木灰、红烧土块等，说明城内当时有冶炼等手工作坊。城南遗址发现有文化层，遗物有青砖、陶片等，其南侧小米河北岸发现面积达1万平方米以上的夯土台。台西发现诸多墓葬，或为汉代墓葬区。

但对于晚期文献记载的大城、小城之说，此次勘探没有勘探到相关城墙，早期遗存也很少。小城是否存在，还有待进一步的工作。

3.信阳古城是韩信所筑吗?

虽然此城传说与韩信有关,但在早期文献和考古勘探发掘中,均未见有与韩信有关的实物和记载。而且,韩信生于战国末期人,主要活动于秦末汉初之时,而信阳城从城体格局、构筑方法、城土中夹砂陶片等方面分析,该城最迟修筑于战国,甚至可以早到春秋时期,这与韩信所在的年代明显不符。《续山东考古录》卷八“海丰县”条载:“近志误以其西北之汉获苴侯城为龙且城,遂以此城为淮阴(即指淮阴侯韩信)所筑,失考甚矣。”早在清代,叶圭绶便已指出此城并非韩信所筑。

现在,残存南城墙包含物均属战国或之前的遗物,没有秦汉时期的遗物,城内也普遍存在东周时期遗存,在当时应为齐国的一处较为重要的边邑城市。春秋战国时期,齐国于此修建城池,是符合齐国利益和当时形势的。无棣一直是齐燕的交界之处,在此筑城即有边防之用,又可保障齐国的渔盐之利。

秦汉一统后,该城被继续使用。但自汉以后直至明代,城内几乎没有这段时期的文化堆层,说明长时间内该处极少有人居住,后世建城也都回避这里。《太平寰宇记》卷六十五则记载:“高齐天保七年(556年)自此城移于今阳信县东马岭城置。”文献记载虽与考古发掘的时间略有出入,但基本还是吻合的。至于迁城的原因现在还不清楚,也许是由于水患较多,也许是因为此处长期盐碱、不宜农耕,至于具体原因,还需进一步考证和考古工作。

据了解,在信阳古城的北部和东北还有两座汉代古城,一是广武城,传为西汉广武君李左车所筑;另一是光武城,传东汉光武帝刘秀据燕制齐时所建,均无实据。但从出土的汉代青铜箭头、汉代砖瓦陶器残片等文物测定为汉代遗址无疑。信阳古城、广武城、光武城呈三足鼎立之势,可见此区域地位之重要。

4.信阳古城应为汉代阳信故城

信阳古城应为西汉高祖五年(前202)设置的阳信县城。直至王莽篡汉,215年间,此处一直是古阳信县的治所。

《太平寰宇记》卷六十五“沧州无棣县”条记载:“无棣县……本齐之北境,汉阳信地,东南三十里阳信故城存。”元代于钦《齐乘》卷三云:“无棣县,齐履北境,汉阳信地。”《续山东考古录》卷八“海丰县”条载:“阳信县故城在北十七里,今信城,俗又称信阳城。据《水经注》:‘阳信故城在屯氏别河南北二渎之间。’《寰宇记》:‘无棣县,汉阳信县地,东南三十里阳信故城存。’今县北信城北有覆鬴河,即无棣沟,实屯别北河也。南有古堤,即屯别南河所迳。西北去庆云东南隋无棣城里数相符,称名未改,为汉阳信城无疑。”

信阳城位于两河之间，北依覆釜河（朱龙河），南临小米河（萧米河）。民国《无棣县志》卷一记载，小米河自枣园桥东经吴家店南又往东流去，与河西营古河合并在一起。民国《山东通志·古迹》“海丰县”条记载：“阳信县故城在县北十七里，汉置县，属渤海郡，今名信城。”咸丰《武定府志·沿革》“阳信县”条记载：“信水之阳也……钩盘河经县境至城南十里为信河。”《清史稿·地理志》“武定府阳信条”载：“阳信，疲。府东北四十里。西南，钩盘自惠民入，迳红庙庄，一曰信河，县氏焉，东北入沾化，涸。”小米河或为钩盘河古河道旧存，其流经的这条故道旧河或者就是古时的信水。信阳可能是因其位于信水之北而得名，今无棣仍设有信阳镇。

信阳古城城墙高耸且十分宽厚，具有非常好的防御功能，很可能是周齐时的无棣邑。从勘探情况来看，残存城墙始筑年代早至东周，甚至在城内发现的若干陶片分析，年代甚至可早到春秋甚至到西周晚期。汉代汉武帝设置的阳信县应当是延续东周城邑而来。据《续山东考古录》卷八“海丰县”条，该城北临的覆鬴河为古无棣沟，若覆鬴河确为古无棣沟，那么该城为周齐时无棣邑的可能性是非常大的。《续山东考古录》卷八又说城南有古堤。本次勘探的城址南面确有夯土台基，或许就是当时古堤的遗存。《续山东考古录》卷八“海丰县”条亦说“海丰县，周齐无棣地”；“本齐无棣邑，隋置无棣县，以县南无棣沟得名”。城址南面的台基如是古堤，则是县南边无棣沟的堤防。但《续山东考古录》因为缺少考古资料的证明，也有自相矛盾之处，时而说城北之河为无棣沟，又说城南为无棣沟，没有定论。

总之，信阳古城作为汉代阳信城的治所城池是可信的，很有可能也是周齐时的无棣邑所在。西汉初年，阳信城在当时应当十分重要，多有功臣被封侯于此。先是高祖刘邦封吕氏为阳信侯，文帝刘恒又封刘揭为阳信侯。《齐乘》卷三记载：“阳信县，中，州东北四十五里。本汉县，属渤海郡。高祖初封吕青为阳信侯，文帝复以封刘揭。”汉武帝的姐姐阳信长公主亦被封邑阳信。阳信长公主的父亲是汉景帝，母亲是王皇后，因其封邑在阳信，又是长女，所以称为“阳信长公主”。其先嫁平阳侯曹寿，所以又称为“平阳公主”。其丈夫去世后，武帝下诏，命其嫁给卫青。卫青是皇后卫子夫的弟弟，曾为公主家骑奴，后因征伐匈奴有功，被封长平侯、大司马大将军。后公主先卫青去世，二人合葬于茂陵。[①] 1981 年，陕西兴平西汉武帝茂陵 1 号无名冢 1 号从葬坑出土大量青铜器，其中多件有“阳信家”字样。发掘者认为，这批铜器主要是汉武帝时期的器物，武帝时称“阳信”者“唯其

① 参见安作璋：《学史集》，中华书局 2001 年版，第 156～157 页。

姊阳信长公主”。由此推之,“阳信家”当为武帝姐姐阳信长公主之家。但学界对此意见还不统一,真相到底如何还需期待更多的考古发现。正是:

古城千年今犹在,故老相传韩信名。
世事纷纷扰疑云,拨云还须考古功。

三　事死如事生:汉代人的地下生活

两汉时期的滨州到底是什么样的,史书上虽有蛛丝马迹,但记载还是太少。比较集中的记载就是龚遂治渤海、伏生传尚书、王景治黄河等几个大的事件。经济记载有纺织、盐业和冶铁等产业,人口数量也有所增加。《汉书·地理志》“千乘郡”载:“户十一万六千七百二十七,口四十九万七百二十。”千乘郡在东汉时改为乐安国,《后汉书·郡国志》“乐安”条载:“乐安国,九城,户七万四千四百,口四十二万四千七十五。”西汉千乘领县十五座,东汉乐安领有九城,人口相较仅少七万,说明从西汉到东汉,滨州人口数量实际还是增长的。

但是当时滨州的生活场景到底是怎么样的,史书上是没有记载的。近几年,滨州当地发掘出土的几座汉墓大略可反映出当时人们生活的一些影子。

1.汲家湾汉墓的发现

1982 年,滨县堡集公社(今滨城区三河湖镇)汲家湾村民在村南附近挖土时,发现一座汉墓,并出土了一批文物。惠民地区文管所与滨县图书馆于 1983 年 5 月对该墓进行了清理。

墓室是在一取土坑中发现的。墓顶被全部破坏,仅残存高 1 米左右的墓壁。墓室方向南偏西 8 度,南北总长 6.31 米,东西总宽 4.25 米,墓壁厚 36 厘米,用模印的四方连续菱形纹长方形砖错缝顺砌。砖长 36 厘米,宽 17.5 厘米,厚 6.2 厘米。墓葬残存前室、后室和耳室。前室为横长方形,东西长 2.8 米,南北宽 2.1 米,东壁有拱券顶门通向耳室。耳室长 1.06 米,宽 1 米。前室北壁偏东位置有拱券顶门通往后室。后室为纵长方形,南北长 3.35 米,东西宽 2.83 米。拱券顶门用模印花纹楔形砖券砌。楔形砖长宽与其他长方形砖相同,一端厚 6.2 厘米,另一端厚 4.8 厘米,三侧面有模印菱形纹,另一面为绳纹。另有一种模印菱形纹斜面子母口砖,横断面呈梯形,一面宽 16.5 厘米,另一面宽 15 厘米,厚 5.8 厘米,长 41.5 厘米,为砌筑墓顶用,亦是三面菱形纹,一面绳纹。

随葬器物均置于前室，后室只有少量残骨，未见葬具痕迹。出土器物有釉陶、泥质灰陶、白陶和泥质红陶共17件。其中，釉陶有鼎2件，熏炉1件，弦纹长颈壶2件，小盘1件，平盘1件，奁（音lián，泛指盛放器物的匣子）1件，博山炉1件，盆1件，共10件。泥质灰陶器有壶2件，罐1件，共3件。泥质红陶器有陶灶、陶盂和陶井各一，均为随葬明器。还有白陶瓮1件。另外，还出土有灯盏残片和“五铢钱”。其中最为精美的为釉陶器和陶灶陶井。

陶灶陶井都不是实用器，而是缩小版的明器，专为随葬使用，从中可以看出当时人们的生活情景。釉陶博山炉器盖为云气缭绕、重峦叠嶂的仙山形状，布满镂孔。器身如豆，子母口，下接浅盘。炉身饰凹弦纹两周，通高24厘米，保存完好。博山炉，以象征传说中的海上仙山——博山而得名。汉代盛传海上有蓬莱、博山、瀛洲三座仙山。战国至西汉初期依次成书的《山海经》已经出现了不死之药、不死之国、不死之山、不死民、不死树等说法，还出现了居住在昆仑山的半人半兽的西王母。战国秦汉时期仙人的主要特征就是不死和飞行。就人而言，获得长生是最重要的。当时方士们谈论最多的主要是不死、神药之事。汉代时流行以博山炉随葬，便是当时神仙思想流行的一个重要体现。

图3-8　汲家湾汉墓出土博山炉

从墓葬形制和出土器物分析，此墓应为东汉时墓。至于墓主人是谁，无据可考。但这批文物对研究当时的埋葬制度和生活习惯提供了实物资料。

2.邹平汉代家族墓群的发现

2008年4月11日至19日，山东省文物考古研究所、滨州市文物管理处与邹平县文物管理所在邹平县东区开发工地考古发掘时发现了五座西汉墓。

五座墓皆为西汉中晚期的土坑竖穴棺椁墓，葬式为面北朝南的仰身直肢葬，随葬品多在墓主人的脚部，手臂部位则放有铜钱，墓顶有夯筑痕迹，主要作用可能是为了防盗。五座墓中出土了大量五铢钱、陶壶、陶罐、铜镜等随葬品。其中一枚铜镜为汉昭明镜，直径 8.5 厘米，铜镜背面铸有“内清质以昭明，光辉象夫日月……”等 20 个可识文字，造型精致，虽然有不少锈迹，但铜镜正面依然平明如初，光可鉴人。另外几座墓中出土的陶器也非常有特色：其中两只陶罐带有弦纹、刮篦纹和绳纹。负责此次考古发掘的山东省文物考古研究所李曰训研究员说，在西汉带有刮蓖纹的陶罐非常罕见，在山东境内自己也是第一次见到。另有两只彩绘陶壶颈部装饰有红色菱形纹，壶身装饰为人字纹和点状纹，点状纹在人字纹的下面，纹饰造型大方美观，线条简洁流畅，富有浓厚的汉代风格，而且纹饰极为抽象。虽然该壶抽象的纹饰意义现在无法解答，但显然反映了当时人们的审美观点，该壶的出土为研究当时社会的审美思想具有十分重要的意义。另有一只鸟形钮盖壶也十分精美。还有几只壶，壶身左右各堆塑有兽形辅首衔环，很有特色。

在而此之前的 2007 年 11 月，山东省考古研究所与滨州市文物管理处还在这五座西汉墓的旁边发现了十一座东汉墓。其中一座东汉墓（7 号墓）有彩绘汉画像石墓门，这是山东省第一次发现的彩绘汉画像石，具有极高的学术价值、历史价值和美学价值。这十一座汉墓皆为南北向的夫妻合葬墓，都有墓道、墓门和墓室，其他几座墓都是围绕在 7 号墓的周围，规格和墓的形制都相对较低，经初步分析这里应为一家族墓地。

11 月 20 日，在发掘第七座墓（7 号墓）时，考古人员发现了由四块朱红色彩绘汉画像石组成的墓门。石墓门外有两层朱红色彩绘菱形花纹的封门砖，拆走汉砖后，便发现了这座墓门。这种朱红色颜料为一种矿物质朱砂。这座墓门由三部分组成，中间为两扇石门（高 1.25 米，宽 0.5 米左右），阴刻着兽面纹铺首衔环；石门上面为彩绘汉画像石门楣（长 1.2 米，高 0.4 米左右），门楣中间阴刻有一个羊头，两边则绘有车马出行图，形象地反映了墓主人生前的生活；石门两侧为左右立柱（高 1.25 米，宽 0.25 米左右），上刻四神图，其中左立柱上刻青龙下刻白虎，右立柱上刻朱雀下刻玄武，分别代表东西南北四个方位。画像石皆为阴刻，线条简洁，流畅粗犷，富有浓重的汉代风格。

图 3-9 东汉彩绘画像石墓

图 3-10 东汉彩绘画像石墓门

据负责此次考古发掘的山东省文物考古研究所李曰训研究员介绍，原来山东省虽然也发现不少汉画像石，但都没有彩绘，此次彩绘汉画像石的发现在山东省还是首次，意义重大，不仅填补了山东省彩绘汉画像石的空白，而且其学术价值、历史价值和美学价值都非常大。滨州市出土的彩绘汉画像石也吸引了国内众多学者、专家前来参观。中国社科院考古研究所的徐光冀研究员也对这几块彩绘汉画像石给予了高度评价，认为如此精美完好的彩绘汉画像石在国内也是非常罕见，十分珍贵。

“发现彩绘汉画像石的 7 号墓其形制和规格较高，造型也非常精致。”李曰训研究员说。这座墓分为四个部分，最南边为长约 10 米的墓道，往北经墓门为墓室前室，前室西边有器物台，放置生活器具，东边有券顶的耳室，放置车马器等，再往北穿越另一墓门，则为后室，为墓主人安葬之所，前后墓室共长 10 余米、宽 3 米左右。此墓墓底为双层汉砖铺地，前后室呈弧度很小的葫芦形，墓顶为券顶，券顶砖也是朱红色彩绘菱形花纹汉砖。该墓还出土有一些带釉陶盘、耳杯和陶罐，以及一些铜钱和铜饰、铜带扣等。可惜该墓在汉代便已被盗，里面完整器物已经很少，但根据该墓的形制分析，被盗前应该有大量珍贵的随葬品，如青铜器、玉器、熏炉等，墓主人非常富有，很可能是有官秩的人。

从墓葬形制分析，该处墓地为一处汉代家族墓群，一直从西汉延续到东汉。这对研究汉代的文化、经济、政治生活有着极为重要的意义，最起码说明此处在汉代经济生活一直非常稳定，而且也应该非常发达繁荣，文化内涵非常丰富。

3.杜桥汉墓的发现

2020 年 3 月，徒骇河河道清淤时在惠民县清河镇杜桥村西侧的徒骇河河床下，发现一处古墓葬群，面积 500 多平方米，距离地面深 7 米左右。随后，考古人员对古墓进行了抢救性发掘，清理挖掘墓葬十几座，出土陶器 14 件，有罐、鼎、博山炉等，以壶、罐居多。

因为墓葬常年一直在河底，所以墓内全是泥沙，已经发掘的十几座墓葬均为长方形砖室墓，呈东西方向排列。墓室大小不一，长度在 2 米至 4 米之间，有的带器物坑。青砖的形制有多种，大的青砖长约 50 厘米，宽 20 厘米，厚 7 厘米，砖的四面均有绳纹纹饰。

2020 年 6 月 4 日，惠民县清河镇杜桥村村民苗成良向滨州市博物馆捐赠汉代陶罐一件。此件陶罐是苗先生早年在村西徒骇河中发现的，通高 29.5 厘米，口径 26 厘米，腹径 38 厘米，底径 15 厘米，保存基本完整。据了解，1965 年前，徒骇河只有三四十米宽。1965 年向西拓宽到 180 米，当时便发现墓葬。1965 年至 1971 年，徒骇河枯水季节时，河床上每年都能见到古墓痕迹，但由于当时人们并不知道这是汉墓，便经常在河底摸砖回家垒猪圈，陶罐则用来养花。当地居民还在河底发现新莽时期的“大泉五十”钱多枚。

根据墓葬形制和出土文物推测，该墓葬群应是西汉末至东汉时期的，应为当时的一处家族墓地，为研究鲁北地区汉代文化提供了重要依据。

4.汉代画像石在滨州的分布

汉代画像石在鲁北地区的发现非常少，在滨州的发现更少，除上述邹平发现彩绘汉画像石外，博兴发现汉代画像石数量较多，另在惠民大郭村也发现四块汉代画像石，其中一块立柱，减地阴刻昂首吐舌、细身长尾的龙纹；一块为门楣，减地浅浮雕车马出行图；两块画像石门，一石门完整，减地阴刻一对铺首衔环纹，环纹中间雕有鱼纹，另一石门只残存一半和一铺首衔环纹。

图 3-11　惠民大郭村出土龙纹画像石

博兴历年出土或征集的汉代画像石主要分布于博兴南部，其中画面较为完整的有 25 块。其中湖滨镇出土画像石共 15 块，店子镇利戴村出土画像石 3 块，兴福镇村魏出土画像石 3 块、董初村出土画像石 2 块，经济开发区赵楼村出土画像石 1 块，不明出土地点的 1 块。这批汉画像石的时代皆为东汉晚期，有自己的独特特点。第一，部分画像内容十分少见。如石上有“帝尧”“尧母”“尧二女”“舜后弟”等榜题，这在目前已知画像石中较为少见。已发现的汉画像石中，有刻尧、舜等帝王图像的，但均未发现“尧二女”图像。这些榜题故事一般为宣扬忠孝节义的儒家道德理念，与汉代注重儒学、以孝治国的理念是一致的。第二，画像石中存在吉语现象。如有的石上刻有“此上人马皆当食天仓，饮江河”题记。两汉时期，不仅在画像石、画像砖中刻有各种祥云瑞兽灵芝等祥瑞图案，还出现了不少吉语，是中国吉祥文化发展的一个重要阶段。同为东汉晚期的嘉祥宋山石刻有“阳遂富贵，此中人马皆食大仓，饮其江海”题记。苍山元嘉元年画像石墓也刻有“其当饮食就大仓，饮江海”的铭文。在这里，天仓、大仓及太仓等含义相同。除山东外，在河南、内蒙古、四川等地也发现类似吉语的存在。吉语这一文化风俗在当时社会广泛流传，不是孤立存在的现象。第三，存在拆除改造他人墓石加以重复利用的现象。考古多次发现，汉代时经常会人为拆用汉画像石墓和祠堂内的石材，并对其进行改造后重新建造自己的墓葬。这种现象在山东、江苏、河南等地都有发现。本组画像石中第十二石原石上下两端各向中央剔除近 0.3 米的断面，断面高 0.05 米，上下两端有穿孔，直径约 0.04 米，这就是当时人们利用他人墓石，并根据个人需求进行改造使用的痕迹。①

汉画像石是汉代墓室、墓上祠堂、墓阙和庙阙等建筑上雕刻画像的石质建筑构件。所属建筑也多为丧葬礼制性建筑，汉画像石体现的是一种祭祀性丧葬艺术。该艺术对汉代和汉代以后的美术均产生了非常深远的影响，在中国美术史上占有十分重要的地位。滨州出土画像石虽然数量较少，但将山东汉画像石分布范围向黄河以北方向推进了一大步，为研究滨州乃至黄河三角洲地区的汉代丧葬礼俗和典章制度提供了实物资料。

5.陶俑文化十分发达

除以上两处出土地点、墓葬结构十分清晰的考古发掘外，滨州各县区还出土有大量陶俑（人物俑，动物俑如陶鸡、陶狗、陶猪、陶鸭、陶羊、陶牛等），以及陶井、陶碓、陶灶、陶磨、陶猪圈等生活类明器。但由于这些陶明器一般都没有经过正式的考古发掘，其出土情况如何多不得知，甚至很多都不知道出土地点，但根据器物质地、形态、工艺，可断为汉代之物。

明器是专门为随葬而制作的器物。一般用陶瓷木石制作，也有金属或纸制

① 参见杨勇等：《博兴县博物馆藏汉代画像石》，山东省文物考古研究院编：《海岱考古》，科学出版社 2019 年版，第 90～101 页。

的。除日用器物的仿制品外，还有人物、畜禽及建筑物、工具、兵器、家具等生活用品的模型。在中国，从新石器时代起即随葬明器。明器是考察古代生活和雕塑艺术的十分有价值的考古实物，不仅具有相当重要的美学价值，更可反映当时人的生活状况。《礼记·檀弓》载："为明器者知葬道矣，备物而不可用，哀哉！死者而用生者之器也。不殆于用殉乎哉?""其曰明器，神明之也；涂车、刍灵，自古有之，明器之道也。"汉代人深信死后有灵，殉葬器物可供来生享用，故厚葬成风。

从这些随葬的陶明器可以看出，汉代的丧葬还是很有特色的。当时人们形成了一套慎终追远、灵魂不死的观念和"事死如事生"的特有丧葬礼制。比如人们的墓穴也如生人一般，有前室后室，甚至有的还有耳室，有专门的储物间和厨房等。人们也通过埋葬器物和举行丧葬仪式，把生前使用的物品或生前想用却用不起的物品做成明器模型随葬墓中，以追求死后彼岸世界的享乐和灵魂的永生。

如陶俑。俑是丧葬中最重要的明器之一，是古代先民为死者制作的殉葬品，用以陪伴死者。而陶土由于具有可塑性强、易烧制、保存时间长等特点，常被用作大范围的明器制作。陶俑明器的流行是在繁荣的经济基础上产生和兴盛起来的。由于经济的繁荣，贵族人家奢靡成风，纵情享乐，生时醉生梦死，死后更要厚葬以示德，普通百姓亦是讲究厚葬，"厚资多藏，器用如生人"。

汉代这种"事死如事生"的观念，使得汉墓中出土的文物种类繁多，且涉及墓主生前生活的方方面面，宛如墓主人生前生活的再现。

图 3-12　红陶猪

四 伏生与伏生祠

尘嚣其上竟焚书，劫后壁藏方有余。皓首传经众人叹，蓬门积德万年欤？当年博识胸中授，今日观花网内锄。但得流光霎时老，何妨一笑曳青裾。

——《无双谱·伏生》

唐朝有位著名的诗人，他叫王维，不仅诗写得好，画也画得好，宋代的大文豪苏轼在评论王维作品时说："味摩诘之诗，诗中有画；观摩诘之画，画中有诗。"不过，王维的画作存世极少，人物画存世则更少，其中有一幅人物作品非常有名，画作名称为《伏生授经图》，据传作者便是王维。这在唐代主要流行佛教壁画和帝王将相人物画的情况下，实属难得。那伏生是谁呢，大诗人大画家王维为什么会专门为其作像呢？不仅是王维，后世还有更多的画家为伏生作像。到了清康熙三十三年（1694 年），正式刊刻《无双谱》，又名《南陵无双谱》，绘者从汉代至宋 1400 多年间，挑选了 40 位广为称道的名人，绘成绣像并题诗文。由于这些人物事迹举世无双，故此图册称为《无双谱》。绘画者是擅长人物画的绍兴人金古良，镌刻者朱圭则是康熙时期的御殿刻工，因刻《凌烟阁功臣图》和《行迹图》等闻名。《无双谱》中，伏生因传《尚书》列第三位。

图 3-13　据传王维所作《伏生授经图》

1.伏生籍贯滨州邹平

伏生的籍贯，《汉书·儒林列传》记载说："伏生者，济南人也。"邹平在西汉属于济南管辖，说伏生是济南人，当是举其郡。嘉靖《山东通志·祠祀》“伏生祠”下记载说，“在邹平县东北，祀秦博士伏胜……济南邹平县治东北十余里，号伏生乡，其墓在焉。”此后的地方志承续这个说法，民国《邹平县志·古迹考》：“伏生墓，在城东北一十八里。”民国《齐东县志·地理志》“伏徵君墓”下记载：“在今城西偏北三十里寄驾塚庄西。查邹平亦有伏生墓，《邹平县志》谓伏生墓在城东北十八里，与本县伏生墓相距约八十里。《续山东考古录》认为齐东寄驾塚是在邹平者，疑塚也。”现邹平、齐东合为一县，伏生故里当在邹平境内则无疑矣。

现今邹平县境内，尚有两处与伏生有关的遗迹：一处在魏桥镇冢子村西南，为伏徵君墓。新中国成立初期，墓址很大，封土直径达 30 余米，高约 6 米，并建有享堂、书院。后被拆毁，现为一片平地，存有“徵君伏生墓”和“伏生墓序”石碑两通。另一处在韩店镇苏家村西首，有伏生祠，是后人为纪念伏生而建的。该祠始建年代不详。新中国成立之前，祠旁还曾有伏生墓，封土颇为壮观，直径约 20 米，高 10 米左右，石碑数通，春秋祭祀，香火一直很盛。祠旁还有祭田 80 余亩。该墓也已被推平。元至正十五年（1355 年），县尹陈野仙在此建伏生书院，为当地培养了不少人才。据道光《邹平县志》记载，伏生祠前立有石碑数通，其中有晁错亲书小篆汉碑一块。最后一次大修是清嘉庆年间，占地 5 亩有余，增修大门、祭厅、东西厢房和大殿共计 30 余间。伏生祠至新中国成立时尚保存完整，“文化大革命”时期祠堂被毁，现仅存大殿基石、柱基、西偏房的残墙及西厢房两间、石狮两尊。明清时期，邹平总共有六个乡，其中最大的一个乡就叫“伏生乡”，后来又分为“伏生南乡”和“伏生北乡”，就是为了纪念伏生而设的。王渔洋《伏生祠》诗曰：“祖龙枉以吏为师，牵犬东门笑相斯。转盼阿房化焦土，千秋人拜伏生祠。”

图 3-14　伏墓林烟（曾是邹平古“十六景”之一）

图 3-15　伏生祠现状

图 3-16　伏生祠赑屃

2.伏生凿壁藏《尚书》

伏生也被称作“伏胜”,字子贱,秦朝博士。公元前 221 年,秦始皇统一六国,建立了大一统的秦帝国。在政治、经济、文化、军事、农业等方面,秦始皇都制定了相应的政策。秦朝朝廷还设置了一共 70 人的博士顾问团,方便解答典籍史册中的一系列政治问题。伏生有幸,入选其中,从此成为一名兢兢业业钻研学问的博士。《史记·秦始皇本纪》中记载,始皇帝三十四年(前 213 年),丞相李斯奏请始皇:“臣请史官非秦记皆烧之。非博士官所职,天下敢有藏诗、书、百家语者,悉诣守、尉杂烧之。有敢偶语诗书者弃市。以古非今者族。吏见知不举者与同罪。令下三十日不烧,黥为城旦。所不去者,医药卜筮种树之书。若欲有学法令,以吏为师。”正是李斯的这道请旨,促成了秦始皇“焚书”。焚书后的第二年,秦始皇开始“坑儒”,坑儒的第三年,陈胜、吴广起义,秦朝统治已是风雨飘摇。

为了将珍贵的典籍《尚书》保存下来,伏生在自己家中的墙壁中,偷偷开凿了一个夹层,将书私自藏了起来。《尚书》是一本记载了尧、舜、夏、商、周几代历史的书籍,其中有很多先人的思想和见解,是一本不可多得的“百科大全”,后为儒家五经之一。秦朝末期,各地叛乱,楚汉相争。伏生一介儒生,又上了年纪,只能在这兵荒马乱的乱世中不停地流亡。

公元前 191 年,已经是汉朝的时代了,汉惠帝刘盈下令,废除从秦朝继承下来的《挟书律》。伏生听闻此消息,大为高兴,赶紧回到老家,打开墙壁,发现《尚书》已经损毁了好几十篇,只剩下了仅有的二十九篇。

汉文帝刘恒很欣赏儒学，听闻伏生的事迹后，惊喜万分，立刻就要召见伏生。可伏生当时已经是一位白发苍苍的九十岁老人，无法赶路。于是，汉文帝就派了太常掌故晁错前往济南邹平。伏生年迈体衰，口齿不清，便由女儿羲娥转述，晁错得《尚书》二十九篇，因全用当时通行的汉隶写出，被后人称为《今文尚书》，以区别后来在鲁恭王墙壁中发现的《古文尚书》。[①]

后人对于伏生做的这件私藏书籍的事，有这样的评价："汉无伏生，则《尚书》不传；传而无伏生，亦不明其义。"可见，在整件事中，伏生的作用是至关重要的，没了他就不行。伏生之功意义重大，所以后人也将他和发扬光大了儒家的董仲舒并列，史称"董伏"。

对于这段故事，《汉书·儒林传》有着详细的记载：伏生，济南人也。故为秦博士。孝文帝时，欲求能治《尚书》者，天下亡有，闻伏生治之，欲召。时伏生年九十余，老不能行，于是诏太常使掌故晁错往受之。秦时焚《书》，伏生壁藏之。其后大兵起，流亡。汉定，伏生求其《书》，亡数十篇，独得二十九篇，即以教于齐、鲁之间。齐学者由此颇能言《尚书》，山东大师亡不涉《尚书》以教。伏生教济南张生及欧阳生。张生为博士，而伏生孙以治《尚书》征，弗能明定。是后鲁周霸、雒阳贾嘉颇能言《尚书》云。

3.伏生及其对后世的影响

在中国经学史和学术史上，伏生做出极其重要的贡献。西汉一代的《尚书》学者都出自他的门下，历代《今文尚书》学者也无一不在学术上以他为宗师，高度赞誉伏生为"尚书再造"和《尚书》第一传人。伏生被追封为乘氏伯，尊为圣人，进文庙，享受万民祭祀。清代经学家皮锡瑞甚至将自己所居住的书屋名为"师伏堂"，表达对这位今文经学学派开山祖师的景仰。在经学传承中，伏生可谓是五经之一《尚书》学的开创者，《史记·儒林列传》称："及今上即位，赵绾、王臧之属明儒学，而上亦向之，于是招方正贤良文学之士。自是后……言《书》自济南伏生。"《汉书·儒林传》肯定了这个论断。汉文帝时，伏生口传《尚书》，并在邹平一带传经授徒，"汉定，伏生求其《书》，亡数十篇，独得二十九篇，即以教于齐、鲁之

① 汉武帝时，民间得《太誓》一篇，一说是汉宣帝时河内女子坏老屋所得，合伏生所传的二十八篇为二十九篇，故《史记·儒林列传》《汉书·儒林传》中说《尚书》为二十九篇。不过后来这篇《太誓》被马融等人发现为伪作，遂废，仍为二十八篇。汉武帝时，鲁恭王为扩建宫室拆毁曲阜孔子旧宅，在夹壁中发现了古文经传多种，其中就包括《尚书》，系用篆籀文字书写，后经孔子后人孔安国整理，传至后世，称《古文尚书》。后世研究《尚书》遂分为"今文"和"古文"两大流派。2008 年，清华大学入藏的一批珍贵竹简中发现了多篇《尚书》均是焚书以前的写本。经过专家认证，这批清华简中有失传多年的真正《尚书》，证实现今传世两千多年的《古文尚书》确系"伪书"。

间。齐学者由此颇能言《尚书》，山东大师亡不涉《尚书》以教”[1]。他的弟子中，最为出色的有两个，一个是千乘（今山东高青）人欧阳生（字和伯），另一个是济南人张生。欧阳生传同乡倪宽，倪宽又传给了欧阳生的儿子。以后欧阳氏世世相传，至其曾孙欧阳高时为博士，《尚书》开始有了“欧阳氏之学”。欧阳生的后人有许多都以治家学而为博士和高官，其弟子中更是有很多杰出学者。欧阳高的弟子济南人林尊，为博士，历官少府、太子太傅。林尊的弟子平当官至丞相，另一个弟子陈翁生官至信都王太傅，世号“平陈之学”。以后，平当又传九江朱普、上党鲍宣；陈翁生又传给琅琊（今山东诸城）殷崇和楚人龚胜。到东汉，欧阳生八世孙欧阳歙以通《尚书》，官至司徒，封夜（掖）侯。欧阳氏一支的著名学者有济阴（今山东定陶）人曹曾，官至谏议大夫，有门徒三千人。沛国龙亢（今安徽怀远）人桓荣，为明帝师，历官博士、太子少傅、太常，赐爵关内侯。桓荣的弟子丁鸿官至司徒，张酺为章帝师，历官太尉、司徒。桓荣的儿子桓郁，官至太常，曾经做过章帝、和帝师。桓郁的中子桓焉官至太尉，曾为安帝、顺帝师。桓郁的弟子京兆朱宠官至太尉，另一弟子弘农（今河南灵宝北）人杨震更是名重一时。桓郁的孙子桓典以《尚书》教授颍川，有门徒数百人，献帝时官拜御史丞，赐爵关内侯。此外，东汉时，以传习《欧阳尚书》著名的还有乐安临济（今山东高青）人牟长、京兆长安宋登、南阳堵阳尹敏等人。牟长有门徒千人，著录前后万人；宋登有门徒数千人，都是当时的名儒。

伏生的另一个弟子济南张生，是《尚书》大、小夏侯之学共同的始祖。张生为博士，传鲁（曲阜）人夏侯都尉。夏侯都尉传给族子夏侯始昌，夏侯始昌官至太傅。夏侯始昌又传给族子夏侯胜。夏侯胜（史称“大夏侯”）官至长信少府、太子太傅。夏侯胜传给从兄之子夏侯建（史称“小夏侯”），夏侯建又师事欧阳高，官至太子少傅。后来，夏侯胜与夏侯建在治学方法上产生分歧，二人分立学派，从此《尚书》又有了“大、小夏侯之学”。两派的弟子中，也出现了很多博士、高官，封侯拜相、贵为帝师者不在少数。大、小夏侯两派虽有分歧，但与欧阳氏的《尚书》之学一样，都属于传承自伏生的《今文尚书》学派的分支。经过数传，形成西汉的《尚书》学三家，即欧阳高的“欧阳氏学”、夏侯胜的“大夏侯氏学”、夏侯建的“小夏侯氏学”，都立于学官，形成尚书学之大观。

伏生后裔世袭五经博士，承继家学，多为一代名儒。自从修建伏生祠后，历代皆设奉祀生，最初由伏氏直系长孙担任，主持祭礼。唐贞观二十一年（647 年），下诏让伏生从祀文庙。宋咸平三年（1000 年）封他为“乘氏伯”。历代为伏生赋诗

① 《汉书·儒林传》。

作词的文人不胜枚举，王维、展子虔、赵孟頫、唐伯虎等都曾以“伏生传书”为主题作画。清康熙后，奉祀生则从圣贤后裔俊秀的子孙中补充，要由地方官考试，经礼部审查注册才能任命。到民国三年(1914 年)二月，奉祀生更名为奉祀官。伏生的子孙后代也多封官荫爵，有的还成为皇后贵戚，在两千年中蒙受着他的功德。

五　董永与董永祠

董永是哪里人氏，古来争论不绝。山西省万荣县、江苏省东台市、河南省武陟县、湖北省孝感市等地不仅有与董永相关的遗迹，而且地方志中也多有记载，都称董永是当地人。直到清代乾隆五十一年(1786 年)嘉祥县武宅山村武氏墓群石刻出土，这一谜案才最终得以解决。

1.武梁祠显示董永为今博兴人

武氏墓群石刻现存武氏祠文物管理所，为第一批全国重点文物保护单位。其中的武梁祠约建于桓帝元嘉元年(151 年)，距今将近 1900 年。武梁祠后壁第二层画像石上就刻有“董永卖身侍父”的故事，其榜题为“董永，千乘人也”。因该石刻为现存最早的记录董永籍贯的历史实物资料，故在新的史料发现之前，是最有说服力的。

武梁是东汉人，武梁祠即是武梁子孙纪念祭祀武梁的祠堂。武梁祠坐落于山东省嘉祥县纸坊镇武宅山北麓，是东汉晚期武氏家族墓地上的石结构祠堂，迄今已有近 1900 年的历史。从武梁祠的碑文可知，武氏家族中的武梁，字绥宗，曾任刺史或郡国佐吏的从事之职，死于东汉桓帝元嘉元年(151 年)，享年七十四岁。武梁“治韩诗经，阙帻传讲，兼通河洛、诸子传记”。此人仕途不甚亨通，不善钻营，更不会阿奉权贵，遂隐居不仕，读经讲学，以致“州郡请召，辞疾不就。安衡门之陋，乐朝闻之义”。这些都是对武梁“不阙权门”、抱节隐居、“乐道勿荣”的赞美。死后，子孙(三个儿子和一个孙子)竭尽孝道，为其树碑立传，“竭家所有，选择名石”，并请良匠雕造了精致的祠堂，即武梁祠。①

武梁祠画像石包罗了十帝王像、刺客豪侠、孝子贤孙、贞洁烈女等故事像，堪

① 参见[美]巫鸿:《武梁祠:中国古代画像艺术的思想性》，柳扬等译，生活·读书·新知三联书店 2006 年版，第 32、34 页。

称历史故事画廊。这些历史故事多来自《左传》《战国策》《孝子传》《列女传》等历史典籍。

武梁祠后壁画像石第二层就有"韩伯俞受笞、邢渠哺父、董永卖身侍父、朱明李善保幼主、金日磾见阏氏像"等内容。其中"董永卖身侍父"的内容是这样刻画的:右边一大树,树旁一童子攀援。树下一辆独轮车,一老人执鸠杖,左向坐于车辕上,右手前指,上榜题"永父"。左边一人左向,右手执物,回首顾视老人,其前置一筐,榜题"董永千乘人也"。上缀一羽人和一熊。此组画像当为"董永佣耕侍父"的故事,这也是汉制"其德为孝"的重要体现。

图 3-17 武梁祠画像石之董永躬耕侍父的情景

西汉提倡孝悌,东汉更甚,厚葬是孝悌的重要表现形式之一。《盐铁论·散不足》云:"今生不能致其受敬,死以奢侈相高,虽无哀戚之心,而厚葬重币者则称以为孝。"孝者可以被举荐为官,孝者,"显名立于世,光荣著于俗"。孝,可增封、可礼遇、可擢升、可留名。孝是维系汉代家庭的纽带,是保持社会稳定的基础,也是汉代封建君主选拔官吏的基本条件。封建统治者认为忠孝紧密相连,不孝就不能忠君,"忠君之道不过于事父,故不肖之事父也,不可以事君"。

在汉代,"求忠臣于孝子门"是忠孝观念的真正内涵。因此,汉朝普遍将忠臣孝子图刻画于器物、墓室石壁、墓前石祠或铸造于器物上,模印于建墓使用的墓砖上,教育人们以他们为榜样,努力成为忠臣孝子。

2.董永故事的流传与故里之争

据博兴历代县志及《大清一统志》所记,董永均载为乐安县(今滨州市博兴县)人。董永故里是博兴,那么其他地方的董永遗址及传说又是从何而来?为什么山东博兴、湖北孝感、江苏东台与丹阳(包括丹徒、金坛)、安徽安庆都认为自己是董永的真正故里?

董永的名字最早见诸正史,是出自东汉班固所编撰的《汉书》。其中卷十七《景武昭宣元成功臣表》中有董永之名。但该董永乃高昌侯董忠的曾孙,被封于千乘,该董永是否与孝子董永为同一人,或是重名,史界尚无定论。但二人不仅姓名相同,也皆为千乘人,都以孝闻名,所以很多学者认为二人很有可能是同一个人。

董永故事很早便有传播,据传早在西汉刘向的《孝子传》或称《孝子图》中便有记载,但该书早已亡佚。其后记载董永故事的则是三国时期曹植的《灵芝篇》,到了东晋,干宝的《搜神记》对其著录更为详尽。曹植《灵芝篇》为咏董永五言八句诗:"董永遭家贫,父老财无遗。举假以供养,佣作致甘肥。债家填门至,不知何用归。天灵感至德,神女为秉机。"《搜神记》的记载则丰富得多,不仅主题突出,而且情节完整,成为两千多年来董永故事嬗变和文学移植的母本,对后世影响深远。《搜神记》卷一载:"汉,董永,千乘人。少偏孤,与父居,肆力田亩,鹿车载自随。父亡,无以葬,乃自卖为奴,以供丧事。主人知其贤,与钱一万,遣之。永行三年丧毕,欲还主人,供其奴职。道逢一妇人曰:'愿为子妻。'遂与之俱。主人谓永曰:'以钱与君矣。'永曰:'蒙君之惠,父丧收藏,永虽小人,必欲服勤致力,以报厚德。'主曰:'妇人何能?'永曰:'能织。'主曰:'必尔者,但令君妇为我织缣百疋。'于是永妻为主人家织,十日而毕。女出门,谓永曰:'我,天之织女也。缘君至孝,天帝令我助君偿债耳。'语毕,凌空而去,不知所在。"此时,董永的故事情节已经相当饱满了,董永也成为儒家文化中的孝子楷模。《新唐书·孝友传》中也记载了一个叫董永的人,这人是位孝子,而且得到了朝廷的旌表,但如何孝,有没有仙遇,没有说。在唐代,还有两则记载很重要,一则是《敦煌变文》中的《董永变文》,另一则是唐初僧人道世于总章元年(668年)所撰的《法苑珠林》。《法苑珠林》是本非常重要的佛学著作,其中还保存有所谓刘向的《孝子传》,传中记载董永:"董永者,少偏孤,与父居,乃肆力田亩,鹿车载父自随。父终,自卖于富公,以供丧事。道逢一女,呼与语云:'愿与君妻。'遂具至富公,富公曰:'女为谁?'答曰:'永妻,欲助偿债'公曰:'汝织三百疋,遣汝。'一旬乃毕,女出门谓永曰:'我天女也,天令我助子偿人债耳。'语毕,忽然不知所在。"大体内容与《搜神记》等未有太大变化。而敦煌《董永变文》的故事则更为复杂了一些,细节也丰富许多。变文中,前述董永故事不仅更为曲折丰富,而且董永还有了一个叫董仲的孩子,增加了董仲寻母的情节。从董永至孝,到董仲寻母,两条大的故事主线都非常令人感动。这为后世以董永与七仙女为主题的小说戏曲打下了很好的基础,同时也更好了促进了董永故事的传播。

宋代的《太平御览》中有三处记载了董永。《太平御览·人事部》"孝感"篇这样记载："刘向《孝子图》曰：郭巨，河内温人……又曰：前汉董永，千乘人。少失母，独养父。父亡无以葬，乃从人贷钱一万。永谓钱主曰：'后若无钱还君，当以身作奴。'主甚悯之。永得钱葬父毕，将往为奴，于路忽逢一妇人，求为永妻。永曰：'今贫若是，身复为奴，何敢屈夫人为妻？'妇人曰：'愿为君妇，不耻贫贱。'永遂将妇人至。钱主曰：'本言一人，今何有二？'永曰：'言一得二，理何乖乎？'主问永妻曰：'何能？'妻曰：'能织耳。'主曰：'为我织千匹绢，即放尔夫妻。'于是索丝，十日之内千匹绢足。主惊，遂放夫妻二人而去。行至本相逢处，乃谓永曰：'我是天之织女，感君至孝，天使我偿之。今君事了，不得久停。'语讫，云雾四垂，忽飞而去。"刘向为西汉人，而西汉和前汉都是后人为了区分"东汉"或"后汉"而说的，西汉的刘向自然不会知道后人称刘邦所建的"汉"为"西汉"或"前汉"，因此西汉的刘向不可能说出"前汉"这一词。因此有人认为《孝子图》乃后人伪托所作。《太平御览·资产部》也记载着董永的故事，内容与前面的叙述基本相同，但文字不多，载录如下："《孝子传》曰：董永性至孝，而家贫。父死，卖身以备棺敛。既葬，即诣主人，将偿其直。路逢一女子，云能织，愿为永妻。永不得已与同诣主人。问其故，永具以对。主人曰：'必尔者，但令尔妇为我织缣百匹。'于是妻为主人织，十日，百匹具焉。主人大惊，即遣永夫妻。妻出门，谓永曰：'我，天之织女也，卿笃孝，卖身葬父，故天使我为卿偿债耳！'言终，忽然不见。"宋代李昉《太平广记》卷五九的记载与《太平御览》差不多，但是注明了出处是《搜神记》。

在三国以前，尚未见到江淮流域有关董永故事的记载。东晋南北朝时期，随着北方少数民族的内徙，黄河流域战乱频繁，社会极不安定，大批士族和平民南迁，到长江流域定居，也就将董永的故事带到了我国南方。董永故事也就从黄河流域到长江流域这大半个中国的土地上广为流传。记载董永故事的《搜神记》也是在这个时期出现的。在流传过程中董永故事也随之发生了明显的变化，即渐渐由孝子故事演变为爱情故事。久而久之，董永由一个真实的历史人物，演变为神话故事中的人物。董永故事也完成从传统价值观和浪漫神话气息的逐步融合。以董永故事演义而成的神话《天仙配》，已为家喻户晓，人人皆知。

总之，董永故事的传播，无外乎有以下几种原因。其一，在汉代，儒家学说占据了统治地位，统治阶级以"孝"教化其民，推崇孝道，作为孝子的董永，也就成为人们效仿的楷模。其故事不仅很快流传开，人们为其建庙立祠以提倡孝道也成为可能。其二，东晋时期，北方少数民族内徙，黄河流域战事不断，大批民众为躲避战乱纷纷南迁，董永的故事也带到了南方。其三，南朝孝武帝刘骏掌权后，大力提倡孝道，诸德之本的"孝"在社会上蔚然成风。湖北孝感的前身孝昌县就是孝建元年(454年)设置的。其四,董永南迁,虽然现无定论,但明代《大明一统志》卷六十一“德安府·流寓”条记载:“董永,千乘人。东汉末,奉其父避兵来居安陆……”“德安府·陵墓”条则载:“董永墓,在孝感县东北一十里广阳乡。”这是第一次出现董永南迁的记载。清康熙《孝感县志》中也是这样记载的:“董永,青州千乘人,今山东博兴县。早丧母,汉灵帝中平中,黄巾起,渤海骚动,永奉父来徙……”清光绪《孝感县志》也照搬了此段文字。今天的《中国人名大辞典》也照搬此说,在“董永”条下载:“后汉千乘人,少失母,奉父避兵,流寓汝南,后徙安陆……”无论如何,随着董永故事的传播,董永墓、董永祠、董永庙等有关董永的遗迹和纪念物也相继出现在全国许多地方。据不完全统计,民国时期全国董永墓便有四处:一在博兴,一在长山,一在鱼台,一在孝感。长山县的董永墓在县城南三十里,据说墓地周围十余里内,深秋无霜。民国《山东通志》为此感叹说:“永墓凡四见矣,然不霜之事,他处未闻也。”随着董永故事的流传和各类遗迹的出现,董永的身世也随之模糊起来,致使全国出现了多个“董永故里”。南宋时的《方舆胜览》中就有记载:“海陵西溪镇,汉孝子董永故居。”清嘉庆《东台县志》亦载:“汉董永,西溪镇人,父亡,贫无以葬,从人贷钱一万,以身作佣……”

现在,董永的民间传说在山东博兴、湖北孝感、江苏东台等地依然十分盛行。

3.董永故里为博兴当无疑义

通过董永故事的起源和流传,可以确认直到现在或在没有新的证据出现之前,所知最早的确切的董永故里的记载便是出现在武梁祠汉画像石上。该画像石上所刻“董永,千乘人也”六字是董永为博兴人的最为直接的也是最早的记载,最有说服力。

董永故里在博兴,许多史籍对此都有记载,且说法基本相同。如康熙十七年《山东通志》,元《齐乘》,嘉靖四十四年《青州府志》,康熙十二年、六十年《博兴县志》,康熙五十四年《长山县志》都与《搜神记》等典籍中有关董永的记载大体一致。董永自幼丧母,与其父相依为命。其父年迈,行动不便。董永则恪尽孝道,每到田间,总是以车载父,一边侍奉父亲,一边耕作。父亲病故后,董永又自卖其身,贷钱一万,葬埋父亲,因此孝名远扬。其孝行历代广为传诵,奉董永为孝子楷模,列为“二十四孝”之一。

元人于钦所著《齐乘》是山东省内唯一幸存的一部明朝以前的志书。《齐乘》卷五“古迹”载:“董永墓,博兴南三十五里。世说永东汉人,鬻身以葬亲。般阳、长山南又有冢庙,皆出野语。”嘉靖四十四年《青州府志》卷十一“陵墓”记载:“博兴汉董永墓,在县城北崇德社。”康熙十二年《博兴县志·古迹》称“董永墓在城二十里崇德社”，康熙十二年《博兴县志·人物志·孝友》中另载：“永墓今在崇德社，去墓数里有董家庄，永故宅也。皇清康熙四年，知县蒋维藩重建祠祀之，以劝民孝。”康熙六十年《博兴县志·古迹》载：“董永墓违城二十里在崇德社。”康熙六十年《博兴县志·人物传·孝友》中的记载与康熙十二年县志记载基本一致。乾隆元年《山东通志》卷三十二《陵墓志一》载：“董永墓，在城东二十里崇德社。”其纠正了《齐乘》在城南和《青州府志》在城北的讹误。民国时期博兴县长张其丙重修《博兴县志》时，还立墓碑一方，现存于博兴县博物馆。崇德社今属陈户镇，陈户镇董家庄位于博兴县城北二十余里，西去汉千乘县城遗址三十余里，在汉代属千乘郡千乘县地。董家庄即董永故里。

在博兴县陈户镇董家村（庄），2000 多口人全姓董，相传是董永的后人。董家庄原有董公庙。董公庙即现在董家村的董公祠，具体修建年代不详。据庙内石碑及庙门内侧的石刻记载，该庙在清光绪十年（1884 年）和 1911 年曾经加以重修。董公祠坐北朝南，为硬山式六架前檐廊建筑。面阔三间共 9 米，进深 5 米。墙下部砌青砖，上砌土坯，顶覆灰色小瓦。屋顶正脊、垂脊原有龙、凤、人物、花草等装饰，现多残。祠堂内墙壁、梁架上有彩绘，东西壁为“二十四孝图”彩色壁画，但多剥落。

图 3-18　博兴董公祠

图 3-19　博兴董公祠东壁壁画

图 3-20　民国时期博兴县长张其丙所立汉孝子董永之墓碑

博兴县原来还有仙孝祠。仙孝祠建于何时不详。明代王为邦《仙孝祠记》中说:“本邑在董仙旧址,当日鬻身葬父、神女助织,孝声至今著也。我侯建祠绘像,俾过此者各触其良。”文中“我侯”即指当时博兴县知县翁兆云。康熙四年(1665年)博兴知县蒋维藩又重建仙孝祠。民国《重修博兴县志》卷五载:“仙孝祠,祀织女、董永。”但仙孝祠今已不存。

另外,博兴县还有一处尚存的遗迹,即湾头村的一棵古槐,相传是董永与七仙女的媒人,树龄在400年左右,当地素有“先有老槐树,后有湾头街”之说。湾头古槐位于博兴县锦秋街道办事处湾头村中部十字路口。古槐正北侧矗立着一座石碑,上刻“媒仙”二字。古槐主干周长4.85米,需三人合抱。古槐树干枯空,树冠一半枯死,另一半却顽强而执着地长出繁密的树枝,郁郁葱葱,葱翠欲滴,堪称一个生命奇迹。

出土文献、传世文献与现存遗迹相互佐证之下,在没有更有说服力的证据出现以前,董永故里为博兴当无疑义了。

六　龙华寺佛教造像的发现

从山东省博兴县城往东北走大约10千米,便到了博兴县经济开发区张官村,村周围是一片庄稼地,地势平坦得与其他鲁北村庄耕地没有什么分别。然而一进村头,便可看到“全国重点文物保护单位——龙华寺遗址”的保护碑,这里便是著名的龙华寺遗址所在地。

图3-21　龙华寺遗址

龙华寺之所以著名，除遗址规模宏大、保存较好外，更多地得益于历年来出土的大量的有纪年题记铭文的佛教造像。这些佛教造像数量之多、年代之久远、序列之清楚，在国内都是首次发现，被专家学者称为“近年来佛教考古的可喜收获”。然而，如果不是因为30多年前的一次偶然发现，谁也不会想到这里的地下竟会埋藏着那么多精美的佛教造像，更不会想到这里便是历史上赫赫有名的龙华寺。

1.偶然发现，大批佛造像重见天日

多年来，龙华寺遗址出土了数量众多、种类丰富的铜、石、白陶佛教造像及陶瓷器、砖瓦建筑构件，引起了国内外研究学者的重视。而这些遗物的发现，却大多源于一种偶然。

1976年清明前的一天，张官村村民张立山在村东南角盖房子。

同村的张文臣与张立俊在其院子里帮忙挖土垫地基。张文臣清楚地记得，当自己挖到70多厘米时，怎么也挖不动了，下面好像有砖或石头之类的东西，很硬。张文臣与张立俊一边捉摸着底下是什么东西，一边继续挖，很快便真相大白：三尊巨大石佛造像头西脚东、南北并排地躺在地下，最大的一尊有2米来高。三尊佛像头虽然断了，但还和身子对接在一起。

图3-22　张文臣发现的西方三圣造像

更让张文臣和张立俊想不到的是，他们又换了个地方继续挖土，这里距佛像发现地点往南只有3米多。功夫不大，竟又挖出了一坑石、白陶佛造像，被誉为

“东方维纳斯”的蝉冠菩萨像便在此时出土。

图 3-23　被誉为“东方维纳斯”的蝉冠菩萨像

这批造像大部分散失，其具体数量现已不清。1979 年，博兴县文管所开始对这批文物进行抢救、征集，先后历时 3 年多。“为一件造像不知要跑多少腿，磨多少嘴。把一件造像或残件征集来了，我再用自行车、地排车，从几十里远的村子里往县城带。”当时的征集者李少南回忆说。此次共抢救征集 72 件造像，有 9 件带铭文，所记年号有武定、太宁、天保、乾明、天统、武平等。

7 年后的一天，该遗址又发现了大量的铜佛造像。而这一发现亦是源于一次偶然：1983 年 9 月某日上午，博兴县崇德村 18 岁的贾效国与一村民结伴前往村头拉土泥屋，在村头小路上走时，眼尖的贾效国发现路边白色的盐碱地里冒出一截绿油油的尖尖的东西。“这难道是古代的兵器？”贾效国一边想着一边走上前去，想用手抠出来，但抠不动。贾效国便让同伴先去拉土，自己则留下用铁锨挖起来。当挖到距地表 40 多厘米深处时，一瓮铜佛造像出现在眼前，陶瓮已经破碎，造像和泥土混在一起。他看到的尖尖的东西便是铜像的背光尖部。贾效国非常高兴，忙用包袱包起来背回了家，让村民们参观，村民们羡慕地说：“这些光卖铜就能挣不少钱啊！”很快，村里的文物保护员、时年 50 多岁的孙加俊也听到了这个消息，他立即通知了县文管所，县文管所文物管理干部李少南迅速到贾效国家将文物征集起来。后来，共清理出 94 件造像，其中 1 件为隋老子铜像，国内罕见。

这批造像有铭文的45件，有确切纪年的33件，时代从魏孝文帝太和二年(478年)以至隋文帝仁寿三年(603年)。所带年号有太和、景明、正始、永平、熙平、正光、永安、普泰、太昌、兴和、武定、天保、河清、武平、开皇、仁寿等。造像中最大的高28厘米、最小的高7厘米。

1990年春，张官村村北挖鱼塘时，又发现了一批佛教造像及相关遗物，后文物部门征集到53件。在调查过程中，当地村民详细介绍了当时的发现情况：除前述的文化遗物外，在鱼塘的底部还有青砖铺成的地面和砖墙，在鱼塘中央靠南的地方发现一口砖砌水井。

1993年春，张官村又出土了一批白陶佛像，但迅即散失，博兴县文物管理所仅收回1件白陶菩萨立像。

其实自20世纪20年代以来，龙华寺遗址上就不断有石、铜、白陶佛教造像及其他遗物出土。1923年，在遗址中部偏西就出土了隋仁寿三年(603年)的龙华碑。由于没人关心，该碑的名气远远不如龙藏寺碑大，虽然其书法艺术和史料价值相当重要。贾效国的对象孙美荣回忆说："自己小的时候，学校老师组织到村头地里捡石子、砖头用于修桥铺路，那时不仅能捡到青砖，还经常能发现一些石质的手臂、脚这类的东西，现在想来应该也是石佛造像的构件。但当时根本就没人会去注意这些，当时村里的一些老人根本不让碰这些石佛构件，他们由于不懂，便认为这是些不吉利的东西。"

2.龙华寻古，鲁北平原上的一座重要古寺

龙华寺是一处北朝至唐代寺院遗址，位于博兴县经济开发区张官、冯吴与崇德村一带，西北距黄河约18千米，东南距小清河约9千米，西北邻济南至东营铁路。

遗址呈东西长的圆角长方形，总面积120余万平方米。龙华寺遗址地处旷野，是中国保存状况较好的北魏至隋时期佛教寺庙群遗址。近几十年来，遗址出土了铜、石、白陶三种质料的大批佛教造像，在中国北朝至唐时期佛寺遗址中出土佛教造像材质种类最为多样。2006年5月，国务院公布其为全国重点文物保护单位。

目前确切知道的有关龙华寺的记载是博兴县博物馆馆藏的龙华碑，龙华碑残高2.36米，宽1.06米，20世纪20年代出土于龙华寺遗址。碑文上记载隋代龙华寺是在古龙华寺的基础上修建起来的。在此之前，这里至迟于北魏太和二年(478年)就已建有寺院，东魏时至少有两处寺院存在，北齐末寺院被毁，隋代又在

此大规模修建龙华寺，隋末寺院遭废弃，唐代之后再次重建，唐后则沉寂不闻。由于遗址上的寺院屡建屡废，并且存在多处寺院，因此堆积物十分丰富，文化层较厚，是一处重要的北朝至唐代寺院遗址，其对于研究北朝至隋唐时期佛教文化的发展、流传、信仰及佛教寺院的布局等有重大的价值。同时，遗址出土的大量佛教线画、碑刻等亦是研究北朝时期绘画、书法艺术不可多得的材料，大批青瓷器的出土则大大丰富了南北朝时期北方青瓷器研究的实物资料。

特别是该遗址出土的大批佛教造像，其数量之多、年代之久远、序列之清楚，在国内都是首次发现，被专家学者称为是"近年来佛教考古的可喜收获"，是"南北朝时期北方小型鎏金铜佛像断代的标尺"，其对于研究北朝至隋代佛教造像的制作工艺、雕刻水平及类型、分期、材质等也提供了重要的实物资料。

3.学界重视，纷至沓来勘探试掘

龙华寺遗址出土的大量佛教遗物引起了学术界的高度重视。龙华寺遗址到底是什么时候的寺院？为什么在当时能够如此繁盛？遗址的埋藏情况到底是什么样的？带着这样的疑问，山东省文物考古研究所、北京大学考古文博学院等科研机构及众多学界名流纷至沓来，联合博兴县博物馆对遗址进行了详细的考古勘探，并择其关键进行了试掘，对遗址的埋藏情况有了深入的了解。

对龙华寺的调查，最初是当地文物干部先进行的。1984 年，当地文物干部对遗址做了调查，对遗址的范围、造像的分布、寺院的概况做了初步的分析；2001 年冬，博兴县文物部门清理了遗址西北部一段裸露于地表的墙基，并从墙基东侧的灰坑中清理出数件造像残件及建筑构件。通过调查，发现该处有夯土台基，南北残长 15 米、东西宽约 30 米。此后的 2003 年冬，北京大学考古文博学院、山东省文物考古研究所、博兴县文物管理所对遗址南部进行了一个月的调查勘探；2005 年至 2006 年，山东省文物考古研究所与滨州市文物处、博兴县文物管理所共同对遗址其他地段进行了两次长达 3 个月的考古勘探。为了配合冯吴村村前通路，还试掘探沟一条。2007 年 9 月，为了配合大遗址的申报工作，试掘探沟 5 条，初步搞清了遗址的堆积状况，对遗址有了更为深入的了解：第一，大体弄清遗址的范围，遗址南北 1000 米，东西 1200 米，总面积 120 万平方米。第二，遗址文化堆积较厚，张官至崇德村公路南北侧堆积厚达 3 米多。第三，确定古代东西向和南北向道路各两条，呈方格网状，应为遗址内主要街道。第四，遗址西侧发现冶炼遗址，发现多处铜渣。第五，为配合农村道路建设，在冯吴村南发掘了两条探沟，发现北朝时期房址一座、砖砌水井一眼，对认识周围遗址的性质有所帮助。第六，对 2001 年冬博兴县文物部门清理的夯土台基进行了勘探，发现台基南北

50 米、东西 80 米，呈东西长方形，台基之上的堆积内出了北朝至隋莲花瓦当、青瓷碗等，还在夯土台基内，发现一组人为埋藏的隋代五铢，多达 284 枚，当为夯筑台基时有意识放入的，初步断定该台基的年代为隋代。但对台基的性质目前尚不能确定。两次试掘出土了较为丰富的陶器、瓷器、骨器、建筑构件等。2018 年 9 月至 2019 年 8 月，2020 年 8 月至 2021 年 9 月，山东省文物考古研究院（前身为“山东省文物考古研究所”）与博兴县博物馆对前期勘探发现的龙华寺遗址四号夯土台基进行了全面的揭露发掘，发现隋代和唐代寺院基址。

鉴于龙华寺遗址的重要价值，2008 年召开的中国南北朝佛教文化研讨会便选在博兴举行，来自中国社科院、北京大学、中央美术学院、山东省文物考古研究所、云冈石窟研究院、四川文物考古研究所等众多专家学者汇聚一堂，对龙华寺遗址的性质、意义给予了高度评价。

4.龙华兴衰，千古繁华成一梦

至迟在北魏孝文帝太和年间（477—499 年），龙华寺遗址上便已建立了寺院，1983 年发现的铜造像上带“太和”铭文的就有 6 件。

东魏时遗址上至少有两处寺院：乡义寺和武定五年（547 年）所建的一处寺院。寺院发展到北齐时，规模更加宏大，遗址上出土的造像、建筑构件、生活用品等以北齐为多，尤其石刻造像，多为北齐时雕造。北周时，武帝于建德三年（574 年）下诏断佛、道二教，北周灭北齐后，继续在北齐境内推行灭佛政策，龙华寺遗址上的寺院也没逃过这一劫难，一时间变为废墟。到了隋代，皇帝好佛，又下令各地广建佛塔、寺院，因此，作为当时佛教重地的龙华寺也被敕名建“龙华塔”，而且是建在被毁的龙华古道场废墟之上。隋末寺院遭废弃，唐代之后再次重建。可见北朝至唐代，龙华寺遗址上前后或同时并存的寺院至少有乡义寺、东魏武定五年（547 年）建于乡义寺左侧的寺院、龙华寺。龙华寺遗址应该是一处北朝至唐代寺院遗址群。

龙华寺遗址上寺院密集，大型的石雕造像和精美的铜佛像出土数量多且地点集中，可见当地当时有着发达的经济基础为物质保证。同时在龙华寺遗址向南 9 千米处兴国寺遗址内有一座丈八佛石造像，雕造于东魏天平元年（534 年），通高 7.1 米，是我国平原地区发现的最高大且保存比较完整的北朝佛造像，若非经济发达，也不会建立如此高大的佛像。可见，当时的龙华寺遗址及附近地域应是青州以北地区的一处政治经济及文化中心，在本地区及周边地区具有很大的影响力，众多的佛教信徒聚集在这里举行佛事活动。在龙华寺遗址上出土的带铭文的佛教遗物中，可辨出造像人籍贯的便有乐陵郡、平原郡、乐安郡、乐陵县、千乘县、阳信县、新台县、安平县、般县、高阳县等，可知当时遗址上的寺院至少影响到了这些地区，所以说当时的龙华寺遗址应该是青州以北地区的一处佛教圣地。

龙华寺自隋唐时期毁弃后，未再发现重建迹象，清代至民国时期龙华寺遗址上建有龙华寺，但规模较小，其建于何时目前尚不可知，且该寺院与隋代龙华寺是否有渊源，也不得知。新中国成立后，清代的寺院原址也因为村民取土，成为一片洼地。至此，一座千年古刹就这样被默默无闻地掩埋在土地之下！

七　滨州发现的北朝至隋唐造像

起源于印度的佛教，自西汉末年传入中国，到南北朝时期得以广泛传播，伴随而起的开窟造像、建塔筑寺活动也迅速风靡全国各地。山东省的济南、青州两地均为当时佛教香火的中心地带，史书对此已多有记载。然而，近年来史籍记载不多的滨州一带却出土了大批佛像、造像碑、经幢和建寺修塔碑记。

一、滨州发现的佛教造像数量多且类型丰富

滨州先后出土佛教造像的有惠民、阳信、无棣、邹平、滨城、博兴等县市区，其中出土数量较多的三批是：1976 年，博兴县张官村群众取土垫屋基时，距地表 1 米处，挖出 72 件青石、白石、瓷素烧佛像，9 件有明确纪年铭文，时代从东魏武定五年(547 年)至北齐武平元年(570 年)[①]；1982 年，无棣县于何庵村群众在村边坑塘取土时，在距地表 0.6 米处挖出 7 件汉白玉石造像，其中 4 件有纪年铭文，时代为北齐天保五年(554 年)至天统三年(567 年)；1983 年，博兴县崇德村农民在村边取土，挖出 94 件青铜鎏金佛造像，其中 45 件有铭文，时代从北魏太和二年(478 年)至隋仁寿三年(603 年)。[②] 滨州佛教造像出土情况如表 3-1 所示。

① 参见常叙政等：《山东博兴县出土一批北朝造像》，《文物》1983 年第 7 期

② 参见李少南：《山东博兴出土百余件北魏至隋代铜造像》，《文物》1984 年第 5 期；张淑敏等：《山东博兴铜佛像艺术》，文物出版社 2009 年版。

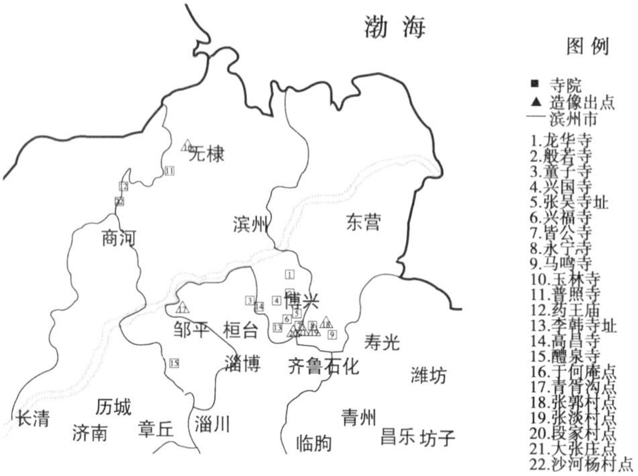

图 3-24　黄河三角洲佛教寺院、造像出土地点示意

表 3-1　滨州佛教造像出土情况

发现时间	发现地点	数量	造像种类	造像年代
1923 年	博兴龙华寺遗址	1 件	龙华碑	隋代
1976 年	博兴龙华寺遗址	72 件	石、白陶	北魏至隋唐
1982 年	无棣水湾乡于何庵村	7 件	石	北齐
1983 年	博兴龙华寺遗址	94 件	铜	北魏至隋唐
1990 年	博兴龙华寺遗址	53 件	石、白陶	北朝
1992 年	惠民沙河杨村	17 件	石	东魏至北齐
1993 年	博兴龙华寺遗址	若干	白陶	北朝

全市总计出土佛像 300 余尊，有雄浑凝重高两米多的大佛，也有灵巧精致只有十几厘米大小的小佛。有三躯、五躯为一铺者，也有形象生动、性格突出的单躯佛像。雕刻手法则有圆雕、透雕、高浮雕、浅浮雕、线雕，或多种雕刻手法综合运用等。以无棣县出土的天保九年（558 年）造一佛二菩萨像为例，以浅浮雕与高浮雕为基本手法，在一块高 120 厘米、宽 56 厘米的汉白玉石上，雕出了佛、菩萨、守护狮、飞天、托塔羽龙等众多的形象，作品的底座上雕刻一只香炉和一对守护狮，中间部分由一佛二菩萨组成，底部是三对对称飞天和两条托塔羽龙。作者采用壁画式的布局，分段分层式的画面结构，使作品上的形象众而不乱，构图匀称合理，中心突出，作为主要形象的佛与菩萨，除形体的大小对比外，又有高浮雕与

浅浮雕之差，把主体与陪衬的关系处理得恰到好处。在细部的处理方面，作者把平直与漫圆刀法结合起来，使人物的面部显得细腻丰满，花纹简练逼真，飞天的舞带飘逸洒脱。在动与静的方面，作者着意刻画了守护狮、飞天、羽龙的动态，又格外强调了佛与菩萨的静态，使作品整体气氛既活泼热烈又庄重肃穆，更渲染了佛的神圣。

博兴县出土的北齐太宁二年(562 年)高业夫妻造太子像，摆脱了一般宗教造像的程式，以圆雕为基本手法，雕刻出了一个富有情趣的艺术形象，此太子上身裸露，腰围贴体裙，右腿盘曲，左腿下垂，坐在束腰座上，作者把一尊男身菩萨做了女性化的处理，使其显得既文静又健美，通体洋溢出亲切动人的青春活力。

博兴县出土的另一件北齐天统四年(568 年)翟洛周夫妻单线阴刻像，运用朴素的线条语言，记述了一对普通夫妻供佛的情形，供养人屈膝跪地，举手作揖，那瘦小的躯体异常宁静，似乎真的超脱了人世间一切烦恼。作者把这对专心侍佛、祈求来生幸福的夫妻心理状态刻画得淋漓尽致。

在当代，大多数人对包括佛教造像在内的佛教遗产所持有的兴趣，已远远超过了佛教教义本身，作为我国古代劳动人民创造才智和劳动血汗的结晶，它们已被视为世界文化艺术的珍贵财富。

二、滨州发现的佛教造像

北魏太和二年王上造释迦多宝并坐像：北魏太和二年(478 年)释迦多宝并坐像，1983 年出土于龙华寺遗址。通高 14.8 厘米，宽 7.9 厘米。右边坐佛高 4.2 厘米，高肉髻，面清癯，着圆领通肩袈裟，衣纹自双肩呈"U"字形平行下垂，转角圆润。双手置于腹前，结跏趺坐于束腰须弥座上。身后有椭圆形头光及莲瓣状身光，其内饰对称密集的火焰纹。左边坐佛与之相同。两像后共铸莲瓣状背光，上部阴线刻中国传统楼阁式建筑。背光后浅浮雕一佛二菩萨，均呈坐姿。两坐佛共坐的束腰须弥座为四足方座。座上刻铭文："太和二年新台县人刘法之妻王上为亡父母造多宝佛一躯佑愿□家大小常与善会所愿从心。"

北魏太和八年铜佛立像：北魏太和八年(484 年)铸造，1983 年出土于博兴县崇德村。单身立像，铜质，通高 11.5 厘米，宽 3.8 厘米，像高 4.8 厘米，高肉髻，面相清秀，身着密纹大衣，手施无畏与愿印，赤足立于莲台上。身后有莲瓣状背光，上刻火焰纹，背光后面线刻一坐佛，高肉髻，结跏趺坐。佛身后有背光，下面有四足床，床前横框刻花纹，左边床足刻一花朵，余三边刻造像题记："太和八年四月三日，原郡……"

北魏景明元年石景之造释迦多宝并坐像：北魏景明元年(500 年)雕造，为释迦多宝并坐像，1983年出土于龙华寺遗址。通高13.5厘米，宽6.2厘米。左边坐佛高3.6厘米，高肉髻，面方圆，着圆领通肩大衣，双手置于胸前，结跏趺坐于束腰须弥座上。身后有椭圆形头光及身光。右边坐佛与之相同。两像后共铸一莲瓣状背光，背光上部浮雕一化佛，服饰、姿势同下边两佛。两像共坐的束腰须弥座下为四足方座。座上刻铭文："景明元年二月六日佛弟子石景之为父母造像一躯。"

北魏永平四年明敬武造观世音立像：北魏永平四年（511年）单身观世音立像，1983年出土于龙华寺遗址。通高17.3厘米，宽8厘米。像高6.7厘米，头戴宝冠，宝缯呈鱼鳍状垂至肘部。面相方圆，颈戴项饰，裸上身，披璎珞与长巾，璎珞自腰部交叉后垂于膝再绕至身后，呈"X"状，交叉处饰一宝珠。长巾压于璎珞下，裹双肩下垂至腹部交叉再上绕双臂飘于身体两侧。下着长裙，裙摆呈锐角状外侈，有一种飘逸的动感。躯体扁平，双手作施无畏与愿印，赤足立于覆莲座上。身后有四道同心圆头光及数重椭圆形身光，头光内线刻莲瓣纹。举身铸莲瓣状背光，上饰左右对称的火焰纹，覆莲座下有四足方座。座上刻铭文："永平四年正月六日佛弟子明敬武愿身无病患又为所生父母兄娣妹寿命延长常无患痛敬造观世音像一躯。"

北魏熙平二年造铜佛坐像：北魏熙平二年（517年）铸造，1983年出土于博兴县崇德村。铜质，高浮雕单身坐像，高13.9厘米，宽5.6厘米。佛像高4.2厘米，高肉髻，面相清秀，身穿圆领通肩大衣，衣纹自肩部呈"U"字形向下垂展，转角圆润。结跏趺坐于束腰须弥座上。下为四足床，床足左、后面刻"熙平二年一月三十日刘□□造弥勒佛像一躯"铭文。身后为莲瓣状背光，背光浅浮雕火焰纹。

北魏正光六年王世和造像碑：北魏正光六年（525年）雕造，青石质，为长方体造像碑。高244.5厘米，宽74厘米，厚80厘米。正面高浮雕单身立佛，佛头部磨平，着褒衣博带式袈裟，内着僧祇支，胸前打结，双手作施无畏与愿印，手残缺，赤足立于覆莲座上。主佛头后有头光，内饰忍冬纹，身后有舟形火焰纹大背光，背光上部两侧各刻一龙。背光尖部外侧各刻一飞天，飞天下面各雕一莲花。主佛脚下莲座下为束腰须弥座，其下有方形基座，座前浮雕两只相对的蹲狮。余三面刻八十余个小龛，每龛内刻一坐佛，高约15厘米，佛龛之间刻人名。主像左侧基部刻发愿文，文为"大魏正光六年岁次乙巳六月甲戌朔□□戊子青州乐陵郡般县王世和王文□王□王伏会等法义兄弟□心敬造尊像一躯上为皇帝陛下□官祠牧又为过□□来现在父母师□□家眷属□为法界□□□动□□□□□福"。

北魏普泰二年孔雀造一弥勒二菩萨像：北魏普泰二年（532年）雕造，为一弥勒二菩萨像，1983年出土于龙华寺遗址。通高23.5厘米，宽9.5厘米。主尊高8.

3 厘米，高肉髻，面清癯。内着僧祇支，外着双领下垂式袈裟，衣纹简练。双手作施无畏与愿印，赤足立于覆莲座上，下为四足方座。身后有两道同心圆头光和两道下端内收的椭圆形身光，头光内浅浮雕莲瓣纹。左胁侍菩萨高 6.4 厘米，束发，面清癯，裸上身，披长巾，长巾自双肩平行下垂至膝再上绕双臂垂于身体两侧。下着长裙，双手合十。右胁侍菩萨与之相同。二菩萨分别赤足立于从主尊所立覆莲座两侧生出的莲台上。三像后共铸莲瓣状大背光，沿背光边缘阴刻一线，内饰火焰纹。背光后刻铭文“普泰二年四月八日佛弟子孔雀为亡妻马□□造弥勒像一躯供养原之后□耶”。

北魏太昌元年冯贰郎造观音像：北魏太昌元年（532 年）雕造，为一观音二胁侍像，1983 年出土于龙华寺遗址。通高 24 厘米，宽 9 厘米。主尊观音高 8.5 厘米，高肉髻，面清癯。内着僧祇支，外着双领下垂式袈裟，衣纹平行下垂，呈“U”字形状。双手作施无畏与愿印，赤足立于覆莲台座上。身后四道同心圆头光和两道椭圆形身光，身后铸莲瓣状大背光，背光上饰左右对称的火焰纹，背光下部两侧各有一方形卯孔，分别套接左、右胁侍。右胁侍高 6.8 厘米，束发，面方圆，裸上身，披长巾，长巾裹双肩下垂至膝相交后再上绕双臂垂于身体两侧。下着长裙，下摆外侈。右手上举至胸，掌心向内，左手下垂提桃形物，赤足立于莲台上。左胁侍缺失。背光后阴刻铭文：“大魏太昌元年十一月十四日清信士阳信县人冯贰郎为父母造观世音像一躯并及居家眷属现实安稳无诸患苦常与佛会愿同斯福。”主尊所立圆台下为圆形覆莲座，再下为四足方座，座上刻人名：“像主冯丑环妻范买男继伯妻程□男舍那。”

图 3-25　北魏太和二年（478 年）王上造释迦多宝并坐像

图 3-26　北魏太昌元年（532 年）冯贰郎造观音像

图 3-27　丈八佛

丈八佛:位于滨州市博兴县湖滨镇丈八佛村北兴国寺遗址上。该造像雕造于东魏天平元年(534 年),为一青石立式圆雕造像,通高 710 厘米,像高 560 厘米。高肉髻、方面、大耳。着褒衣博带式通肩袈裟,内着僧祇支,胸前结带。双手作施无畏与愿印,赤足立于覆莲座上。莲座正面中间浮雕力士、博山炉、迦娄罗。正面两侧及左、右刻四组 26 个供养人像。

东魏天平四年道玉、严怀安造背屏式一佛二菩萨像:东魏天平四年(537 年)造,1997 年出土于惠民县惠民镇沙河杨村(今惠民县孙武街道办事处沙河杨村)。通高 126 厘米,宽 861 厘米。上部残,石灰岩质地,呈青灰色,佛像为高浮雕,有舟形大背光。主尊面部残损无存,有减地浮雕式圆形头光,颈细修肩,手施无畏与愿印,身形修长。上身内着僧祇支,外着褒衣博带式袈裟,下着长裙,胸前打结,跣足立于莲花形台座上。两胁侍菩萨均有细雕头光,头饰花蔓宝冠,面目清秀,微露笑容,长颈修肩,身体修长。两菩萨服饰基本相同,分别立于两条螭龙口吐的莲花台座上。造像背光,上端中央雕有一螭龙,作俯视腾飞状。两侧各有伎乐天三身。背光的下部,在主尊与胁侍菩萨之间分别雕有螭龙各一条。双龙作腾飞状,目光有神,口吐莲花。这是山东地区北朝佛教造像的地方特征。造像背光的后面通体磨光,镌刻有纪年的发愿文题记,能识读者有 26 行 721 字。

东魏武定三年程次男造铜观音像:东魏武定三年(545 年)雕造,1983 年出土于龙华寺遗址。单身观音立像。通高 13.5 厘米,宽 5.3 厘米。像高 6.5 厘米,头戴莲花宝冠,额前蓄刘海,面方圆。着扁衫,带项圈,披长巾,长巾裹双肩平行垂至膝下再上绕双臂垂于身体两侧。着长裙,右手置腰部略上,掌心向内,左手下垂,腕饰钏,赤足立于覆莲座上,下为四足方座。身后有同心圆头光和椭圆形身光,之外饰火焰纹。举身铸莲瓣状大背光,背光后刻铭文:“大魏武定三年岁次乙丑五月己卯朔廿日庚子青州乐陵郡乐陵县人马祠伯妻程次男敬造观音像一躯上为皇帝陛下右惠师僧父母及居眷□法界右□普同□愿。”

东魏武定五年张献珍造汉白玉一佛二菩萨像:东魏武定五年(547 年)造,汉白玉石质,系一佛二菩萨,身后有舟形大背光,通高 83 厘米,宽 42 厘米。主佛高 37 厘米,高肉髻、面清癯,着褒衣博带式袈裟,内着僧祇支,胸前打一结,手施无畏与愿印,头微前倾,双目下视,赤足立于圆形覆莲台上。佛两侧各立一胁侍菩萨,均高 29 厘米,面方圆,含微笑,头戴莲瓣形高宝冠,裸胸,披巾,巾带于腹部穿以环相交下垂绕向身后,腰围多褶长裙,一手高举持莲蕾,一手下垂提香袋,双足跣露,端立于化生莲蕾台上。佛、菩萨采用浅浮雕、高浮雕、阴线雕相结合的雕刻手法。衣纹细密华丽,衣角下摆宽大重叠,层次多变,披巾在身两侧成锯齿状。造像座为长方形平台,长 42 厘米,宽 23 厘米,高 16 厘米。三面刻有铭文,正面刻

"大魏武定五年岁次丁卯八月乙丑阴十四日戊寅沧州乐陵郡厌次县张献珍敬造玉石像一躯其功既就上为亡父母师僧父母过去父母未来父母七世先亡现存眷属居家大小又为皇帝陛下群僚百官洲郡令长法界众生普同斯福清信士佛弟子张献珍所求如是"。两侧刻有14位造像人姓名。据民国十五年(1926年)重修《阳信县志》卷一载:"张献珍造玉石像铭文与文献记载相吻合。"

东魏武定六年王叔义造汉白玉菩萨像:东魏武定六年(548年)雕造,1997年出土于惠民县惠民镇沙河杨村(今惠民县孙武街道办事处沙河杨村)。高38.5厘米,宽16.5厘米。汉白玉质地。此像为高浮雕式,有桂叶形背光。菩萨头戴三叶宝冠,额发卷曲,耳后两股长发垂至肩部,面容丰腴,眉目清秀,眼睛微闭,眉弯如月,唇线清晰,呈微笑状,颈饰璎珞,左手持香袋,右手持莲蕾,跣足立于莲花台上。双肩垂有长饰带和披巾,披巾于腹前部交叉穿环,下着长裙。造像遍饰彩绘,分别用黑、赭石、朱红等色绘出各种图案,富有极强的装饰性。背光上部绘火焰纹,菩萨有头光,并有连珠纹光圈。菩萨服饰也根据不同部位分别施彩,更显华美。造像的长方形基座上刻有东魏武定六年发愿文题记。

东魏武定八年释迦多宝并坐像:东魏武定八年(550年)雕造,1997年出土于惠民县惠民镇沙河杨村(今惠民县孙武街道办事处沙河杨村)。通高28.5厘米,宽24厘米。造像为释迦多宝并坐像,汉白玉质地,高浮雕式,背光和右侧佛头残。左侧佛头有头光,面相圆润,肌体丰满,两目微闭。两佛均手施无畏与愿印,结跏趺坐。衣着相同,上身内着僧祇支,外着褒衣博带式袈裟,下身着长裙,衣摆随坐势飘然下垂。基座为长方形,背面有东魏武定八年题记。

东魏张称伯造背屏式一佛二菩萨像:1997年出土于惠民县惠民镇沙河杨村(今惠民县孙武街道办事处沙河杨村)。通高90厘米,宽70厘米。舟形大背光,青色石灰岩质地。主尊头部残缺,手施无畏与愿印,身体修长,跣足立于圆形台座上。上身内着僧祇支,外着褒衣博带式袈裟,长裙拽地。两胁侍菩萨头饰花蔓宝冠,宝缯垂肩,面目丰腴圆润,微露笑容,分别立于两龙口吐的莲蕾形台座上。两龙用高浮雕技法雕刻,呈腾飞状,口吐莲花中各有一身小化佛。舟形背光的上部残,下端作翼状下垂。背光的背面平滑,有线刻六身供养人像,还镌刻有发愿文题记。

图 3-28 东魏张称伯造背屏式一佛二菩萨像

图 3-29 北齐天保五年(554 年)薛明陵造菩萨像

张茄喜造单身思惟菩萨像:东魏至北齐时雕造,1983 年出土于博兴县崇德村。铜质,圆雕,单身思惟菩萨像,通高 13.5 厘米。像高 6.5 厘米,头戴宝冠,面清癯,披通肩袈裟,内着僧祇支。袈裟下摆宽大,衣褶稠密,遮住双腿。衣着处理厚实,质感强,造型生动,为这一时期的优秀作品。右手托腮,左手施与愿印,坐于须弥座上。须弥座下为双层四足方座。最下层四足方座正面左足缺(后修复),床足铭文为"四月十八日佛弟子张茄喜为亡父母兄造像一躯……妻李……"。

北齐天保五年薛明陵造菩萨像:北齐天保五年(554 年)雕造,1983 年出土于龙华寺遗址。单身菩萨立像,通高 17.7 厘米,宽 6.5 厘米。像高 7.6 厘米,头戴宝冠,宝缯垂肩。面方圆,上身着紧袖天衣,颈部带项圈,披长巾与璎珞,璎珞自肩部垂至腹部打结后复垂至膝再上绕双臂垂于身体两侧,长巾自双肩沿身体两侧下垂。下着长裙,腰部束带及璎珞,璎珞下垂至足,呈"U"字状挂于腰间。裙带于腰间打结后垂至膝下。胸平腹鼓,双手作施无畏与愿印,赤足立于覆莲台上,下为四足方座。身后有四重联珠纹组成的同心圆头光和五重联珠纹组成的椭圆形身光,内阴线刻莲瓣纹。身外饰火焰纹。举身铸莲瓣状大背光,边缘凸起。背光后刻铭文:"天保五年十二月十五日孔雀妻薛明陵敬造。"

北齐天保五年造汉白玉一佛二菩萨像:北齐天保五年(554 年)造,1982 年无棣县于何庵村出土。汉白玉石质,高浮雕一佛二菩萨,通高 110 厘米,宽 57 厘米。主佛高 56 厘米,高肉髻,面相丰满,披圆领袈裟,手施无畏与愿印,立于覆莲座上。两侧各立一菩萨，均高 47 厘米，头戴宝冠，面相丰满，袒胸，下着长裙，披巾腹部作结，一手在胸前握一莲蕾，头后浮雕圆形项光。佛像后附舟形大背光，背光顶部雕一塔，塔身两侧各雕一飞龙。塔下雕一小坐佛。塔两侧各雕三飞天，裸上身，着长裙，不露足，双手合十。造像底座长 52 厘米，宽 18 厘米，高 19 厘米，正前面刻一香炉，炉后两侧各一蹲踞守护狮。座三面刻铭文 258 字，开端为“大齐天保五年……王维那张洪庆维那张蒲昌三十五人造玉石像一躯上为皇帝陛下洲郡令长有为七世父母居家眷属愿愿从心所求如是……”。

北齐天保七年王比伽造思维菩萨像：北齐天保七年(556 年)雕造，1997 年出土于惠民县惠民镇沙河杨村(今惠民县孙武街道办事处沙河杨村)。通高 54.5 厘米，宽 34 厘米。造像为三尊像，汉白玉质地，镂空圆雕。本尊太子思惟像，头部残佚，右臂从残存情况看原为倚腿支颐状。左腿自然下垂，跣足踩于圆形台座上，右腿放在左膝盖上，左手抱着右腿踝。身体修长，上身斜披僧祇支，双肩披巾绕缠双肘，下垂于身侧，下着长裙。两胁侍弟子有头光，面相丰润，身形修长，身披袈裟，双手合十，跣足而立。基座为长方形，正面开一长方形浅龛，龛内正中雕一香炉，两侧一对护法狮子仰首对卧。狮后各有一身力士浮雕像，相向而立，一手横于胸前，一手置于腹部，呈侍卫状。基座的背侧面刻有北齐天保七年发愿文题记共 22 字。

北齐天保八年造汉白玉菩萨像：北齐天保八年(557 年)造，1982 年无棣县于何庵村出土。汉白玉石质，为一菩萨像，背光顶部残，残高 29 厘米。头戴宝冠，面相丰满，袒胸，下着长裙，披帛，一手在胸前握一莲蕾，一手下垂提香袋，立于圆形莲座上。底座长 14 厘米，高 7 厘米，三面刻有铭文：“天保八年六月六日乐陵郡阳信县人宣威将年张荣洛弟荣周弟同周上为父母居家眷属见孝德富一时成佛。”

北齐天保九年造一佛二菩萨像：北齐天保九年(558 年)造，1982 年无棣县于何庵村出土。汉白玉石质，为一佛二菩萨像，出土时断裂，已修复。通高 120 厘米，宽 56 厘米。主佛高 59 厘米，高肉髻，面相丰满，内着僧祇支，胸前打一小结，外披对襟式袈裟，手施无畏与愿印，赤足立于覆莲座上。佛两侧各立一菩萨，均高 37 厘米，头戴莲瓣形宝冠，袒胸，下束长裙，披巾交叉于腹部，一手上举持莲蕾，一手下垂提香袋，赤足立于仰莲座上。像后立舟形大背光，顶部雕塔，两侧各一羽龙托塔，形态生动。塔下两侧各雕三飞天，裸上身，下着长裙，露足，一手举宝珠，衣带飘扬。像下为长方形底座，高 21 厘米，长 52 厘米，宽 23 厘米。前面居中雕一香炉，炉两侧各有一蹲踞状守护狮，长尾上翘，雄壮威严。座上四面刻有铭文 235 字，开端为“大齐天保九年……像主阳颢姜夫故人张挨长广太守居家眷属诸邑义廿七人等敬造白玉像一区上为皇帝陛下有为群聊(僚)百官士境人民下为边地众生皆使离苦得乐愿愿从心……”。雕刻技法采用阴线雕、浅浮雕、高浮雕相结合，比例准确，刀法细微，线条流畅，姿态优美。1986年该像参加了在日本大阪、山口、东京举办的“山东文物展”，对增进中日两国文化交流起到了促进作用。

北齐天统三年造思惟菩萨像：北齐天统三年(567年)造，1982年无棣县于何庵村出土。汉白玉石质，通高32厘米，宽21厘米。高浮雕一菩萨二比丘，菩萨头戴莲瓣形宝冠，面相方圆，坐于长方形须弥座上，一手托腮，一手抚膝，两侧各站立一比丘，身着贴体袈裟，双手于胸前捧一宝珠。座三面刻有铭文：“大齐天统三年三月廿日沧州乐陵郡阳信县故人妻阿宋侍王敬造玉石像一区有居家眷属一时成佛。”

北齐天统四年翟洛周夫妻造弥勒像：北齐天统四年(568年)造，1976年龙华寺遗址出土。像上半部分残缺，残高18厘米，仅存下身，两足下垂，倚坐于椭圆形束腰须弥座上。下为方座，高14.5厘米，前正中阴线刻舍利塔，两边刻供养人像，两人身着贴体紧身服装，面相对，双膝跪在方席上，手持莲花。像前分别竖刻题铭“过去弟子翟洛周侍佛时”和“妻朱姮侍佛时”等字样，像座左侧刻发愿文为“天统四年四月……千乘县人翟洛周造弥勒像一区愿一切平安”。

北齐模印素烧白陶菩萨立像：北齐烧造，1976年出土于龙华寺遗址。通高23厘米。菩萨像与底座为两体。菩萨高(带榫)21.3厘米，座高4.2厘米。菩萨头戴宝冠，宝缯下垂。面方圆，头后有桃形头光。裸上身，颈饰项圈，璎珞自双肩下垂于腹前相交复垂至膝绕向身后。长巾自肩沿身体两侧垂至足踝。下着双层裙，外层裙至膝。左手下垂捻宝珠，右手上举至胸，赤足立于带榫莲台上，榫插入带卯孔的覆莲座内。

图3-30 北齐天保九年(558年)造一佛二菩萨像

图3-31 北齐模印素烧白陶菩萨像

北齐汉白玉佛造像:北齐时期雕造,1982 年无棣县于何庵村出土。汉白玉石质,通高 21 厘米,宽 9.5 厘米。雕刻技艺精巧,形象生动。

阿弥陀佛单身立像:北朝时期雕造,1976 年龙华寺遗址出土。青石单身佛立像,高 216 厘米,肉髻低平,面方圆,细眉长眼,嘴角含笑,双耳下垂。身着圆领通肩大衣,衣薄贴体,衣纹呈"u"字状平行下垂,双手作施无畏与愿印,右手残,腹部凸起,赤足立于带榫莲台上。

蝉冠菩萨像:北齐雕造。青石圆雕,高 156 厘米,为单身立式菩萨像。头戴宝冠,宝缯下垂遮耳,面方圆,头后饰圆形项光。上穿天衣,颈饰璎珞、项圈、悬铃,披长巾、璎珞,下着羊肠裙,赤足立于覆莲台上。运用直平和漫圆刀法,雕刻细腻,不仅面部传神,身上所饰璎珞、配饰无一不肖。1976 年博兴县张官村出土,1981 年征集到县,1994 年被盗。1995 年,被日本 MIHO 美术馆购得。2008 年 1 月,在国家、省、市、县有关领导的共同努力下,该菩萨像回归祖国。

北齐青石观世音立像:北齐时期雕造,1976 年龙华寺遗址出土。通高 195 厘米,像高 167 厘米。观世音头戴化佛宝冠,面方圆,弯眉细目。裸上身,戴项圈与璎珞,璎珞两束,一束呈"U"字状挂于胸前,另一束自颈部垂至胸前相交后于腰部绕于身后,戴臂钏。披长巾,小臂及手均残。下着长裙,裙带于腹前打结垂至膝部,腹部凸起,衣薄贴体,足腕带钏,赤足立于带榫莲台上。颈部、膝部均断,后粘接在一起。

八 黄河三角洲佛教造像铭文题记的书写特点

近年来,位于黄河三角洲地区的博兴、惠民、阳信、无棣、邹平、滨城及附近的广饶、桓台等县市区出土了大批北魏时期佛教造像,其中有相当多的造像背面、侧面和底座上刻有题记铭文,均为魏碑体,代表了黄河三角洲地区当时当地的书法水平,对书法史的研究提供了更为充实的实物资料。

一、魏碑书法的出现及被重视

魏碑体是隶书向楷书转变期的书法,因主要出现于北魏时期,所以称之为魏碑。然而,魏碑产生后的 1000 多年间,一直没有受到人们的充分重视,社会上占主流地位的依然是钟繇、王羲之等人开创的帖学书法。北宋时期,金石学盛行,当时的士大夫阶层对古物有着浓厚的兴趣,收集和买卖古物的风气大为盛行,出现了吕大临、王黼、欧阳修、赵明诚等金石学大家,然而他们的兴趣还主要集中于对古物及其铭文的考证上，魏碑书法并未引起他们太大的兴致。此后的元明两代，在金石学上的发展甚微，几乎是无所建树。

到了清代，中国的学术风气为之一变，一时考据成风，形成了所谓的乾嘉学派。考据学的流行一方面是因为当时一些士大夫想逃避现实，寄情于考据之中。而另一方面，这其中则饱含着当时众多士大夫的一种救国抱负。受当时内忧外患形势的刺激，很多士大夫找不到出路，便想从古物刻石铭文之中寻求重新考释经典的证据，从而改变统治者治国治民的思想根基，以达到再振国运的目的。恰恰此时，明清以来馆阁体书法风行于世，书法风气流于俗媚，很多人也想在古代书法中寻求一种新的创新之路。于是，越来越多的钟鼎彝器和碑碣石刻铭文为当时的书法界、学术界注入了一股新的气息。一时之间，碑学盛行，士大夫阶层乐此不疲，书风为之一变。

二、黄河三角洲佛教造像多有铭文题记

30年前，学术界对山东境内佛像艺术的关注，还主要集中在青州和济南近郊的摩崖龛窟上，直到位于黄河三角洲地区的滨州市和青州境内大量单体铜石佛教造像的发现，才从根本上改变了学术界只注重摩崖造像的情况。

黄河三角洲地区，特别是滨州一带出土的数量众多的佛教造像大多带有题记铭文。如1976年博兴县张官村出土的72件造像中有9件有明确纪年铭文或题记，时代从东魏武定五年(547年)至北齐武平元年(570年)；1982年，无棣县于何庵村出土的7件汉白玉石造像，其中有4件有纪年铭文，时代为北齐天保五年(554年)至天统三年(567年)；1983年，博兴县崇德村出土的94件青铜鎏金佛造像，其中45件有铭文或题记，时代从北魏太和二年(478年)至隋仁寿三年(603年)。除这些集中出土的瘗埋佛像外，还零星出土众多的佛教造像，亦多有铭文题记者。这些纪年铭文和题记，对研究当时的书法有着极为重要的意义。

三、黄河三角洲佛教造像铭文的书法特点

笔者总结黄河三角洲地区近年出土和发现的各类佛教造像，发现其铭文题记的书法特点有如下几处：

第一，黄河三角洲地区发现的佛教造像以铜石造像为主，其题记铭文主要是用刻刀直接在石或铜上刻写，这便在一定程度上决定了其书法会因造像质地的不同而表现出不同的特点。黄河三角洲地区石佛造像的质地一般为青石，较铜质地为软，易于奏刀，其书法多表现为圆浑拙朴，笔画以圆笔和方笔为主，注意藏锋。如无棣县在第三次全国文物普查时新发现的北齐石佛造像，铭文字体丰厚

凝重、姿态稳重、宽博舒展、富有张力，虽是小字，却颇有泰山经石峪《金刚经》的书法意韵。金铜造像的字体主要为单刀刻成，显得尖利峻拔，笔画起笔处和收笔处一般为露锋，即尖且浅，笔画中间部位较深，转折处略为呆滞更显其古拙。

图 3-32　博兴龙华寺北魏太昌元年（532 年）冯武郎造观音像背光铭文

图 3-33　无棣韩家村出土北齐石佛造像底座铭文

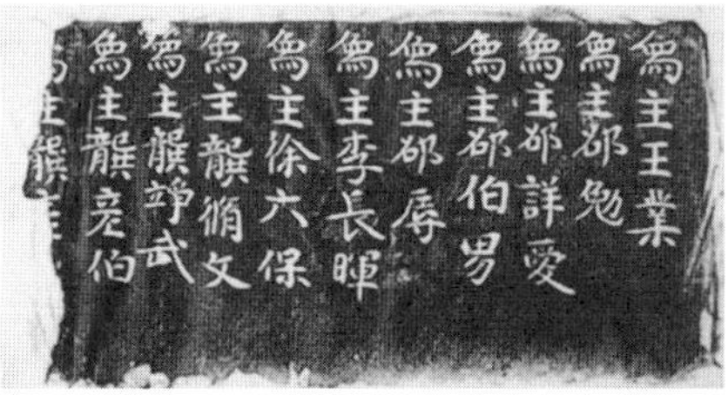

图 3-34　无棣韩家村出土北齐石佛造像底座铭文拓片

图 3-35　无棣于何庵村出土北齐天保五年（554 年）一佛二菩萨像底座侧面铭文

图 3-36　无棣于何庵村出土北齐天保九年（558 年）一佛二菩萨像底座铭文

第二,黄河三角洲地区发现的佛教造像铭文题记的字体具有明显的民间大众特点,并代表着当时当地民间碑刻书法的最高水平。《黄河三角洲佛教造像研究》一书的作者曾对本地域佛教造像供养人的社会等级做过统计,认为黄河三角洲地区出资造像的供养人可分为六个类别,即在家信士、出家僧尼、平民百姓、世俗官吏、僧职人员和佛教结社,其中主要为在家信士和平民百姓,世俗官吏也主要以太守、县令、参军等中下层官吏为主。① 出资造像者的身份在一定程度上决定着这些字体应为当时民间大众最为流行的书法字体。以博兴县文管所在龙华寺遗址发现的部分铜佛像为例。其中有一尊北魏永安二年(529 年)的单身佛立像,佛像背光后面刻有铭文,不仅笔画歪歪扭扭,而且有的笔画还刻了两遍甚至更多,有明显的刀刻描摹痕迹。又如北魏正始二年(505 年)世基造像铭文,也同样存在上述情况,字体歪斜,同一笔画重复加刻,显然勒文者亦知自己刻得不尽如意,只能设法修改,却是越改越拙,这在一定程度上反映了其民间性和大众性。

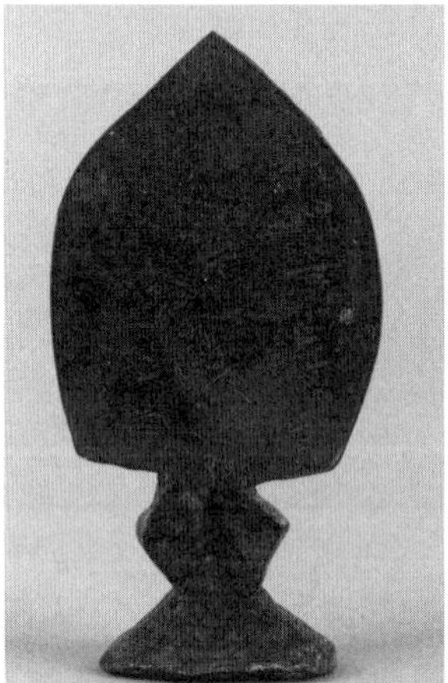

图 3-37 博兴龙华寺北魏永安二年(529 年)单身佛立像背光铭文

图 3-38 博兴龙华寺北魏正始二年(505 年)世基造像底座铭文

在铭文题刻中,还经常会出现一些简化字,如"一躯造像"中的"躯"字,常常会写成"区"字。这种现象不仅会在一些字迹潦草的造像铭文中出现,而且也会出现在一些字体规整的造像铭文中。字体使用的不规范也从另一个方面证明了这些铭文题刻的民间性和大众性。

① 参见刘凤君等:《黄河三角洲佛教造像研究》,山东人民出版社 2003 年版,第 153～156 页。

图 3-39　博兴龙华寺北魏太和二年(478 年)王上造释迦多宝并坐像底座背面铭文

图 3-40　博兴龙华寺北魏太和二年(478 年)王上造释迦多宝并坐像底座侧面铭文

然而,由于民众痴迷的宗教信仰,他们在奏刀勒铭时一定会带有一种虔诚的心态,也就是说造像题记毕竟是书刻者怀着一种崇敬的心理去完成的,所以无论水平高低,其态度是极其认真的。因此,这些字体在具有民间性和大众性的同时,又会超出大众的一般水平,从而显得更为规整和仔细,甚至有的字体书法会有相当高的造诣,如博兴县龙华寺遗址发现的北魏永平四年(511 年)明敬武造观世音像,其铭文字体规整,刀法遒劲,转折处以方笔为主,笔路雄浑有力,具有很高的水平。即使是不太规整的造像题记和铭文,也因幅小字少,往往因形就势,书刻于造像的底座、背光等处,乍看显得行列不整、大小不一,但细细品味,却能见其匠心独运、欹侧变化、灵活多样的古朴之味。

图 3-41　博兴龙华寺北魏永平四年(511 年)明敬武造观世音像底座铭文

第三,金石造像的铭文题记皆为魏碑体,早期字体较为宽博,隶意尚浓,但随着时间推移,字体呈由宽博向竖直紧凑过渡的趋势。以铭文中常见的“年”“月”“日”“明”等字来分析,北魏时期字体相对较宽,而且“年”字中间几横喜欢拉长,越到后来,其字体逐渐变得窄长紧凑。如北魏永平四年(511 年)明敬武造观世音像,其“年”“月”“日”等字都显得较为宽博,“年”字写为四横,其中第二横和第四横都故意拉长,“月”和“日”字也都显得宽博有力。该铭文中的“明”字,其“日”和“月”偏旁间距较大。到了东魏兴和二年(540 年)薛明陵造佛像,“明”字的“日”和“月”偏旁的间距已明显拉近。“月”“日”二字虽然还是较宽,但已有变瘦的趋势。到了北齐天保五年(554 年)薛明陵造单身菩萨立像,其铭文字体已明显变窄变长,“年”字中间两横明显变短,“日”“月”“明”字也更为瘦长,“明”字中“日”和“月”偏旁间距更近。此时字体已几乎摆脱了隶意,并开隋唐楷书的先声。当然,这只是大趋势,由于黄河三角洲地区佛教造像铭文题记书法具有较浓的民间性,水平参差不齐,也有个别例外现象的存在。因此即使到了后期还是存在一些宽博的带有较浓隶意的书法铭文。

图 3-42　博兴龙华寺东魏兴和二年(540 年)薛明陵造佛像

图 3-43　惠民沙河杨村出土东魏武定六年(548 年)汉白玉彩绘菩萨像底座铭文

图 3-44　博兴龙华寺北齐天保五年(554 年)薛明陵造菩萨像背光铭文

图 3-45　博兴龙华寺隋开皇十一年(591 年)孔钺造老子像底座铭文

第四，黄河三角洲地区的佛教造像发现较晚，其铭文题记的书法特点受重视也较晚。魏碑刻石流行之时，正是钟王书法盛行之日。在当时，上层士大夫大多喜欢钟繇和“二王”风流俊雅的书法，这代表了当时上层士大夫的一种审美趋向。而黄河三角洲地区乃至全国的各类碑刻铭文千百年来却一直未能得到上层主流社会的认可。虽然自清开始，有很多学者和书法家开始研究魏碑，但也主要是局限于摩崖刻石。在山东地区，著名的有郑道昭的云峰山刻石、泰山经石峪《金刚经》刻石，这些都是大家追捧的对象。造像题记书法虽亦于乾嘉时期便得到了众多学者的青睐，但他们研究的重点是洛阳龙门石窟的“龙门四品”或“龙门二十品”。这些作品皆为凿壁磨平的碑记，无法反映整个全国造像题记的书法特点，更不能代表黄河三角洲地区乃至山东地区北朝时期的书法特点和演变规律。

相对于摩崖刻石和石窟碑记，黄河三角洲地区的佛教造像由于千百年来一直深埋地下，学术界大多只是认识到其铭文题记所具有的史料价值，而没有充分认识到其字体书风所具有的书法史意义。而黄河三角洲地区发现的佛教造像铭文题记的书法特点，对考证和研究魏晋南北朝时期当地的书法水平及特点提供了相当珍贵的资料，对书法史的完善具有极为重要的意义。从这一角度讲，对黄河三角洲地区佛教造像的题记铭文进行书法史方面的研究，具有极大的潜力，应当引起大家足够的重视。相信随着研究的不断深入和更多佛教造像的发现，其题记铭文在书法史上所具有的独特价值一定会日益受到人们的重视。

九　隋唐时期的宗教遗存

隋唐时期，社会大部分时间趋于稳定，滨州一带的经济文化都获得了长足发展，人口数量亦比北朝时期增加数倍。然而，这一时期的遗址却发现得非常少，见之于考古的实物也多是零星发现。隋唐时期遗迹遗物发现较少，且明显少于两汉时期。至于其原因尚不明确，还有待考古工作的进一步考证。虽然这一时期滨州境内考古发现较少，但也呈现一定的特点：一是宗教遗存较多；二是农民起义遗存较多；三是隋唐青瓷和白瓷发现较多，且极有特色。

特别是宗教遗存，发现较多。主要包括道教和佛教遗存，其中又以佛教遗存为甚。除北朝时期至此时依然存在的龙华寺、乡义寺等众多寺院外，无棣的大觉寺与邹平的醴泉寺都十分的有名。这与佛教经过几百年的发展，到了隋唐时期更为兴盛有极大的关系。

1.隋代龙华碑的发现

近年来,考古工作者在龙华寺遗址上做了大量工作。2020 年和 2021 年的考古发掘,更是发现了隋代和唐代的相互叠压的寺院遗址。隋唐两代寺院的发现,使我们对龙华寺遗址的性质有了更为深刻的认识。而早在 1923 年,博兴县龙华寺遗址的冯吴村便出土过隋代的龙华碑,碑额为篆书“奉为高祖文皇帝敬造龙华碑”,一时轰动学界。碑为石灰岩质,螭首竖式,分为首、身、座 3 部分。通高 236 厘米,宽 106 厘米,厚 18 厘米。阳面楷书阴刻 28 行,每行 50 字。

图 3-46　龙华碑

其实该碑命运十分波折。早在道光二十年(1840 年)《博兴县志》便记载:“龙华寺在城东北二十里崇德社。隋时敕建也,有半截碑。”海丰吴式芬《攈古录》记:“故龙华道场建塔碑:正书,篆额,山东博兴,仁寿三年(603 年)。”后又湮没地下,销声匿迹。1923 年,该碑又在博兴县陈户镇冯吴村南出土,出土时字迹清晰,后有一古董商拓印石碑后,将“仁寿三年”以下 20 字击毁。此即《重修博兴县志》中所记载的内容:“隋龙华寺仁寿残碑……有燕估打碑数日,临去,将‘仁寿三年’以下二十字击坏,意以所拓为旧本,可以居奇。”20 世纪 50 年代初,碑被运往黄河防汛工地,幸有识者发现,将其迁回原地。1956 年移入县城。

“龙华碑”今正文尚存 1245 字,基本完好。《八琼室金石补正》《全隋文补遗》《重修博兴县志》等收录此碑文,日本二玄社刊行有“龙华碑”拓本。清末民国学者欧阳辅在《集古求真》中写道:“额字为篆体而笔法作飞白,为额中所少见。

碑文书法秀整劲拔，开褚、薛之先陆，非中唐以后人所能做到。”

张振国等编著的《隋〈龙华碑〉及其考据》（山东美术出版社 2019 年版）、李广英《镌刻的历史》（中国文史出版社 2004 年版）、王凤翔等编著的《滨州通史・隋唐宋金元卷》（山东人民出版社 2017 年版）、汪海波《隋“龙华碑”建毁年代考》（《世界宗教研究》2014 年第 4 期）均对立碑年代、碑文内容进行过考证，并认为该碑为修塔功德碑，而不是建寺记事碑，立碑年代应为隋炀帝时期。据“龙华碑”碑文记载：“华塔者，地则故龙华道场之墟，其内现有古基，未及功就，属天回地转，柱折维倾……以仁寿三年……同至塔所，营其故基。”可知，在隋代仁寿三年之前，龙华寺原址中就有龙华塔的“故基”，龙华寺及龙华塔至少在隋代以前就已存在，隋代应是对前代龙华塔的重新复建。至隋，龙华寺也已残破，文帝时期亦对其进行了重建。“龙华碑”的内容，主要是歌颂隋文帝。二是记载了晋王府记室参军及其兄长二人竭尽全力，共同建造龙华塔及相关建筑的事迹。建成后，命名殿堂号曰“五香”。龙华寺相关建筑落成后，光禄大夫、北海郡守到博昌县令等官方政要及其家属参加了落成仪式，寺院中的诸多维那（寺中僧职）也一同参加。“龙华碑”是滨州区域保存较为完好的隋碑，具有重要的艺术、史学和宗教价值。①

2.龙华寺遗址发现隋唐寺院基址

2018 年 9 月至 2019 年 8 月、2020 年 8 月至 2021 年 9 月，山东省文物考古研究院与博兴县博物馆对前期勘探发现的龙华寺遗址四号夯土台基进行了全面的揭露发掘，发现并确定北朝、隋、唐时期的佛寺基址一座。清理造像坑 4 个，铁器窖藏 1 个，铜钱窖藏 2 个，发现水井 2 眼，并出土了大量的精美文物。

此次发掘地点存在的寺院遗址可分为北朝、隋代、唐代三期，始建于北朝（北齐），隋代扩大规模，唐代在隋代基础上重新起建，下限可到唐开元年间。出土有较为丰富的文化遗物，有白陶造像及残块 100 余件、石造像及残块 200 余件、铜造像 2 件、锡造像 1 件，石造像半成品 1 件，还出土大量的陶、瓷器、铁器、铜钱及板瓦、筒瓦、瓦当、鸱吻等建筑构件，出有鸱吻模具 1 件，发现有残石碑和造像题记等。

其中，唐代寺院是在隋代寺院基础上重新起建的。其寺院的基本布局：北面为讲堂，东西为配殿，讲堂和配殿间有廊庑相连。讲堂南侧为大殿，再往南为山门。讲堂、东西配殿、南侧大殿皆为夯土台基高台式瓦顶建筑。②

---

① 参见王凤翔等编著《滨州通史・隋唐宋金元卷》，山东人民出版社 2017 年版，第 414～415 页。

② 参见博兴县博物馆：《喜报：博兴龙华寺遗址入选“山东百年百项重要考古发现”》，2021 年 10 月 31 日，https://mp.weixin.qq.com/s/F7qAJ3mZQ0wdkUs3yXemGQ。

图 3-47　新发掘的佛像底座

3.高僧挂锡的大觉寺

大觉寺,位于无棣古城外东南隅,唐贞观十三年(639 年)建,初名普照寺。唐开元二十六年(738 年)唐玄宗李隆基"诏天下诸州各建一寺,以年号为名",遂奉敕改名为"开元寺"。此后,很多高僧大德曾挂锡无棣开元寺,其中就有五代时期的高僧恒超大师。明洪武初年又更名为"大觉寺",香火鼎盛,名贯冀鲁。

五代高僧恒超(877—949 年),俗姓冯,范阳(今河北涿州)人。后梁乾化三年(913 年)受戒五台山。后梁龙德二年(922 年)挂锡无棣县开元寺,在寺东北隅另创一院,弘讲经论。"挂锡"是禅林用语,即"悬挂锡杖"之意,也是"任一寺之住持"的别称。恒超大师共在开元寺居住了 27 年,宣讲经、论各 30 多遍。历任的棣州官员、过往的使臣、齐鲁之间的学者,或敬慕恒超渊博的学问和高尚的品格,或探讨参研学问,常常到寺拜访,商榷学问,甚至对恒超的学说提出诘难。对此,恒超大师无论多忙,都坦诚相待,互相参讨。恒超大师知识渊博,时而参引诸子史籍,时而证以佛家哲理,令众人无不心悦诚服。当时有一位姓李的郡守,一向敬重恒超的高风,提出要向朝廷上表举奏,请朝廷给恒超赐紫,以示荣宠。恒超淡泊名利,就写了一首明志诗:"虚着褐衣老,浮杯道不成。誓传经论死,不染利名生。厌树遮山色,怜窗向月明。他时随范蠡,一棹五湖清。"这首诗,后来被收入《全唐诗》第八二五卷,题为《辞郡守李公恩命》,传诵至今。恒超派人把这首诗送给李郡守,李郡守看了,又派人劝说恒超,希望他接受朝廷的封赐。恒超矢志不移,以要躲避到卢龙塞外为由推辞。李郡守只好作罢。他"誓传经论死,不染利名生",力辞赐紫的节操,被佛界赞曰:"清风凛然,披拂千古。"

后汉乾祐二年(949 年),恒超圆寂于无棣开元寺,享年 73 岁,僧腊(受戒后的年龄)35 年。具荼毗礼,收舍利 200 余颗分施之。外缄 50 颗,于本院起塔以葬之。后汉宰相冯道当时还不知道恒超圆寂的消息，他还特意奏请朝廷赐号“德正大师”，尽管有违恒超大师的生前遗愿，但人们还是把后汉皇帝赐号的圣旨刻在了石塔之上。

恒超大师的事迹，在宋代高僧赞宁（919—1002 年）所撰《宋高僧传》卷七《汉棣州开元寺恒超传》中有较详细的记载。恒超挂锡无棣开元寺，对滨州地区佛教的传播与发展产生了重要影响。

大觉寺内现有天王殿、前殿、后殿、观音殿、伽蓝殿、祖师殿、海丰塔等建筑，大多为新建，与原来的布局结构已大为不同。幸唐代寺院塔基底部尚还保存完好。民国《无棣县志》载，大觉寺塔俗称海丰塔。始建于唐贞观十三年（639 年），高十三层，八角叠檐式砖石结构，塔基高为两米。一级券门上额书有“文笔冲霄”四字，塔身内建有迴形踏步通道，可以逐级相通，每级南面设有拱顶券门。明正德、万历年间，邑人两次维修；清光绪十四年（1888 年）夏，海邑地震，塔倾其半。古塔年久失修，时有倾圮之危。1956 年，经山东省文物主管部门批准拆除，塔基底部未发掘，完整地封存于地下。1991 年，县政府筹资 155 万元，在原塔基以北 50 米处重建海丰塔，并由全国著名建筑设计大师张镈设计。重建的海丰塔为八角楼阁式，高 42 米，13 级，当年 7 月动工，1992 年 9 月竣工。中国佛教协会主席赵朴初题写“海丰塔”塔匾；中国书法家协会副主席李泽为海丰塔题写对联“海裕无双邑，丰余第一州”。2006 年 12 月被山东省人民政府公布为第三批省级文物保护单位。①

图 3-48　大觉寺及海丰塔

① 参见王凤翔等编著：《滨州通史·隋唐宋金元卷》，山东人民出版社 2017 年版，第 410～411 页；滨州市文物局编：《滨州文物通览》，齐鲁书社 2014 年版，第 39 页。

4.国内发现的最早的铜造老子像

隋唐时期统治者采取了佛、道并重的政策。唐朝建立后，使道教成为皇家宗教，曾多次下令在全国范围内普建道教宫观，史籍中也不乏在山东诸州兴建道观的记载。如隋开皇年间，文帝曾诏令两京及诸州各置玄元皇帝庙；唐乾封元年(666 年)，高宗诏令于兖州界置紫云、仙鹤、万岁观，天下诸州普置观一所①；弘道元年(683 年)，高宗诏令诸州置道观上州三所、中州二所、下州一所②；开元十年(722 年)，玄宗诏“两京及诸州各置玄元皇帝庙一所”③。即使如此，道教道观无论从数量还是规模上来看，都远不如同一时期的佛教寺院，且遗迹今多已不存。④

在不多的道教遗存中，有一尊老子造像十分有名，这就是 1983 年出土于博兴龙华寺遗址的开皇十一年(591 年)孔钺造老子像。它也是目前国内发现的最早的铜造老子像。

孔钺造老子像为单身老子坐像，通高 13.6 厘米，宽 5 厘米。老子戴道冠，面清瘦，眉目细长，蓄长须。着对襟窄袖道袍，躯体瘦长。左手下垂扶案几一角，右手上举执麈尾，盘腿坐于四足方座上。身后有圆形头光及椭圆身光，头光内刻莲瓣纹。身后铸光背，上半部阴线刻一树，若垂柳。四足方座上刻铭文：“开皇十一年十月，道民孔钺造老子像一躯□德。”该老子造像糅合了道教造像与佛教造像的某些特点，可谓释老相参。如戴道冠，着道袍、蓄须、执麈尾、扶凭几坐于树下，具有道教造像的特点，但其身后头光中的莲瓣，舟状的光背及四足方座，却又借鉴于佛教造像的形式。该像是龙华寺遗址发现的造像中唯一一件道教造像，体现出佛、道合流的趋向。

---

① 参见《旧唐书·高宗本纪》。

② 参见杜光庭：《释老君圣唐册号》，《全唐文》卷九四四。

③ 《册府元龟》卷五三《帝王部·尚黄老》。

④ 参见王凤翔等编著：《滨州通史·隋唐宋金元卷》，山东人民出版社 2017 年版，第 417 页。

图 3-49　隋开皇十一年(591 年)孔铖造老子像

另在无棣还发现有白鹤观遗址。白鹤观遗址是唐代道观遗址,位于无棣县车王镇白鹤观村西首 50 米处。现庙基为隆起高地,南北长 54 米,东西宽 26 米,面积约 1400 平方米,高出地面 0.5 米。白鹤观村《杨氏家谱》记载,唐代此处有一寺庙,庙前有一棵树,树南有一眼甜水井,庙西临小河,庙东有湾塘,环境幽静,景色宜人。传有白鹤飞来,故名白鹤观。今庙前古槐尚存。2002 年 11 月被无棣县人民政府公布为第三批县级文物保护单位。

十　醴泉寺在中日韩关系史上的重要价值

邹平西南行 20 余千米,是山峪纵深、古木参天的长白山脉,群山环抱之中,有一座久负盛名的千年古寺——醴泉寺,这也是北宋名相范仲淹年少时读书的地方。其实醴泉寺的历史远远大于宋朝,早在南朝刘宋、南齐之间便已创建,创建者为庄严法师,初名龙台寺。民国《邹平县志》卷十一记载:“宋齐间,有高僧栖此山,传是庄严法师创建寺宇,久圮废。唐中宗时,僧仁万重修。寺成之日,东岩醴泉出,特赐名醴泉寺。”唐中宗时,寺僧仁万重建寺院,时东山有一泉涌出,中宗遂赐泉名为“醴泉”,醴泉寺即由此得名。全民族抗日战争爆发前,梁漱溟先生曾在此建乡学并设医院。抗日战争中，曾为八路军兵工厂和后方医院。1939 年清明时，日军扫荡，千年古寺被毁于一炬。现仅存唐志公碑一通与唐石佛像一尊。

图 3-50　重塑金身的石佛头像

1.志公碑与志公和尚

志公碑，是现存不多的唐代名碑，存于醴泉寺佛头殿内，全称为“大唐齐州章邱（现为‘章丘’）县长白山醴泉寺志公之碑”。碑立于唐开元三年（715 年），青石质，螭首，方座。碑高 215 厘米，宽 110 厘米，厚 30 厘米。碑首两侧各浮雕三龙，正面首部刻一尖楣状拱龛，龛内浮雕三佛结跏趺坐于束腰须弥座之上。其下有三方形格龛。中龛雕一博山炉。两侧龛内雕两个相对作跪状的供养人像。外侧刻“大唐齐州章邱县长白山醴泉寺志公之碑”，下为碑文，行书阴刻，为琅玡人王�所作，记述高僧志公弘扬佛法和唐中宗时重建醴泉寺的经过。由于年代久远，除“大唐齐州章邱县常白山醴泉寺志公之碑”等字尚清晰外，正面碑文已模糊难辨，但清朝金石类书中对此多有记载。据清代刑部尚书王渔洋《长白山录》中所抄录的碑文，可辨认的有千余字。其主要内容：唐中宗景龙二年（708 年）齐州正智寺都维僧仁万（俗姓李，字道寂）为还泰山灵岩，以重开法俗，重修醴泉寺的过程及唐开元三年（715 年）寺成之日，各界大会表庆天恩的盛况。碑中还追记了晋朝醴泉寺初创时，高僧志公的生平事迹。但由于碑文多处漫漶，志公事迹不可尽知。碑阴线刻手持锡杖的志公半身像，像高130厘米，身着长袖袈裟，腰悬长径小口瓶，手执锡杖，杖头挂镜面、尺子、剪刀、锁子。但今仅能看清志公和尚的面部及其服饰轮廓。碑阴右上角刻"晋朝大士志公和尚本容作"。碑左右两面刻满人名，多为建碑施主勒名及后世人鉴赏、考证、补记内容，多漫漶不可辨识。

宝志(418—514年)，又称"保志"，南朝僧人，世称宝公、志公和尚，金城(江苏句容)人。据南朝梁代僧人慧皎所撰《高僧传·梁京师释保志》记载："释保志，本姓朱，金城人。少出家，止京师道林寺，师事沙门僧俭为和上修习禅业，至宋太始初，忽如僻异，居止无定，饮食无时，发长数寸，常跣行街巷。执一锡杖，杖头挂剪刀及镜，或挂一两匹帛……至天监十三年冬……无疾而终。"以上引文中的"保志"即为志公。他少年出家，师从京师道林寺僧俭，南朝宋太始初年出道，主要活动于齐、梁之间，齐武帝、梁武帝及王侯庶士曾奉为神僧。关于志公和尚的传说有很多，最有名的就是据传为志公和尚所作的《万空歌》："南来北往走西东，看得浮生总是空。天也空来地也空，人生渺渺在其中。大地本来无寸土，人生劳碌一场空……"

志公碑对于研究佛教文化具有重要价值，展现了唐中期佛教文化发展的盛况。其一，碑文提到了多处寺院，如"京大荐福寺""齐州正智寺"，寺院中还出现了分工不同的僧人，如有"庆□缀文""翻经院校勘""都维"等，这些僧人的出现从一个侧面反映了唐代佛教的发展程度。其二，通过在醴泉寺举行的佛教盛会也可见唐代佛教的盛况。这次醴泉新寺落成大会上，不仅境内老幼参会，而且还有"左台监察御史""刺史""县丞"等朝廷官员参加。可见在唐中期，佛教文化不仅受到了民间推崇，也得到了官方的大力支持。

志公碑对于志公和尚的记载和为志公和尚所作的画像，不仅证实了《南史》《高僧传》等典籍记载的相关内容，而且弥补了史料记载之不足，具有弥足珍贵的价值。可以说，志公碑对于研究南朝及唐代佛教提供了难得一见的第一手资料。志公碑还具有十分重要的艺术价值。清王昶《金石萃编》中曾对此碑的艺术价值做过评价："常白山醴泉寺志公碑，唐开元乙卯立，文作齐梁体，可辨者十之三，书法圆劲，在欧虞间。"①

2.圆仁和尚与醴泉寺

唐代滨州一带的佛教十分兴盛，且又地处连接山东和中原的东西官道上，所

① 参见王凤翔等编著：《滨州通史·隋唐宋金元卷》，山东人民出版社2017年版，第415～417页。

以就成了日本、新罗等国僧人入唐求法的中转地和接待站。据唐代日本圆仁和尚所著的《入唐求法巡礼行记》记载，醴泉寺在中、日、韩的文化交流中，起了尤为重要的作用。

图 3-51　慈觉大师圆仁白描肖像

资料来源：[日]释圆仁原著，白化文等校注：《入唐求法巡礼行记校注》，花山文艺出版社 2007 年版。

圆仁是日本天台宗的高僧，是日本著名的“入唐八大家”之一。唐文宗开成三年（838 年），45 岁的圆仁随遣唐使来到中国求法巡礼，于唐宣宗大中元年（847 年）九月回国，在中国度过了 9 年多的访问僧生活，足迹遍及今江苏、安徽、山东、河北、山西、陕西、河南七省。回国时带回佛教经论、章疏、传记等共 585 部 794 卷，在日本佛教史上产生了重大影响。圆仁回国后也成为日本天台宗第三代座主和天台宗山门派的创始人。圆仁以日记的形式将道途见闻记录下来，撰成《入唐求法巡礼行记》。该书成为目前研究唐代日本学问僧在中国活动的最重要的史料。该书卷二中详细记载了他在山东文登赤山寺、牟平卢山寺、青州隆兴寺、邹平长白山醴泉寺的求法经历。圆仁和尚对当地的习俗风貌，对醴泉寺的传说、由来等做了较为详细的记载，其本人也受到了长山县民众及醴泉寺僧人的热情接待：开成五年（840 年）四月五日，圆仁到达长山县，六日早晨，“主人施粥。又差一人相送指路，正西入谷，行过高岭，向西下坂，方得到醴泉寺果园。吃茶，向南更行二里”，便到醴泉寺。“斋后巡礼寺院，礼拜志公和上影。”志公和尚的佛像当时被十分珍重地供奉在琉璃殿内。琉璃殿“户柱阶砌皆用碧石构作。宝幡奇彩，尽世珍奇，铺列殿里”。可见僧众和民众对志公和尚的尊崇。《入唐求法巡礼行记》记载，“志公和上是十一面菩萨之化身，其本缘镌着碑上：‘和上朱氏，金城人也，降灵于此长白山灭度。其后肉身不知所向，但作影像，举国敬重。’”《入唐求法巡礼行记》还记述了醴泉寺名称的由来，“寺之南峰名为龙台，独出群岫。地图所载。曾有龙舞其巅”，故“名龙台寺。后因泉涌，改名醴泉寺”。“堂西谷边有醴泉井，向前泉涌，香气甘味，有吃之者除病增寿。尔来名为醴泉寺。”圆仁和尚还记述说，当时的醴泉寺因久未修治，屋舍破落，圣迹陵夷。僧徒本有100余人，此时多“随缘散去”，仅余30余人。但仍然拥有15所寺产庄园，规模未减。[①]

在醴泉寺，圆仁和尚被“典座僧引向新罗院安置”。醴泉寺新罗院，是中、日、韩关系源远流长的最有力的证据之一，它不仅在当时发挥了重要作用，也对后世的文化交流产生了一定的影响。“新罗”即新罗国。当时，唐朝与新罗国在政治、经济、文化方面都保持着密切交往与联系。新罗国以朝贡、献物、贺正、表谢等各种名义向唐派出使节126次，唐则以册封、答赉等名义向新罗派出使节34次，双方交往达160次之多。唐朝和新罗两国和平友好，两国人民来往频繁乃至定居，民间贸易和佛教交流也非常活跃。300多年间，新罗入唐求法的高僧就有64人。唐朝为接待新罗国的贸易官员、商人和僧人，特地在今山东、江苏沿海各州县，设有多处“勾当新罗所”，作为管理定居新罗人的机构。同时在大批新罗人居住的地区，设有新罗坊和新罗寺院，由新罗农民和僧人居住。日本圆仁和尚所居住的醴泉寺新罗院，即是这类接待新罗僧人的场所，以便于其长期居住，并向当地僧侣求法学经。醴泉寺新罗院一直保存到1939年之前，有僧舍20余间。日本与新罗相邻，风俗有相似之处，因此日本僧人游学到醴泉寺，便住新罗院。明朝，朝鲜的使者洪翼汉和作家金尚熏也先后到过邹平醴泉寺。

《入唐求法巡礼行记》不仅记载了我国唐朝社会的政治、经济、文化等，也记述了中日之间的关系，特别记述了中国民众对日本僧人的热情接待和诚挚心意，具有重要的史料价值和非常深远的历史影响，是中日关系史上的重要历史资料。2002年，为庆祝中日邦交正常化30周年，日本驻华大使夫人阿南史代女士等一行四人沿着唐代圆仁和尚行走的路线，来醴泉寺采访拍摄，更是证明了醴泉寺在中日关系史上的地位和作用。[②]

① 参见[日]释圆仁原著，白化文等校注：《入唐求法巡礼行记校注》，花山文艺出版社2007年版，第245～247页。

② 参见曲延庆：《醴泉寺及其在中日韩关系史上的价值》，《春秋》2003年第2期；王凤翔等编著：《滨州通史·隋唐宋金元卷》，山东人民出版社2017年版，第408～410页。

十一 惠民定光佛舍利石棺与定光佛信仰的流行

1972 年 3 月，山东省惠民县归化镇小学学生在植树挖土时发现一佛教舍利棺，遂上报文物部门，并进行了发掘清理。石棺发现后，负责现场发掘清理的常叙政、朱学山老师曾撰文《山东省惠民县出土定光佛舍利棺》，发表在《文物》1987 年第 3 期上。滨州惠民发现的唐代晚期至五代之间的舍利石棺可谓是当时唯一的一例，其重要性不言而喻。特别是近几年更多考古资料的发现，更是凸现出这尊定光佛舍利石棺的重要性，对研究黄河三角洲晚唐五代时期的政治、经济、文化面貌和定光佛信仰在黄河三角洲的传播提供了珍贵的资料。

1.定光佛舍利石棺的基本形制

舍利棺为双层结构，外层为石棺，内层为铁棺。石棺内底部以数层丝织物衬底，上置铁棺；铁棺内底部亦以数层丝绸衬垫，但已朽烂，放置数枚铜钱。

石棺为青石质地，长 66 厘米，宽 42 厘米，高 46 厘米，由棺盖和棺身两部分组成。棺盖上部呈梯形，盖下凿凹槽作为子母口与棺身套合。盖面正中刻八行铭文，题为“沧州乐陵县归化镇罗汉院葬定光佛舍利石棺记”。后面紧接着刻“院主僧”“尚座僧”“道声僧”“讲百法论僧”“僧”“铁棺施主”“药师院主尼”“尼”“维那”“横海军押衙”“乡贡生”“女弟子”“刊石匠人”等七十余人姓名职位。

图 3-52 定光佛舍利石棺

图 3-53 舍利石棺雕刻的龙纹局部

3-54 定光佛舍利石棺侧视

石棺棺盖两侧刻对称的缠枝莲花，莲花由六片肥硕厚实的花瓣组成，线条粗壮有力。棺盖有前檐，浮雕云纹图案。盖前部正中间雕一朱雀图案，朱雀右侧阴刻“定光佛”三字，左侧阴刻“舍利棺”三字。盖面后面雕刻一朵盛开的牡丹花。棺前前挡中部浮雕一道双扇门，门面排列门钉、铺首和锁子。棺身右侧雕青龙，龙身下饰祥云纹；左侧雕白虎，旁衬以山峰树木；后挡雕玄武，旁衬云纹和吐穗谷物。棺身上的青龙、白虎、玄武和棺盖正面的朱雀正好组成中国传统的四神图案。

石棺内部为铁棺，铁棺用生铁浇铸而成，造型与石棺基本相同，亦分为棺身和棺盖两部分组成。铁棺通高25厘米，长39厘米，一边宽15厘米，一边宽23厘米。出土时锈蚀严重，且有部分破碎。

同时出土的还有唐开元通宝钱（或名“开通元宝钱”），分散于铁棺和石棺内，部分与铁棺锈结在一起。较为完整的有50余枚，可分为两类。一类直径2.4厘米，重3.6克；另一类较小，径2.3厘米，重3.3克。铁棺内还存有大量木质腐朽灰，有红、褐等色。①

此次出土的定光佛舍利棺，本身没有明确的文字纪年。但结合舍利棺的形制、图案纹饰、出土物、铭文题记综合分析，可初步断定为唐代中晚期至五代之间。

舍利棺雕刻的四神图案与陕西隋李和墓石棺所刻四神及河北唐鲁国公主墓志盖刻四神形象比较接近。石棺棺身前挡门面刻锁子造型与甘肃泾川出土的唐代鎏金铜锁基本一样。② 棺内散存的开元通宝钱应为唐中晚期铸行的开元通宝，没有发现更晚期的开元通宝钱。另，铭文题刻中的“横海军”也是重要的断代线索。横海军是唐代重要的军事设置。唐开元十四年（726元），唐政府于沧州置横海军，以沧州刺史为军使。安史之乱后废置。德宗建中三年（782年）复置，以沧州刺史程日华为军使。贞元四年（788年），日华死，其子怀直自知留后，而唐政府升横海军为节镇，以怀直为节度使。此后直至五代，横海镇长期领有沧、景（治今河北景县东北）、德、棣（治今滨州惠民东南）诸州。③ 通过以上诸点，基本断定该定光佛舍利石棺的年代应为唐中晚至五代时期。

2.定光佛信仰的兴起与流行

定光佛，佛教中属于过去、现在、未来三世佛中的过去佛，或称“燃灯佛”“锭光佛”。按，灯有足者曰锭，所以锭光佛、定光佛、燃灯佛都是指过去佛。《大智度论》卷九记载：“燃灯佛生时，一切身边如灯，故名燃灯太子，作佛亦名燃灯。丹注云：旧名锭光佛。”《金刚经》记载，燃灯佛居过去庄严劫，曾为释迦牟尼的前世授记，说：“善男子，汝于来世，当得作佛。”佛经中还记载释迦牟尼前世曾买五茎莲供献该佛。定光佛是过去佛，释迦佛是现在佛，弥勒佛是未来佛。魏晋南北朝时的译经，也多强调他与释迦佛的授记关系，北朝石窟中也已出现由定光、释迦、弥

① 参见常叙政、朱学山：《山东省惠民县出土定光佛舍利棺》，《文物》1987年第3期。

② 参见常叙政、朱学山：《山东省惠民县出土定光佛舍利棺》，《文物》1987年第3期。

③ 参见王凤翔等编著：《滨州通史·隋唐宋金元卷》，山东人民出版社2017年版，第364页。

勒组成的三世佛。[①] 此时，佛教造像虽以释迦、弥勒、观世音最为流行，但定光佛也占有一定地位，定光佛的崇拜已经开始，并成为北朝时期佛教造像的题材之一。

如北魏平等寺有定光佛像，又如北魏永平三年（510年）比丘尼法衍造定光佛像，其题记云："永平三年四月四日，比丘尼法衍敢用敬心，造定光石像一区并二菩萨□□。愿永离□□，无有苦患。愿七世父母，□缘眷属，现在师□，亦□共福。□令一切众生，咸同斯庆。"[②]东魏武定元年（543年）道俗九十人造像碑题记中也有"定光佛主前部郡从事路达"[③]的记载。日本京都大学人文科学研究所收藏了大量中国古代石刻，其中有一尊西魏大统十七年（551年）安次县开国男艾殷造像碑。造像碑四面开龛，正面龛内为结跏趺坐释迦牟尼像，背面龛内为立像定光佛，左边龛为倚坐弥勒像，右面龛内为乘象普贤菩萨像。碑座有铭文："敬造定光、释迦、弥勒、普贤四区，上为皇帝陛下、七世父母、过去现在眷属、一切含生，恒与善俱，咸升大寂。"北齐河清三年（563年）法仪百余造定光像记云："敬造定光佛像一躯，面似月轮，身如金聚。"[④]

除造像外，北朝时期的一些文献也多次提到定光佛。流行于北魏时期的敦煌文献《首罗比丘经》便提到定光佛，并说其住在人间。该经所谓佛和菩萨住在人间的说法，为后来定光佛化身世间的现象奠定了理论基础。如《天台国清寺智者禅师碑文》记载说，隋朝初年天台山上有定光禅师，被人视为定光佛。中国佛教天台宗四祖智顗大师15岁礼佛时，曾见定光禅师向其招手，便来到天台山，驻锡于此，建国清寺。碑文载智顗大师"年至十五，稽颡礼佛。恍焉如梦，见极南山。临大海曲，有僧如今光师，举手接上，云汝当居此处，汝当终此焉……及光师无常已后，欲大修立，忽睹一僧，如光师年素，语智者云：'若欲造寺，今未是时。三国成一，有大势力人，能为起寺。寺若成，国即清，当呼为国清寺'"[⑤]。

这是记载定光佛住在人间的最早事例。此后，文献所见定光佛化身的记载则变得十分稀少，直到唐末五代的僧行修时才渐渐多了起来。僧行修俗姓陈，泉州人，《宋高僧传》有载。[⑥] 僧行修以"长耳和尚"名于世，亦传为定光佛化身。但真正深入民间信仰的则是流行于闽西地区的定光佛化身岩俨和尚。岩俨和尚主

---

① 参见杨梅：《中国古代的定光佛信仰》，《世界宗教研究》2006年第4期。

② （清）王昶辑：《金石萃编》卷二十七，北京市中国书店1985年版。

③ （清）陆增祥：《八琼室金石补正》，文物出版社1985年版，第114页。

④ （清）陆增祥：《八琼室金石补正》，文物出版社1985年版，第132页。

⑤ （清）严可均辑：《全隋文　先唐文》卷十二《天台国清寺智者禅师碑文》，商务印书馆1999年，第136～137页。

⑥ 参见（宋）赞宁：《宋高僧传》卷三十《汉杭州耳相院行修传》，中华书局1987年版，第755页。

要活动在五代中期前后。宋释惠洪《林间录》卷下写道：南安岩俨和尚，世传定光佛之应身也，异迹甚多……多以偈示人。偈尾必题四字，曰“赠以之中”。严俨和尚坐化后，士大夫及百姓对其朝拜活动更为兴盛。

宋太祖鼎定天下，亦有以太祖、太宗为定光佛化身的说法。宋朱弁《曲洧旧闻》卷一中载：“五代割据，干戈相侵，不胜其苦。有一僧，虽狂佯，而言多奇中，尝谓人曰：‘汝等切望太平甚切，若要太平，须得定光佛出世始得。’至太祖一天下，皆以为定光佛后身者，盖用此僧之语也。”①

宋时，朝廷对定光佛的官方封号也随之升级。宋神宗熙宁八年（1075 年），赐号“定应”；宋徽宗崇宁四年（1105 年），加号“定光圆应”；南宋绍兴三年（1133 年），又加为“定光圆应普通”；乾道三年（1167 年），又加“慈济”二字，其称号累封至八字；嘉熙四年（1240 年），又加一“圣”字，为“定光圆应普慈通圣”。

元代至明清，奉祀定光佛的寺庙再次有所增加，特别是闽西、两浙、江西一带。清代，这一地区的佛教虽然渐渐衰落，但定光佛信仰却依然兴盛。清李光地《榕村语录》载：“闽自五季，崇尚佛教，汀中古刹，昔时创建者甚多，但迄今庙貌剥落，俗中敬奉者，只有定光伏虎二佛，其余寺观率改为关圣大帝庙矣。”至今，闽浙一带的定光佛信仰在民间还十分兴盛。

3.定光佛舍利石棺少且珍贵

虽然北朝至隋发现不少有关定光佛的造像和文献记载，但有唐一代定光佛信仰明显减弱，发现的相关遗迹遗物更是非常稀少。直到唐末五代宋辽时定光佛信仰方才再次流行起来，与定光佛有关的遗存也渐渐多了起来，但有明确铭文确证的供奉定光佛舍利棺的遗存依然十分稀少。除滨州惠民发现的定光佛舍利石棺外，最重要的一次便是 2004 年 10 月考古人员在辽宁省朝阳市新华路与慕容街南口的交叉处发现的辽代塔基地宫。该地宫东西长 3.1 米，南北宽 2.84 米，经抢救性发掘，地宫内出土有石函、石佛舍利铭记和玻璃瓶一件。石函长 65 厘米，宽 39 厘米，高 28.5 厘米。盖表面光滑，内部布满雕刻痕迹，长 69 厘米，宽 42 厘米，厚 9 厘米。石函内清理出瓷器、玻璃器、银器、漆器、木器、鎏金棺和鎏金罗汉像等文物。石佛舍利铭记倚靠在地宫东侧石板上，青石质，长 62.5 厘米，宽 48.5 厘米，厚 10 厘米，字为楷体，22 行，共 352 字。其中写有：“盖我佛之慈悲，仗真珠之卫护于大契丹国霸州居第东南，上兴塔庙，下置石宫，藏释迦佛舍利一尊、定光佛舍利一十八粒。愿也，永施有漏，长固无生……”根据铭文记载，该石宫的

① （宋）朱弁：《曲洧旧闻》，王云五主编：《丛书集成初编》，商务印书馆 1936 年版，第 2 页。

修造时间为辽统和二年(984 年)四月十一日丙时,石宫修造人为辽国霸州刺史姚汉英。[1]

另外,在辽宁省北票市南八家子乡十家子屯西 1000 米的山顶上曾发现辽代塔基地宫遗址。1956 年当地修稻田涵洞时,拆毁塔基,发现塔下地宫,并在地宫内发现《南赡部州大契丹国兴中府东北甘草埚建塔葬定光佛舍利记》石碑。碑高 114 厘米,宽 55.2 厘米,厚 10 厘米。碑的阳面和阴面都阴刻楷书碑文,阳面 21 行共 518 字,阴面 23 行共 817 字,共 1535 字。20 世纪 60 年代初,辽宁省考古研究所陈大为先生曾调查过该遗址,并留有石碑拓片:"南赡部州大契丹国兴中府东北甘草埚建塔葬定光佛舍利记　乡贡进士韩遂迁撰　伏闻定光佛自成道已来经无量劫……"[2]北京通州区次渠村亦有定光佛舍利塔。历代史志多有记载,清乾隆四十八年(1783 年)《通州志》载:"宝光禅寺,在州城西南茨渠庄……内有定光佛舍利宝塔。"塔内出土五方石刻,其中一方上刻"南无过去定光如来舍利"和"定光佛无量宝塔"。现寺塔皆已不存,石刻则存于北京石刻艺术博物馆。该塔应为辽代建筑。[3] 宋辽至明清时期,国内虽有多处修建定光佛塔,但或遭破坏,或未发掘,但都未发现定光佛舍利石棺。遗憾的是,见于著述的这几处舍利棺和舍利塔内皆未发现定光佛舍利,其原因不详。

虽然定光佛信仰起源很早,但供奉定光佛舍利的习俗却是发端于北宋,至辽代方才开始盛行起来。[4] 滨州惠民发现的唐代晚期至五代之间的舍利石棺可谓是现已发现的唯一一例,其重要性不言而喻。

十二　滨州出土的早期青瓷器

中国是瓷器的发源地,早在欧洲掌握制瓷技术之前 1000 多年,中国已能制造出相当精美的瓷器。中世纪的欧洲贵族更是以能拥有一件中国瓷器而自豪。久而久之,瓷器在西方与中国成为一个对等的关系,瓷器的英文名称"china"也成为中国的代名词。

---

① 参见辽宁省文物考古研究所:《辽宁朝阳新华路辽代石宫发掘简报》,《文物》2010 年第 11 期。

② 姜洪军等:《辽〈南赡部州大契丹国兴中府东北甘草埚建塔葬定光佛舍利记〉考释》,中国人民大学北方民族考古研究所、中国人民大学历史学院考古文博系编:《北方民族考古》第 2 辑,科学出版社 2015 年版,第 293～301 页。

③ 参见邢鹏:《通州区次渠村定光佛舍利塔及其出土文物》,《博物院》2017 年第 3 期。

④ 参见徐萍芳:《中国舍利塔基考述》,《传统文化与现代化》1994 年第 4 期。

中国早到商代，便已创烧成功原始青瓷，并成为贵族阶层争相使用的奢侈品。当时原始青瓷的数量极其稀少，滨州境内只是在丁公遗址商周地层中发现几件原始青瓷片，在侯家遗址贵族墓中发现一件原始青瓷罍，在某种意义讲，青瓷器的地位在当时丝毫不亚于青铜器。

东汉晚期，瓷器的生产已经十分成熟。但秦汉隋唐时期，瓷器的使用依然是极少数贵族阶层的专利。当时瓷器的产地主要集中在南方，北方由于战乱一直到北魏迁都洛阳之前，一直处于停烧状态。近几年，山东、河北、河南、山西一带陆续发现南北朝、隋唐时期的窑址，为探索北方瓷窑的烧造历史和特点提供了重要资料。在山东地区，大多数瓷窑集中在淄博、枣庄、泰安一带，这与其便利的瓷土资源有相当大的关系。而优质的瓷土又往往伴随煤矿的存在而存在。这几个地方也是省内著名的煤矿所在地。滨州及周边地区由于受瓷土资源的限制，一直没有发现成规模的隋唐或之前的瓷窑窑址。

虽然瓷器的生产日渐成熟，规模不断扩大，但在当时的产量依然非常有限，是名副其实的奢侈品，只有极少数士大夫贵族阶层才能拥有。这一时期，境内之人虽然开始相对多地使用瓷器，但陶器依然是人们的主要生活用品。

1.韩家窑遗址的发现

1988 年第二次全国文物普查时，文物工作者在滨州市无棣县河流乡（今棣丰街道办事处）韩家村北发现一处隋唐时期的古窑址，并被命名为“韩家窑遗址”。

韩家窑遗址位于韩家村北 1500 米处，205 国道北侧。经考古调查，遗址东西长约 2500 米，南北宽 2000 米左右，面积为 500 万平方米。文化层距地表 1 米左右，土色部分呈灰黑色，有的伴有红烧土块。1988 年秋，韩家村砖窑取土时发现一古井，出土石夯、石磨、红陶残片、绳纹灰陶残片、黑陶残片、白陶鱼形彩绘盘。更为重要的是，在古井东北 1 千米处又发现了一处隋代古窑址，虽因砖石取土遭到较为严重的破坏，但大体还能看出窑址呈椭圆形，长约 8 米，最宽处约 5 米。残窑西端仅存有一半圆形窑底面，似为火膛部分，烧结严重。在窑底中部残存有中心柱的痕迹。窑址四周散落着较多的红烧土块。在遗址调查采集的遗物中，主要有钵、碗、高足盘等青瓷器。① 无棣县博物馆现存一件该址采集的青釉碗。碗高 7 厘米，施半釉，釉色青中泛黄，且脱釉严重。碗底为饼形足，足四周斜削，

---

① 参见徐其忠等：《黄河三角洲古文化遗存研究》，山东人民出版社 2002 年版，第 145 页；无棣县文物管理所：《无棣县 1988 年文物普查资料》，1988 年 12 月；滨州市文物局编：《滨州文物通览》，齐鲁书社 2014 年版，第 157 页。

外底心内凹。

2017年，考古人员在东营市广饶县乐安街道牛家村南亦发现8座隋唐或隋唐之前的窑址。当时，为了配合山东尚能实业有限公司厂区扩建工程建设，山东省水下考古研究中心、日照市文物考古研究所和山东大学联合对工程占地进行了发掘，并在发掘区的南部发现北朝至隋唐时期的窑址8座，同时还发掘少量北朝至隋唐的青釉碗、盆、瓮等青瓷残片，证明此处是北朝至隋唐时期以窑址为中心的人类活动地点。其窑址结构与文字所描述的无棣韩家村发掘的古窑址基本相同。2020年4月至6月，为配合小清河应急防汛(复航)项目，青岛市文物保护考古研究所对博兴疃子遗址进行发掘时，亦发现一座陶窑。由于韩家古窑址破坏严重，且未发现窑具等更多可以证明此处为烧制青瓷器窑址的证据，所以暂时还不能确定其为烧制瓷器的窑址，综合判断其为陶窑的可能性更大一些。

除无棣韩家窑遗址出土的部分隋唐时期青瓷外，无棣县博物馆还存有三件隋唐时期的青瓷器。一件高6厘米的青釉碗，与韩家窑遗址出土瓷碗形制基本相同，只是碗的外口沿部突出，应为口沿向外翻卷形成，年代似为唐代早期。另有一件青釉三系罐和一件酱釉美工，皆为隋或唐早期瓷器。

图3-55　无棣韩家遗址出土青瓷碗

2.滨州馆藏的部分早期青瓷器

另外，滨州市的博兴、邹平、阳信、滨城等地博物馆亦收藏有青瓷器100余件。

博兴馆藏隋代青釉瓷器大多为位于张官村、崇德村、赵楼村的龙华寺遗址出土，数量较大且做工精致，釉色莹润，是滨州境内出土青釉瓷器最为精美者。据不完全统计，博兴县馆藏隋或唐初的青釉瓷器共75件，其中碗的数量最多有51件，其中素烧瓷碗4件，除1件是公安局移交、1件是陈户高家村出土外，皆为龙华寺遗址出土；青釉罐8件，6件龙华寺遗址出土，1件是城郊董初村出土，1件利戴村出土；杯6件，瓶5件，高足盘2件，钵1件，皆为龙华寺遗址出土；另在陈户出土1件青釉壶，园艺场出土1件青釉盂。下面例举两件龙华寺遗址出土的器物。隋模印贴花青釉八系罐，1958年出土于博兴县陈户镇冯吴村。通高32厘米，口径12.5厘米，腹径29厘米，底径13厘米，直口方唇，短颈，球腹，平底。肩部、腹部、腹下部均有凹弦纹。肩部有四大、四小共八个复式系。系之间及上腹部贴有化生童子、舍利塔等有关佛教内容的图案。通体施青釉，施釉不及底，釉色晶莹，胎质较细成灰白色。该器物造型美观，工艺精湛，器身贴塑佛教元素，十分罕见，弥足珍贵。隋青釉四系瓶，1981年4月出土于博兴县陈户镇张官村。通高43.5厘米，口径18.5厘米，腹径35.6厘米，底径15厘米，喇叭口，卷唇，溜肩，鼓腹，口沿略残，通体施青釉，釉不及底，造型美观大方。以上几件皆为典型的北方青瓷，保存完好，为隋代青瓷精品。2020年4月至6月，考古人员在博兴县疃子遗址的考古发掘中，亦发现双耳罐和四系青瓷罐等青瓷器和4件晚唐白釉瓷碗。

图3-56　龙华寺遗址出土的贴塑有佛像、佛塔和宝相花的北朝青瓷罐

图3-57　龙华寺遗址出土的青釉四系瓶

邹平市博物馆现藏隋青釉器19件，其中青釉高足盘9件，青釉碗3件，青釉罐3件，青釉瓶2件，青釉蒜头瓶1件，青釉杯1件。9件高足盘为高新街道吕家村民捐赠，大小基本一致，口径14～15厘米，通高5～6厘米，敛口，卷唇，高圈足。一件模印宝相花青釉罐非常独特，该罐为原县人民委员会院内出土，通高47.0厘米，口径25.5厘米，腹径38.0厘米，器身遍布10余束宝相花，每束有两两

对称的花朵 5 对或 4 对。另有一件青釉宝相花两系罐高 8 厘米，口径 3.7 厘米，底径 4.0 厘米，腹径 8.0 厘米。罐直口、鼓腹，足外撇，两系转角处为方折形，两系正下方的下腹部各有一枚宝相花纹饰。隋青釉蒜头瓶，长山镇柳寺村民董玉贵捐献。高 24 厘米，口径 3 厘米，底径 5 厘米，器物挺拔修长，通体由上到下饰五道双弦纹，因头似蒜头，故名为蒜头瓶。另有一件唐早期的青釉罐出土于西董街道侯家村。

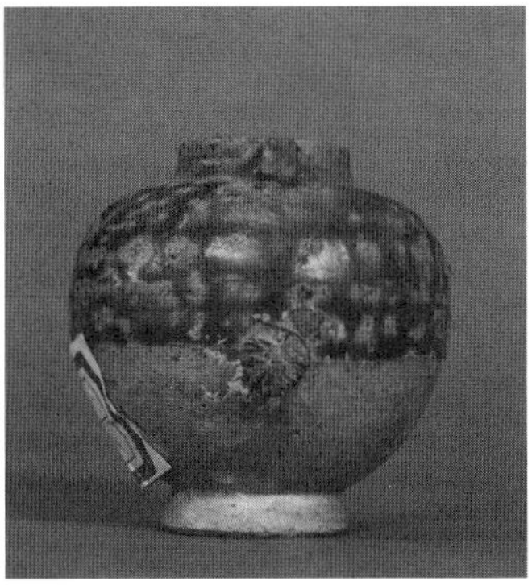

图 3-58　邹平馆藏宝相花纹青釉两系罐

图 3-59　邹平馆藏模印宝相花纹青釉罐

图 3-60　邹平馆藏青釉蒜头瓶

阳信馆藏隋代青瓷器 12 件，其中瓶 2 件，罐 2 件，碗 2 件，高足盘 6 件。隋青釉盘口瓶，1987 年征集。通高 29.5 厘米，口径 8 厘米，底径 7.5 厘米，腹径 14 厘米。盘口，卷唇，细长颈，颈部三道弦纹，溜肩，鼓腹，圆饼状底足。通体施青釉，釉不及底，胎质为浅灰白色。另在原勃李乡（今洋湖乡）出土 1 件隋青釉盘口瓶，高 29.1 厘米，口径 7.8 厘米，底径 7.2 厘米，腹径 15.5 厘米，器型与上件征集品基本相同。隋青釉两系罐为阳信温店镇双庙村村民捐赠，通高 16 厘米，口径 5.2 厘米，腹径 13.5 厘米，底径 6.6 厘米。双系，平肩，鼓腹下垂，饼状底足，施半釉。高足盘 6 件亦为阳信温店镇双庙村村民捐赠，高 4.5 厘米，口径 13.7 厘米，底径 6.5 厘米。青釉碗 2 件，1 件通高 7.5 厘米，口径 11.5 厘米，底径 6.5 厘米，腹部装饰圆形小碎花，这点装饰与龙华寺遗址出土的隋模印贴花青釉八系罐腹部装饰的联珠纹围成的小圆花有相似之处，只是更为简单，应为佛教中的宝相文纹饰。另 1 件高 7 厘米，口径 11.6 厘米。

滨城区文管所藏两件隋或北齐晚期的青釉碗，滨城区三河湖镇中尹村出土。一件口径 12 厘米，底径 6 厘米，高 6.6 厘米，施半釉，釉有脱落。敞口，饼形足，足根外撇，内底有三个支钉痕。另一件口径 13 厘米，底径 6 厘米，高 8.6 厘米，亦是施半釉，敞口，饼形足。相对第 1 件，釉脱落相对较少，内底有四个支钉痕，腹部较深。滨城区文管所还馆藏 2 件隋代时期的青釉两耳罐，其中一件口径 9.5 厘米，底径 7.2 厘米，高 17.5 厘米，直口，腹部呈上大下小的筒形，饼形足，足根外撇；另一件口径 6.4 厘米，底径 9.1 厘米，腹径 15.5 厘米，高 20 厘米，小口，矮颈，鼓腹，饼形足外撇。滨城区馆藏的以上青瓷器釉色皆青中泛黄，且部分瓷器黄度较大。还有 2 件隋茶叶末釉瓷瓶，其中一件为滨县(今滨城区)南干排工地出土，口径5.5厘米，底径 6.3 厘米，腹径 12.6 厘米，高 20 厘米；另一件口径 4.5 厘米，宽 16 厘米。滨城区馆藏一件唐青釉席纹执壶，高 22.2 厘米，腹径 12.7 厘米，口径 7.3 厘米，底径 9.0 厘米。大敞口，外折唇，粗颈，丰肩，腹下收，平底。施釉布均，整体为棕黄色，釉仅及下腹部。颈以下通体席纹。颈上无纹饰。壶嘴短粗，下宽上细，外有层叠的环突。壶柄与壶嘴相对，双系对称分布于左右。该执壶造型敦厚协调，线条流畅硬朗，具有典型的唐代特征。

图 3-61　滨城区三河湖镇中尹村出土隋青釉碗

图 3-62　滨城区馆藏唐青釉席纹执壶

综上所述，滨州境内出土的早期青瓷器主要以碗、高足盘、罐、瓶、钵、杯为主要器形。其中瓶罐类造型多样，器型也挺拔流畅，釉色莹润，胎质较白，不施化妆土，特别一些与佛教题材相关的装饰纹样更是见证了佛教在当时的盛行。这是滨州境内出土早期青瓷器的精品。其他碗盘杯类釉色多发黄，胎质也因白度不足，色泽发灰，所以上釉之前喜施一层白色化妆土以遮掩胎地的不足，这类青瓷器的造型也较为单一。

由于受考古工作较少或黄河淤积的影响，滨州境内隋唐时期遗址发现较少，这些散见于各博物馆的青釉瓷器除博兴龙华寺遗址或个别遗址出土的外，大多是村民捐献，没有十分确切的出土地点。所以这批青瓷器的使用者还有待进一步考证。但由于当时青瓷器属于十分稀缺珍贵的品种，其使用者也应主要集中于政府大力扶持的寺院或一些显贵家族之中。从这一时期遗址上出土的陶瓷器的数量上可以明显地反映出这一特点：瓷器数量较少，而陶器数量较多，且瓷器主要出土于一些较大型的寺院遗址和寺院遗址周围，如龙华寺遗址、疃子遗址等。所以可知，这批瓷器的使用者主要以寺院为主，瓷器主要是生产于淄博的寨里窑产品。

十三 水患与隋唐遗址的废弃

滨州近几年正式考古发掘的隋唐时期遗址主要有博兴的龙华寺遗址、疃子遗址和滨城区的马坊遗址。结合几个遗址和周边同时期遗址沟坎断崖的调查情况，能够发现滨州市很多遗址内都分布有大量的淤土堆积，甚至形成一层淤土一层红胶泥层层叠压分布的现象，证明当地在当时有着较为频繁的水患。滨州市很多遗址的废弃也很可能是由于当时人们为躲避水患而迁移他地造成的。

1.疃子遗址的发掘

疃子遗址位于滨州市博兴县锦秋街道办事处疃子村西北约 1.2 千米处，新城二路东侧南水北调工程河道南岸，北邻支脉河，南距小清河 1 千米。2020 年 3 月 27 日至 4 月 18 日，为配合小清河应急防汛(复航)项目，青岛市文物保护考古研究所对工程范围内遗址进行调查勘探，并于 2020 年 4 月至 6 月对其进行了 2 个月的考古发掘。

遗址发掘面积约 3000 平方米，长约 120 米，宽约 25 米。发掘范围主要在南水北调水渠南坝下，遗址上层分布晚唐墓葬，下层分布北朝至隋的房址、陶窑、井等遗迹，但因兴修水利大多数墓葬顶部遭到破坏，只残留底部，北朝时期人们的生活生产居址也遭到不同程度的损坏。

发掘区地层堆积从上到下分为 8 层(由上到下依次为①②③④⑤⑥⑦⑧层)，地层越往下年代越早。考古发掘有 7 座晚唐墓葬，均开口于⑥层下，其中 5 座为圆形砖雕墓，2 座为长方形砖椁墓。砖雕墓顶部都已坍塌，从残留的迹象看，为圆形砖雕壁画墓，残留少量白灰、红彩和砖雕结构。其中 M1 底部保存相对较好，出土器物也较为丰富，其他墓葬出土少量瓷器、陶器、漆器和“开元通宝”“乾元重宝”铜钱。这些器物是本地区晚唐时期经济文化发展和交流的重要见证。

M1 由墓道、墓门、甬道、墓室四部分组成。墓道为阶梯斜坡状，墓门有两层封门砖。甬道长方形，与墓室棺床南端相接，底部未铺砖。墓室平面为圆形，底部铺砖形成棺床，棺床与甬道相连处砖雕柿蒂纹壶门，墓室墙壁由砖砌仿木柱子分割成多个区域，每个区域的墓室墙壁都有用砖砌成的灯和桌椅造型。墓室埋葬人骨两具。

M1 随葬瓷器 9 件，模型明器、塔式罐等陶器 20 多件，漆碗、漆盘 6 件，以及铜镜、铜钗、铜钱、贝壳等，并出土墓志 1 合。瓷器中 4 件白瓷碗为玉璧形足底，胎质坚硬细腻，釉色雪白，碗底有墨书，应属晚唐邢窑产品。漆碗、漆盘为四瓣葵口，内髹红漆外髹黑漆，其中一件漆碗外壁还用红彩书写“千万”字样。出土陶器有塔式罐，表面涂抹白灰，白灰上残留墨绘痕迹。陶模型明器有灶、凤首壶、盆、釜、熨斗、香炉、熏炉、谷仓罐等。铜镜为团花镜，铜钱均为“乾元重宝”。墓志出土于甬道，由墓志和墓志盖组成，墓志用墨书写，楷书，字迹部分可辨识，如“唐故陈府君□□夫人墓志铭”“迁太尉西阁祭酒”“舟附白沙官米到扬州后染患遂□□□□□□业青州博昌下□门”“数忧经训女丝乐公之唯爱也”“大中七年正月廿三日享年八十六”等。大中七年为唐宣宗年号，可知该墓葬年代为公元 853 年。墓志记载了墓主的籍贯、生平等。

南北朝至隋代的遗迹现象主要分布在发掘区西部和东部。发掘出土的北朝至隋代青瓷器应主要产自淄博寨里窑，在一定程度上见证了小清河流域古代瓷器贸易的情况。

其中，发掘区西侧清理陶窑一座。陶窑由操作间、火膛、窑床、砖砌烟道组成。在窑室和灰坑内出土较多红陶片和三角支钉，证明该窑为烧制陶器所用，其一个操作间两处窑室的特殊结构再现了当时的烧陶技术特点。

在发掘区西部还发现水井建筑，井为砖砌的圆井，井口用砖铺成路面，并用砖砌成排水水渠。井内上层出土筒瓦、板瓦、莲花纹瓦当等，下层出土双耳罐、四系青瓷罐等遗物。年代亦为北朝至隋代时期。

在发掘区东侧则清理出北朝至隋代时期的建筑基址 1 处，可见砖砌墙基、方形石块柱础、瓦铺墙基等结构，但破坏较为严重。从残留墙基可辨出，该基址后排为三间房屋、前排为廊院与一间房屋组成。后排三间房屋大门朝南，三间房屋之间有门相通。后排房屋最右侧一间有砖砌通道通向前屋。廊院用砖包边，与前排房屋有瓦铺墙基相隔。在墙基旁出土青瓷碗、陶器等。结合 20 世纪 60 年代在疃子遗址发现的北朝佛造像窖穴和离此不远的龙华寺遗址发现的相似遗迹现象推测，此处应存在一处南北朝至隋唐时期的寺庙遗址。

此次发掘发现遗址有多层淤土堆积，且北朝及隋时期的遗迹即被淤土覆盖，后又被晚唐墓葬打破。由此或可推知自隋以来，此地曾发生过较大的河水泛滥。人们也离开此地迁往附近高地生活。直至唐代晚期，此处又被后来之人作为墓地使用。①

2.滨城区马坊村遗址的废弃

马坊村遗址是晚唐五代至北宋时期的一处遗址，遗址内亦是有较多淤土堆积。五代至北宋时期，这一区域属渤海县地望，遗址的废弃可能也与水患灾害较为频繁有关。

图 3-63　马坊村遗址发掘现场

马坊村遗址位于滨州市滨城区秦皇台乡马坊村西南约 900 米处，遗址面积约 2.5 万平方米，北侧紧临潮河。为配合滨州市滨海路建设，经国家文物局批准于 2018 年 7 月至 8 月对遗址占压区域进行发掘。发掘区位于遗址东侧，发掘面积 400 平方米，发现灰坑等遗迹 60 余个，出土遗物较为丰富。从调查及发掘出土的遗物和遗迹判断，此处人类集中活动在晚唐至北宋时期，发现的瓷器很可能来自河北磁州窑和山东本地淄博窑。另在遗址东北不到 1 千米的地方发现有商代盔形器，说明此处可能有商周时期烧造盔形器的聚落遗址。

① 参见青岛市文物保护考古研究所:《博兴疃子遗址考古发掘报告》,2020 年 6 月。

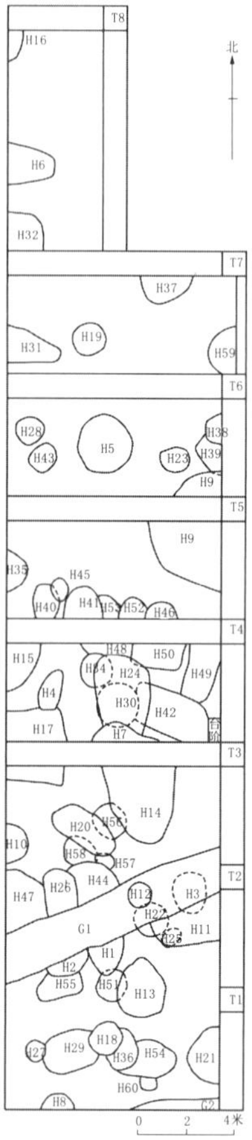

图 3-64　马坊村遗址发掘总平面图

资料来源：山东省水下考古研究中心：《2018 年滨城区马坊村遗址考古发掘简报》，2018 年。

本次发掘的唐五代时期的文化遗存较为丰富，有灰坑 51 个，出土遗物主要有瓷器、陶器及瓦当模等，其中瓷碗 7 件，瓷罐 1 件，瓷瓶 1 件，陶器有陶盆 5 件，陶行炉 1 件，陶铃 1 件，瓦当模具 3 件，开元通宝钱 1 枚，此外还有少量的骨骼出土。如H3，出土可辨陶瓷器类型以碗、盆为主，兽骨主要为牛骨，坑底还出土 2 件瓷碗和 1 件陶盆等。

7 件瓷碗造型基本相同，有的圈足，如 T4④的一件瓷碗，口径 13.7 厘米、底径 5.8 厘米、高 4.5 厘米，敞口，圆唇，斜壁，平底，内底残露一支钉痕，圈足，略内凹。灰白胎，外壁口沿下施白釉，施釉不均，腹部及底均不施釉；内壁施满白釉，在腹部有绿釉点彩。有的则为饼形足，如 H59:1 的瓷碗，口径 8.8 厘米、底径 4.1 厘米、高 2.6 厘米，敞口，圆唇，斜壁略内凸，平底，饼形足。灰胎，外壁口沿施白釉，施釉不均，腹部及底部均不施釉，内壁施满釉，腹部有少量的绿色点彩。

H30：1 出土瓷罐 1 件，口径 7.4 厘米、腹径 8.8 厘米、底径 4.8 厘米、高 6 厘米，敛口，圆唇，鼓腹，底部斜收，饼形足。灰胎，外壁口沿及腹部施黄釉，圈足无釉，胎体表面施白色化妆土，内壁施满黄釉。

H41：1 出土瓷瓶 1 件，残存腹及底部，腹部残径 11.2 厘米，底径 7 厘米，残高 8.5 厘米，弧腹内收，平底，圈足较低。灰胎，外壁施白釉，釉不及底，内壁素面无釉。

H38：1 出土行炉 1 件，泥质红褐陶，卷沿，方唇，弧腹内收，短柄，高足。口径 10.8 厘米、底径 6.3 厘米、通高 8.8 厘米。

H39：1 出土陶铃 1 件，泥质红褐陶。葫芦形，上部有一圆形小孔，下部为椭圆形。残高 3.2 厘米、宽 2.4 厘米、厚 0.1-0.3 厘米。

瓦当模具 3 件，大小型制相同，最大径 9.8 厘米、厚约 2.7 厘米。整体上宽下窄，剖面呈弧形，有一圆形穿孔，背面平整。兽面纹保存完好，浅浮雕，有两椭圆形耳，圆形眼，露出部分牙齿，口部下有浓密长须。

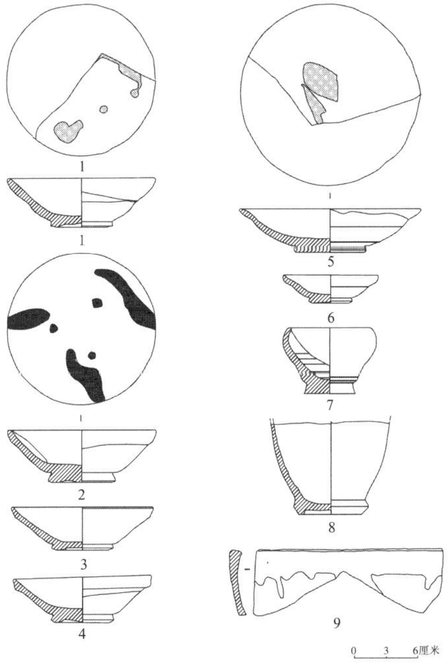

1.瓷碗（T4④:1） 2.瓷碗（H3②:2） 3.瓷碗（H10:1） 4.瓷碗（H49:1） 5.瓷碗（H10:2）
6.瓷碗（H59:1） 7.瓷罐（H30:1） 8.瓷瓶（H41:1） 9.瓷碗（T4④：4）

图 3-65　马坊村遗址出土的瓷器

资料来源：山东省水下考古研究中心：《2018 年滨城区马坊村遗址考古发掘简报》，2018 年。

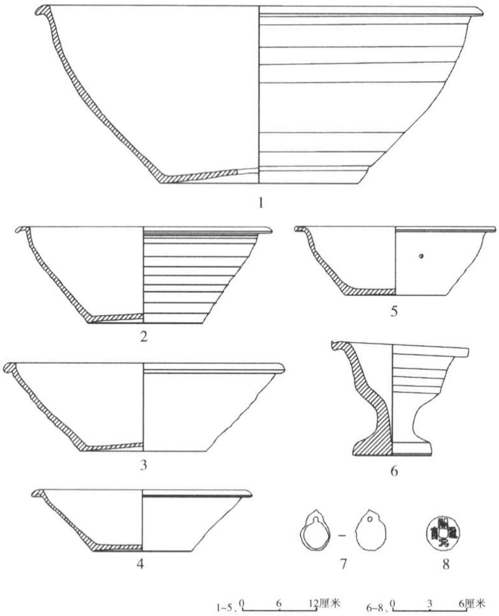

1.陶盆（H29:1） 2.陶盆（H41:1） 3.陶盆（H11:1） 4.陶盆（H5:1） 5.陶盆（H3②:3）
6.行炉（H38:1） 7.陶铃（H39:1） 8.铜钱（H5④：2）

图 3-66 马坊村遗址出土的陶器及其他

资料来源：山东省水下考古研究中心：《2018 年滨城区马坊村遗址考古发掘简报》，2018 年。

1.H2：1 2.H2：2 3.T5④：1

图 3-67 马坊村遗址出土的瓦当模具

资料来源：山东省水下考古研究中心：《2018 年滨城区马坊村遗址考古发掘简报》，2018 年。

马坊村遗址还发掘北宋时期的灰坑 9 个，出土遗物也是以瓷片、陶片及少量兽骨为主。可辨瓷器以瓷碗为主，陶器有陶盆、陶尊形器、陶罐和陶行炉等。①

① 参见山东省水下考古研究中心：《 2018 年滨城区马坊村遗址考古发掘简报》，2018 年。

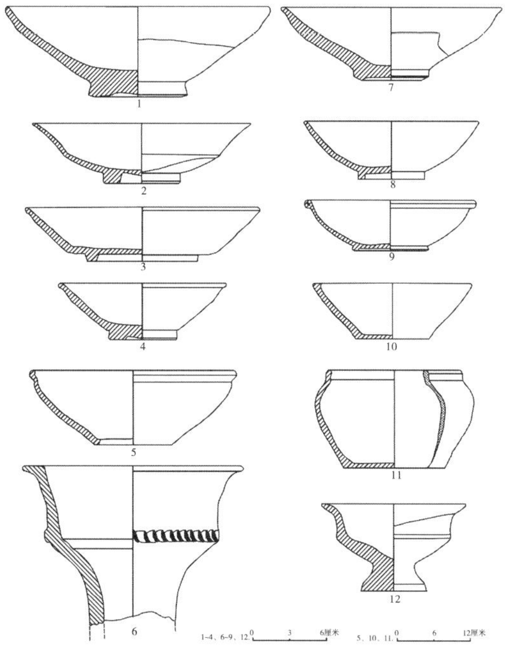

1.瓷碗（H4:1） 2.瓷碗（采:4） 3.瓷碗（采:3） 4.瓷碗（H12:1） 5.陶盆（H24:2） 6.陶尊形器（H12:2） 7.瓷碗（采:1）
8.瓷碗（T4③:1） 9.瓷碗（T4③:2） 10.陶盆（采:2） 11.陶罐（H24:1） 12.陶行炉（H13:1）

图 3-68　马坊村遗址出土的宋代陶瓷器

资料来源：山东省水下考古研究中心：《2018 年滨城区马坊村遗址考古发掘简报》，2018 年。

第四章　宋元明清时期的滨州

一　天人合一城坚水阔的棣州古城

宋崇宁元年，即公元1102年，宋徽宗任蔡京为相，国势日益萎靡。这一年，由于攻防的需要，朝廷在“燕齐门户，京津锁钥”的惠民县开始建棣州城。

9年后，巍峨险峻的城墙拔地而起，古护城河也随之而成。

16年后，金兵铁骑挥师南下，厚厚的城墙并没有阻挡住一个朝代的灭亡，曾经繁庶一时的北宋王朝在一片诗酒风流中烟消云散。

1000年后，古老的城墙无奈岁月的销蚀，只剩下了几块断垣残壁，在明月长草间诉说着当年的故事……

图4-1　棣州古城遗址东墙北段(站在东北角由北向南拍摄)

1.为避水患，棣州迁址

古棣州因处黄河下游，地势低洼，黄河、徒骇河、钩盘河、清河等众多河流都流经此处，致使水患频繁，“自汉东流以来河即为棣人患”[①]，“民苦久役，而终忧水患”[②]。

北宋的棣州城，即现在的惠民县城，是北宋大中祥符八年（1015年）为避水患，从清河镇古城马一带迁来的。而更早的唐代棣州城则位于惠民县辛店镇先棣州村，唐大和二年（828年）地震时被大水冲毁。五代后梁时，为避河患，棣州刺史华温琪将其迁至地势较高的清河镇古城马。百年后，由于河水淤积摆动，古城马也渐渐成为低洼地势，特别是城南和西北两面分别临近清河和黄河，每当雨季，河流决口时有发生。

北宋立朝之初的建隆元年（960年）十月，“河决棣州厌次县”[③]，至“大中祥符四年（1011年），棣州河决聂家口，即聂索”[④]。短短五十余年，河患不穷，日渐严重，当时的知州遂上书朝廷，请求迁城。然而，由于“城去河决尚十数里，一方民庶，占籍甚众，未可遽徙也”[⑤]。朝廷遂派内殿崇班史崇贵、内供奉官王文庆和本路转运使王曙前往棣州督修河堤；三月，又“遣阁门祗候郭盛乘驿往棣州，与转运使、前遣使臣同规画修河事”[⑥]。然而，时间不久，真宗“大中祥符五年（1012年）河决棣州李家湾，环城数十里民舍多坏”[⑦]。王曙认为“州城危垫，请徙置河县”[⑧]。前来帮忙治河的郭盛也持此议。朝廷于是又派出孙冲、承庆再次考察棣州河防情况。孙冲上报称：“城可固护，止费三十万功，且荐莹知水事，请同领护。”[⑨]八月，史莹上书：“本州河水为患，隄防不固，虑非时决溢，冲注州城。望徙井邑于滳河，其城垒俟霜降水涸而葺之。”[⑩]史莹虽为孙冲所荐，但二人意见相左，史莹主张迁往商河，孙冲主张加固堤防，就地不动。知州孙冲甚至还举报史莹结党营私，应治其罪：“‘臣前举莹共治水事，莹党右豪族，妄请徙城。愿召赴阙，劾其罪。’徙之时滳河有富民赂官司请徙州治，故冲奏及之。”[⑪]迁城之事也因意见不统一遂被迫搁置。

---

① 嘉靖《武定州志》上帙。
② 《宋史》卷九十一。
③ 《续资治通鉴长编》卷一。
④ 乾隆《阳信县志》卷三。
⑤ 《续资治通鉴长编》卷七十七。
⑥ 《续资治通鉴长编》卷七十七。
⑦ 同治《信邑志稿》卷三。
⑧ 《续资治通鉴长编》卷七十八。
⑨ 《续资治通鉴长编》卷七十八。
⑩ 《续资治通鉴长编》卷七十八。
⑪ 《续资治通鉴长编》卷七十八。

两年之后的大中祥符七年(1014 年)深秋,黄河在滨州安定镇漫溢。到了初冬,棣州城已是危在旦夕。河北都转运使李仕衡上书皇帝,重提迁移棣州城事,建议将州城迁移至七十里外的阳信县南八方泊南岸的乔家庄,即今天的惠民县城所在地。《宋史·李仕衡传》载:“棣州污下苦水患,仕衡奏徙州西北七十里,既而大水没故城丈余。”[①]《宋史·孙冲传》亦载:“河决棣州,知天雄军寇凖请徙州治河,命冲往按视。还言:‘徙州动民,亦未免治堤,不若塞河为便。’遂以冲知棣州,自秋至春,凡四决,冲皆塞之,就除殿中侍御史。凖为枢密使,卒徙州阳信。而冲坐守护河堤过严,民输送往来堤上者辄谤之,为使者论奏,徙知襄州。冲复上疏论徙州非便,著《河书》以献。”[②]咸丰《武定府志》载:大中祥符八年(1015 年),“河浸棣州,诏徙州阳信界”[③]。嘉靖《武定州志》亦载:“先时河决棣州,知天雄军寇凖请徙州,至是河北都转运使李士衡又奏徙州,遂徙州西北七十里。”[④]

在寇凖和李仕衡的坚持下,朝廷终于决定迁棣州城于阳信县南八方泊南岸的乔家庄,即今惠民城址。大中祥符八年(1015 年)正月十七日,孙冲无奈,只能按朝廷旨意带着棣州百姓奔赴新州城。就在棣州城迁徙不久,黄河便再次决口,棣州城被淹没在水下一丈多深处。孙冲亦因此事被改任襄州知州。

光绪《惠民县志》载,乔氏庄“居民千家、树木丛茂、土地突起,即今城中之乔址头”[⑤],认为该村人多树茂,地势高耸,有利于防洪排涝,是当时朝廷选定此址的主要原因。

2.御侮而建,九年始成

北宋后期,国势日渐不堪,辽金之乱,纷繁起落。棣州作为北宋的边境重镇,成为辽金入侵中原的主要通道。在此建城墙,有着极为特殊的军事意义。嘉靖《武定州志》言:“葺一州城,何以工部尚书行?盖棣州在宋为边镇,重之故也。”[⑥]

① 《宋史》卷二百九十九。
② 《宋史》卷二百九十九。
③ 咸丰《武定府志》卷十四。
④ 嘉靖《武定州志》上帙。
⑤ 光绪《惠民县志》卷六。
⑥ 嘉靖《武定州志》上帙。

图 4-2　惠民古城护城河清淤出土的陶球

在北宋之前，契丹已据有幽云十六州，中原王朝遂失北部屏障。北宋建立后，曾长期与契丹争夺幽云之地，而棣州地处宋辽边境，“常为东北重镇”①，且与契丹南京道隔河相望。棣州所在常受契丹侵扰。如建隆元年（960 年），“契丹入侵棣州，刺史河南何继筠追破其众于固安，获马四百匹”②；咸平元年（998 年），契丹前来入侵，张凝积极御敌，设伏于瀛洲西部，出其不意，杀敌多人；咸平二年（999 年）秋，辽萧太后与辽圣宗率兵南下，攻破狼山寨，又掠祁州、赵州等地。辽兵于河北得手后，继续南下，攻德州。辽兵攻城不下，乃绕道南下攻棣州。③

景德元年（1004 年）九月，宋与契丹在澶渊（濮阳）一带爆发了一场影响宋朝历史的战争，史称“澶渊之战”。宋军调度部署迎敌，并“遣使于滨、棣、德、博州安集流民”④。最终，宋朝获胜，并与辽订立了“澶渊之盟”。此盟约给宋朝带来了近百年的和平发展环境。

“澶渊之盟”中达成的协议规定：“不在沿边修筑堡寨。”⑤“澶渊之战”后的第 11 年，即大中祥符八年（1015 年），棣州治所迁至今惠民县城。由于受盟约限制，棣州治所一直没有修筑城墙。至宋徽宗崇宁元年（1102 年）筑城，其间近百年为有州无城状态。

澶渊之战后，宋辽边境看似平静，无有战事，但契丹却时时窥伺，并结盟西夏

① 咸丰《武定府志》卷二。
② 《续资治通鉴长编》卷一。
③ 参见张熙惟等主编：《山东通史·宋金元卷》，人民出版社 2009 年版，第 20 页。
④ 《续资治通鉴长编》卷五十八。
⑤ 赵继颜：《中国农民战争史·宋辽金元卷》，湖北人民出版社 1991 年版，第 85 页。

李元昊，屯兵至棣州边境。宋仁宗时，曾有人建言："滨（州）棣（州）等六州河可涉，宜有城守如边，以待契丹。"[①]于是，朝廷派河北转运使施昌言与内官杨怀敏前往棣州考察。回朝后，杨怀敏建议修筑城池。施昌言则认为："六州地千里，又河数移，徙城之甚难而无利，今纵契丹渝盟，当以计屈之，不如是而先自困，非便也。"[②]老家今惠民的厌次籍知谏院御史吴鼎臣也上言称："朝廷方与契丹保誓约，而怀敏增广塘水，辄生事，民或怨叛。"[③]朝廷采纳施昌言、吴鼎臣的意见，遂不予修建城池。

至宋徽宗崇宁元年（1102年），宋辽订立澶渊之盟已过去了98年，此盟约早已名存实亡。契丹南侵，屯兵至庆云，棣州有州无城，难以固守。宋徽宗只好派遣工部尚书牛保赶赴棣州亲筑城池，九年始成。尚书牛保也积劳而卒，葬于城西，至今此处尚存牛保冢遗迹。

牛保冢位于城西约10千米的梁家乡（今石庙镇）小霹雳庄村南500米处。民国《山东通志》卷三十五载："牛保墓在县西南二十里。保，宋工部尚书。崇宁初，修棣州城讫，卒，遂葬于此。"现墓封土高约10米，直径约80米，占地面积4100平方米左右，保护情况较好。2012年7月，牛保冢被滨州市人民政府公布为第三批市级文物保护单位。

图4-3　牛保冢

① 《续资治通鉴长编》卷一百四十二。
② 《续资治通鉴长编》卷一百四十二。
③ 《续资治通鉴长编》卷一百六十二。

3.城坚水阔，天人合一

建成后的棣州城呈南北长方形，城墙南北长 1900 米，东西宽 1100 米，周长 6000 米，高 10 米，顶部宽 5.1 米，底宽 10 米，有东西南北四城门，皆筑瓮城及城门楼。城外有护城河一周，河宽 27 米，水深 10.8 米。宋代城墙为土墙，明代时开始包砌青砖。自宋代始，历代地方政府曾先后 12 次对城墙进行加固维修，仅清乾隆九年（1745 年）即耗银 81000 两。经过历次维修，至清代时城墙高度已达 13 米，顶宽 13 米，底宽 26 米。

城初建时按唐宋时期规制，截面为梯形，其高度、底厚、顶厚比例为 4∶2∶1，即高是底厚的两倍，底厚是顶厚的两倍。嘉靖《武定州志》记载："甃治砖表，周十二里，崇三仞有三尺，上阔丈余，基倍之。东、南、西、北门四，各三重……外门额各有石镵青肃、明远、金景、靖安字。内门有楼，匾曰：春风、明远、景山、紫薇。复浚濠潴水，有飞桥，又筑有护城堤，九年克绩。"[①]由此可见防御之坚。[②]

据嘉靖《武定州志》载，棣州城外表敷砖，城头外沿有垛口（堞墙），志称"垛口千余"。城有四门，各建"门楼"，为歇山重檐式阁楼，雕梁画栋，巍峨高耸。四城门外皆有半圆形瓮城。瓮城是拱卫城门的小城，两头与城墙相接，高与城墙同。城初建时，出于防御考虑，瓮城均不开正门。四瓮城门楣各镶嵌青石门额，城门楼上亦镌刻门额。南门瓮城门额为"金景"，楼额为"明远"；北门瓮城门额为"靖安"，楼额为"紫薇"；东门瓮城门额为"青肃"，楼额为"春风"；西门瓮城门额为"明远"，楼额为"景山"。城墙的四角有角台，即城墙四隅转角凸出墙体的实心台。角台为圆形，均建有歇山重檐式二层阁楼。

城墙四边有凸出墙体的"马面"，又称"敌台"，是城墙进行立体防御的重要战略建筑。宋人陈规《守城录》卷二中载："马面，旧制六十步立一座，跳出城外，不减二丈，阔狭随地利不定，两边直觑城脚，其上皆有楼子。"棣州城墙"马面"有两种类型，一种体型较大，称"腰台"，东、南、西边各两个，北边一个，共 7 个，均位于城门与角楼之间，台长约 25 米，凸出外墙 8 米左右，上建歇山重檐式阁楼，称为"腰楼"。另一种体型较小，称为"炮台"，共 16 个，每边各 4 个。炮台长约 6 米，凸出外墙约 3 米。

棣州城墙上还有一种重要的防御设施——铺房，也称"卡房"，是硬山式面阔

---

① 嘉靖《武定州志》上帙。

② 参见王剑等：《武定府史话》，方志出版社 2012 年版，第 42 页。

一间的房子。据初步推算,铺房间隔平均在 50 米左右,北墙 21 个,南墙 24 个,东、西两墙各 32 个,共 109 个。

棣州城的街巷、建筑等规划皆按我国古代堪舆原理设计。以城中心为十字街,地势最高。州衙建于十字街以北,大堂五楹,两侧皆配厅房阁库。后为州府衙,左为同知衙,右为判官衙。堂前为仪门,其左为土地祠,右为监狱。仪门外为正门。门前樵楼,后改称为瞻听楼、表海楼,俗称鼓楼。

东西大街贯通东西城门;南门大街直达府衙。北门则坐落于西北角“后天八卦”中的“乾”位。在筑城取土时,根据古城建筑、城市排水用水的需要,城内外还形成了许多海子(池塘)。而且,城内所有寺庙等建筑均建于高台之上,前面均挖有海子。这些海子与护城河成为一个完整的系统,对于调节小气候、保证居民用水、抗旱排涝等发挥了重要作用。城内王府官衙、三台八阁、十二冲楼、三十六坛等建筑及街道星罗棋布,与海子交相辉映,构成一幅城水相依的美丽景观,充分体现了“天人合一”的建筑理念。

图 4-4　棣州古城东北角东墙北段(由东往西拍摄)

4.棣城现状,古城公园

惠民古城北拱京津,南卫齐鲁,有“燕齐门户、神京锁钥”之称。明永乐初年,棣州城为避明成祖朱棣讳改为“乐安”。宣德年间,汉王朱高煦谋反,明宣宗率兵亲征,武力平定叛乱,遂又将其改名为“武定州”。清雍正十二年(1734 年)升州为府,置附郭县惠民。惠民因明朝景泰年间在城东南开挖的惠民沟而得名,一直沿用至今。

惠民古城墙至民国时期尚保存较为完整。新中国成立后,地方政府为发展经济、便利交通、修筑黄河堤坝等，将近千年的古城墙拆毁大半。北城墙因距县城较远，没有被全部毁坏，但已面目全非。城墙外表的青砖全被拆除，附近居民也常在城墙上取土，县武装部则将其作为靶场。城内的很多海子也被填平，剩存不多的海子则经清淤扩大，改变了原有的风貌，对城内的宋至明清时期的遗存造成了较大的破坏。

惠民古城现尚残存城垣两段，即县城东北角、西北角各一段。东北角残垣南北长 425 米，东西长 179 米，高度 12.05 米。西北角残垣南北长 490 米，东西长 190 米，高度为 12.5 米。城墙顶部宽度不一，最宽处 13 米，底部宽约 26 米。城外护城河绕城一周，东西长约 1500 米，南北长约 1950 米，河宽 27 米，水深 10.8 米。护城河至今全部存在，水系保存基本完好。2004 年 1 月，惠民古城被滨州市人民政府公布为第一批市级文物保护单位。

现在，地方政府对城墙外围砌墙进行保护，并将其打造成美丽的古城公园。古城已成为当地居民重要的文化休闲场所。

二 巍峨耸立的宋元边境城墙

除宋代惠民古城墙外，滨州发现宋金元时期的城墙遗址主要还有位于无棣县信阳镇城角村的城角遗址、沾化区古城镇东关村的古城遗址、滨城区滨北街道办事处的滨州城墙遗址等。

1.城角遗址与保顺军

城角遗址位于滨州市无棣县信阳镇城角村西南 200 米处，距无棣县城 10 千米。城角遗址可能为宋代保顺军城及无棣县治所在，距今已有 900 多年的历史。

保顺军，五代始设，治今滨州无棣县北。《太平寰宇记》卷六十七载，保顺军，本沧州无棣县之保顺镇。周显德六年(959 年)，建为军，以旧镇为名。《宋史·地理志》载："周置保顺军于沧州无棣县南二十里。"民国《庆云县志》记载："后周显德元年(954 年)置保顺军于县东南二十里。"保顺军，长官为军使，官阶从五品，负责一方军务，后又为宋代沿置。宋太祖开宝三年(970 年)五月，继续在今无棣信阳置保顺军。宋治平元年(1064 年)，无棣县治也由庆云迁保顺军，县军合署，设军使。无棣之名始于西周，但作为行政区划则起于隋朝。隋开皇六年(586 年)析阳信县北境置无棣县。《隋书·地理志》载："无棣，开皇六年(586 年)置。"县治在今庆云，宋代迁往保顺军所在。金泰和三年(1023年)废保顺军，无棣归河北东路沧州管辖。元至正年间，因兵燹又迁县城于今无棣古城处。因无棣地处北宋与契丹辽朝对峙地带，地近宋代著名的高阳关都部署辖区“三关”——益津关、瓦桥关、淤口关，属边防重地，所以军政建制比较特殊，地位高于他县，称为“望县”。

2020年11月18日至12月28日，山东省水下考古研究中心、无棣县博物馆、日照市文物考古研究所联合对城角遗址进行了考古勘探，初步确定遗址范围东西488米，南北1137米，面积约51万平方米，文化堆积厚0.7～1米，距地表0.3米。

遗址整体南侧偏中部区域为遗址文化层丰富的集中区，有大范围的垫土堆积和灰坑，为主要建筑密集分布区。北侧区域主要发现有壕沟四段，当为城址内残留。此次勘探虽未发现城墙遗迹，但可确定此处有城，且城址范围应在24万平方米左右。在遗址正中心的区域，南北纵贯一条宽8～9米，长20633米左右的道路。从出土遗物看遗址年代从唐至宋元时期，以宋元堆积和遗物为主。

城角遗址地层堆积保存较好，文化内涵丰富，时间跨度也较大。近年来，遗址上经常会有文物出土，如这里出土过唐代的舍利石棺、宋代的铜镜等。遗址上更是密集分布着淄博窑、临汝窑、耀州窑、景德镇窑、钧窑、磁州窑等窑口生产的众多白釉、黑釉、青白釉、青釉、白地黑花瓷器残片，还有宋元时期的兽面纹瓦当、灰陶等。瓷器残片可辨器型主要有碗、瓶、盆、罐、缸等。另外，还发现一种十二角二十四棱的灰陶陶球，陶球重4～5千克，形状大小与惠民古城护城河疏浚施工时发现的陶球相同。陶球多从城北侧出土，应是古代用于攻防的陶弹丸。

图4-5　城角遗址出土的唐舍利石棺(呈一端大一端小的梯形，长50.5厘米 ，大端宽21厘米，高15厘米，小端宽17厘米，高13厘米。微残，无棺盖。宽端有门形图饰。棺两侧各有4朵花饰，雕刻精美)

2.沾化古城墙遗址

位于滨州市沾化区古城镇东关村的沾化古城墙遗址，始筑于金明昌六年(1195年)。招安县时尚无城池，金代更名为“沾化县”，始筑城墙，周长“五里十步”。此后，明成化二年(1466年)重葺，明正德十年(1515年)再次缮修：“延袤二里三百步，高三丈，上广六尺，下一仞有半，池称之，堞一千二百五十。”至此，规模益大。后又经多次复修，其中清乾隆十九年(1754年)的修建工程最大，花费“帑银一万七千三百八十一两三钱四分六厘五毫一丝。周围除四门，城圈共长六百二十二丈九尺，高二丈，顶宽八尺，底宽一丈四尺”①。1931年，又拨地方款修整，面目大为改观。城具四门，东曰崇礼，南曰由义，西曰砺廉，北曰明耻。门洞均呈拱形，顶上各建望楼，绕女墙。1939年，日军陷城后，以此为据点，城池遭受严重破坏。

沾化古城墙现已面目全非，不过城墙外壕沟尚存，城内部分建筑、街道和地名也尚有遗存。现仅城东北角和城东门尚残存城墙。东门城墙现残存高2.3米，墙为土筑，夯土分明，夹有宋元时期陶瓷残片。2008年9月被沾化县人民政府公布为第二批县级文物保护单位。

3.滨州城墙遗址

滨州市滨城区滨北街道办事处的古城墙是元代平章于保保于元至元二年(1265年)修筑的。墙体为土筑，周长九里。后又在明正德七年(1512年)、嘉靖二十七年(1548年)、嘉靖四十年(1561年)、万历八年(1580年)、万历十一年(1583年)和清乾隆三十六年(1771年)等进行过多次修缮。在抗日战争和解放战争中，城垣遭受严重破坏。1953年城门楼被拆毁；“文化大革命”初期，城门被毁。现存城墙以中南墙西段保存最好，东南段仅残存一小部分，东北端也残存有一部分，西北部多被建房或开垦为耕地。2012年7月，被滨州市人民政府公布为第三批市级文物保护单位。但近几年来，城墙内挖掘池塘，对地下遗存造成了一定破坏。城墙也因风雨侵蚀遭到一定破坏。

---

① 民国《沾化县志·建设志》。

图 4-6　滨州城墙北墙（由西往东拍摄）

三　滨州市发现的北宋吴氏家族墓志

1.发现过程

吴鼎臣是北宋仁宗朝时期的重要官员，历任侍御史、知谏院、河北都转运使等职，曾任“契丹国母生辰使”出使辽国。他进士出身，长期主政州、县，后被宋仁宗选拔为台谏官员。

1975 年春天，吴鼎臣墓志志盖出土于滨州市惠民县石庙镇庵里吴村。志盖呈盝顶式，长 100 厘米，宽 96 厘米，厚 22 厘米，中间刻“宋故天章阁待制吴公墓志铭”12 个篆字，现存于惠民县博物馆。2014 年 1 月，该村村民在村西挖水库时，再次出土《宋故天章阁待制吴公墓志铭》（以下简称《吴鼎臣墓志铭》）。墓志长 100 厘米，宽 96 厘米，厚 22 厘米，碑文共 48 行，凡 1881 字，详细介绍了吴鼎臣的家族世系、家庭成员，以及仕宦经历，涉及夏竦、杨怀敏等许多仁宗朝重要人物，对宋代台谏制度以及河北地方治理的研究提供了实物资料。墓志现藏于滨州市博物馆。

图 4-7　《吴鼎臣墓志铭》原件

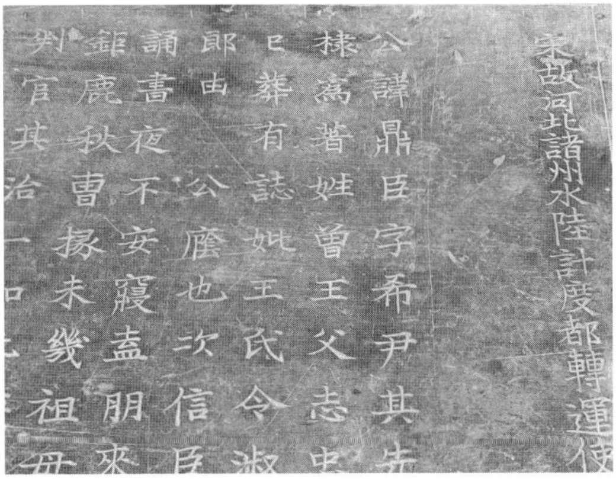

图 4-8　《吴鼎臣墓志铭》局部

2.碑文内容

《吴鼎臣墓志铭》全文如下：

宋故河北诸州水陆计度都转运使兼西路营田都大制置屯田劝农使朝奉郎尚书刑部员外郎充天章阁待制骑都尉赐紫金鱼袋吴公墓志铭并序

朝奉郎守太常博士知深州军州兼管内劝农事骑都尉借绯章　君陈　　撰

将仕郎守大理寺丞知沧州乐陵县事杜符卿　　书

公讳鼎臣，字希尹，其先本姬姓，太伯仲雍犇荆，自号句吴。历世蝉联，分封胙土，名勳系缀，概见缃图。奕世家于无棣，为著姓。曾王父志忠、王父明，皆含华隐耀，恬退不仕，乡里称其善人。考尧举进士不第，累赠尚书屯田员外郎，已葬，有志。妣王氏令淑储庆，宜于室家，皆早世，累封万年县太君，因公贵也。生三子，长，公也；次良臣，郊社斋郎，由公荫也；次信臣，业履成就。

公风力峻整，资性夷雅，堪家多难，悼幼孤不逮养所天。祖母鞠育既冠，约绳诵书，夜不安寝，盍朋来悦，学殖内茂，仕进之誉，万辞一说。年二十四，首乡老荐，郡官器之。天圣初，擢进士第，释褐巨鹿。秋，曹掾未几，祖母亡，乞解官终制。复为北海掾，议缓鞫狱，哀矜毋辜，丕蔽要辞，时谓平允。再调南京右军巡判官，其治一如北海。其最受知府尹大丞相王公曾、李公迪、翰林学士蔡公齐、宋公绶，皆条其善，以最状闻。秩满引对，改大理寺丞，宰大名府洹水县。府尹杜公衍稔公治迹，奏充府司录，勤敏堪事，吏民向爱。越二年，府尹王公博文以冠氏邑濒黄河，须良大夫为，然后堪民灾，削章有请，寻移梓州涪城县。属岁凶民殍，公独驰常赋以苏疲民。安抚使蒋公堂、王公拱辰义之，举授遂州通判，又权安岳，郡人赖其济。朝廷患守宰不职，命近臣察举，王公遂以公塞。诏陛见，赐五品服。北都新建，公行少尹事，满岁，就领饶阳郡长。上方慎择台谏，召公，拜殿中侍御史。几月，兼谏官御史，三月转侍御史。公因披阅《宋文粹》，见黄通上枢密使杜衍书，言元昊耶律朔方将帅之事。公乃上疏曰："黄通浮薄之辈，上书权要之门，斥言将帅之非人，兵粮之虚实，以至骇惑官僚，邀受馈遗，伏乞授一广南簿尉，因此羁縻有所戢惧。"疏奏，诏可。公闻岭外提宪之司，惠循潮梅之郡，遐陬官吏之众，户绝职租之田，发摘吹毛勾连下狱。公乃上疏曰："昔在先帝，诏复公田，合王制班禄之差，得圣人养贤之义，使其事父母者能致其孝，庇妻子者不及于贫，冠婚丧祭有所奉庆，恤馈问有所交欲，得禄之厚俾不侵于民，此圣朝惠下爱民之深意也。而法寺据案不察，人情或无正条，则引谬例一断，之后虽冤莫伸。因兹诖误而陷于典刑，乞从宽科以召和气。"公救残拯急，时皆称之。

公以大臣夏竦商贩之争利，萨惟岳决罚之，诉冤宽，诏：虽须前非必省。公乃引本朝廉耻之戒申诸臣，约束之文，使畏宪防，以全名教，其敢言也如此。明年四月，改刑部员外郎知谏院。公又闻内臣杨怀敏沿边广塘水以拒戎马，害民田数千家，庐舍坟垅尽遭荡没，州县群吏畏威惧权，知非利也，孰敢不从？公乃抗疏曰："怀敏殊不顾朝廷与契丹结信誓四十年，一旦生边事，失大体，启戎心，敛民怨，河北腹心也，塞上支体也，苟支体未安，腹心岂得安乎？且边民性悍气勇，万一或乘此怨，兽心穷触，窜流外界，为害不浅，虽枭矢谋人之首以谢边民，固无益也。乞以闲土旷田免租十年。疏奏，天子下其议。缙绅之士相与骇叹。怀敏闻之，怒目切齿，思所构陷。赖圣明在上，烛之微隐，邪不干正，私不害公。不然殆矣。

公又闻定州已北，地连西山，林木繁茂，天设其险，宜禁采伐，以壮捍御。又言银坊二城乃昔日控制寇兵奔冲之地，宜禁侵轶以广疆场。公当言责之地，勤畏奉职、清白自任。或政府大臣、宫廷巷伯亦抗疏而纠正之，切于弹刺，不避权贵。其如边机军政民务刑章戎狱之微情，国家之大事，安危之本末，君臣之纪纲，靡不究其利病，贯其得失。谏草盈箧，不可备载。寻假谏议大夫，修聘虏庭，礼成而还，就领河北安抚使。恤残拯弊，多称上旨，擢授三司度支副使，赐三品服。均财平赋，悉归县官。是时河东铁钱滥恶，盗铸抵罪。公赞而革之，群奸止息。河朔一方，大河北决，灌大名恩冀数郡，民罹水害，转死道路，仓廪虚乏，兵食不足。当宁尽闻，焦劳思救，除公天章阁待制，充都转运使。公进对，旒扆极言利害，诏出内帑金帛，赒恤疲困，公阴有力焉。自大名府通判太常博士四年有是命其任用也如此。属北京阙尹，公权留守，织悉吏事，夙夜不懈，遂忧劳感疾。皇祐纪元己丑岁夏六月九日，恬然委和，启手足于府署之正寝，享年五十有九。

呜呼！公起家登第，历职二十五载，精审莅事，尽心补国，无故未尝一日少怠。朝廷闻其贤，数年间擢陛近侍，付以重柄，方欲竭诚励志，上赞醲化，降年不永，何天夺之速也！

公娶董氏，柔仪令范，累封长安县君。一男善长，字景仁，精诚开敏，懿行克家，任太常博士□判并州。孙男仁规，试秘书省校书郎。文规、承规、传规并试将作监主簿，自公荫也。

公善事祖母仇氏，笃孝□终知谏院，日回勲恩，追封福昌县太君。

公力学勤谨，淳粹沉静，练达政事，雅好诗咏，虽在职任，常与名公唱□喜宾客、阅经史或至忘倦，家人徒隶未尝见惰替容。以皇祐二年庚寅冬十一月十九日壬寅葬于棣州阳信□归德乡之原，祔考屯田茔后，礼也。景仁寓书以先考待制礼，葬有期，衔哀请文，愿志温础。君陈与景仁同□籍，嘉其孝，又辱公顾，不遑避让，仅叙梗概，镵于窆石，系以铭曰：

伟人赋命，逢辰偶圣。挺时之英，为器之令。公生厥初，卓荦不群。隶道至学，修词业文。孝友特立，仕誉芳芬。宿官有守，治迹必闻。宪台肃威，谏垣抗直。补过尽忠，绳奸纠慝。席宠便藩，懋勉以德。何不憖遗，哲人其萎。天理固顺，休浮勿疑。壤树方高，佳城已兆。国侨遗爱，臧孙有后。山之崇兮川之流，与公之名兮不朽！

讲经律大德传教沙门　　法才篆盖

播　　　　　　　　阳　　王德遇刻

图 4-9　《吴鼎臣墓志铭》拓片

3.吴鼎臣的家世及生平

吴鼎臣家世为周太王之子太伯仲雍，太伯仲雍奔荆蛮后，自称“句吴”，后世子孙迁至棣州，遂以吴为姓。其曾祖父、祖父皆在乡务农，父亲吴尧举进士不第，获赠尚书屯田员外郎，逝世于宋真宗咸平四年(1001 年)，吴鼎臣此时仅有十岁。

吴鼎臣是北宋河北路棣州厌次人(今属山东省惠民县)，卒于宋仁宗皇祐元年(1049 年)六月九日，享年五十九岁，以虚岁推算，他生于太宗淳化二年(991 年)。北宋建立后，社会趋于安定，宋廷鉴五代丧乱之弊，偃武修文，大兴文治。宋太祖御极以来，广开科举，扩大录取人数，太平兴国二年(977 年)，“阅礼部贡士十举至十五举者百二十人，并赐出身”[①]，一次性录取一百二十人，而太祖时期每科取士不过十人左右。随后不断扩大录取名额，在其在位的二十二年中，进士科共录取约一万人，平均每年录取四百五十人左右，较高的录取名额刺激了社会上

① 《宋史》卷四。

的向文氛围，文教事业蓬勃发展起来。幼年丧父的吴鼎臣在其祖母的教育下，“约绳诵书，夜不安寝”，到仁宗天圣初年，高中进士，开始了宦游生涯。吴鼎臣遍历地方，先后在河北路、京东路、梓州路任职，后被仁宗皇帝亲擢为御史，进入中央台谏，任内多仗义执言，力阻夏竦拜相，揭露内官杨怀敏在河北增扩塘水对地方的破坏。后主政河北路，先任河北体量安抚，再转河北都转运使，最终病逝于任上。吴鼎臣妻子董氏，后封长安县君。有一子吴善长，任太常博士、判并州。有孙四人，吴仁规，试秘书省校书郎，另有文规、承规、传规三人受吴鼎臣的恩荫，试将作监主簿。

虽然吴鼎臣于皇祐元年（1049 年）夏病逝，但直到第二年冬才入葬，前后相距长达一年零五个月。在先秦时，对葬期就已有规定，《礼记·礼器》云：“天子崩，七月而葬……诸侯五月而葬……大夫三月而葬。”吴鼎臣的家人之所以拖延一年多才将其下葬是因为受到当时社会风气的影响。唐代以后，受宗教思想的影响，人们普遍会选择良辰吉日才会将亲人下葬，甚至会延长葬期。宋代，葬期的延长程度远超前代，况且北宋政府一般不允许官员在家乡附近任职，官员大多举家外迁，但“宋朝诸多世家大族提倡聚族而葬，不管死于何地几乎都要埋于祖茔”①。一旦逝世，就需要家人将其遗体从任职地运回家乡，在一定程度上也延长了葬期。但无论延长多久，都是“有期”的，墓志中“葬有期”也证明了这一点。

这篇墓志铭也体现了宋代一般墓志铭的产生方式。这篇墓志铭的文本是由吴鼎臣之子吴善长草就，寄给时任深州知州君陈，再由其润笔“仅叙梗概”，成文后寄还，吴家再将成文交由知沧州乐陵县事杜符卿书写，最后由当地刻工刻成。吴鼎臣墓志详叙了其家世、德行、政绩等信息，较为全面和完整地记录了吴鼎臣的生平，可以弥补传世史料的缺憾，更加完整地体现人物生平和事迹。

4.吴鼎臣有关史书记载

吴鼎臣不仅《宋史》有传，而且其事迹还散见于《宋史》其他篇章及《欧公本末》《续资治通鉴长编》《宋人轶事汇编》等诸书中。

《欧公本末》是南宋吕祖谦临终前完成的一部书，保存了不少与欧阳修有关的北宋文献，其中亦有关于吴鼎臣的记载。元代官修的《宋史·吴鼎臣传》内容

① 吴亚南：《宋代士人家族的迁徙与归葬——以临城王氏为例》，姜锡东主编：《宋史研究论丛》第 26 辑，科学出版社 2020 年版，第 320 页。

与此书相同，现摘录如下：

鼎臣，棣州人。既逐京，会昌朝罢。夏竦自北京召为相，鼎臣先论竦在并州杖杀私仆，复与谏官御史言竦论议与陈执中异，不可共事。竦既罢，遂以刑部员外郎知谏院。上言：朝廷方与契丹保誓约，而杨怀敏增广塘水，辄生事，民或怨叛，虽斩怀敏无及矣。遂为河北体量安抚，令经度塘水利害。而鼎臣更顾望，依违不能决。昌朝与都转运使施昌言议河事不合，鼎臣自度支副使拜天章阁待制，代昌言，数月卒。

《宋史·礼志》记载了吴鼎臣有关丧服的建议：

庆历七年（1047年），侍御史吴鼎臣言："武班及诸职司人吏，曾因亲丧出入禁门，甚有裹素纱幞头者，殊失肃下尊上之礼。欲乞文武两班，除以官品起复许裹素纱外，其余臣僚并诸职司人吏，虽有亲丧服未除，并须光纱加首，不得更裹素纱。"诏送太常礼院。

《宋史·李京传》中亦有相关吴鼎臣的记载，其内容如下：

数上书论事，宰相贾昌朝不悦。京尝属侍御史吴鼎臣荐推直官李寔，鼎臣希昌朝意，以告中丞高若讷。若讷为鼎臣上京简，谪京太常博士、监鄂州税。既至，引令狐峘、钱徽事言："臣为御史谏官，首尾五年，凡六上章，四亲对，自陈疾故，恳求外补。臣之出处，粗有本末。向者在台，见入阁图，三院御史立班各异。闻元日将入阁，而御史王赞、何郯皆谒告归。会推直官李寔岁将满，因简鼎臣宜留寔补御史，鼎臣亦谓议协公望，不意逾两月，乃诬臣与寔为朋党。臣初被黜，阅诸橐中，鼎臣所遗私书别纸故在，臣令男谌亟悉焚毁。臣与寔僚友，鼎臣乡曲之旧，鼎臣为御史，臣延誉推引，实有力焉。待之不疑，因以诚告，岂谓倾险包藏，甘为鹰犬，惟陛下察之。"未几，卒官。

《十可篇》是明朝马嘉松辑录的杂抄，内容多摘录子史及诸家小说中古人言行可为劝勉或惩戒者，其中卷三记载吴鼎臣一事与其相似：

庆历中，有李京为小官，吴鼎臣在侍从，二人相与通家。一日，京荐其友人于鼎臣。鼎臣即缴其书奏之，京坐贬官。未行，京妻谒鼎臣妻取别，鼎臣妻惭不出。京妻坐厅事，召鼎臣干仆语之曰："我来欲求一别，且乃公尝有数帖与吾夫，祷私事，恐汝家终以为疑。"索火焚之而去。

《续资治通鉴长编》卷一百六十也记有吴鼎臣一事：

> 丙辰，命内侍二员提举月给军粮，时侍御史吴鼎臣言："诸军、班所给粮多陈腐，又斗升不给，请以内侍纠察之。"翌日，诸监仓官进呈军粮，上谕曰："自今当足其数以给之。"时卫士皆在殿下，殿前军指挥使李昭亮因相率罗拜以谢。军粮自江、淮转漕至京师，又积年而后支，惟上军所给斗升仅足，中下军率十得八九，虽遣内侍提举，徒动军情而终不可行。

5.墓志中记载的相关事迹

《吴鼎臣墓志铭》中涉及当时许多人物和事件，可以与史书相互印证并弥补史书之不足。

(1)谏阻夏竦为宰相

《吴鼎臣墓志铭》载："公以大臣夏竦商贩之争利，萨惟岳决罚之，诉冤宽，诏：虽须前非必省。公乃引本朝廉耻之戒申诸臣，约束之文，使畏宪防，以全名教，其敢言也如此。明年四月，改刑部员外郎知谏院。"

《宋史·吴鼎臣传》则记载得更为清楚："夏竦自北京召为相。鼎臣先论竦在并州杖杀私仆，复与谏官御史言竦论议与陈执中异，不可共事。竦既罢，遂以刑部员外郎知谏院。"《宋史·夏竦传》记载：其"性贪，数商贩部中。在并州，使其仆贸易，为所侵盗，至杖杀之"。"谏官、御史复言：'大臣和则政事修，竦前在关中，与执中论议不合，不可使共事。'遂改枢密使，封英国公。"吴鼎臣与众谏官谏阻夏竦为相，致使夏竦为相没几天就遭到了罢免。

(2)弹劾内官杨怀敏

《宋史》和《吴鼎臣墓志铭》都提到了吴鼎臣上疏弹劾内官杨怀敏增广塘水这件事。

"塘泺，缘边诸水所聚，因以限辽。"[①]北宋时期，为了防止北方契丹骑兵奔驰，宋廷利用宋辽交界处的诸多河流、淀泊、沼泽，在东起沧州海岸，西至保州（今保定）的广大地域上修建河渠，连接水系，形成连续的大片塘泺体系，并连接滹沱、胡卢、永济等河，"以水为城"。在这一背景下，内官杨怀敏以防备契丹南侵为名，请求"增广塘水"，扩大棣州、沧州等地原有的塘泺体系，并筑城御边。而扩大塘泺免不了要"吞没民田，荡溺丘墓"[②]，不能不引起当地民众的愤恨与反抗。《宋

① 《宋史》卷九十五。
② 《宋史》卷九十五。

史·吴鼎臣传》载吴鼎臣上疏说："朝廷方与契丹保誓约，而杨怀敏增广塘水，辄生事，民或怨叛，虽斩怀敏无及矣。"

《吴鼎臣墓志铭》中对此事记述更为详细，吴鼎臣还建议"乞以闲土旷田免租十年。""疏奏，天子下其议。缙绅之士相与骇叹。怀敏闻之，怒目切齿，思所构陷。赖圣明在上，烛之微隐，邪不干正，私不害公。不然殆矣。"

欧阳修在《赠太子太傅胡公墓志铭》中说到杨怀敏："怀敏用事久，势动中外。"[①]由此足见吴鼎臣直言敢谏的性格。

(3)出使辽国

宋仁宗庆历七年(1047年)，朝廷任命吴鼎臣到辽国祝贺辽太后生日。《续资治通鉴长编》卷一百六十一载："刑部员外郎、知谏院吴鼎臣为契丹国母生辰使，崇仪副使，柴贻庆副之。"

史书与其墓志铭的记载是统一的。《吴鼎臣墓志铭》载："寻假谏议大夫，修聘虏庭，礼成而还，就领河北安抚使。"这次出使不仅升任河北安抚使，还"恩得任子"，令其弟良臣"补郊社斋郎"。

(4)澶州经度治河

《续资治通鉴长编》卷一百六十六载：皇祐元年(1049年)春正月"己亥，命度支副使、刑部员外郎吴鼎臣，洛苑使、眉州防御使、入内副都知蓝元用往澶州经度治河经费。庚子……以吴鼎臣为天章阁待制、河北都转运使"。

《吴鼎臣墓志铭》中的记载是"河朔一方，大河北决，灌大名恩冀数郡，民罹水害，转死道路，仓廪虚乏，兵食不足。当宁尽闻，焦劳思救，除公天章阁待制，充都转运使。公进对，旒扆极言利害，诏出内帑金帛，赒恤疲困，公阴有力焉。"吴鼎臣上书建议朝廷拿出国库钱"赒恤疲困"，以救济百姓。

6.庵里吴村出土吴鼎臣家族其他墓志

惠民县石庙镇庵里吴村是今惠民城西10千米处与阳信县交界的一个极为普通的村庄，北宋时属阳信县归德乡。除吴鼎臣墓志铭外，另外还于1975年出土《吴尧墓志铭》，2013年12月出土了《吴良臣墓志铭》、《贾夫人墓志》(残)、《周夫人墓志铭》。这些墓志铭刻自宋仁宗庆历四年(1044年)至宋哲宗绍圣三年(1096年)。其中，大理寺丞吴尧是吴鼎臣和吴良臣的父亲，贾夫人和周夫人是吴良臣的妻子和继室。

---

① 《欧阳文忠公集·居士集》卷三十四。

(1)《吴尧墓志铭》

1975 年春天,庵里吴村村民吴行亭在村西挖土时发现,1990 年送交惠民县文物管理所保存。该墓志长 75 厘米,宽 76 厘米,厚 13.5 厘米。

《吴尧墓志铭》原文如下:

宋故赠大理寺丞吴府君墓铭有序

宣德郎守太常丞签署北京留守判官厅公事骑都尉王复撰

承务郎守大理寺丞知大名府元城县事贾师熊书

屯田员外郎通判大名府事吴君希尹,葬其先君先夫人有日,谓其僚王复曰:"子为我铭,不得让以败其辱吴氏占乐安。"曰:尧者,字伯高,家有书万卷,始学裁十数岁,心志已通。好古,能文章,尤善歌诗,往往记诵人口。事母孝谨,拊幼弟亦以爱闻。与寒俊交,喜资其不足,而亡所靳啬。精棋弈,又饮斗酒,卒不乱。平常感激有大志,里中誉之。咸平三年举进士不第,退归所居,忽忽自念。明年秋八月以疾卒,年二十六。乡人惜其夭,而相谓曰:"古之有一可称道者,足为善人。如伯高者,其君子欤!且闻德而不位,则其后必大,然则它日吴氏之门讵得量已。"没后四十年,赠大理寺丞。以庆历四年十一月庚申,葬于阳信县归德乡之原,以从其先。曾王父杲、王父志忠、父明,皆清素不仕。母仇氏,享寿八十余,动有风捡,教育诸孙,俱至成就。娶王氏继亡,追封仙源县太君。子三人,长曰鼎臣,即屯田君,才优行淳,居朝有声。次曰良臣,次曰信臣,皆举学究,咸有业履。孙男善长,著作佐郎,号为令器。曾孙男女十有五人。铭曰:吁嗟君子胡不辰,才位胥舛屯乎身。声沦志窒潜莫伸,沛有余祉昌后人。必其不必古所难,休矣此地安其神。

将仕郎守秘书省著作佐郎知大名府魏县事元居中篆盖　北京张秀刻

(2)《吴良臣墓志铭》

刻于北宋神宗熙宁九年(1076 年),碑面长宽各 50 厘米,厚 18 厘米。

《吴良臣墓志铭》全文如下:

宋故承奉郎守太子中舍致仕骑都尉赐绯鱼袋吴府君墓志铭并序

淄州乡贡进士　吴秉钧课

侄孙守潞州上党县令　传规　书

进士　郭久中篆盖

君讳良臣,字叔褒,姓吴氏,世为棣之厌次人。曾祖志忠、祖明,考尧,皆眷素不仕。

皇考以长子鼎臣进士起家，由文章才术待制天章阁，为宋名臣，追贲为尚书职方元外郎。后君登朝，再赠卫尉少卿。君卫尉之仲子也，生六岁而孤，偕兄弟侍祖母夫人膝下。家方雄财，夫人教之以学，又从天章公缔结名士大夫。君亦以资奉兄家，遂空乏。君少举毛郑诗，迨兄中第，曰："兄仕可以行道，吾居可以治生。"故不复进取。皇佑中，兄浙贵显，以侍御史知谏院，命使契丹，恩得任子。公曰："吾弟幼以资奉我，长又殖产以相我。"置子孙而首推君。君以季弟信臣方贫，愿先及之。兄不听。君畀缗钱数十万以宽弟乏，兄益喜。补君郊社斋郎。调临邛尉，盗贼怗息，卒秩满无敢犯者。廉敏畏谨，朝士大夫方荐用。君已慨然告老，恩以国子监丞致仕。英宗与今天子即位，进大理寺丞太子中舍，锡绯衣银章。至熙宁九年四月六日，考终于棣州之里第，享年八十一。

君和易简淡，谦恕唯谨。待亲族以恩、宾客以敬。弟信臣方老益困，召同居而收其子。人有不直事挠君者，竟弗与较。赒人窘乏，随薄厚厌足其所求，乡里称为长者。自退居家益饶，辟斋馆，治亭榭，乐与贤者游。郡守秘阁张君洞、秘阁王君异，会其第而言之曰："士隐不必山林泉石，君市朝隐也。"榜其晏息之堂曰"市隐"，推美高退之风，为诗者又十数。

君始告老，时嗣尚未立，间二十季有子者七人，皆就师傅，毕娶嫁。晚季享高资安愉佚，无一日不自得于其中。聪明健利，寿踰八十，率以为诚善累德之报也。

皇妣王氏，天章公与君赠万季寿光县太君。夫人贾氏赠蓬莱县君，生二男二女而卒。男与一女皆早世，一女适太子中舍李敦颐，亦卒。继室周氏生五男二女，子长善庆，次善祥，次善成，学进士，次善及、善迁尚幼。女长适李恕，次适李宗期，皆进士。

君之子善庆授状于予曰："先君卜以熙宁九季五月十七日，合祔蓬莱君于棣州阳信县归德原先茔之墓。远吉有期。先君贤善虽闻于时，不得譔述以永传信，幽光隐德泯默不闻于后世，非孝子之心也。予视君，族伯父也。念君为详，故次其状又系以铭云：

吴世不显，赫赫天章。君吏青宫，寖寖日昌。
爵名斯异，贤德相望。齿踰八十，寿富而康。
天畀君享，靡一不臧。善积庆余，源深流长。
后世必京，弈叶以光。幽宫閟邃，茔木葱苍。
真灵攸安，体魄允藏。千古订实，铭镌可详。

冀千刊字

图 4-10　《吴良臣墓志铭》拓片

(3)吴良臣夫人贾氏墓志(残)

该墓志为墓志砖,现残长 26 厘米,宽 38 厘米,厚 6 厘米。碑文墨书,多磨灭不识。原文如下:

贾夫……州司理参军讳仲文以其子尚书比部员外郎之贵追赠光禄寺丞夫人即寺丞公之女……舍仕……吴素号右族而……舅姑为恨其……中舍自临邛尉代归以……高谢治生里中日益饶……

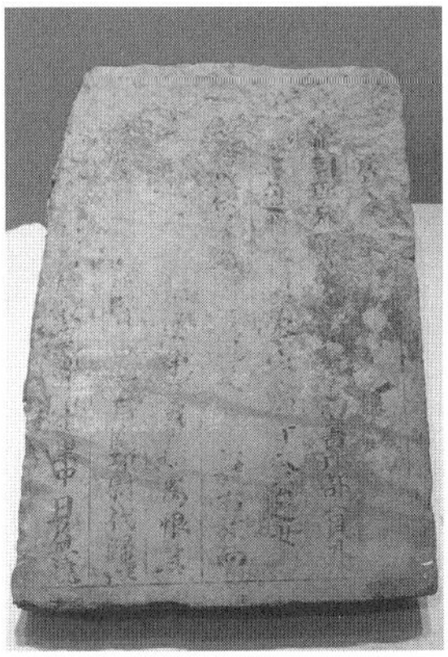

图 4-11　吴良臣夫人贾氏墓志铭

(4)吴良臣继室周氏墓志

原文如下：

宋故太子中舍吴君夫人周氏墓志铭并序

门人　进士　郭东撰

长孙男　进士　知常书

夫人周氏，棣州阳信县人，太子中舍骑都尉赐绯鱼袋吴良臣之继室。夫人生有淑质，出于天成，克修妇道，比中礼法。中舍公初捐馆，诸孤幼冲，夫人筦其家政，仰事俯接，上和下睦，二十余年闺门静肃，若朝夕焉，而为乡里之衿式。中舍公先娶贾氏，有二男二女，年方成立，相继皆亡。中舍公年已六十而嗣未立。再娶夫人生五男，曰：善庆、善祥、善成、善及、善迁。内善及夙丧，余皆能继志承家。女二人，长适进士李之问，次皆早逝。孙男八人，曰知常、知微，习进士业，余皆幼孺。孙女十一人，皆归名族闻人。曾孙男一人，女二人，方在襁褓中。子孙昌盛，诚意为善之推也。

夫人性本柔克，治家有方，教养子弟，皆有文行，可称恩抚。亲属一无踈戚之间，恤孤寡，惠贫乏，实为贤妇之宗师。于绍圣三季四月初六日因病不起，终于正寝，享年六十有六。其终也，又与中舍公同其月日，时而相契符，亦非适然世所嘉焉。于是年七月初十日，举夫人之丧于棣州阳信县归德原，祔于中舍之茔。谨为之铭。

猗欤夫人，实有淑德，继室武昌，叶茂蕃殖，以礼正身，治家有则，内笃孝慈，外恭柔克，终同日时，世为鲜得，卜日之良，祔安不忒。

耿质刊字

图 4-12　吴良臣继室周氏墓志铭

吴鼎臣及其家族墓志的出土在一定程度上弥补了史书材料的不足，对研究黄河三角洲地区北宋时期的历史，特别是北宋棣州的相关历史提供了重要的资料，具有一定的史料价值。[①]

四　宋元海上丝绸之路的重要起点

滨州境内目前发现的宋元时期的遗址数量不多，只有 20 多处，但其中一些遗址却很有特色。如无棣的无影山遗址、帝赐街遗址、车辋城遗址、城坨台遗址、烽火台遗址和沾化的酒店台遗址、敖山遗址等。这些遗址在当时可能是负责渔盐、瓷器、丝织品的重要港口或管理机构，是海上丝绸之路的重要起点。当地生产的海盐可以通过河流往南往西运往中原和江南，海盐及全国各地包括山东生产的精美瓷器、丝织品又通过这些地方销往辽东、胶东、朝鲜，直至日本一带。这一时期，由于海上外贸的发达，当地出现了城镇与集市繁荣发展、商贸云集的景象。

1.数量众多的宋金元商贸遗址

无影山遗址，位于滨州市无棣县埕口镇邢山子村东南 2 千米处。整个遗址地势北高南低，较为平坦。该遗址南北长 1500 米，东西宽 1350 米。据民国《无棣县志》记载：无影山在县城北面的 100 里处，这里高阜叠起，俗称乱山子，而且还产有一种叫金顶艾的植物，治病非常灵验。有人曾在地里捡拾到折戟和古剑，还有铁钱模，垒垒在地，悉破碎，上面可辨识“大定”二字。该地泉洌而甘，挹之不竭。2005 年 10 月和 2006 年 4 月，滨州市文物管理处与无棣县文物管理所对该遗址进行了两次调查勘探，探明其文化堆积厚约 2 米，遗物十分丰富，曾出土东周罐、盂、豆、瓮、盘，汉代的铜剑、古币（元祐通宝、元丰通宝）、隋唐时期的青瓷碗，宋元时期的碗、盘、钱模等，具有重要的考古价值。2009 年 1 月，被滨州市人民政府公布为第二批市级文物保护单位。

酒店台遗址，位于滨州市沾化区冯家镇久山村西南约 3 千米处，紧邻徒骇河。遗址为不规则形台地，高出四周平地 1-2 米，分南北两段，南段东西约 80 米、南北约 60 米，北段东西约 30 米、南北约 30 米，总面积约 6000 平方米。遗址内布

① 参见张卡等：《北宋天章阁待制吴鼎臣墓志考释》，山东省文物考古研究院编：《海岱考古》第 14 辑，科学出版社 2021 年版，第 394～408 页。

满了大量瓷器残片。采集标本有白瓷器残片、龙泉瓷片、钧窑瓷片和宋代“崇宁重宝”铜币。该遗址保护情况良好,具有较高的研究价值和保护价值。2004 年 6 月被沾化县人民政府公布为第一批县级文物保护单位。

图 4-13　地势较高的酒店台遗址

图 4-14　酒店台附近的徒骇河码头

敖山遗址,敖山俗称老山,位于滨州市沾化区冯家镇西山后村西北约 2 千米处,为一台形开阔地中突出一土丘,高约 4 米,南北长约 200 米,东西宽约 120 米,面积约 2.4 万平方米,台下文化堆积暴露约 2 米厚,采集标本有双耳黄釉罐、灰陶盆、板瓦、白釉碗残片等,为一宋元时期遗址。2008 年 9 月被沾化县人民政府公布为第二批县级文物保护单位。

城角遗址,位于滨州市无棣县信阳乡城角村西南 200 米处,东西长约 1000 米,南北宽约 500 米。现遗址文化堆积厚约 2 米,曾出土过汉代陶豆、陶鼎,宋代石棺、钱币、陶球等物,遗址遍布各种陶瓷残片,其年代以宋元时期为主。据调查,这该应是五代至宋时的保顺军所在,是一处集军事、经济和文化为一体的重要遗址。2012 年 7 月被滨州市人民政府公布为第三批市级文物保护单位。

广武城(车辋城)遗址,位于滨州市无棣县埕口镇埕口村北偏东25千米处,在高坨子河东岸。据康熙《海丰县志》卷二载,该处河流以东部分尚存,其他部分多被河浸没。后唐与后周时,曾在此驻兵囤粮,并遗有冶铁遗迹。相传,该城最早为汉初广武君李佐车所筑,故又称为“车辋城”。现遗址最高处高出周围地面约2米,面积约20万平方米。出土遗物有汉代的青铜剑、簇,秦汉时期的陶器残片和冶铁残渣、铁石等。1992年9月被无棣县人民政府公布为第二批县级文物保护单位。

城砣台遗址,位于滨州市无棣县埕口镇埕口盐场四道北30千米处。该址东西长约80米,南北宽约55米,形状不甚规则。现遗址面积约5000平方米,高于周围地面约2米。1990年,原惠民地区文物考察组在实地勘查时捡拾到汉代铜箭头3枚、残陶豆把1个,汉陶器残片若干及许多冶炼过的铁块。地下1米处疑似有灶或窑址,每排20个,并有木炭灰。该遗址除汉代遗存外,还应有宋元时期的遗存。1992年9月被无棣县人民政府公布为第二批县级文物保护单位。

烽火台遗址,位于滨州市无棣县埕口镇北25千米处。遗址东西和南北长度皆约70米,面积约4900平方米,最高处高出周围地面0.8米左右。1992年9月,被无棣县人民政府公布为第二批县级文物保护单位。

帝赐街遗址,位于滨州市北海经济开发区马山子镇帝赐街村北100米处,遗址呈方形,东西长600米,南北宽350米,文化堆积厚约3米。现遗址高出周围地面1-2米。该遗址遍布各窑口的宋元瓷器残片和大量的砖瓦碎片,曾出土过宋代铜钱,在遗址周围有东西向并排分布的古井四座。2012年7月,被滨州市人民政府公布为第三批市级文物保护单位。

2.丝绸之路的海陆交通要冲

上面所述遗址是近些年发现的,其分布有一定的特点。这些遗址都距海岸线很近,且分布在河流两岸地势较高的地方,遗址内遍布宋金元时期的各种陶瓷残片,有淄博窑、磁州窑、定窑、钧窑、临汝窑、景德镇窑等各地窑口的瓷片,大多没有使用痕迹,应是作为商品进行流通的。

该地独特的地理位置和经济地位都促进了各地之间的频繁交流,经济活动活跃,特别是当地依靠海盐之利、河运之便,商品经济呈现出繁荣景象。特别是南宋建炎二年(1128年)以来,黄河夺淮入海,开始了长达700余年的南流期,滨州沿海一带水患大减且河道纵横,交通发达,港口城镇迅速发展。河道与沿海码头,成为四方货物的集散地。其商品以食盐、丝织品、地方农产品为大宗。同时,城镇自发演变为集市，内地农副产品的交易也异常活跃。滨州的无棣便是当时重要的纺织业中心之一，其棣绫、信绸享誉全国，贡品中丝织品占很大比例。此时还出现了专门从事纺织生产的机户，标志着丝织业商品化已经产生。城角遗址、帝赐街遗址、无影山遗址、城坨台遗址、车辋城遗址也都在这一时期迅速发展起来，遗址存在时间长，且遍布遗址的琳琅满目的瓷器残片数量巨大，与当地盐碱严重、不宜农耕久居的现实情况形成了鲜明的对比。

通过近几年对东营垦利海北遗址的发掘，发现这些遗址之间有相当大的相似性，似乎可确定这些遗址在当时都是海上丝绸之路的重要中转点或起点，当地也因渔盐商贸而获得充足的发展。当地生产的海盐可以通过河流往南往西运往中原和江南，海盐及全国各地包括山东生产的精美瓷器又通过这些地方销往辽东、胶东、朝鲜，直至日本一带，出现了城镇与集市繁荣发展、商贸云集的景象。

3.发达繁盛的商贸经济

滨州沿海一带渔盐之利，自古已然。近年发现的杨家盐业遗址群、陈家遗址、郑家遗址、郑王遗址等，都是商周时期重要的盐业生产基地。姜尚封齐之时，亦“因其俗，简其礼，通商工之业，便鱼盐之利”①，“兴渔盐之业，传其子孙，其后管仲相齐，亦以鱼盐之利致齐富强”②。“齐国的产盐区即位于黄河三角洲的渤海沿岸。”③隋唐宋元时期，今滨州，包括黄河三角洲一带，以渔盐为主要产品的商业经济又得到了更进一步的发展。《太平寰宇记》卷六十五记载：“无棣沟……唐永徽元年(650 年)薛大鼎为刺史，奏开之。引鱼盐之利于海。”民国《无棣县志》卷一亦载：“高宗因无棣渠隋末填废，命薛大鼎开浚鬲津，河流入海，以通鱼盐之利，民赖以富。”有民谣曰：“新河得通舟楫利，直达沧海鱼盐至。昔日徒行今骋驷，美哉薛公得滂被。”④这一时期，滨州比较大的盐场至少有渤海县、蒲台县、无棣县 3 处。而无棣的产盐量最高，年产达数十万斛。

宋元时，该区的主要贸易仍集中在盐业，当时沧州司设盐场 9 处。《太平寰宇记》卷六十五载：“月明沽，在县(无棣县)东界，西接马谷山，东滨海，煮盐之所。”宋仁宗庆历六年(1046 年)判大名府贾昌朝称：“朝廷以朔方为根本之地，御

① 《史记·齐太公世家》。

② 实业部国际贸易局编纂：《中国实业志·山东省》第 4 册，华丰印刷铸字所 1934 年版，第 1 页。

③ 李靖莉：《黄河三角洲古代工商业考略》，《烟台师范学院学报》(哲学社会科学版)2003 年第 2 期。

④ 《旧唐书》卷一百八十五。

备戎虏，取材用于馈军师者，惟沧、棣、滨、齐最厚。"[①]据统计，"北宋神宗熙宁十年(1077年)，山东商税年收入额超过5万贯的4个州中有棣州；年收入额超过2万贯的3个州县城中亦有棣州；年收入额超过1万贯的6个州、县城中还有无棣城"[②]。此时棣州地区应是山东经济最发达的地区之一。

至金代，该区的盐业依旧繁盛。《金史·食货志》载："益都，滨州旧置两盐司，大定十三年(1173年)四月并为山东盐司。二十一年，沧州及山东各务增羡，冒禁鬻盐，朝论虑其久或隳法，遂并为海丰盐使司……是后惟置山东、沧、宝坻、莒、解、北京、西京七盐司。"[③]金大定二十二年(1181年)，沧州、山东两盐使司合并为海丰盐使司(今无棣)。由于食盐生产和贸易的发达，大批河北、山东的食盐商贩聚集于此，他们用海船贩卖私盐，"每船少者买贩数百引，多者千余引"[④]。虽然记载的是偷运私盐的行为，但也可见当时盐业的海上运输是十分兴盛的。

明清以来，因政府一度施行海禁，滨海贸易锐减。又地多碱卤，不宜耕种，百姓贫困逾甚，所以便有官员主张开海通商，"隆庆壬申议行海运，胶之民因而造舟达淮安，淮商之舟亦因而入胶……今虽有防海之禁，而舡之往来固自若也"[⑤]；"如邑产渔盐而他邑列肆，邑出薪木而他邑立厂……欲使邑富，先抚贫民，欲抚贫民，先通贸易，贸易通则人有生气"[⑥]。正因如此，"成弘间……商贾各安其业，异物不迁，而国用以克，有种盐海北者，有市贸辽阳、贸易苏杭者，其诸开张市肆及百工技巧皆极盛一时"[⑦]。

北通辽阳，南贸苏杭，可见当时贸易之盛。康熙《海丰县志》卷二载："(海)在县东北一百五十里，为大沽河海口，东至登莱，西连天津，横渡山海关等处，可一帆而至，旧为运粮经商之道。"而民国《无棣县志》卷一记载更为详细："海，县东北一百五十里，古云东海之别，有渤澥大海之支也，为鬲津、马颊、钩盘、大沙诸河海口，东南垒登莱，北抵天津，横渡山海关等处，可一帆而至，旧为运粮经商道，商舶辐辏，输船往来，沿海渔铺、舟以千百计，渔盐之利汎衍饶溢，民以滋殖焉。"由此可见当地当时经贸繁荣之情景。

---

① 李焘：《续资治通鉴长编》，中华书局2004年版，第3917页。

② 李靖莉：《黄河三角洲古代商业考论》，《滨州学院学报》2005年第1期。

③ 《金史》卷四十八。

④ 《永乐大典》卷二千六百十一。

⑤ 万历《即墨志》卷九。

⑥ 康熙《海丰县志》卷十二。

⑦ 康熙《海丰县志》卷三。

五　帝赐街，鲁北重要的盐务或码头遗址

帝赐街，是山东省滨州北海经济开发区马山子镇的一个普通村落，然而当地县志却有汉武帝曾到过此处的记载。民国《无棣县志》卷一载："帝赐街，在县北七十里，相传汉武帝驻跸于此。"帝赐街之名亦起于此。然而，汉武帝真的在此驻跸过吗，他又为什么要到鲁北滩涂之地来呢？帝赐街遗址发现的大量遗迹遗物到底是什么年代的？这些遗迹遗物对了解该遗址的确切性质到底有什么帮助？

图 4-15　小路将帝赐街遗址一分为二

1.帝赐街遗址是汉武帝赐名还是普通的渔村码头？

帝赐街原为无棣县马山子镇的一个不大不小的普通村落，北海经济开发区成立以后，便与马山子镇一起划归北海经济开发区管辖。在此之前，无棣当地的一些文史专家考证汉武帝曾到无棣巡视，是为了感谢一个对他有恩的同胞姐姐——阳信长公主。阳信长公主刘婧，就是历史上著名的平阳公主，也是大将军卫青的夫人，封地在今鲁北滨州的无棣、阳信一带。

那么，汉武帝为什么要感谢姐姐呢？一些当地专家认为原因是这样的：刘婧是汉武帝的媒人。刘婧见武帝无后甚是苦闷，遂在建元二年（前 139 年）春暖花开的时候，煞费苦心地把家奴卫青的姐姐、自己府里的歌妓卫子夫（？—前 91 年）献给了弟弟。后来，卫子夫不负刘婧的厚望，为刘彻生下三女一子，倍受宠爱，于元朔元年（前 128 年）被册封为孝武卫皇后。元狩元年（前 122 年），刘彻与卫子夫之长子刘据（前 128—前 91 年）被立为皇太子。汉武帝刘彻在位 54 年，一

生中 8 次到泰山,5 次登顶修封。公元前 110 年 3 月,汉武帝再次巡幸泰山,因泰山草木尚未萌芽,就令人先上山立石,自己则东行去了碣石山东部沿海,并登临位于无棣县的碣石山(当地百姓称为大山,后改称为"碣石山")。[①] 汉武帝亲临无棣,主要便是为了感念当年姐姐刘婧的成人之美,他要亲眼看看姐姐的封地到底是个什么样子。据说,在无棣期间,汉武帝的外出活动很多。某日,他巡幸至大山东侧一村,见民风古朴、生活拮据,于是下旨免去此村税赋。于是,此处便有了"帝赐街"这一村名。[②]

无棣当地还有学者认为,秦汉时期帝赐街一带乃为鲁北退海之地,散居着一些以打鱼为生的住户,然而其规模尚未形成村落。西汉武帝曾前往碣石山拜海封疆,并在帝赐街所在之地驻跸,因而该村得名为"帝赐街"。秦汉时期,帝赐街所在地域位于碣石山正东 20 余里,当时地处滨海,码头遍布,当地主要以渔民为主。

亦有当地文史爱好者考证认为帝赐街并非渔村,而是汉代官府管理沿河商埠的中心驻地,同时也是一处仓储重地,后因河道淤塞,政府机构撤离,因其地势较高,利于防潮防洪,后被迁入人选为村址。

无论以上说法正确与否,帝赐街从古至今一直以渔盐业为主要经济形式应该是不会错的。新中国成立之后,村内骡马大车与日俱增,村内所产鲜枣、所晒海盐等海洋产品皆以大车套运出村贩卖,村民以此营生。时至今日,帝赐街村民的生活已颇为富足。

2.考古调查表明,帝赐街为宋金元时遗址

文献的记载和当地文史专家的考证到底有几分事实根据呢? 2008 年 5 月 27 日,笔者来到帝赐街遗址考察。帝赐街遗址位于马山子镇帝赐街村北约 100 米处,为一座正方形高台,其东西长五六百米,南北宽 300 多米,高出周围平地近两米,而且台地由南向北分三层逐渐增高。据村民介绍说,20 世纪五六十年代,遗址靠南边和靠东边的地方分别开了两条路,一是东西路,二是南北路,路基低于遗址大概 2 米左右,道路两边的沟崖断面夹杂分布有大量的灰陶瓦片和瓷片标本。据村里老人们讲,这里挖路时曾挖出过一些保存完整的盆、碗、罐等陶瓷器皿和宋代铜钱。有一种碗根据村民描述,颇像宋代耀州窑的斗笠碗。遗址上

① 参见于长銮:《正本清源话碣石》,滨州市政协文史资料委员会编:《滨州文史》第 2 辑,中国文联出版社 2002 年版,第 178～183 页;郭云鹰:《曹操东临之碣石在无棣》,滨州市政府文史资料委员会编:《滨州文史》第 4 辑,中国文史出版社 2004 年版,第 427～436 页。

② 参见张海鹰:《帝赐街》,《鲁北晚报》2010 年 4 月 16 日;郭云鹰:《曹操东临之碣石在无棣》,滨州市政府文史资料委员会编:《滨州文史》第 4 辑,中国文史出版社 2004 年版,第 427～436 页。

现在种有庄稼,庄稼地里的陶瓷碎片多被村民捡出堆在田间地头。据村民们说,前些年,村里人在此种地,也曾经挖出过一些碗、罐、铜钱之类的古物,在一处地方曾发现过一个灶台,还出土过一摞瓷碗。

图 4-16　帝赐街遗址发现的部分瓷片

2002 年,当地对位于遗址台地南面、穿村而过的盘龙河进行清淤时,发现了呈东西走向的 9 眼古井,其中有 7 眼为青砖砌成,2 眼为石块砌成。10 多年前,还不时有南方人拿着长柄的小铲(根据村民口述,似应为洛阳铲)过来勘探,村民们甚为警觉。

图 4-17　古井

徒步绕遗址一周,经初步辨认,目前从地表和沟崖断面捡拾的瓷器碎片标本多为宋金元时期磁州窑系,也捡拾有少量定窑系和龙泉窑系的瓷器标本。灰陶瓦片虽星罗棋布,但绝非一些人认为的是汉代的,而应是宋金元时期的建筑遗物。根据这一特征，同时根据台地面积较大、由南向北逐级增高的形状判断，此地曾有一大型的古建筑存在。

图 4-18　断崖处密布陶瓷碎片

3.该地可能为宋代盐业管理机构“务”

古时候这里究竟是个什么地方，在鲁北沿海的不毛之地为何会建成这处古建筑，至今是谜。但从目前所捡拾的标本来看，帝赐街遗址未见任何汉代遗物、遗迹，是埋藏较深还是确实未有，还有待进一步的考古发现。不过汉武帝来此的可能性不大。反倒从遗址内容分析，初步认为此地似应为宋金元时期的一个盐业管理机构。其主要原因有二。一是此处建筑规模较大，不似为渔民所有。现在，无棣和沾化沿海也有众多渔民，有的地方也形成规模不小的村落。但这些渔民多为每年春夏季节前来捕鱼，秋冬季节便回到内陆生活，所以渔民房屋多为简易房，即使现在的帝赐街村，也只是在近几年才开始住上砖瓦房。在北宋时期，渔民不可能居住于规模较大的砖瓦建筑之内。二是鲁北沿海自古为海盐的主产区，北宋政府在此设官营机构是非常正常的一件事情。据鲁北地区考古调查发掘证明，自商周以来此地便为中原王朝提供食盐，是当时重要的产盐区。各类产盐遗址遍布沿海各地，如现在无棣的邢家山子、车镇及沾化的杨家盐业遗址群、郑家遗址和陈家遗址都是当时重要的海盐生产基地。2003 年，为配合滨大高速公路建设，在阳信与滨城、沾化三地交界之处发掘了李屋商代遗址（今称“侯家遗址”），出土了大量玉器、青铜器、骨器和陶器。特别是大量制盐用具盔形器的出土，证明鲁北地区历史上盐业生产的兴盛。有关专家认为，李屋遗址应为商王朝设立在此的一处盐业管理机构，负责往商王朝运送海盐食用。

滨州制盐业的发达，在文献记载上亦十分丰富。据记载，早在公元前 26 世纪的炎帝时代，即有夙沙氏在今鲁北和胶东海滨“煮海为盐”，姜尚治齐，更是把发展盐业作为基本国策之一。公元前685年，管仲相齐，对盐实行“官山海”的国家专卖政策，盐法由此而兴。西汉元封年间，为强化专卖，全国设置盐官37处，山东即有11处。唐代“天下之赋，盐利居半”，当时山东缴纳的盐税为70万缗，占全国年收盐利的11%以上。此后，自宋代至明清，“山东大盐场大都集中于渤海湾一带”①，山东也成为统治阶级推行各类盐法的重点地区。直至今日，渤海湾西南岸的鲁北地区亦是我国重要的产盐区。

特别是北宋时期，盐利全归中央，机构分为3种，大的称“监”，其次称“场”，再次为“务”，也有以“栅”为名的，主要任务是催督监制及收购发卖盐斤。宋至道二年(996年)，齐鲁盐区划为两区：一为京东路，初于密州设涛雒场(今属日照)，年产盐32000余石，后增登州四场；一属河北路，设滨州场(滨州之名即起于五代后周显德三年，即956年)，年产盐21000石。帝赐街遗址很可能就是北宋王朝当时设立在此的一级盐业管理机构，而且很可能便属于“场”下的第三级的盐业管理机构“务”。而且由于大量的食盐需要仓储运输，该盐业管理机构除去管理当时食盐的日常生产之外，还兼着食盐的仓储货运功能，负责储藏食盐，并将其运往全国各地。由此推论，帝赐街的得名亦有可能与此时盐利官营有关。帝赐街遗址很有可能就是当时一处重要的渔盐商贸管理机构，同时又是重要的港口码头，管理着渔盐瓷器的生产和贸易往来，只是以后历代以讹传讹，致有今天的误读。

六　滨州发现的宋元时期墓葬

滨州各县市区都收藏有大量的宋金元时期的文物，尤以瓷器居多，但大多都是村民在挖地或挖池塘时发现的，宋金元时期墓葬的正式发掘并不多。近几年，为配合工程建设，先后发掘的宋元古墓主要有滨城区北蔺村的元代墓葬、大唐滨州热电场宋代墓葬、滨城区鳌头周村宋代墓葬等。

1.北蔺村彩绘壁画纪年砖室墓

2003年8月11日上午，滨城区尚集乡(今杨柳雪镇)北蔺村居民在村北挖土时发现一座砖砌古墓，并迅速报告给了文管部门。该古墓位于205国道东方红路口西行不足500米的地方，紧挨一水塘，为穹隆顶砖室墓。墓砖呈外厚内薄、一

① 赵继颜主编：《山东通史·宋元卷》，山东人民出版社1994年版，第144～145页。

边为直角的梯形形状，层层相叠正好隆起为圆拱形穹隆顶墓室。墓室南面为墓道。

墓室顶部塌陷，墓室南边包括墓道和北面墓壁也有部分坍塌，塌陷的砖与封土堆在墓室底部。塌陷造成的墓壁缺口正好将墓壁分为东西两个部分。该墓室最大直径近 4 米，残存近 2 米。中间偏南为砖砌长方形棺床，墓底亦用砖铺就。该墓北面紧挨一水塘，水塘为北蔺村村民挖土所形成，致使墓内存有较深积水。

墓室有彩绘壁画，先在墓室内壁敷上白灰，然后又用黑、红二色在白灰上作画。墓室壁画尚残存长度 970 厘米，其中东面墓室内壁残存壁画长度 420 厘米，西面残存壁画长度 550 厘米。东西两壁的壁画风格有所不同。东侧壁画状物摹人，形神兼备、丰采飘逸，线条畅快淋漓，而又不失细腻温婉，有若浮云流水，纯然一段天然妙趣。其主要内容是描绘了男女两位主人公在斗拱结构的屋宇廊檐里面，围一木桌相对而坐。桌子中间有插花一束，桌上有杯盏碗盘水果等，桌下则绘有两个盖罐，似为盛酒的用具。盏为花口小底，下有花口盏托，配合使用，十分精致。女主人因彩绘脱落，面目模糊不清，身后绘一侍女，长衣披地，意态娴雅，双手捧碗；男主人胡须毛发皆绘制得十分清晰，神情怡然，惟妙惟肖。身后则绘一童子，双手捧罐。侍女与童子二人身形明显小于两位男女主人公，他们静静地立于主人身后，仿佛随时听候着主人的召唤。侍女和童子的身后又各为一菱形窗棂结构的木门。

图 4-19　北蔺村元墓墓室壁画人物图

墓室西面所绘壁画由北向南分别为一高大牌坊，继而为一门，门后紧挨着放一桌案，桌案南边一位体态丰腴的女子正在打扫屏风。过屏风又是一门，门南边站立一男子，其前后分别绘有一狗一鸡。这一部分壁画相对来说，线条较为粗糙，色彩单调，人物表情也相对呆板。除人物生活场景等主体彩绘纹饰外，周边墓壁空白处还绘有各种菱形纹和花卉纹等。虽然由于年代久远，色泽图案多有漫灭不可见者，但亦可初步了解到当时主人的居住和生活环境：既有华衣美服和侍仆从人，又有高屋广厦和精巧房舍，还有自己的饲养和休闲场所。

该墓内还发现铁刀一把、瓷碗和黑釉罐各一件，另有铜钱30余枚。铁刀残毁，残长30厘米左右，面阔体厚。瓷碗和黑釉罐壁厚体小不实用，应为随葬明器。30余枚钱币中，有4枚可见清晰面文。依时间先后分别为宋太宗赵炅(赵光义)太平兴国年间铸造的太平通宝，宋真宗赵恒景德年间铸造的景德元宝，宋英宗赵曙治平年间铸造的治平元宝，宋神宗赵顼元丰元年铸造的元丰通宝。在众多出土物中，还发现半块刻划10多个文字的纪年砖，因字迹潦草，可辨识出“今呈奉……弟……三人……至顺四”等文字。虽然铜钱能辨识者皆为宋钱，但该墓具体年代应为元至顺四年(1333年)。

此处共发现8座元代砖室墓，应为一处元代家族墓地，周围墓葬因村民挖池塘，可能都已不存。发现的墓葬可分为两个风格，如除该墓外，其南面不到30米的距离内还发现2座墓葬，皆为穹隆顶砖室墓，面积较大，墓门朝南，有墓道。这3座墓葬结构基本相同，为同一风格。但破坏较为严重，墓中出土3个罐和1个碗，以及一些宋代铜钱。

另一风格为长方形砖室墓，共有5座，墓室长约200厘米，宽80厘米，结构简单，面积也小，出土有1个瓷碗和3个白釉黑花的罐子，其中1个罐上还保留着因修补留下的锯把子，可知墓主人生前较为贫困。

2.大唐滨州热电厂宋墓

2010年9月，滨州市文物部门对大唐滨州热电厂选址20000余平方米的用地范围进行了考古勘探，发现宋元时期遗址一处。11月份，对遗址中的1座古墓葬进行了清理发掘，并打探沟对遗址进行了试掘。共出土骨簪2件、瓷碗3件、铜钱4枚和残断石臼1个，还有部分瓷器残片。

墓葬结构为圆形穹隆顶砖室墓，墓底圆形，直径4米。该墓葬破坏严重，墓室南部的墓门、墓道、铺地砖全部遭到破坏，只残存北半部底部地砖及部分墓壁。北部墓壁残高1.2米，中央为砖砌的仿木结构出厦门1座，门两侧分别对称分布着砖砌箱柜1个、砖砌桌椅1组。桌子位于中间，两边各有椅子1把，桌椅旁有砖砌灯架1个。从残存墓壁可以明显看出内收起穹的现象。墓室填土内散乱分布有大量碎砖和人骨。其中，残存4个头骨及少量腿骨，但由于破坏严重，具体葬式不明，但应为头向朝北埋葬。

墓底东北部随葬3件白釉瓷碗，填土中还有4枚铜钱。其中3枚可分辨为淳化元宝、元丰通宝、至和元宝，剩余1枚因锈蚀严重，无法辨认。淳化元宝为北宋太宗淳化元年(990 年)开始铸造,元丰通宝为北宋神宗赵顼元丰年间(1078—1085 年)铸造、至和元宝为北宋仁宗赵祯至和元年(1054 年)铸造,可初步确定墓葬年代应为宋代。3 件瓷碗中,其中 1 件敞口,深腹,圈足,口稍残。口径 15.1 厘米,高 6.7 厘米,内施满釉,外施半釉,口沿一圈不施釉,谓之芒口。碗心绘白地黑花的双圈纹,内书“元”字。另 2 件碗口径 16.6 厘米,高 3.8 厘米,亦是敞口,浅腹,圈足,碗心有涩圈,外施半釉。因胎釉提纯不足,故白釉中夹杂有黑色斑点。碗残,但能拼对完整。3 件瓷碗均具有典型的宋代特点。

3.鳌头周村古墓

2021 年 11 月 18 日至 12 月 16 日,为配合考古前置工作,山东省文物考古研究院对先前勘探发现的滨城区长江二路、新立河东路附近的鳌头周村古墓进行了考古发掘。

此次发掘宋代古墓 3 座,位于一池塘的东北角,不排除池塘内亦有墓葬的可能。3 座宋墓皆为穹隆顶圆形砖室墓。其中 2 座破坏较为严重,出土宋代白釉划花瓷枕 1 件、宋崇宁重宝铜钱 1 枚。东南角墓葬保存相对较好,由墓道、墓门、墓室组成,墓室中间有砖砌棺床,与北蔺村古墓结构一致,墓道朝南。墓室北壁正冲墓道的位置有用砖砌成的仿木斗拱结构的出厦门 1 座,并凸出墓壁 10 余厘米。门为双扇开,两边有立柱,门上边有门楣和屋檐,造型十分精致。墓门左右亦各有同样结构的仿木斗拱结构出厦门 1 座,3 座门正好将墓室内壁平分为三等分。墓门左右的 2 座门与墓室北壁的门之间各有一组砖砌的桌椅,凸出墓壁 4 厘米左右。墓室内壁敷以白灰,然后又在门、桌椅、檐子、立柱上面涂以朱红色,双扇门上还涂以墨点表示门钉。可惜墓室损坏较为严重,墓顶全部损毁,只残存深 120 厘米的墓室底部。

图 4-20　鳌头周村宋墓内部结构

图 4-21　鳌头周村宋墓出土的瓷枕

另外，2011 年 3 月 24 日至 4 月 3 日，山东省文物考古研究所为配合德大铁路建设工作在阳信戚家亦发掘一座穹隆顶砖室墓。该墓墓顶已全部破坏，残高 70～116 厘米。墓葬呈椭圆形，最长直径 394 厘米，最短直径 294 厘米。墓室除东南角外，其余方向的外壁都填充 18～68 厘米厚的红烧土。墓室西部铺设青砖，应为棺床，青砖下垫有 6 厘米厚的红烧土。墓室东部未铺青砖。墓东壁中央有半圆形壁龛，深 40 厘米，高 70 厘米，宽 60 厘米。该墓葬形制与博兴疃子发现的唐代晚期墓葬、滨城区鳌头周村、大唐滨州热电厂发现的宋代墓葬和滨城区北蔺村发现的元代墓葬基本一致，但具体年代不好判断。

七　邹平发现的“四面荷花三面柳”石刻

济南大明湖有一副非常著名的对联：四面荷花三面柳，一城山色半城湖。此联已成为济南对外宣传的城市名片。而滨州邹平的东平村也保存有四通石碑，上面刻有同样的对联。大明湖的对联和邹平东平石刻上的对联内容一致，但到底谁早谁晚，二者又有什么样的关系，至今还是一个谜。

1.东平石刻的发现

邹平的这几通石刻位于邹平市焦桥镇东平村原学校教室内，共四通石碑，长条形，皆高 133 厘米，宽 45 厘米，厚 15 厘米。四碑正背八面皆有文字，其中两面刻有清代四大书法家之一铁保题写的清代诗人刘凤诰《咏大明湖》中“四面荷花三面柳，一城山色半城湖”的名句。其中上款为：“甲子七月，偕金门学使小集大明湖，金门得句，遂书之，以记一时师友雅会，觉湖光山色，亦叹兹游也。”下款为：“梅花菴侍者铁保。”引首章为：“茶半香初之馆。”落款章为：“铁保之(私)印”和“大中丞章”。

这些石碑最初是被砌于袁家东祠堂的墙壁内的，外面还挂了石灰，看不出来。1968 年，袁家祠堂被拆掉盖了学校。在拆东祠堂的时候，拆出来四块碑，很多人想抢回家盖房子。当时，学校的校长张秉刚和村里的民兵连长何晋元认为这是袁家为数不多的文物了，得保护起来，就把它们偷偷地藏在了张校长的床底下。等到改革开放以后，原来的民兵连长何晋元也已成为村里的书记，便把石刻重新立在了学校里面。现由村委会保管，保存状况良好。

2.刘凤诰与铁保

“金门学使”指刘凤诰。刘凤诰(1761—1830 年)，字丞牧，号金门，江西省萍乡市上栗县赤山镇观泉村人。清乾隆五十四年(1789 年)己酉科探花。乾隆称刘凤诰为“江西大器”,更多的人称他为“江西才子”,著有《存悔斋集》32 卷、《五代史记注》74 卷、《江西经籍志补》4 卷等。刘凤诰曾任湖北、山东、江南主考官和广西、山东、浙江学政,权衡选拔文士,名声远播,并在乾隆年间被封为太子少保,担任过吏、户、礼、兵四部的侍郎,又称“卿贰”。道光元年(1821 年),因病回家调理。道光十年(1830 年),病逝于江苏扬州。

“梅花菴侍者”指的是铁保。铁保(1752—1824 年),字冶亭,号梅庵,本姓觉罗氏,满洲正黄旗人。清代大臣,著名书法家。乾隆三十七年(1772 年)中进士,授吏部主事,后升为郎中、户部及吏部员外郎、翰林院侍讲学士、侍读学士、内阁学士。嘉庆四年(1799 年),因弹劾官员过当被贬到盛京。不久,以吏部侍郎出任漕运总督。

嘉庆十年(1805 年),升任两江总督,赏一品顶戴,成为管辖江苏、安徽和江西三省的最高军政长官。嘉庆十四年(1809 年),发生山阳县令王伸汉冒赈、鸩杀李毓昌事件,铁保遭到免职,流放新疆。道光初年,告病退休。道光四年(1824 年)去世。

铁保以文章和书法驰名朝野,曾任《八旗通志》总裁,并将旗人诗文编为《白山诗介》134 卷,个人作品则编为《惟清斋全集》。铁保是满人中最著名的书法家,与成亲王永瑆、刘墉、翁方纲,称为“清朝四大书家”。书法早年为“馆阁体”,后学颜真卿。他谪居盛京时仍勤于临摹古法帖,致引发眼病。

3.对联的出处

嘉庆六年(1801 年),刘凤诰来山东主持乡试,随即授任山东学政。嘉庆八年(1803 年),铁保始任山东巡抚。嘉庆九年(1804 年)七月,刘凤诰即将奉调回京任实录馆副总裁,铁保邀友人聚宴沧浪亭为其送行。席间,刘凤诰面对良辰美景,脱口吟出“四面荷花三面柳,一城山色半城湖”的名句。众宾赞不绝口,铁保即席挥毫。后人将对联刻在木板上,挂在沧浪亭门柱上。但是后来,木刻对联不知何因失踪不见了。

1951 年,省城的城建规划专家张国梁、门志清带领工人疏浚大明湖南岸万寿宫(江西会馆,后为山东省省级机关汽车修配厂)院内河渠时,从淤泥中挖出了刻有该名联的两块条石,他们安排工人用地排车送到当时位于铁公祠的工程处物料仓库。修建铁公祠时,市政府分管工程的领导决定将其镶嵌在西廊洞门两侧,于是这副名联重见天日。不过据济南学者的考证,这两块碑已不是原碑了,都是后来翻拓的,具体何时翻拓的不好说。

4.东平石刻对联的来历

据邹平地方文史工作者考证，东平石刻所见石碑应为济南大明湖的原碑，而现在大明湖上的对联和市面上的拓印本皆源于此，并考证这四通石碑是曾任清吏部尚书、刑部尚书、直隶总督的袁守侗从刘墉处得来。

根据碑文上下款得知，该联是刘凤诰于嘉庆九年（1804 年）七月在铁保聚会上才有的，刘凤诰的联，铁保的书丹。而袁守侗则逝世于乾隆四十八年（1783 年）五月，终年六十岁，比刘凤诰和铁保写出对联早了 21 年。也就是说，这幅联是在袁守侗逝世 21 年后才有的。而且，此联写成之后不久刘墉也去世了。所以不存在袁守侗于刘墉处取得该石刻的可能。

大明湖现存和邹平的这几通碑应该都不是原来的原拓，原拓应该是木刻的楹联。后人见其联好，木质又亦损坏，便用石头重新刻来收藏也是有可能的。但这几块碑都是清代的老碑没有问题，很可能是后人分多次时间拓了多次也有可能。后来袁氏后人在刘墉后人处得到，也极有可能，但这已不好考证了。

八　吴式芬家族墓地出土的石刻

明清时期，滨州出现众多官宦大族、簪缨世家，他们或以清廉传家，或以诗书继世，给滨州留下了众多珍贵的文化遗产。而其中，以学问著作等身而著称的则是海丰吴家的吴式芬家族。吴氏家族不仅是仕宦世家，值得推崇的更是文化世家。吴绍诗与他的儿子吴坛，都是法律专家。吴式芬是著名的金石学家。吴重憙是地方文献的整理者和中国红十字会的创始人之一。

至今，无棣城里还保留有相对完整的吴氏故居。吴氏故居在无棣县城南门里，旧称“尚书第”。吴家大院最早的主人是明朝英宗正统年间的户部尚书王佐。到清朝康熙初年，该院被吴家购得并不断扩建，因为吴式芬的名气大，后代人丁兴旺，所以定名为“吴式芬故居”，是省级文物保护单位。

吴家大院分南院、北院，两院相连，均坐西朝东。北院门楣上悬“尚书第”横匾一方，乃清朝大学士于敏中所书。楹联是“四省承宣三掌节钺，九封光禄两列史晟”，框对是“忠贞世胄”“恭定家风”。

无棣吴家的墓地分布在无棣县城周边，最著名的有三处。城东十八里的韩家村有十世吴永孕、十一世吴自肃、十二世吴象默、十三世吴绍诗的墓葬；城南五里处有湖北道台吴之勷墓、内阁学士吴式芬墓、江苏巡抚吴坛墓、监察御史吴峋墓，城北一里处有翰林院编修吴熙曾墓等。历经岁月变迁，吴氏家族的家族墓地被平毁，原墓地的具体分布结构已不清楚。近几年，位于无棣城南五里韩家村附近的吴氏墓地出土石马、石羊、碑帽各一件，城南五里吴式芬墓地发现石虎一件，还可略见当年吴氏墓地的模样。

1.精美石刻因村民取土被发现

2012 年 4 月 6 日，山东省无棣县文物管理局接到群众举报，棣丰街道办事处韩家村韩姓村民取土时，发现一大型石马，并用车拉走藏匿，情况十分危急，如果把石马拉到外县售给文物贩子，后果不堪设想。

时任无棣县文物管理局局长刘震接到举报后，立即向无棣县文广新局汇报，并联系公安部门及时赶到韩家村。他首先向当地村民了解当时的情况，然后向当事村民讲解了《中华人民共和国文物保护法》及《山东省文物保护条例》的有关规定，并着重指出：出土文物属于国家所有，发现文物隐匿不报或拒不上交者，是违法行为，情节严重的要受到法律的制裁。当事村民当即表示愿意主动上交给县文物管理局。随即，县文物管理局工作人员联同县公安部门用了三个多小时的时间，将石马安全运抵县文物库房，登记入库，保证了该文物的安全。

据当地的群众反映，在数十年以前石刻还保存得较为完整，种类也多，除石马、石羊外还有石狗、石狮、石龟、石人等，但是在“文化大革命”中这些石刻遭到毁坏，现在保存下来的仅是极少部分。随后，县文物管理局工作人员又对出土石马的周围地方进行了详细的勘探，又发现了石人与石羊。石人与石羊均刻画精细，但都已残缺。

据载，帝王将相陵墓前安设的石人、石兽统称“石像生”，又称“翁仲”，是皇权仪卫的缩影。这种做法始于秦汉时期，此后历代帝王、重臣沿用不衰，只是数量和取象不尽相同。到了清代规定，二、三品官员准立石马、石虎、石羊各一对。一是显示墓主人的身份等级地位，二是有驱邪、镇墓的含义。

2.精美石立马为黄河三角洲地区仅见

石立马通长 250 厘米，通高 182 厘米，宽 60 厘米，重约 4 吨，为整块青石雕刻而成，刀工精良，刻工流畅细腻。四足直立，双目炯炯有神。即使马身上的鬃毛和眼睫毛都刻画得细腻到位，惟妙惟肖。马身上则采用浮雕与线雕相结合的方式，雕刻有马鞍、马鞯、马镫、马辔等纹饰，每个配件环节都雕刻得细致入微，一丝不苟。特别是马鞯上的纹饰，刻画得十分复杂。其中一侧刻有单龙戏珠，下方则为海水江崖纹，周边云纹缭绕，一派祥瑞气象；另一侧刻有一条云龙，与坐狮正在嬉戏，下方亦为海水江崖纹，周边亦是祥云缭绕。如此完整、雕工如此精细的石像，在黄河三角洲地区尚属首次发现。

图 4-22　青石立马

图 4-23　青石立马侧面

图 4-24　青石立马头部

石羊，通长 115 厘米，通高 75 厘米，通宽 32 厘米，重约 726 千克。从大尾巴、大肥臀等整体造型看是一头绵羊，从头部弯曲长约 0.2 米的羊角看，是一头公绵羊。该石羊通体呈青黑色，由青石雕成，雕工精细，造型优美，线条流畅，结构圆润，体表光滑，形体肥硕，眼睛微眯，仪态安详。

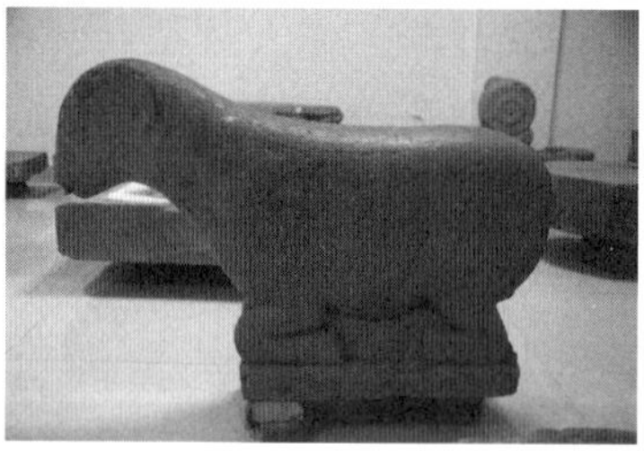

图 4-25　石羊

3.吴式芬墓地发现的石虎

2006 年，无棣县无棣镇（今棣丰街道办事处）南徐村村民刘建花在吴家坟耕作时意外发现吴式芬墓地石虎一件。

吴式芬（1796—1856 年），我国近代著名的金石学家，海丰（今无棣）县人。清道光十五年（1835 年）中进士，历任翰林院编修，江西南安府知府，广西、河南按察使，直隶、贵州、陕西布政使，提督浙江学政，授内阁学士兼礼部侍郎衔，后封光禄大夫。吴式芬一生笃好金石文考古，从政之暇，即搜集金石器物，撰写了《捃古录》《捃古录金文》《金石汇目分编》等金石学专著，吴式芬博才多艺，一生著书甚多，现原稿多数藏于国家图书馆和山东省图书馆。

该石虎通长 70 厘米，通高 137 厘米，通宽 49 厘米，重约 1300 千克。青石质，造型别致,雕刻精美,形象生动,完整无损。

图 4-26 石虎正面

图 4-27 石虎侧面

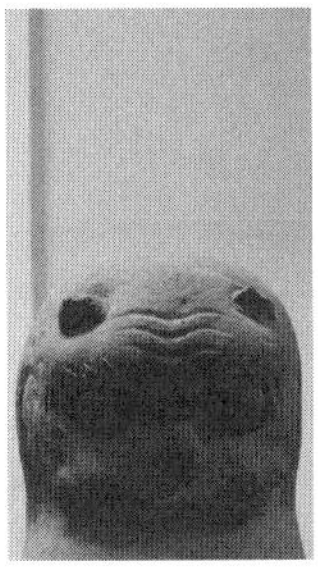

图 4-28 石虎头部

图 4-29 碑帽

另外还发现碑帽一件,可惜由于人为破坏,原碑身一直未能发现。碑帽呈长方形立体造型,通长 90 厘米,通宽 90 厘米,厚 34 厘米,用黄色大理石料刻成,通体呈现米黄色,石料质地细腻,雕工精湛,盘龙深浮雕造型,神态栩栩如生,呈呼之欲出之感。石雕保护较完好,艺术价值很高。

参考文献

基本古籍

(北魏)郦道元著,陈桥驿校证:《水经注校证》,中华书局 2007 年版。

(汉)班固:《汉书》,中华书局 1962 年版。

(汉)孔安国传,(唐)孔颖达正义:《尚书正义》,上海古籍出版社 2007 年版。

(汉)司马迁:《史记》,中华书局 1959 年版。

(汉)许慎:《说文解字》,中华书局 2013 年版。

(后晋)刘昫等:《旧唐书》,中华书局 1975 年版。

(后晋)薛居正等:《旧五代史》,中华书局 1976 年版。

(晋)郭璞注,(宋)邢昺疏:《尔雅注疏》,上海古籍出版社 2010 年版。

(明)李东阳等:《大明会典》,广陵书社 2007 年版。

(明)宋濂:《元史》,中华书局 1976 年版。

(南朝宋)范晔:《后汉书》,中华书局 1965 年版。

(清)董诰等编:《全唐文》,中华书局 1983 年版。

(清)马骕:《绎史》,齐鲁书社 2001 年版。

(清)张廷玉等:《明史》,中华书局 1974 年版。

(宋)李焘:《续资治通鉴长编》,中华书局 2004 年版。

(宋)罗泌:《路史》,上海古籍出版社 1987 年版。

(宋)马端临:《文献通考》,中华书局 1986 年版。

(宋)欧阳修:《新五代史》,中华书局 1974 年版。

(宋)欧阳修等:《新唐书》,中华书局 1975 年版。

(宋)司马光编著:《资治通鉴》,中华书局 1956 年版。

(宋)王钦若等编:《册府元龟》,中华书局 1960 年版。

(宋)赞宁:《宋高僧传》,中华书局 1987 年版。

(唐)房玄龄等:《晋书》,中华书局 1974 年版。

(唐)李吉甫:《元和郡县图志》,中华书局 1983 年版。

(唐)魏徵等:《隋书》,中华书局 1973 年版。

(元)脱脱等:《金史》,中华书局 1977 年版。

(元)脱脱等:《辽史》,中华书局 1974 年版。

(元)脱脱等:《宋史》,中华书局 1977 年版。

[日]释圆仁原著,白化文等校注:《入唐求法巡礼行记校注》,花山文艺出版社 2007 年版。

金兆梓:《尚书诠译》,中华书局 2010 年版。

杨伯峻编著:《春秋左传注》,中华书局 1990 年版。

杨伯峻译注:《孟子译注》,中华书局 2012 年版。

赵尔巽等:《清史稿》,中华书局 1977 年版。

地方志

(元)于钦:《齐乘》,清文渊阁四库全书本。

光绪《惠民县志》,清光绪二十五年(1899 年)柳堂校补刻本。

嘉靖《山东通志》,明嘉靖十二年(1533 年)刻本。

嘉靖《武定州志》,明嘉靖二十七年(1548 年)刻本。

康熙《海丰县志》,康熙九年(1670 年)刻本。

民国《山东通志》,民国七年(1918 年)铅印本。

民国《无棣县志》,民国十四年(1925 年)铅印本。

民国《沾化县志》,民国二十四年(1935 年)铅印本。

民国《重修博兴县志》,民国二十五年(1936 年)铅印本。

民国《邹平县志》,民国三年(1914 年)修、二十二年(1933 年)刊本。

乾隆《阳信县志》,清乾隆二十四年(1759 年)刻本。

咸丰《滨州志》,清咸丰十年(1860 年)刊本。

咸丰《武定府志》,清咸丰九年(1859 年)刻本。

雍正《山东通志》,清文渊阁四库全书本。

专著

安作璋等主编:《齐鲁文化通史》,中华书局 2004 年版。

安作璋主编:《山东通史》,人民出版社 2009 年版。

滨州地区文物志编委会编:《滨州地区文物志》,山东友谊书社 1992 年版。

滨州市文物管理处编:《滨州市第三次全国文物普查资料汇编》,2010 年滨第 10 号内刊本。

滨州市文物局编:《滨州文物通览》,齐鲁书社 2014 年版。

滨州市政协文史资料委员会编:《滨州文史》第 2 辑,中国文联出版社 2002 年版。

滨州市政协文史资料委员会编:《滨州文史》第 4 辑,中国文史出版社 2004 年版。

滨州市政协文史资料委员会编:《滨州文史》第 6 辑,黄河出版社 2007 年版。

滨州文化志编纂委员会:《滨州文化志》,方志出版社 2011 年版。

常玉芝:《殷商历法研究》,吉林文史出版社 1998 年版。

陈冬生等主编:《山东经济史·古代卷》,济南出版社 1998 年版。

东营市文旅局主编:《东营文物》,中国石油大学出版社 2018 年版。

方辉:《海岱地区青铜时代考古》,山东大学出版社 2007 年版。

傅斯年:《民族与中国古代史》,河北教育出版社 2002 年版。

韩有松等:《中国北方沿海第四纪地下卤水》,科学出版社 1996 年版。

侯仁之:《历史地理学的视野》,生活·读书·新知三联书店 2009 年版。

侯玉杰:《滨州百名历史人物》,山东人民出版社 2012 年版。

李白凤:《东夷杂考》,齐鲁书社 1981 年版。

李广英:《镌刻的历史》,中国文史出版社 2004 年版。

李象润等编著:《滨州历史与民俗文化考略》,黄河出版社 2007 年版。

李象润等编著:《滨州历史与民俗文化论坛》,黄河出版社 2009 年版。

李象润等编著:《滨州历史与民俗文化研究》,黄河出版社 2008 年版。

李象润等主编:《滨州通史》,山东人民出版社 2017 年版。

梁启超:《论中国学术思想变迁之大势》,上海古籍出版社 2006 年版。

林剑鸣:《秦史稿》,上海人民出版社 1981 年版。

刘凤君等:《黄河三角洲佛教造像研究》,山东人民出版社 2003 年版。

栾丰实:《东夷考古》,山东大学出版社 1996 年版。

山东省地方史志编纂委员会编:《山东省志·文物志》,山东人民出版社 1996 年版。

山东省文物考古所编:《山东 20 世纪的考古发现和研究》,科学出版社 2005 年版。

山东省盐务局编著:《山东省盐业志》,齐鲁书社 1992 年版。

孙祚民主编:《山东通史》,山东人民出版社 1992 年版。

王剑等:《武定府史话》,方志出版社 2012 年版。

王守功:《海岱地区史前考古论集》,文物出版社 2016 年版。

王献堂:《山东古国考》,齐鲁书社 1983 年版。

王逊:《中国美术史》,上海人民美术出版社 1985 年版。

王志民等主编:《中国地域文化通览·山东卷》,中华书局 2013 年版。

无棣县盐务局编著:《无棣县盐业志》,山东省地图出版社 2003 年版。

吴山:《中国新石器时代陶器装饰艺术》,文物出版社 1982 年版。

夏鼐:《中国文明起源》,文物出版社 1985 年版。

徐其忠等:《黄河三角洲古文化遗存研究》,山东人民出版社 2002 年版。

徐旭生:《中国古史的传说时代》,文物出版社 1985 年版。

许宏:《何以中国:公元前 2000 年的中原图景》,生活·读书·新知三联书店 2014 年版。

许檀:《明清时期山东商品经济的发展》,中国社会科学出版社 1998 年版。

燕生东:《海岱考古与早期文明》,商务印书馆 2019 年版。

燕生东:《商周时期渤海南岸地区的盐业》,文物出版社 2013 年版。

杨宽:《西周史》,上海人民出版社 1999 年版。

张富祥:《东夷文化通考》,上海古籍出版社 2008 年版。

张华松主编:《济南通史·先秦秦汉卷》,齐鲁书社 2008 年版。

张淑敏等:《山东博兴铜佛像艺术》,文物出版社 2009 年版。

张学海:《张学海考古论集》,学苑出版社 1999 年版。

张学海主编:《纪念城子崖遗址发掘 60 周年国际学术讨论会文集》,齐鲁书社 1993 年版。

赵世超:《周代国野制度研究》,陕西人民出版社 1991 年版。

赵希涛主编:《中国海面变化》,山东科学技术出版社 1996 年版。

政协滨州市委员会编著:《滨州区域文化通览》,中国文史出版社 2012 年版。

朱亚非:《明代中外关系史研究》,济南出版社 1993 年版。

论文

白云翔等整理:《中国文明起源研讨会纪要》,《考古》1992 年第 6 期。

滨城区文物管理所、北京大学中国考古学研究中心:《山东滨州市滨城区五处古遗址的调查》,《华夏考古》2009 年第 1 期。

博兴县文物管理所:《山东博兴出土北朝造像等佛教遗物》,《考古》1997 年第 7 期。

博兴县文物管理所:《山东博兴龙华寺遗址调查简报》,《考古》1986 年第 9 期。

博兴县文物管理所:《山东博兴县利戴遗址清理简报》,《华夏考古》2009 年第 1 期。

曹艳芳:《山东出土商代青铜器研究》,山东大学历史文化学院博士学位论文,2006 年。

常叙政等:《山东省博兴出土一批北朝造像》,《文物》1983 年第 7 期。

陈伟:《秦苍梧、洞庭二郡刍论》,《历史研究》2003 年第 5 期。

德州地区文物局文物组、济阳县图书馆:《山东济阳刘台子西周墓地第二次发掘》,《文物》1985 年第 12 期。

德州行署文化局、济阳县图书馆:《山东济阳刘台子西周早期墓发掘简报》,《文物》1981 年第 9 期。

丁明夷:《谈山东博兴出土的铜佛造像》,《文物》1984 年第 5 期。

方辉:《商周时期鲁北地区海盐业的考古学研究》,《考古》2004 年 4 期。

冯时:《古文字所见之商周盐政》,《南方文物》2009 年 1 期。

冯时:《山东丁公龙山时代文字解读》,《考古》1994 年第 1 期。

高天麟:《黄河流域龙山时代陶鬲研究》,《考古学报》1996 年第 4 期。

郭世云等:《山东滨州市汲家湾发现汉墓》,《文物》1990 年第 2 期。

何德亮:《山东史前时期自然环境的考古学观察》,《华夏考古》1996 年第 3 期。

惠民地区文物管理组:《山东无棣出土北齐造像》,《考古》1983 年第 4 期。

惠民地区文物普查队、阳信县文化馆:《山东阳信城关镇西北村战国墓器物陪葬坑清理简报》,《考古》1990 年第 3 期。

惠民县文物事业管理处:《山东惠民出土一批北朝佛教造像》,《文物》1999 年第 6 期。

济青公路文物工作队:《山东临淄后李遗址第三、四次发掘简报》,《考古》1994 年第 2 期。

济青公路文物考古队:《山东临淄后李遗址第一、二次发掘简报》,《考古》1992 年第 11 期。

李少南:《从博兴出土的石刻线画略谈北朝线刻艺术》,《考古》1989 年第 7 期。

李少南:《山东博兴出土百余件北魏至隋代铜造像》,《文物》1984 年第 5 期。

李少南:《山东博兴的一处铜佛像窖藏》,《文物》1984 年第 5 期。

李少南:《山东博兴发现石兽》,《考古》1985 年第 7 期。

李象润:《大舜"陶河滨"在哪里》,《春秋》2006 年第 5 期。

李象润:《先因薄姑国,后治临菑城》,《春秋》2007 年第 1 期。

李象润等:《薄姑三论》,《文史知识》2010 年第 9 期。

李象润等:《东夷契刻:中国书法的原生态》,《书法赏评》2014 年第 1 期。

李象润等:《蒲姑,东夷大国风采觅踪》,《文史知识》2009 年第 4 期。

栾丰实:《丁公龙山城址和龙山文字的发现及其意义》,《文史哲》1994 年第 3 期。

齐文涛:《概述近年来山东出土的商周青铜器》,《文物》1972 年第 5 期。

任相宏:《郑州小双桥出土的岳石文化石器与仲丁征蓝夷》,《中原文物》1997 年第 3 期。

山东滨州市文物管理处、阳信县文物管理所:《山东阳信县古文化遗址调查》,《华夏考古》2002 年第 4 期。

山东博兴县文物管理所:《山东博兴龙华寺调查简报》,《考古》1986 年第 9 期。

山东大学历史系考古专业、邹平县文化局:《山东邹平丁公遗址试掘简报》,《考古》1989 年第 5 期。

山东大学历史系考古专业:《山东邹平丁公遗址第二、三次发掘简报》,《考古》1992 年第 6 期。

山东大学历史系考古专业:《山东邹平丁公遗址第四、五次发掘简报》,《考古》1993 年第 4 期。

山东大学历史系考古专业:《山东邹平县苑城早期新石器文化遗址调查》,《考古》1989 年第 6 期。

山东惠民县文化馆:《山东惠民县发现商代青铜器》,《考古》1974 年第 3 期。

山东省惠民地区文物组、邹平县图书馆:《山东邹平县大省村东周墓》,《考古》1986年第7期。

山东省文物考古研究所、北京大学中国考古学研究中心、山东师范大学齐鲁文化研究中心、滨州市文物管理处:《山东阳信县李屋遗址商代遗存发掘简报》,《考古》2010年第3期。

山东省文物考古研究所、北京大学中国考古学研究中心、寿光市文化局:《山东寿光市双王城盐业遗址2008年的发掘》,《考古》2010年第3期。

山东省文物考古研究所:《山东济阳刘台子西周六号墓清理简报》,《文物》1996年第12期。

山东省文物考古研究所:《山东邹平苑城西南庄遗址勘探、试掘简报》,《考古与文物》1992年第2期。

王恩田等:《专家笔谈丁公遗址出土陶文》,《考古》1993年第4期。

王青:《大汶口文化环境考古初论》,《辽海文物学刊》1996年第2期。

王青:《大汶口文化自然环境探讨》,《东南文化》1991年第5期。

王青:《试论华夏与东夷集团文化交流及融合的地理背景》,《中国史研究》1996年第2期。

王青:《试论史前黄河下游的改道与古文化的发展》,《中原文物》1993年第4期。

王青等:《山东北部全新世的人地关系演变:以海岸变迁和海盐生产为例》,《第四纪研究》2006年第4期。

王思礼:《惠民专区几处古代文化遗址》,《文物》1960年第3期。

王思礼:《山东省广饶、博兴二县的北朝石造像》,《文物参考资料》1958年第4期。

王昭鸿:《莱州湾西岸第四纪海相地层及其沉积环境的初步探讨》,《海洋与湖沼》1979年第1期。

肖贵田:《山东的维纳斯女神——蝉冠菩萨像》,《中国博物馆》2010年第2期

徐家声:《渤海湾黄骅沿海贝壳堤与海平面变化》,《海洋学报》1994年第1期。

徐其忠:《从古文化遗址分布看距今七千年至三千年间鲁北地区地理地形的变迁》,《考古》1992年第11期。

薛春汀:《7000年来渤海西岸、南岸海岸线变迁》,《地理科学》2009年第2期。

燕生东:《山东地区早期盐业的文献叙述》,《中原文物》2009年第2期。

杨怀仁等:《黄河三角洲地区第四纪海进与岸线变迁》,《海洋地质与第四纪地质》1990 年第 3 期。

于成龙:《鲁北地区商周时期盔形器的初步研究》,山东大学历史文化学院硕士学位论文,2012 年。

袁靖:《论中国新石器时代居民获取肉食资源的方式》,《考古学报》1999 年第 1 期。

张翠莲:《试论豫东东部地区的岳石文化遗存》,《考古与文物》2001 年第 2 期。

张淑敏等:《浅谈山东博兴出土的北朝铜佛像》,《中原文物》2005 年第 2 期。

郑清森:《豫东地区岳石文化初论》,《考古与文物》1998 年第 6 期。

郑笑梅:《山东潍坊姚官庄遗址发掘简报》,《考古》1963 年第 7 期。

郑宗泽:《蒲姑国的族属》,《民族研究》2004 年第 6 期。

中国社会科学院考古研究所山东队、山东省滕县博物馆:《山东滕县北辛遗址发掘报告》,《考古学报》1984 年第 2 期。

中国社会科学院考古研究所山东队:《潍县鲁家口新石器时代遗址》,《考古学报》1985 年第 3 期。

朱活:《从山东出土的齐币看齐国的商业和交通》,《文物》1972 年第 5 期。

庄振业等:《渤海南岸 6000 年来的岸线演变》,《青岛海洋大学学报》1991 年第 2 期。